Educación emocional en 20 lecciones

Educación emocional en 20 lecciones

EFRAÍN BARTOLOMÉ

Grijalbo

Papel certificado por el Forest Stewardship Council®

Educación emocional en veinte lecciones
Estrategias de psicoterapia cognitivo-conductual para el abatimiento de la neurosis y el desarrollo de la emoción creadora

Primera edición: abril, 2026

ISBN: 978-607-387-037-5

Impreso en México – *Printed in Mexico*

ÍNDICE

SEGUNDA PARTE
EN LAS ENTRAÑAS DEL MONSTRUO
Estructuras primarias del pensamiento irracional

TERCERA PARTE
INEPTITUDES DE LA INEPTA CULTURA
Estructuras secundarias del pensamiento irracional

CUARTA PARTE
UNO Y LOS DEMÁS

A Balam y Celina, mis hijos: esto es lo mínimo
que me gustaría que supieran sobre la conducta humana.

A Guadalupe Belmontes Stringel, envés de mi alma.

A todos los estudiantes de psicología,
especialmente a los que piensan orientar su vocación
de servicio a la psicoterapia

A usted...

PRÓLOGO A LA PRESENTE EDICIÓN

Lo confieso: a causa de mi práctica poética, por muchos años desdeñé, ingenuamente, la prosa. Y, más aun, la prosa didáctica...

Pero la vida se encarga de quitarnos la inocencia en nuevos nacimientos y sucesivas revelaciones. Y fue así como descubrí, en el año 2004, que estaba a punto de llegar a los 30 años de práctica clínica, ejerciendo la psicoterapia cognitivo-conductual, actividad de la que me tocó ser pionero en nuestro país.

¿Qué sucedería con toda la experiencia y todo el conocimiento acumulados en esas tres décadas?

Si no lo escribía, todo aquello estaba condenado a desaparecer junto conmigo, cuando la hora me llegara. Por eso decidí ponerme en acción, y lo hice apasionadamente por casi dos años. Cuando el libro estuvo terminado, lo propuse a una editorial muy conocida, que lo aceptó con entusiasmo.

Educación emocional en veinte lecciones apareció en el año 2006 y, gracias a la recepción que le brindó el público lector, logró cinco reimpresiones. Tuvo una segunda edición en el 2015 que, felizmente, también alcanzó cinco reimpresiones más. Luego, en el año 2020, apareció como libro de bolsillo.

Cuando el volumen hizo su aparición, yo tenía una clara conciencia de que era *necesario*, de que *hacía falta*, tanto para el público en general como para los estudiantes de psicología con aspiraciones a ejercer la psicoterapia. El grueso de la población aún conserva ideas anquilosadas sobre el tema y eso le impide beneficiarse de los conocimientos actuales de la psicología científica aplicada. Sabía, pues, de la *necesidad* del libro, pero no alcancé a prever el torrente de cartas y mensajes electrónicos que iba a suscitar. *Educación emocional en veinte lecciones* se leyó y se reseñó mucho; se convirtió en libro de texto en algunas escuelas de psicología; llegó a las páginas culturales de los periódicos y fue leído por los públicos más variados: lectores en general, críticos literarios, estudiantes, profesionales de campos afines y de campos alejados, psicólogos y psicoterapeutas, psiquiatras, médicos, educadores, etc. ¿Qué decían aquellos mensajes?

He aquí unos cuantos botones de muestra:

> Juan Domingo Argüelles, destacado crítico literario, opinó en *El Universal*:
>
> El poeta y psicoterapeuta Efraín Bartolomé (Ocosingo, Chiapas, 1950) acaba de publicar el libro *Educación emocional en veinte lecciones* (México, Paidós, 2006), en cuyas páginas sistematiza su ya larga experiencia psicoterapéutica que es, con la poesía, la otra vertiente de su conocimiento en la emoción humana.
>
> Efraín Bartolomé ha escrito un libro esforzándose al máximo en el modo más claro, sencillo y directo, para exponer "las complicadas peripecias de la emoción humana"; un libro que va dirigido al público en general, pero que será también de mucho provecho y utilidad para los estudiantes de psicología o los psicoterapeutas, "tanto los que se inician como los que ya tienen un buen camino andado".
>
> *Educación emocional en veinte lecciones*, de Efraín Bartolomé, es un libro de gran rigor y generosidad del que puede sacar provecho cualquier lector, incluso aquel que todo el tiempo ha creído que no necesita leer una obra de esta naturaleza.

Como si se hubiera hecho eco de las palabras anteriores, un lector no especializado publicó en su blog un comentario en inglés. Lo traduzco y lo transcribo *in extenso* por su aguda claridad:

¡Hombre, qué divertido ha resultado este libro, *Educación emocional en veinte lecciones*, de Efraín Bartolomé! Es exactamente lo que su título sugiere —una educación emocional, una aproximación cognitivo-conductual para aprender a manejar tus emociones—, nunca pensé que sería tan divertido. Me topé con él peinando la sección de libros escritos originalmente en español en la Feria Internacional del Libro de Guadalajara, como ha sido mi costumbre en los últimos dos años. Fue una elección difícil: era algo caro, tenía un título en apariencia frívolo y me parecía intimidante con sus 300 páginas de prosa densa. Aparentemente era algo entre autoayuda y psicoterapia, cosas ambas que me desagradan. Pero su condición reciente, el que hubiera sido escrito por un profesor mexicano de la UNAM, su cita inicial ("Sistema, poeta, sistema: / empieza por contar las piedras, / luego contarás las estrellas", León Felipe), su excelente tipografía, su sugerente índice y su autor que es tanto un psicólogo como un reconocido poeta, me impulsaron a comprarlo. Me alegra haberlo hecho. Cualesquiera que sean las virtudes del libro, el mejor cumplido que yo puedo darle es que me ha cambiado mucho más profundamente de lo que yo pueda decir ahora, tan cerca de haberlo leído, pero pienso y me siento diferente desde entonces.

Cómo no amar un libro que es intensamente preciso y técnico y al mismo tiempo es fresco y entretenido —siempre esforzándose por la claridad, por la precisión; un libro que sondea profundamente en la teoría y está completamente lleno de sugerencias prácticas— luchando siempre por convencerte, por cambiarte. Cómo no amar un libro que en un momento te sugiere comprar una revista pornográfica, luego te propone un reto, después explica la meditación respiratoria, a continuación te cautiva con el torrente de conciencia de un adicto, y luego termina la lección rociándonos con una historia sufí (la leyenda de los dos hermanos) o con una hermosa metáfora ("Sé como el sándalo, que perfuma al hacha que lo hiere").

Si te importan los libros de autoayuda, este es, por mucho, el mejor que he leído. Si te importa la psicoterapia, este es, por mucho,

> el mejor que he leído (¡sin boberías freudianas!). Lo recomiendo de todo corazón. (EZLR, *I'm a cesspool of bitterness*).

A continuación, dos mensajes de colegas desconocidos que trabajaban en la más prestigiosa institución psiquiátrica del país:

> A principios de febrero, varios psicólogos de mi departamento y yo tomamos el curso de certificación en Terapia Racional Emotivo-Conductual con doctores del Instituto Albert Ellis de Nueva York, y déjeme comentarle que su libro nos sirvió mucho para prepararnos, en especial en el debate filosófico. Les comentamos de su libro y les encantó; de hecho a una de las maestras se lo regalamos y quedó encantada por la exactitud con la que refleja al mexicano. Ella es de Colombia y le sirve para los cursos y talleres que imparte en México. Muchas gracias por escribir un libro que nos enseña tanto y de manera divertida y veraz.

> Mi amiga y jefa me recomendó tu libro *Educación emocional en veinte lecciones.* Estoy a punto de terminarlo y, la verdad, ¡lo he disfrutado muchísimo! Además, he refrescado mis conocimientos en la terapia racional-emotivo-conductual (de hecho terminé de entender algunos temas). Los ejemplos son maravillosos. Quiero agradecerte que hayas escrito este libro pues hasta el momento no conozco un texto de la terapia cognitivo-conductual adaptado a nuestra cultura. Estoy aprendiendo mucho con él.

Y, finalmente, este mensaje donde su autor se presenta solo:

> Primero lo conocí como poeta. Tengo en el librero de mi oficina *Oficio: arder.* Es la primera vez que tengo (o me doy) la oportunidad de decirle a un autor que su obra me encanta. Luego lo conocí, y fue algo inesperado pero gratamente sorprendente, como terapeuta. Bueno, lo conocí a control remoto porque recientemente estuve en un congreso al que asistí representando a la institución en que

trabajo, y me topé con su libro *Educación emocional en veinte lecciones*, que adquirí y literalmente devoré.

Llevo años dedicado a cuestiones vinculadas con la educación para la tolerancia, educación ciudadana y temas afines. Ahora lo hago en un organismo gubernamental donde están a mi cargo los programas de educación para la no discriminación. Estoy convencido de que educar consistentemente en el respeto a la diversidad, y en la tolerancia, tiene que ver con la modificación de patrones de percepción hondamente arraigados que nos hacen mirar el mundo, la realidad, a otros y a nosotros mismos de una determinada manera, patrones que están en la base de la conformación de nuestras identidades como personas y como colectivos sociales. Y creo que la psicología cognitiva tiene algunas respuestas importantes para quien pretenda construir una sólida teoría de la educación para la no discriminación y no se conforme solo con invocar la buena voluntad de las personas.

Palabra de lector: esa con la que tanto sueña el que arroja la botella al mar. Voces que provienen de gremios y ámbitos distintos. Podría transcribir muchos testimonios más, a cual más conmovedores, que dan cuenta de cómo la lectura del libro les ayudó a vencer o a paliar el sufrimiento y el dolor ante muy diferentes rostros de la adversidad. He elegido estos por su vena gozosa y optimista.

No se me ocurrió mejor prólogo para la segunda edición y para la edición de bolsillo.

Pero los años pasaron y tuve de pronto una sensación agridulce producida por el hecho de que las tres ediciones, con sus respectivas reimpresiones, de pronto, estuvieron agotadas. Sensación agridulce, dije, porque genera alegría que el libro haya encontrado su destino entre el público, pero, al mismo tiempo, se lamenta cuando no está disponible para los nuevos lectores que lo requieren.

Por eso estamos celebrando su nueva aparición, ahora en el prestigioso sello Grijalbo.

El libro es un hilo de Ariadna que conduce al interesado por ese laberinto que los seres humanos somos. Su propósito ha sido guiar a las personas en el entendimiento y posterior manejo de sus dificultades emocionales.

El volumen enseña las generalidades del análisis conductual multimodal, y el peso determinante de las actividades cognoscitivas, el pensamiento y la imaginación, en la génesis de las emociones perturbadas o neuróticas: las crisis de ansiedad, los brotes depresivos, los estallidos de ira sin control, y la manera en que afectan las diferentes áreas de la vida cotidiana: la salud física, las relaciones de pareja, la armonía familiar, la vida académica, la vida laboral, los intereses artísticos y espirituales.

A continuación, enseña técnicas eficaces, surgidas tanto de la investigación en la ciencia del comportamiento como de la práctica clínica, para el combate al pensamiento falaz, generador de la neurosis, y el modo, no por claro menos sofisticado, en que, a través de una reestructuración cognoscitiva rigurosa, es posible sustituirlo por modalidades de pensamiento sólido, que abaten la perturbación y promueven el desarrollo de la emoción y la acción creadoras.

El libro aporta, también, técnicas corporales para el manejo de la ansiedad, y presenta un bien diseñado programa para el desarrollo de las habilidades sociales que promueven tanto las capacidades para acercarse a la gente, como la requeridas para protegerse de ella, cuando es necesario, defendiendo los derechos personales sin pasar sobre los derechos del otro, y sin ansiedad incapacitante.

Educación emocional en veinte lecciones trabaja, entonces, con la mente, con el cuerpo y con nuestras relaciones interpersonales.

Con regocijo y algunas precisiones, mínimas pero significativas, ponemos hoy, ante sus ojos, esta nueva edición.

¡Feliz viaje!

EFRAÍN BARTOLOMÉ
(efrainbartolome@hotmail.com)

UMBRAL

> Vana es la palabra del filósofo que no remedia ningún sufrimiento del hombre. Porque, así como no es útil la medicina si no suprime las enfermedades del cuerpo, así tampoco la filosofía si no suprime los sufrimientos del alma.
>
> EPICURO

He dedicado 50 años de mi vida a trabajar con la emoción humana. Me tocó en suerte comenzar la enseñanza y la práctica de la psicoterapia cognitivo-conductual en México y, casi sin proponérmelo, fui especializándome en el manejo de la depresión suicida, de los brotes extremos de ira sin control y de los estados graves de ansiedad, incluidas sus formas más agudas como el ataque de pánico, la agorafobia y los estados obsesivo-compulsivos. Mis herramientas de trabajo se fueron enriqueciendo poco a poco: pasé del análisis conductual aplicado a las técnicas de condicionamiento cubierto y, simultáneamente, a las técnicas imaginativas derivadas de la teoría de la inhibición recíproca (desensibilización sistemática, *flooding therapy* y psicoterapia implosiva). Muy pronto, a fines de los setenta, me descubrí fascinado con el entrenamiento asertivo y su eficacia para el desarrollo de habilidades sociales y el manejo del conflicto interpersonal. El desarrollo de las técnicas de autocontrol conductual me llevó a interesarme en lo que entonces llamábamos *modificación de la conducta cognitiva*, y así comencé a practicar psicoterapia racional-emotiva, una aproximación terapéutica de clara filiación cognoscitiva y humanista. La posibilidad de modificar las filosofías de vida y las estructuras de pensamiento irracional generadoras de neurosis fue para mí el paso del Mar Rojo. En poco más de un lustro de trabajo y lectura denodados, mi capacidad como facilitador del cambio psicoterapéutico había crecido de manera insospechada. Me tocó vivir personalmente lo que estaba sucediendo en la psicoterapia científica del siglo XX: el acercamiento entre técnicas cognoscitivas y técnicas conductuales que inicialmente se creyeron irreconciliables. Este movimiento de atracción mutua se produjo porque ambas orientaciones apelaban a la metodología de las ciencias naturales para comprobar sus hipótesis. Ambos modelos acumularon conocimientos sólidos y llegó un momento en que ya no fue posible ignorar la abundante evidencia que la contraparte había reunido. Los paradigmas que habían chocado en sus inicios se integraron en uno nuevo y nació la orientación cognitivo-conductual. Lo que el nuevo modelo afirma es que para la modificación de las emociones perturbadas no basta la modificación de la conducta observable, sino que es necesario también reestructurar el comportamiento encubierto: la imaginación y el pensamiento, la actividad cognoscitiva que subyace a la acción. Me asombró la rapidez con la que se pueden lograr cambios perdurables en el comportamiento y en las emociones a través de la modificación sistemática de las estructuras cognitivas. Unir los métodos cognoscitivos y las técnicas conductuales parecía redoblar la efectividad terapéutica. El terapeuta interviene *en el presente* para abatir el sufrimiento innecesario generado por *traumas del pasado* o por acontecimientos *temibles del futuro* que, como es obvio, aún no han ocurrido. El terapeuta interviene *activamente* con técnicas de alta eficacia clínica basadas en un sólido *corpus* de investigación científica. El terapeuta confronta el pensamiento torcido y debate intelectualmente con sus pacientes promoviendo el pensamiento lógico, objetivo y científico sobre la realidad. El terapeuta contribuye con todo esto al desarrollo de conductas y emociones creadoras. A tales actividades he dedicado mi vida y la obra que usted tiene en sus manos ahora es el resultado de esa pasión.

Me he esforzado por exponer las complicadas peripecias de la emoción humana del modo más claro, sencillo y directo que he podido. El libro va dirigido al público en general, pero los estudiantes de psicología o los psicoterapeutas, tanto los que se inician como los que ya tienen un buen camino andado, lo encontrarán de gran utilidad, especialmente aquellos que en su práctica clínica están más comprometidos con el bienestar de sus pacientes que con la orientación psicológica que practican. Aquí encontrarán el *cómo* de ciertas técnicas de cambio. Encontrarán también una forma organizada de aplicar los métodos educativos de la psicoterapia racional-emotiva de Albert Ellis, de la psicoterapia cognitiva de Aaron T. Beck y del trabajo de innumerables teóricos, investigadores y practicantes de la psicoterapia cognitivo-conductual entre los cuales quiero destacar a Robert Alberti, John Paul Brady, David Burns, Joseph Cautela, John Dollard, Windy Dryden, Hans Eysenck, Allen Fay, Cyril Franks, Marvin Goldfried, Israel Goldiamond, Russell Grieger, Robert Harper, Paul Hauck, Edmund Jacobson, Patricia Jakubowski, Frederick Kanfer, Leonard Krasner, George Kelly, John D. Krumboltz, Arthur Lange, Maxie Maultsby, Michael Mahoney, Richard McFall, Donald Meichenbaum, Isaac Marks, Neal Miller, Gerald Patterson, Gordon Paul, Konstantin Platonov, Andrew Salter, Richard Stuart, Martin Seligman, Thomas Stampfl, Carl E. Thoresen, Leonard Ullmann, Terence Wilson, Janet Wolfe y Joseph Wolpe, entre muchos otros. El trabajo de todos ellos, englobado en la visión integral del comportamiento que un caballero humanista como Arnold A. Lazarus ha promovido entre los psicoterapeutas, ha enriquecido mi práctica profesional. Agradezco a esas figuras señeras su influencia bienhechora en mi vida y, por mi conducto, en la de mis pacientes. El cariño, la gratitud y la sonrisa cada vez menos triste que he visto asomarse en el rostro de centenares de personas me hacen creer que estas cinco décadas puestas a su servicio definitivamente han valido la pena.

EB

PRIMERA PARTE

GENERALIDADES

Elementos para deletrear el alma

Sistema, poeta, sistema:
empieza por contar las piedras,
luego contarás las estrellas.

León Felipe

Lección 1

¿QUÉ ES LA PSICOTERAPIA?

Para decirlo brevemente, la psicoterapia es **la aplicación de métodos y técnicas de la psicología para ayudar a las personas a manejar mejor sus dificultades de tipo emocional.**

¿Qué son las emociones?

El origen etimológico de la palabra nos aclara muchas cosas, la sabiduría de la lengua no deja de maravillarnos: al buscar el origen de la palabra "emoción" o "emotivo" en el diccionario etimológico de Joan Corominas lo primero que sorprende es que nos envíe a buscar los términos bajo la entrada "mover", y cuando vamos allá, encontramos nuestros términos de búsqueda acompañados de palabras como "moción", "motor", "movimiento", "motivo". El origen etimológico del término sorprende y aclara: separado el prefijo "e-", del radical "moción" entendemos perfectamente: las emociones nos fueron dadas por la Madre Naturaleza para ser nuestro *motivo*, nuestro *motor*, lo que nos pone en *movimiento*, lo que nos *mueve*, lo que nos impulsa a la acción cada vez que tenemos dificultades en la vida. Para eso existen las emociones: para impulsarnos a resolver conflictos. Cuando las emociones cumplen esa función bienhechora, son, sin duda, una bendición. Gracias a ellas restauramos el equilibrio, satisfacemos las necesidades, volvemos al estado de reciprocidad entre nosotros y la naturaleza o entre nosotros y el prójimo.

Pero sucede que a veces las emociones son tan intensas que, por así decirlo, se pasan de la raya: brotan con tal intensidad que, en lugar de impulsarnos a resolver problemas hacen lo contrario: nos paralizan en la dificultad o, peor aún, nos acarrean más problemas de los que ya teníamos. En este momento la emoción deja de ser útil y comienza a volverse perjudicial: no solo deja de cumplir su función natural, sino que actúa *en contra* de aquello para lo cual nos fue dada. Decimos entonces que la emoción se ha vuelto *autoderrotista* y, por lo tanto, *neurótica*: actúa en contra de nuestras metas de bienestar y supervivencia: es una zancadilla que nos aplicamos a nosotros mismos.

La condición autoderrotista es el rasgo determinante de la neurosis. Y, para perderle el respeto a la palabra de una buena vez, tengamos presente esta definición de trabajo de la psicoterapia racional emotiva: **un neurótico es un ser humano inteligente que se comporta como estúpido** en el manejo de algunas áreas de su vida. En resumen: las emociones son una bendición cuando nos impulsan a la resolución de dificultades, y es propósito de la psicoterapia fortalecer estas emociones creadoras. Pero las emociones neuróticas, aquellas que paralizan a la gente en el conflicto, son nuestras enemigas: contra ellas lucha la psicoterapia. Contra los dolorosos episodios depresivos, contra las crisis de ira sin control, contra los temores y las angustias incapacitantes. Estas perturbaciones trastornan la vida de millones de seres humanos, generan sufrimiento, ansiedad, depresión, furia, problemas cardiacos, trastornos digestivos, agresión, rencor, violencia intrafamiliar, divorcios, asesinatos, suicidios, deseos de venganza, sentimientos de culpa, vergüenza, desesperación, odio, pena, terror y dolor, tanto en quien padece la alteración como en quienes sufren al neurótico.

Origen de las emociones

Las emociones no vienen de la nada: son el resultado de cambios, a veces bruscos y a veces sutiles, en nuestros modos de organizar en la cabeza la experiencia del mundo y en nuestras formas de enfrentarnos a la realidad; es decir, son resultado de cambios de *pensamiento* y de cambios de *comportamiento observable*. Cuando solo son eso, cambios de conducta y de pensamiento, generalmente no les hacemos caso: no siempre somos conscientes de que están ocurriendo o, si nos damos cuenta de ellos, pueden parecernos procesos naturales e inocuos. Pero cuando esos cambios de conducta y de pensamiento generan insatisfacción y dolor, se activan las emociones, se prenden las flamas emocionales y es entonces cuando algunas personas comienzan a interesarse en la psicoterapia: cuando surge la inesperada crisis depresiva, el brote de ira exacerbado, el miedo irracional e incontrolable.

Hay, no obstante, muchísimas personas que no saben leer la crisis emocional como signo de conflicto y la dejan pasar o la justifican de muchas maneras... hasta que los brotes emocionales comienzan a afectar la salud física, a perturbar la vida en pareja, a generar problemas en la armonía familiar, a afectar el rendimiento académico o la vida laboral. Muchas personas llegan a la psicoterapia en este punto. Otras, sin embargo, nuevamente dejarán pasar el problema emotivo y no se interesarán en aprender a manejarlo hasta que se convierte en un problema social... o incluso legal. Y es claro que algunas personas no llegarán a la psicoterapia ni en esas duras condiciones. Bueno, lo lamentamos: ya sufrirán las consecuencias de su desidia o de su ignorancia. Nos gustaría que fuera distinto, pero la realidad tiene sus modos, y estos no siempre se ajustan a nuestros buenos deseos. Evidentemente este libro no es para ellos. Es para usted que se interesó en el título y comenzó a hojearlo en la librería. Permítame felicitarlo por la aventura que iniciará. ¿Por qué? Porque el ser humano, por naturaleza, se empeña en la búsqueda de lo desconocido: la tierra, los mares, las montañas, la materia, la luz, la vida, el átomo, el cielo, el universo... Se afana en aventuras deportivas, comerciales, sociales, políticas, guerreras, etc. Pero llega el día (y no importa a qué edad) en que hay que comenzar la aventura mayor, quizá la más difícil: la inmersión en uno mismo, en el porqué de nuestros actos y de nuestras emociones. Lo dijo Chamfort: "El hombre de mundo, el amigo de la fortuna, incluso el amante de la gloria, todos trazan ante sí una línea recta que los conduce a un término desconocido. El sabio, el amigo de sí mismo, describe una línea en círculo cuyo fin lo devuelve a sí mismo". Esta puede ser una de las razones por las que está usted aquí y por eso lo felicito.

¿Cómo cambiar las emociones perturbadas?

Dijimos arriba que las emociones son producto de cambios en el pensamiento y de cambios en el comportamiento observable. Para cambiar las emociones neuróticas hay que intervenir en ambos dominios psicológicos: en la conducta observable y en las actividades cognoscitivas, en el comportamiento abierto y en el comportamiento encubierto. Esto es lo que da su nombre a la psicoterapia cognitivo-conductual y al conjunto de técnicas que aprenderá usted en este libro.

A veces la turbulencia emocional alcanza cimas insospechadas y nos nubla la visión. Una visión velada nos impide encontrar el hilo y desentrañar la madeja. Quizá usted se encuentre en una situación parecida. El terapeuta, como Merlín, sonríe: el mendigo está sentado sobre el cofre del tesoro, pero no lo sabe: de ahí sus lamentos... ¿Qué hacer? Perderle el miedo a la tempestad y comenzar a entrenar nuestros ojos para mirar en la oscuridad. La flor más bella surge del pantano, *la perla brota del molusco herido y Venus nace de la amarga espuma*: el dios continuará naciendo en el establo...

La psicoterapia es la búsqueda de la joya perdida: este libro puede ayudarlo a bosquejar un mapa.

Aquí comienza su aventura...

LECCIÓN 2

EL ANÁLISIS CONDUCTUAL MULTIMODAL

Definición del campo

Lo dijo bien el físico J. Robert Oppenheimer tras los dolorosos acontecimientos de Hiroshima, en la Segunda Guerra Mundial. Un día le espetaron la pregunta comprometedora: ¿por qué ese horror? Oppenheimer, siempre buen comunicador, respondió con una frase inmortal: "¿Por qué? Porque entender el comportamiento del átomo es un juego de niños, comparado con querer entender... los juegos de los niños".

Nada más cierto.

Entender el comportamiento de la materia resulta cosa sencilla comparado con tratar de entender por qué los humanos somos como somos, por qué sentimos lo que sentimos, por qué pensamos lo que pensamos, por qué hacemos lo que hacemos o por qué nos hacemos, a nosotros mismos o a los demás, lo que con frecuencia nos hacemos.

Y esto es, justamente, lo que le toca estudiar al psicólogo. Esta es su parcela de conocimiento. Este es su trabajo: tratar de entender por qué los seres humanos, la más alta floración de la materia, se comportan como se comportan. Eso se propone la psicología y eso nos proponemos en este libro.

Para poder analizar esos complejísimos fenómenos, es bueno afinar nuestras herramientas de comunicación, y ese es el propósito de este capítulo.

Comencemos poniéndonos de acuerdo sobre ciertos hechos elementales, como qué estudia la psicología, por ejemplo.

La psicología estudia el comportamiento o la conducta de los organismos

Los términos "comportamiento" y "conducta" son sinónimos y los utilizaremos aquí de modo intercambiable. Con ellos nos referimos a:

La interacción de un organismo vivo con su ambiente

O, dicho de forma sumaria:

$$O \leftrightarrow A$$

Donde O, el Organismo, interactúa (↔) con el Ambiente, A.

Entendamos bien los tres elementos de la definición: *organismo vivo, interacción, ambiente.* Definamos cada uno.

Primero lo primero: para que la conducta exista el organismo tiene que estar vivo. En el momento en que dicho organismo muere deja de comportarse y deja, por lo tanto, de ser de interés para la psicología. Ya otras disciplinas se encargarán de su estudio, pero para el psicólogo, en cuanto tal, una vez muerto el organismo deja de serle interesante como objeto de estudio. El psicólogo llega hasta allí. Solo le interesan los organismos vivos, porque si no están vivos, no hay comportamiento. ¿Cuáles son los organismos vivos? En términos generales, las plantas, los animales, los seres humanos. El psicólogo, entonces, se encarga de estudiar la interacción de los organismos vivos (plantas, animales, seres humanos) con su ambiente.

Nadie duda de que los seres humanos son objeto de estudio de la psicología: los medios escritos, la televisión, el cine, el teatro, han difundido la imagen del psicólogo clínico trabajando con pacientes en su consultorio. Tampoco ignora el gran público, aunque es menos difundido por los medios, que algunos psicólogos hacen investigación de laboratorio con animales: con ratas, con chimpancés, con macacos, con perros, con palomas. Pero no deja de asombrar, aun en los inicios del nuevo milenio, ver documentales donde un hombre trabaja con plantas diversas y enterarse al final del programa que el investigador no era fitólogo, ni botánico, ni biólogo siquiera, sino un psicólogo investigando fenómenos como "aprendizaje por condicionamiento" o aspectos sensoriales, o incluso "algo parecido a las emociones" en plantas.

Aclaremos el segundo término de nuestra definición. Con "interacción" nos referimos a la relación recíproca, el control mutuo o la *acción entre* dos fenómenos. Por eso representamos dicho término con una flecha en dos direcciones. Así, si ignoramos la punta izquierda de la flecha, podemos leer:

$$O \rightarrow A$$

Lo que significa que el Organismo incide sobre el Ambiente, ejerce influencia sobre él, lo altera, lo controla, lo modifica, etcétera.

Pero si ahora ignoramos la punta derecha:

$$O \leftarrow A$$

podemos leer lo contrario: el Ambiente incide en el organismo, ejerce influencia sobre él, lo altera, lo controla, lo modifica, etcétera.

Si ahora leemos completa la flecha en doble dirección:

$$O \leftrightarrow A$$

nos queda perfectamente claro el concepto "interacción", es decir, la relación *recíproca*, el control *mutuo*, o la *acción entre* dos fenómenos.

Pasemos ahora al tercer término de la definición: "ambiente". ¿Qué es el "ambiente"? "Es todo lo que nos rodea", dice una voz interior. Y es cierto. Esa será nuestra definición, pero tomemos conciencia de lo que eso significa. Cada organismo está en el centro de su mundo y todo lo rodea: las paredes y el techo de la habitación donde leemos, el aire, la temperatura, la luz, los libros, los cuadros, las estrellas, el sol, la noche, las piedras, las otras criaturas, los árboles, los animales, las demás personas. ¿Cuál es la parte más cercana de nuestro ambiente? Esa silla que veo a un metro de mí, sí, pero está más cerca la alfombra, y más cerca la silla en que estoy sentado. ¿Qué hay más cerca? En un primer momento no nos percatamos, pero entre la piel del sillón y yo, está mi ropa... y entre mi ropa y yo, está la ropa interior. Y así llegamos a la frontera entre organismo y ambiente: nuestra piel. De la piel hacia afuera, todo es ambiente. Así, la pintura en las uñas de Sandra es parte de su ambiente, igual que su maquillaje, su perfume, su lápiz labial, su fina lencería, sus medias, sus zapatos, su bolso, su perro, su auto, su novio, sus padres y, literalmente, **todo lo que esté fuera de su piel.**

Ahora podemos retomar nuestra definición de Psicología y enunciarla de varias maneras:

1. La psicología es el estudio del comportamiento.
2. La psicología es el estudio de la conducta.
3. La psicología es el estudio de la interacción entre los organismos vivos y su ambiente.
4. La psicología es el estudio de la forma en que los organismos vivos se relacionan con su ambiente.
5. La psicología es el estudio de la relación entre plantas, animales y seres humanos con todo lo que los rodea.

Si se le ocurre otra, magnífico. Escríbala en su libreta de trabajo. A propósito: consígase una libreta de unas 100 hojas, de preferencia tamaño carta. O abra una carpeta en su ordenador que se llame *Diario de terapia*. O las dos cosas. Hágalo pronto: será un gran auxiliar mientras lee este libro. Ya verá por qué.

Cerciórese de que su definición cubra los tres términos: *organismo, interacción, ambiente.* Si lo hizo así, reciba mi felicitación. Si no lo hizo así, inténtelo de nuevo y corrija lo que haga falta.

Unidad y diversidad de la conducta

Todo lo que un organismo vivo hace en relación con su ambiente es conducta. ¿Todo? Sí, *todo.* Asomémonos a un microscopio imaginario: una ameba lanza un seudópodo sobre una molécula de azúcar y la integra a su cuerpo. ¿Es eso conducta? Sí, puesto que tenemos un *organismo vivo* llamado ameba, *interactuando* con una molécula de azúcar que es parte de su *ambiente.*

Un hombre se entera de que la aviación alemana bombardeó una pequeña población del país vasco. A partir de esa información el hombre imagina lo sucedido: las escenas de angustia, las madres asomándose a los balcones en busca de sus hijos, el vuelo de los aviones, el bombardeo, los estallidos, los muros caídos, las estatuas rotas, el polvo, los ojos desorbitados de los caballos, los toros aterrorizados mugiendo en los establos, la desesperación, los gritos, la primera sangre, etc. Comienza entonces a hacer trazos y trazos y trazos que lo llevan finalmente a pintar esa maravilla aterrorizante del siglo XX que se llama *Guernica.* ¿Pintar el *Guernica* es conducta? Desde luego: en este caso tenemos un *organismo vivo* llamado Pablo Picasso *interactuando* con la información recibida acerca del bombardeo y luego con sus pinceles, sus papeles, sus lienzos, sus propios trazos sobre la superficie, hasta terminar el cuadro.

Es claro que entre la conducta de la ameba y la del gran pintor malagueño media un abismo de complejidad, pero en ambos casos tenemos a *organismos vivos interactuando* con su *ambiente.* Siempre que esto se cumpla estaremos frente a un hecho conductual. Así que, si un niño camina por la calle y le da una patada a una lata vacía, estamos frente a una conducta; lo mismo que si un hombre pasea por un parque y de pronto se detiene y orienta la cabeza hacia un árbol donde escucha los trinos de un cenzontle que hiere dulcemente la transparencia de la tarde. En ambos casos un *organismo vivo* está *interactuando* con su *ambiente*. Así pues, son conductas los actos de fumar, comer, hacer el amor, escribir un poema, repetir las tablas de multiplicar, contar historias, investigar cómo se produce la rabia, manejar automóviles, diseñar un nuevo programa de computación, engañar, deprimirse, enfurecerse, leer el periódico, votar, sacrificarse por el prójimo, enamorarse, asesinar o suicidarse. **Todo lo que un organismo vivo hace en relación con su ambiente es conducta.** Tal vez por eso "entender el comportamiento del átomo es un juego de niños, comparado con querer entender los juegos de los niños". ¿Adquiere más sentido ahora la célebre frase de Oppenheimer?

Una clasificación del comportamiento

El universo de la conducta es amplísimo y parece infinito. ¿Cómo movernos con más confianza en medio de ese caos aparente? ¿Cómo desenmarañar la madeja? ¿Cómo encontrarle sentido a un universo tan grande? Para estudiarlo y entenderlo mejor, necesitamos herramientas de comunicación más afinadas. Para ello usaremos una clasificación que me ha resultado muy útil. Esta clasificación nos permitirá comunicarnos mejor al tratar de desentrañar fenómenos conductuales complicados. Al terminar esta unidad, el lector será capaz de realizar análisis conductuales multimodales y, por lo tanto, podrá entender y comunicar con más precisión la riqueza y las complicaciones del comportamiento. Aprendamos, pues, con esta clasificación, a *deletrear* la conducta.

1. Acción

La acción es el tipo de comportamiento más fácil de estudiar. Involucra *movimiento muscular* y resulta, en consecuencia, *susceptible de observación*. Para que cualquier conducta pueda ser clasificada en esta categoría, es necesario que cumpla los dos requisitos citados. Tomemos como ejemplo el *escribir en la computadora*. ¿Puede esta conducta ser clasificada como *acción*? Veamos. ¿Es posible *observar* algún *movimiento muscular* al realizar dicho comportamiento? Como es obvio, sí: cualquier observador puede notar el movimiento de los dedos sobre el teclado y, si se fija bien, el movimiento de los párpados y de los globos oculares del escribiente. ¿Está claro? Si es así, escriba 10 acciones en su libreta de trabajo. *Hágalo ahora mismo, antes de seguir leyendo*. Especifique, después de cada una, el movimiento muscular observable que cada comportamiento involucra.

2. Sensopercepción

Este segundo tipo de interacción entre organismo y ambiente no es tan fácilmente observable como la acción porque no siempre involucra movimientos musculares. Uno puede estar recostado en un diván, en una cama, en la alfombra o en el césped, con los músculos completamente relajados. No se observa movimiento muscular alguno. Si alguien nos ve, podría pensar que estamos ahí sin hacer nada. Sin embargo, no cesa nuestra *interacción* con el ambiente. Aunque no haya músculos moviéndose, nuestra relación con el ambiente continúa en un diálogo maravilloso: percibimos los pasos de nuestra esposa sobre la madera del pasillo, registramos la voz de Sara Vaughan en el estéreo de la sala, escuchamos el murmullo del viento entre las ramas del jardín, oímos un claxon lejano, alcanzamos a oír el ladrido de un perro en la lejanía o algún martilleo pertinaz contra un muro. Pero también percibimos el aroma del café que se prepara o una leve esencia de rosas en nuestra habitación, el perfume de nuestra pareja o el aroma de los muebles de cedro, la fresca ráfaga oliendo a tierra mojada o algún ingrato olor a gasolina que viene de la calle. Y aun con los ojos cerrados distinguimos los cambios de luminosidad y sabemos cuándo el sol pasó tras una nube cargada o cuándo salió de su escondrijo temporal. Y si tenemos los ojos abiertos y la vista fija en un punto, no por ello dejamos de percibir muchos estímulos a nuestro alrededor, muchos colores, muchas formas, muchas distancias y la disposición de las cosas en el espacio.

Pero también percibimos con la piel las características del sitio en el que estamos: percibimos el calor y el frío, la presión superficial y la presión profunda, lo duro y lo suave, lo rugoso y lo liso, lo seco y lo húmedo.

Y tal vez nos quede el regusto del chocolate o del chicle de menta o del *Armagnac* o del habano que disfrutamos hace unos minutos.

En resumen: en el caso de la categoría conductual que hemos denominado "sensopercepción", puede no haber movimiento muscular observable, pero el *organismo vivo* está *interactuando* con su *ambiente, percibiéndolo* a través de los *sentidos*. ¿Está claro? ¿Tiene su libreta a mano? Si es así, escriba a continuación 15 ejemplos de sensopercepción que esté viviendo en este momento: ponga tres ejemplos para cada modalidad sensorial: tres visuales, tres auditivos, tres olfativos, tres gustativos, tres táctiles.

3. Actividades cognoscitivas

Llamamos "actividades cognoscitivas o mentales" a los modos de conducta mediante los cuales el organismo no interactúa con el ambiente *real*, sino con *representaciones* del mismo.

En las categorías que hemos denominado "acción" y "sensopercepción", el organismo interactúa siempre con el ambiente *real*: alguien bebe jugo de naranja, nada en el mar o acaricia a su pareja (acciones); o mira el color del jugo, escucha el rumor del mar o siente en los labios la piel tersa de su novia (sensaciones y percepciones).

A diferencia de los dos géneros anteriores, en las *actividades cognoscitivas* el organismo no interactúa con el ambiente real (el jugo, el mar, la pareja), sino con *representaciones internas* del ambiente. Así, alguien, al despertarse y aun antes de comprobar si tiene naranjas en la cocina, *imagina* el jugo y su color, y *piensa* que es un alimento sano; en una vía muy cargada de tráfico otra persona *imagina* el mar y la playa y *piensa* que no podrá darse el lujo de ir en las próximas vacaciones; otro *imagina* el rostro de su pareja y *piensa* que es una fortuna amarla y ser amado por ella.

Cuando el ambiente es representado internamente a través de *figuras* o *imágenes*, la actividad cognoscitiva es llamada "imaginación". Cuando el ambiente es representado con palabras, a través de lenguaje, mediante unidades verbales, la actividad cognoscitiva es llamada "pensamiento". Debido a que estas dos actividades casi siempre ocurren juntas la gente suele confundirlas, pero por razones tanto didácticas como terapéuticas es muy importante distinguirlas, como adelante veremos. Por lo pronto ahondemos en la diferencia entre estas dos actividades.

"Imaginación": representación interna de aspectos del ambiente por medio de grafismos, figuras o *imágenes*. De ahí su nombre: representar con *imágenes*: *imaginación*. "Imaginar": mirar cosas con el ojo de la mente. Recuérdelo: la actividad cognoscitiva que llamamos imaginación es fundamentalmente gráfica, figurativa o imaginativa. Ejerzámosla: ¿puede recordar a alguno de sus maestros de la escuela primaria? ¿Puede mirar su rostro con el ojo de la mente? Muy bien, ¿recordó a un hombre o a una mujer? ¿Qué expresión facial tiene el personaje: está sonriendo o está serio? ¿Cómo está vestido? ¿Dónde lo ha ubicado? ¿En la calle, en el salón de clase, en los patios de la escuela, en la dirección? ¿Hay más gente? ¿Qué hora es en la imagen que ha representado internamente? ¿Hay luz o está nublado?

"Pensamiento": actividad cognoscitiva fundamentalmente verbal. Pensar es *hablar hacia adentro*. Imaginar es como si viéramos una película en la mente: miramos cine interior: fluye internamente un torrente de imágenes. Cuando pensamos, lo que fluye interiormente es un río de palabras, un torrente de lenguaje. De este modo podemos *pensar* que la persona que *imaginamos* en el ejercicio anterior, en caso de que fuera de sexo femenino, era una *buena* maestra. ¿Qué significa "buena"? Este juicio de valor es una *abstracción*. Es decir, una cualidad de las cosas que no tiene existencia aislada en el ambiente y no la podemos representar en concreto. Existe en diferentes configuraciones de estímulo pero no puede existir independientemente de ellas. No es una cosa. No tiene representación figurativa o imaginativa. Así, el término *buena* puede aplicarse a la maestra por su calidad personal o por su calidad como educadora, pero también puede aplicarse a la calidad de mi computadora, a la calidad de una silla, de una obra literaria, de una pieza teatral, de una escultura, y se aplica tanto a la madre Teresa de Calcuta como a la joven desnuda que ilumina con sus curvas generosas la portada del último *Playboy*. Quedará más claro ahora: la abstracción *buena* existe en diferentes configuraciones de estímulo, pero no puede existir independientemente del estímulo: lo *bueno* no es una cosa que pueda verse; es un concepto, una cualidad solo representable con palabras.

A continuación le presento una serie de frases. Indique con una (P) o con una (I) si se trata de una situación donde la persona está pensando o imaginando.

a) El primer auto que tuve fue un Datsun cuadradito color naranja. ( )
b) ¡Qué bueno me salió ese carrito! ( )
c) En él iba a mi trabajo cerca de la Villa de Guadalupe. ( )
d) Dejé ese trabajo hace 13 años. ( )
e) Ese carro me duró dos décadas. ( )
f) Se lo vendí a aquel señor calvo y bigotón. ( )
g) El otro día lo vi en el Periférico manejando ¡el mismo Datsun! ( )
h) Es una lástima que hayan dejado de fabricarlo. ( )
i) Se parecía un poco al Renault. ( )
j) Pero, para mí, el Datsun tenía un mejor motor. ( )

Compruebe sus respuestas al final de la sección en la página 45.

4. Emoción

Además de realizar *acciones* como correr, saltar, comer, hablar, caminar; además de *percibir* sabores, colores, aromas, sonidos, sensaciones en la piel; además de pensar e imaginar: sacar conclusiones, discriminar, generalizar, categorizar, abstraer, encontrar diferencias o similitudes entre las cosas, los seres humanos también sentimos tristeza, coraje, ansiedad, depresión, amor, ternura, alegría, deseos de venganza, miedo, furia, nostalgia. Es decir, también tenemos sentimientos o *emociones*. **Las *emociones* son modos complejos de comportamiento donde hay un estado de gran excitación acompañado de cambios viscerales y glandulares.** Con "modos complejos de comportamiento" quiero decir que en una emoción hay acción, sensopercepción, imaginación y pensamiento además de los cambios viscerales y glandulares citados antes.

Cuando estamos ante un hecho conductual, no presenciamos categorías inmóviles, aisladas e inertes: observamos la incomparable riqueza del diálogo entre un organismo y su ambiente. Por muy sencillo que parezca un comportamiento, tan pronto como comenzamos a analizarlo nos damos cuenta de que es mucho más complejo de lo que imaginamos. El más elemental de los comportamientos dista de ser simple y nos asombra su infinita riqueza: en él puede haber muestras de todas las categorías anteriores o, al menos, de varias de ellas. Será mucho más fácil desenmarañar la madeja y comenzar a encontrarle sentido al comportamiento si dominamos la clasificación que hemos presentado hasta aquí.

El análisis conductual multimodal

"Analizar" es una operación del entendimiento que consiste en descomponer un todo en sus partes. A la operación que consiste en *descomponer* una *conducta* compleja para ver los *múltiples modos* de comportamiento que la integran, la llamamos "análisis conductual multimodal".

Tomemos un sencillo ejemplo de la vida cotidiana: una mujer y su hijito caminan frente a nosotros a la entrada de un supermercado. Van tomados de la mano y el niño, que debe de tener unos 4 años, parece muy contento junto a su madre. Pronto los perdemos de vista en el intrincado laberinto de la tienda, pero 10 minutos después los encontramos nuevamente. La escena ha cambiado: ahora el niño está haciendo un berrinche colosal: berrea, gime, gesticula, tira de la manga a su mamá, da zapatazos, patalea, se tira al suelo, etc. Seguimos nuestro camino. Por 20 segundos hemos tenido una muestra de conducta de un organismo aparentemente sencillo: el niño. Para el observador común la conducta termina en esto: una serie de acciones (patalear, berrear, llorar) y una emoción (enojo). Pero para el ojo de un observador entrenado, esta pequeña muestra de 20 segundos ofrece una rica variedad de interacciones con el ambiente. Veamos:

El niño *caminaba* (acción) por los pasillos de la tienda. Al llegar a cierta zona *su mirada dio con un triciclo amarillo* (sensopercepción), que le pareció *precioso* (juicio de valor: pensamiento). Tan pronto lo vio, se *imaginó* manejándolo. Pero no en cualquier sitio ni en cualquier escenario: recordó que *una semana antes* (cálculo de tiempo: pensamiento) sus primos le *presumieron* (pensamiento) sus triciclos nuevos. *Bonitos*, sí (pensamiento), pero *no tanto* (pensamiento) como este que tiene al frente (sensopercepción) y en el cual *se imagina* paseando frente a sus primos. *Verse a sí mismo* en el triciclo amarillo (imaginación) le genera una gran *alegría* (emoción). Esta emoción lo lleva a una nueva acción: le *dice* a su madre que le compre ese triciclo. *Ve* entonces el rostro de su madre orientándose hacia él (sensopercepción) y la *escucha* (sensopercepción) decir algo como: "Ahora sí ¿verdad? El niño quiere su triciclo nuevo... No tengo dinero y además ¿cómo se te ocurre que te lo voy a comprar si te has portado muy mal?". Ahora el niño, en su imaginación, *se ve a sí mismo* con su triciclo viejo o sin triciclo frente a sus primos (imaginación), mientras *se dice para sus adentros* algo como: "A mis primos sí los quieren" (pensamiento). Esto lo pone *triste* (emoción), pero luego *se dice*: "Mi mamá es *muy* mala conmigo: yo no me he portado *tan* mal" (pensamiento). Esta nueva actividad cognoscitiva da lugar a una nueva emoción: la *ira*, que lo lleva a realizar la serie de comportamientos observables (acciones) que enumeramos al principio: berrear, gesticular, gemir, patalear, dar zapatazos, tirar de la manga a su mamá, etcétera.

Aunque el tiempo de análisis de la conducta del niño fue muy breve, pudimos encontrar todo eso. Si quisiéramos hacer un análisis todavía más minucioso, encontraríamos una asombrosa variedad de modos de comportamiento. Una vez más, la frase de Oppenheimer muestra su alto sentido.

Tomemos otro ejemplo de la vida cotidiana: la conducta de manejar automóviles.

1. Escriba en su libreta tres *acciones* realizadas al llevar a cabo tal conducta. Recuerde que, para nombrar tres acciones, habrá de nombrar tres *movimientos musculares* que puedan *observarse. No siga leyendo hasta que lo haga.*

   ¿Ya lo hizo? ¿Cumplen los requisitos las tres acciones? ¿Qué *músculos* se mueven en la primera y cuáles en las siguientes? ¿Todos son susceptibles de observación? Si es así, continúe. Si no, corrija lo que haya que corregir y siga.
2. Enumere ahora tres *sensopercepciones* visuales, tres auditivas, tres táctiles, tres olfativas y tres gustativas que ocurran al conducir.
3. Pasemos ahora a las actividades cognoscitivas. ¿Qué puede *imaginar* y qué puede *pensar* alguien mientras conduce un automóvil? Puede imaginar lo que sea, por supuesto. Pero para que su ejercicio tenga sentido, trate de nombrar tres tipos de imaginación y tres tipos de pensamiento *que tengan que ver* con la conducta que nos interesa: conducir automóviles. Distinguir bien estas dos funciones es muy importante para lo que vendrá después. Tómese la molestia de hacerlo en su libreta.
4. Finalmente, ¿qué emociones se experimentan al manejar? ¿Cuáles ha visto en los otros automovilistas? Escriba

abajo al menos tres de las emociones que ha visto en otros o que ha experimentado usted.

¿Terminó? Muy bien. Ha hecho usted su primer Análisis Conductual Multimodal. Ya sabe hacerlos. Muchas felicidades. Lo demás es cosa de práctica. **Si solo los hizo en la mente, le recomiendo muy seriamente que los haga ahora por escrito.** La investigación psicológica ha demostrado que estos ejercicios aparentemente insignificantes fortalecen el aprendizaje de modo extraordinario.

Ahora pasemos a casos un poco más complicados. Le propondré un bosquejo de historia. Con esos datos esenciales usted habrá de construir un relato de unos 15 renglones. ¿Qué hace, qué siente, qué piensa, qué imagina el personaje del cual yo solo le proporcionaré un estado emocional y muy pocos datos más? Escriba su relato de manera libre pero no se extienda demasiado en el tiempo. Haga de cuenta que lo estudia usted por unos cinco minutos. Cuando termine de escribirlo, le pediré que clasifique las conductas que usted haya relatado, es decir, que haga el *análisis conductual multimodal* de su personaje. Quiero insistirle en una cosa muy importante: no solo haga los ejercicios en su mente; *tómese la molestia de escribirlos en su libreta.* Es muy poco el tiempo que invertirá y en cambio obtendrá mucha ganancia en aprendizaje. Recuérdelo: no solo piense las cosas, *hágalas.*

Caso 1

Antecedentes: Susana, una mujer de 32 años llora en su recámara. Está muy deprimida porque hace ocho días, *por hacer una prueba*, le propuso a su novio romper la relación que había durado dos años. Para su sorpresa, él aceptó de inmediato: se fue, y hasta el momento no ha llamado.

Relato ampliado: Escríbalo en su libreta.

Clasificación: Extraiga de su relato los diferentes comportamientos de su personaje y clasifíquelos en la tabla de abajo:

Acción	Senso-percepción	Actividades cognoscitivas	Emoción
		Imaginación: **Pensamiento:**	

Caso 2

Antecedentes: Un hombre de 39 años hace antesala para una entrevista de trabajo. Está muy nervioso.

Escriba en su libreta su *relato ampliado* y luego clasifíquelo en una tabla como la anterior.

Caso 3

Antecedentes: Una mujer de 25 años conduce su auto por una avenida de la gran ciudad. Va muy a gusto escuchando música. El tráfico fluye fácilmente. Se detiene ante un semáforo y, de pronto, su rostro se altera: cruzando la calle le pareció ver a una amiga querida de la preparatoria que se había ido del país. Escucha el sonido desesperado de un claxon que le indica que el semáforo ya está en verde. No puede detenerse ahí. Arranca.

Escriba en su libreta su *relato ampliado* y luego clasifíquelo en una tabla como la del caso 1.

Una vez que hemos aprendido a analizar comportamientos como los anteriores, y armados con un poco de práctica y paciencia, podremos analizar formas de conducta más complejas. Asuntos como la fantasía, el amor, el humor, la pasión, la fe, las conductas creadoras, la religiosidad, la intuición, etc., son susceptibles de análisis, aunque al principio nos parezcan laberintos inextricables. Por lo pronto ya comenzamos. Habrá que aprender a caminar antes de hacer acrobacias en la cuerda floja.

Respuesta posible al caso 1

A continuación, encontrará una posible respuesta al caso 1. Decidí incluirla para que tenga un elemento de comparación. Confronte su respuesta con la que le propongo. Si su respuesta es equiparable a la que aquí se da, magnífico. Felicítese por ello. Si cometió errores, corríjalos y aplique el nuevo aprendizaje en la revisión de los casos 2 y 3.

Relato ampliado: Susana llora desconsoladamente. "¿Qué hice?", se pregunta. "Ya no soy una niña y sigo cometiendo las mismas idioteces. ¿Por qué soy tan inmadura? ¿Por qué, a mi edad, me pongo a hacer esas *pruebitas* de niña de secundaria? Lo eché todo a perder. Siempre termino matando lo que amo. Soy una estúpida". Le sobreviene un acceso de llanto, gime fuertemente, solloza. Poco a poco parece calmarse. Siente los ojos irritados y las lágrimas corriendo por sus mejillas. El líquido ha alcanzado las comisuras de sus labios y percibe el sabor salado de las lágrimas. Suspira. Le cuesta trabajo respirar, por lo que se estira dificultosamente hasta alcanzar la caja de pañuelos desechables. Toma uno y se suena ruidosamente. Ahora el aire entra con más facilidad por sus fosas nasales. Siente frío. De pronto su mirada se queda fija en una fotografía: ella y él en los buenos tiempos, en un restaurante donde celebraban su primer aniversario. "¿Y si ya tiene a otra?", se pregunta de nuevo. Y entonces lo imagina celebrando su próximo aniversario, en el mismo restaurante, pero con una mujer más guapa, más joven... "¡Y seguramente más inteligente y menos neurótica que yo!", se dice nuevamente. Una leve sonrisa parece surgir en su rostro, pero no dura mucho. "No le importó. Yo creo que nunca me quiso y solo andaba conmigo por lástima. ¿Por qué tengo tan mala suerte?". Sus facciones se distorsionan y le sobreviene un nuevo acceso de llanto.

Clasificación: Extraiga del relato anterior los diferentes comportamientos de su personaje y clasifíquelos en la siguiente tabla:

Acción	Senso-percepción	Actividades cognoscitivas	Emoción
Llora. Gime. Solloza. Suspira. Se estira. Toma un pañuelo. Se suena. Fija la mirada. Sonríe. Sus facciones se distorsionan.	Ve la foto. Siente los ojos irritados. Siente las lágrimas en sus mejillas. Siente el sabor salado. Siente dificultad para respirar. Toca el pañuelo desechable con sus dedos. Lo siente en su nariz. Oye el ruido al sonarse. Siente el aire entrando fácilmente por su nariz. Siente frío.	**Imaginación:** Se imagina en el restaurante con él, hace tiempo, ambos sonrientes y contentos. Lo imagina ahora en el mismo sitio, muy atento con su nueva pareja, joven y guapa. Sonríen y se besan. **Pensamiento:** "¿Qué hice?". "Ya no soy una niña". "Sigo cometiendo las mismas tonterías". "¿Por qué soy tan inmadura?". "Parezco niña de secundaria". "Siempre termino matando lo que amo". "Todo lo eché a perder". "¿Por qué tengo tan mala suerte?".	Depresión.

Solución al ejercicio de la página 38: diferencia entre imaginación y pensamiento: a: I, b: P, c: I, d: P, e: P, f: I, g: I, h: P, i: I, j: P.

LECCIÓN 3

PREEMINENCIA DE LAS ACTIVIDADES COGNOSCITIVAS

Actividades cognoscitivas y homo sapiens

En la lección anterior aprendimos a clasificar el comportamiento en cuatro grandes áreas: acción, sensopercepción, actividades cognoscitivas (pensamiento e imaginación) y emoción. ¿En cuál de estas formas de conducta los seres humanos superamos a las demás criaturas? Sin duda, en las actividades cognoscitivas. De hecho, son estas capacidades las que nos hacen ser lo que somos: *homo sapiens*, seres con capacidad de paladear, de saborear, de degustar, de decidir. Nuestras capacidades cognoscitivas evolucionadas nos hacen distintos incluso de nuestros parientes más cercanos, los grandes simios.

¿Cómo llegamos a ser lo que somos, a convertirnos en la más alta floración de la materia? Las actividades cognoscitivas fueron determinantes en la evolución de nuestra especie: aprendimos a hablar y luego a hablar hacia adentro (pensar); aprendimos también a reportar que podíamos ver cosas no solo con el ojo físico (sensopercepción), sino con *el ojo de la mente* (imaginación). Dotados de estas capacidades, muy pronto superamos las desventajas conductuales que teníamos en relación con las demás especies.

Es obvio que muchos animales nos superan en infinidad de formas de comportamiento. En la *acción*, por ejemplo: los toros, los elefantes, los caballos, los grandes felinos, ciertos perros y muchos otros organismos tienen más fuerza que nosotros.

En velocidad nos ganan las liebres, los galgos, los caballos y los gatos, entre muchos más. Las aves son capaces de volar y los peces nadan muchísimo mejor que nosotros. No obstante, **gracias a las actividades cognoscitivas,** hace mucho que superamos este déficit: aprendimos a comunicarnos y a diseñar estrategias para cazar en grupo, domesticamos animales y los pusimos a nuestro servicio: los usamos como medio de transporte, para cargar y para tirar del arado. Los hemos empleado en la guerra y en el espectáculo. También para alimentarnos y hasta para compartir el afecto. No tenemos tanta fuerza física como muchos de ellos, pero gracias al ingenio humano podemos mover pesos ingentes y grandes masas de materia. Cuando vemos esos aparatos moviendo pesos colosales en la construcción de los rascacielos contemporáneos, no podemos menos que admirar la capacidad del ser humano que puede hacer eso y además construye tractores, aplanadoras, tanques de guerra, palas mecánicas, aviones, buques, submarinos y mete trenes en túneles que previamente perforó en montañas de granito o por debajo del mar. Y aunque las águilas vuelan, no han llegado a la Luna ni exploran el espacio exterior como nosotros. Del mismo modo nos asombra el domador en el circo cuando pone a hacer acciones concertadas a tigres de Bengala, leones y elefantes. ¿Cómo logró el ser humano superar su capacidad limitada de acción hasta niveles de absoluta fantasía? *Gracias a las actividades cognoscitivas.*

Algo similar ha ocurrido con la *sensopercepción.* Una gran cantidad de animales nos supera en este terreno. Las aves de rapiña, por ejemplo, tienen una visión a distancia mucho mejor que la nuestra; las aves de corral tienen una mayor capacidad para percibir el color; los búhos nos superan en la visión nocturna; la capacidad auditiva de las ratas, los perros, los ciervos y muchos felinos es definitivamente mejor que la humana; otro tanto sucede con el olfato. Pero desde que, *gracias a las actividades cognoscitivas,* Galileo perfeccionó el telescopio, hemos podido ver a distancias extraordinarias. Algo similar ocurrió con la visión aguda que nos permitieron primero el microscopio y después el microscopio electrónico. Consideremos también los avances en la audición: la radiotelefonía, el telégrafo, el teléfono. Y la combinación de avances que produjo el télex, el fax, el cinematógrafo, la televisión, los satélites que nos permiten tomar una señal en un punto del planeta y enviarla a increíble velocidad hasta el otro lado del mundo, donde podemos verla y oírla en cuestión de segundos. Es posible ahora introducir en el cuerpo humano cámaras minúsculas y hacer intervenciones quirúrgicas delicadísimas gracias a tales maravillas. En resumen, hemos alargado prodigiosamente nuestros sentidos y nuestra capacidad sensoperceptual, *gracias a las actividades cognoscitivas.*

Pero las actividades cognoscitivas se han retroalimentado a sí mismas y han promovido un avance asombroso. Comparemos los rudimentos de pensamiento en el hombre de las cavernas con el pensamiento de los griegos de la época clásica o con el de egipcios, árabes, indios o chinos en sus eras de esplendor. ¿Se nota el cambio? Por supuesto. Y si comparamos la capacidad para pensar de los griegos antes y después de Aristóteles, notamos otro avance: después de este hombre ya no se necesitó ser genial para sacar conclusiones sólidas sobre el género humano y la naturaleza: bastaba una inteligencia normal y la lógica aristotélica para hacerlo. Pero el avance siguió. Dos mil años después de Aristóteles tuvimos otro regalo: René Descartes nos obsequió los rudimentos del método, que derivaría en las metodologías científico-experimentales e histórico-sociales. Con ellas toda la humanidad creció en su capacidad de pensamiento. Para hacer ciencia ya no fueron indispensables las inteligencias prodigiosas: provistas de los pasos del método, las inteligencias normales pudieron hacer importantes aportaciones al conocimiento. Se sabe que este se incrementó en proporción desmesurada cuando los hombres comenzaron a buscar la explicación de los fenómenos naturales *en la naturaleza* antes que en los designios divinos. Y la avalancha ya no se detuvo. Muchos siglos después la imprenta democratizó el saber y, en nuestro tiempo, la cibernética lleva esa democratización a niveles inverosímiles. No es exageración decir que en nuestros días un niño bien preparado sabe, al salir de la escuela primaria, algunas cosas más que Aristóteles mismo. Sabe, por lo pronto, que la Tierra no es el centro del universo, ni siquiera del sistema solar. Sabe también que el Sol no gira alrededor de nosotros, sino que nuestro planeta es el que gira alrededor del Sol. Sabe que la noche y el día se producen porque la Tierra gira sobre su eje. Pero el niño bien entrenado sabe también mucho sobre las partes del cuerpo humano, sobre su anatomía y su fisiología, sobre la célula y sus partes, sobre el átomo y la composición de la materia, sobre la forma del planeta y sobre la existencia de América. Esas, entre una cantidad infinita de cosas más. El propio pensamiento ha generado formas mejores para enseñar a pensar: los métodos y las tecnologías de la enseñanza han crecido de un modo que no deja de sorprendernos. Y ahora llegamos a otra creación del pensamiento: la inteligencia artificial.

Lo mismo ha ocurrido con la imaginación: a los niños de la antigüedad se les estimulaba la imaginación con historias contadas, pero al inventarse la escritura el niño pudo disponer tanto de historias contadas como de historias que él podía leer por su cuenta. Y tiempo después pudo escucharlas en la radio o verlas y escucharlas en el cine o en la televisión. Fenómenos como el video, los hologramas, las pantallas de 360 grados y todos los demás prodigios que la tecnología descubre enriquecen la capacidad de imaginar de la humanidad. Mientras más medios, mejor para la salud de la imaginación.

En resumen, las actividades cognoscitivas nos han permitido superar nuestro déficit de acción y de sensopercepción en relación con las otras criaturas. Pero las propias actividades cognoscitivas han crecido de manera asombrosa gracias a ellas mismas; nuestra capacidad para pensar e imaginar ha evolucionado en virtud de que esas capacidades típicamente humanas se han alimentado a sí mismas.

Pero ¿qué ha sucedido con el área *emocional*? Pues... como se dice en México para indicar contrariedad cuando se viene asintiendo en algo: *aquí es donde la puerca torció el rabo.* No vemos en las emociones el avance que hemos observado en todas las otras áreas. A veces, incluso, pareciera haber, si no un retroceso, sí un severo estancamiento. Los seres humanos siguen enfureciéndose hasta matar y siguen deprimiéndose hasta la muerte. Siguen llenándose de rencor y de odio y de miedo y de terrores absolutamente paralizantes e inútiles.

La humanidad ha pasado de las decenas de guerreros muertos en las batallas de la antigüedad a las decenas y centenas de miles y después de millones en las sucesivas guerras de la historia. Hubo un tiempo en que un solo país (la URSS) tenía armamento para destruir el mundo 26 veces. Para entonces superaba a su competidor más cercano (Estados Unidos), que solo podía destruir el mundo 23 veces. Hay una pausa ahora en la carrera armamentista, pero una buena cantidad de países posee armamento nuclear. Nuestra capacidad de dar muerte ha llegado a producir bombas que *solo* destruirían a los seres humanos dejando intactas las cosas. Eso en el terreno social. Cuando de individuos se trata, la cosa no es distinta. Nos asombramos hasta el escalofrío cuando leemos la tragedia griega, pero en nuestro tiempo basta abrir la nota roja del periódico para ver que los seres humanos matan a su prójimo de los modos más crueles y violentos por las razones más insignificantes y estúpidas. Esto con respecto a la ira.

La depresión, en tanto, se volvió un problema de salud pública mundial. Estados Unidos gasta anualmente muchos billones de dólares para atender la depresión. Desde la década de 1960 se puso de moda el suicidio de niños menores de 13 años y no parece haber disminuido la tendencia.

La gente sufre angustia, estados de pánico, agorafobia, ansiedad interpersonal, obsesiones y compulsiones. Aunque ya no vivimos rodeados de serpientes venenosas ni de tigres que pongan en peligro nuestra vida, la gente tiene miedo. Miedo a los ladrones, a la policía, a las personas que ocupan un lugar más alto en la jerarquía laboral, a la desaprobación, a fracasar, a la opinión negativa del vecino, de los padres, de los suegros, de los amigos, de la propia pareja e incluso, en esta sofisticada cultura nuestra

¡miedo de los fantasmas y demás creaciones de la fantasía! Tienen miedo los niños, los adolescentes y los adultos, las mujeres y los hombres.

Un prejuicio

Mientras la humanidad ha presenciado la superación y el crecimiento de su capacidad de acción, de sensopercepción y de las propias actividades cognoscitivas, vive, paralelamente, estados de miedo que pueden llevar a la parálisis, sufre depresión que puede llevar al suicidio y padece brotes de ira que pueden llevar al homicidio. ¿Qué sucedió? ¿Por qué? ¿Cómo explicarnos los avances en las otras áreas y el estancamiento en las áreas emocionales?

La explicación parece lógica si consideramos que los avances en la acción, la sensopercepción, la imaginación y el pensamiento se dieron *gracias a las actividades cognoscitivas.* Sin embargo, **la cultura occidental ha padecido por largo tiempo un prejuicio: ha creído que no es posible aplicar las actividades cognoscitivas al análisis de las emociones.** Ha creído que no es posible o que no es deseable. El prejuicio parece tener fuerza independientemente del grado de educación del prejuicioso. Frases del tipo: "No, no tengo por qué aplicar razonamiento a mis emociones. Si lo hiciera, me volvería un sujeto frío, analítico, mecánico: algo como un animal sin sentimientos, como una máquina, como un robot", las manifiestan tanto las personas analfabetas como alguien que posee títulos posdoctorales. Hasta un señor tan inteligente como Blaise Pascal hizo célebre esta frase: "El corazón tiene razones que la razón no comprende". La frase es preciosa, pero da armas al prejuicioso. Seguramente el pensamiento de Pascal era más complejo que lo que la frase efectista muestra, y quizás recapacitaría ahora, de conocer todos los avances que se han hecho en esta dirección. Pero él no puede hacerlo ya. Afortunadamente muchos de los que suelen citarlo podrían beneficiarse de las reflexiones siguientes.

¿Cómo podría *animalizarse* alguien por usar pensamiento e imaginación para el análisis de sus emociones si justamente **el pensamiento y la imaginación son las formas de conducta que nos distinguen de los animales?** O ¿cómo podríamos *robotizarnos* o *mecanizarnos* si las máquinas, por su misma condición, carecen de imaginación y de pensamiento propios? En todo caso, las máquinas más desarrolladas cumplen algunas funciones como esas, pero son solo las que sus diseñadores humanos les programaron. Por todo lo anterior resulta una tontería afirmar que "no se puede" aplicar la razón (imaginación y pensamiento) al estudio de las emociones, o que hacerlo "produciría efectos negativos".

Por eso, destruido el prejuicio, es tiempo de aplicar las actividades cognoscitivas —la razón, la imaginación y el pensamiento— al conocimiento y el estudio de las emociones. Si la emoción es la más complicada de todas las formas de conducta, más razón hay para aplicar las estrategias cognoscitivas que con tanta eficacia nos ayudaron a superar nuestras limitaciones naturales en las otras áreas. Eso es lo que se proponen la psicoterapia racional-emotiva de Ellis, la psicoterapia cognitiva de Beck y la psicoterapia cognitivo-conductual en general.

La terapia racional emotiva

La psicoterapia racional emotiva es una técnica psicoterapéutica de filiación cognoscitiva cuya efectividad clínica ha tenido un marcado impacto entre los terapeutas de todas las orientaciones. Sus orígenes se remontan a 1957 cuando se publica el libro *How to Live with a "Neurotic"*, salido de la pluma carismática de Albert Ellis quien, aunque nació en Pittsburgh, desarrolló su actividad académica y profesional en Nueva York. En este libro se vislumbran ya, todavía mezclados con un aroma psicoanalítico, los postulados filosóficos básicos que marcarán el desarrollo y la evolución de la terapia racional emotiva (TRE).

En el lustro que sigue a la aparición de este texto precursor, la técnica alcanza su primera madurez y Albert Ellis, fortalecido por sus éxitos clínicos, plantea ante el gran auditorio de una convención de la *American Psychological Association*, la estructura interna, las bases filosóficas y la técnica de la terapia racional emotiva. Aquella era una audiencia difícil: principiaba el fin del *zeitgeist* psicoanalítico (con toda la desesperación que la muerte acarrea) y comenzaba a surgir en el campo clínico la silueta amenazante del *conductismo rabioso* con toda la fuerza y el empuje violento del adolescente que disfruta impunemente de sus primeros éxitos de iconoclasta. En esta atmósfera, un punto de vista que se negaba a los determinismos ambiental e histórico, planteando que la perturbación emocional no era el producto de complejos infantiles no resueltos, ni de luchas intestinas entre los elementos del aparato intrapsíquico, pero tampoco la manifestación mecánica de una historia de condicionamiento, tenía casi asegurado su rechazo.

Los discípulos del Dr. Juanito (el *Little Hans* de Freud) enarbolaban la bandera de que todo método directivo que no considerara y, más aún, que se opusiera, a los interminables sondeos en la infancia, la *interpretación* de los sueños y los fenómenos de transferencia y contratransferencia, era incapaz de producir cambios benéficos y duraderos en el comportamiento. Mientras tanto, los discípulos del Dr. Albertito (el *Little Albert* de Watson), sintiéndose tibiamente arropados bajo el manto de la Ciencia, clamaban casi a coro la necesidad de evidencia. Exigían, desde luego, evidencia experimental. Su concepción del mundo (cognición) les decía que los datos sacados del laboratorio (¡y si era en condiciones controladas y con animales inferiores, mejor, por supuesto!) eran más sólidos, más respetables; en una palabra, *mejores* (otra cognición: un juicio de valor) que los manejos de conducta verbal de las terapias semánticas que atacaban supuestas filosofías irracionales.

Pero, bueno... era el principio de los sesenta. Casi la prehistoria de la psicología clínica experimental. De entonces a estos días, las cosas han cambiado. Ha pasado medio siglo y la terapia conductual ha madurado notoriamente desde sus iniciales posiciones dogmáticas: fructificaron los trabajos de terapeutas de mente abierta y en ese clima se produjo la evidencia tanto clínica como experimental que apoyó el acercamiento de orientaciones aparentemente irreconciliables en un primer momento. El fenómeno se produjo desde los años setenta del pasado siglo gracias a que tanto las aproximaciones cognitivas como las conductuales apelaban a la metodología de la ciencia natural para probar sus hipótesis. Las referencias experimentales y las aplicaciones clínicas fueron creciendo en proporción geométrica y comprobando cada una de sus hipótesis. La terapia conductual evolucionó y se convirtió en psicoterapia cognitivo-conductual, y la misma terapia racional emotiva comenzó a denominarse, desde hace ya algunas décadas, *terapia racional emotiva conductual* (TREC).

Ellis trabajó con admirable disciplina hasta llegar a ser considerado el psicólogo vivo más influyente del siglo XX en los Estados Unidos y Canadá. Su libro *Reason and Emotion in Psychotherapy*, publicado en 1962, muestra a la terapia racional emotiva en plenitud, pero fue seguida por unos 80 libros más, así como por casi 800 artículos especializados. Cuando Ellis murió en julio de 2007 a los 94 años de edad, su trabajo fecundo se extendía ya por Europa, Asia y América Latina.

El propósito de la TRE es aplicar la razón (pensamiento e imaginación) al manejo de las emociones neuróticas y, si bien su pensamiento resultó innovador, no venía de la nada. Ellis reconocía su inspiración en los filósofos estoicos, especialmente en Epicteto. Este filósofo nacido en Frigia llegó a Roma como esclavo de Epafrodito, un liberto de Nerón, que ocupaba un cargo importante en la administración del imperio. En aquel ambiente loco en que los ciudadanos parecían esclavos de la república, la república esclava del emperador y el emperador esclavo de sus vicios, solo el esclavo era libre: Epicteto. Tal nos dice don Francisco de Quevedo y Villegas en *Vida de Epicteto*. ¿Por qué el alto poeta consideraba así al filósofo? Porque este había forjado un sistema de pensamiento para promover el desarrollo de las emociones creadoras y el abatimiento de las emociones destructoras. Epicteto resultó un gran maestro de jóvenes y nos dejó una obra perdurable: el *Enchiridion* o *Manual de Máximas*, a cuya lectura exhorto con entusiasmo.

Marco Aurelio, que llegó a ser emperador de Roma, también dejó obra importante en la misma dirección que Epicteto, y vale la pena leer sus *Soliloquios*. Junto a ellos hay que recordar también a Séneca y a Boecio: las *Cartas a Lucilio*, el *Tratado de la Ira*, la *Consolación a la madre Helvia* y el tratado *De la vida feliz* del primero, así como la *Consolación por la filosofía* del segundo, siguen siendo lectura nutricia aun 2000 años después de que fueron escritas. En todos estos casos tenemos un admirable esfuerzo en la dirección que nos importa aquí: aplicar las actividades cognoscitivas a la promoción de la emoción creadora y al abatimiento de la emoción destructora o neurótica.

Más cerca de nosotros, en el siglo XVII, Baruch Spinoza nos legó trabajo con la misma intención de aplicar el pensamiento a las emociones. Una buena parte de su *Ética* muestra este empeño. Tal vez por eso Jorge Luis Borges considera a Spinoza como el más *querible* de los filósofos: uno que nos enseña no solo a pensar, sino a vivir.

Cuando la gente piensa en la vida y en la obra de estos personajes, suele abrigar un pensamiento extraño, algo así como: "Bueno, sí, esos señores sí podían manejar sus sentimientos a través de la razón... Pero es que ellos no eran personas comunes, eran nada menos que Epicteto, Séneca, Marco Aurelio, Spinoza: seres humanos excepcionales...". Y sí, es cierto, eran personajes de excepción...

Por eso resulta tan importante el surgimiento de un sistema de trabajo terapéutico que aproxima filosofía y psicología para conseguir que seres humanos como usted y como yo podamos lograr un manejo emocional tan eficaz como el que alcanzaron los grandes humanistas antes citados.

He ahí el tamaño de nuestra ambición: que mediante procedimientos de pensamiento e imaginación, podamos abatir nuestras emociones destructoras y podamos igualmente promover el desarrollo de nuestras emociones creadoras... con igual o mayor eficacia que la que lograron Epicteto, Séneca, Boecio, Marco Aurelio, Spinoza, Schopenhauer (al final de su vida), Bertrand Russell (cuya obra *La conquista de la felicidad* sigue siendo absolutamente legible) y otros cuantos hombres extraordinarios. Ayudar al lector a desarrollarse en esta dirección es lo que nos proponemos en este libro.

LECCIÓN 4

EL COGOLLO PODRIDO DE LA NEUROSIS

La zorra condena a la trampa, no a sí misma.

WILLIAM BLAKE

¿Dónde está el control de la emoción humana: dentro o fuera de nosotros?

Si al leer esta pregunta, la respuesta que cruzó por su mente fue "dentro", acertó usted. Así es. El *locus*, el lugar, el punto, la fuente de control de la emoción humana está, según toda la evidencia psicológica, *dentro de nosotros*. ¿Por qué, entonces, si lo tenemos tan claro, culpamos de nuestras emociones con tanta frecuencia *a los hechos exteriores*?

Cuando hago evaluaciones psicológicas de naturaleza diagnóstica, una de las áreas de valoración de mayor importancia son las cogniciones de mis pacientes, es decir, los valores, las actitudes, los esquemas, las ideologías, las creencias, las filosofías de vida con los cuales las personas estructuran su experiencia del mundo. Al evaluar dichas cogniciones, suelo plantear, de buenas a primeras, cosas como la pregunta de marras: "¿Dónde está el control de las emociones: dentro o fuera de nosotros?". Y en las cinco décadas de mi práctica clínica nunca se ha dado el caso de que me contesten que dicho control está fuera de uno. *¡Nunca!* Y aunque la gente lo sabe y lo tiene claro en su cabeza, le cuesta muchísimo trabajo hacer encarnar en sus actos y en sus emociones una verdad tan evidente. Lo que digo es que la gente afirma esa verdad sin haber reflexionado suficientemente sobre sus alcances. Cuando la gente *dice* que el control de las emociones está en nosotros mismos y no en el exterior, *no alcanza a ver* la contradicción central que le carcome el alma. Si la viera, no le sería tan fácil afirmar, después de la idea anterior, cosas como: "Infancia es destino", "Somos producto de nuestra historia de aprendizaje", "A Pedro le desgraciaron la vida a los 7 años", "María Luisa es así porque tuvo una infancia muy difícil", "A José le afectó mucho la homosexualidad de su hijo", "Antonio tuvo un padre muy castrante", "A Rosario le faltó cariño", "Mi madre me lastimó mucho", "Estoy así por culpa de mis hijos, por el desempleo, por la guerra, por los partidos políticos, por culpa del presidente, por la injusticia del mundo, por la incomprensión humana, por el maldito perro que ladra en la casa de al lado...".

Responsabilizar a los acontecimientos externos de nuestras emociones es un error común. Tan común que bien podríamos decir que es el Error Psicológico Número 1, el Error Neurótico Fundamental, la Creencia Central con la que nos hacemos padecer más de la cuenta por las cosas difíciles y con la cual nos incapacitamos para resolverlas adecuadamente. Esa creencia es *el cogollo podrido de la neurosis.*

Creer que los *Acontecimientos* (A) son los responsables de los *Cambios* (C) emocionales es un error grave y, desafortunadamente, muy extendido. Sí, pero ¿de verdad es un error? ¿Por qué? ¿Podemos demostrar que lo es? Desde luego. Tomemos un sencillo ejemplo de la vida cotidiana:

Una joven madre vuelve a su casa. Busca a su hijito de 4 años que ya fue recogido de su centro de educación infantil, y lo encuentra en el comedor. Ocho días antes la mujer mandó poner ahí un nuevo papel tapiz que le pareció *muy elegante.* Ahí está el niño, con un puñado de plumones con los cuales ha pintado un mural de dos metros y medio... y piensa seguir. La madre, al ver aquello, monta en cólera. Entonces nos aparecemos por ahí y le preguntamos por qué está tan enojada... ¿Cuál será la respuesta típica de una madre común y corriente? Lo más probable es que culpe a lo ocurrido fuera de ella: dirá que está enojada porque el niño pintó la pared y le echó a perder el tapiz. Dicho esquemáticamente:

A Acontecimiento, Antecedente ambiental, Agente activador	C Cambio o Consecuencia emocional
El niño pintó el tapiz.	Cólera, enojo, furia, ira.

¿Acaso no parece lo anterior absolutamente lógico? ¿Por qué nos atrevemos a llamarle *error*? Y no cualquier error, sino El Error Psicológico Número 1. ¿Por qué? Pues porque *es* un error. Vamos a demostrarlo paso a paso.

En principio es un error porque entre A y C, entre *Acontecimiento* y *Cambio emocional*, suceden cosas de las cuales la mayoría de las veces *no nos damos cuenta*. Dicho de otro modo: somos *inconscientes* de lo que pasa entre A y C. No solo no nos damos cuenta de qué es lo que sucede entre A y C; a veces ni siquiera sospechamos que algo ocurra.

Siguiendo con nuestro ejemplo, nos presentamos ante la madre enojada y le preguntamos:

—¿Por qué estás enojada?

—¡Mira...! El niño pintó el tapiz.

Para ella, C (su enojo) se debe a A (el Acontecimiento ambiental). Está cometiendo el Error Psicológico Número 1. Por eso le preguntamos de nuevo:

—A ver... No te pregunté *qué hizo el niño*, sino por qué estás enojada *tú*...

Podemos imaginar su rostro incrédulo, como si lo que le preguntamos no tuviera sentido. Quizá después de un lapso breve nos responda algo como:

—Hace una semana que mandé poner el tapiz. Está nuevo.

Es decir, ha vuelto a culpar a A de lo ocurrido en C. Por eso insistimos:

—No te pregunté qué hizo el niño ni cuánto tiempo tiene tu tapiz, la pregunta es más precisa: ¿por qué estás enojada tú?

Sigue su rostro incrédulo. Se repone y dice, elevando la voz:

—¡Pues porque no me lo regalaron! ¡Las cosas cuestan...!

Nuevamente atribuye el origen de sus emociones a lo sucedido en A: *Afuera*. Por eso seguimos:

—No te pregunté cuánto te costó, ni cuándo lo pusiste, ni qué hizo el niño, sino por qué estás enojada tú.

Ahora su enojo crece. Hay un nuevo *Agente activador* (A) *Afuera*, para explicar su ira. Por eso responde:

—¡Ya basta! ¡Deja de fregar! Primero estaba molesta porque el niño pintó la pared, y ahora tú vienes a molestar haciéndome preguntas estúpidas... ¡No sigas moliendo!

Este es un ejemplo cotidiano de cómo somos ciega, total, absolutamente *inconscientes* del hecho de que entre A y C ¡ocurre B...! Sí, entre A y C, ocurre B. Es decir, *pasan cosas* de las que *no nos damos cuenta*:

A Acontecimiento	B	C Cambio emocional

¿Y qué es B? ¿Qué cosas pasan ahí?

B es *Actividad cognoscitiva*, sencilla o compleja. Es imaginación, pensamiento, memoria, fantasía, elucubración, creencias, ideas, ideologías, elaboraciones y representaciones de la realidad, pensamiento lógico o pensamiento defectuoso, pensamiento sistemático o pensamiento desordenado, pensamiento metódico o pensamiento falaz, juicios o prejuicios, categorizaciones, generalizaciones, discriminaciones, abstracciones...

Todas esas cosas, aisladas o mezcladas, pasan en B, pero pasan a tal velocidad que ¡NO NOS DAMOS CUENTA!

¿Será cierto? Aterricemos. Veamos cómo opera lo anterior en nuestro ejemplo de la madre, el niño y el tapiz. Ejemplifiquemos con tres madres diferentes enfrentándose al mismo

Acontecimiento (A) pero *pensando* (C) de manera diferente en cada caso.

Comencemos con la mamá número 3. Llega a su casa, ve lo que el niño pintó en la pared (A) y, sin posar, sin fingir, sin actuar, con toda naturalidad, se dice a sí misma (en B) algo como:

"¡Qué maravilla! En esta casa siempre hemos dicho que el hogar es un espacio para ser vivido en libertad tanto por los adultos como por los niños. Qué hermoso que esto empiece a dejar de ser mera palabrería y comience a encarnar en actos. ¡Y en actos creadores! El niño nos ha visto arreglar la casa, poner cuadros, cambiar el tapiz... Es lógico que al encontrar material para pintar y una superficie blanca empiece a expresarse *creativamente*. Es su manera de contribuir a la decoración. Pero hay la posibilidad de algo más: ¡podría estar naciendo un artista en nuestra casa! Creo que es muy importante que se sienta respetado en su creación, y para eso voy a ponerle un marco a su mural. ¡Será un recuerdo hermoso para su vida futura!".

Dijimos que esta señora había pensado eso de manera natural: **sin actuar, sin fingir, sin posar**. Con esos pensamientos en el punto B ¿qué sentirá esta señora en C? Es decir: ¿qué *Cambio* emocional se ha producido como consecuencia de sus pensamientos en B? ¿Qué podrá sentir? Atrévase a especular, a anticipar, a pensar, a imaginar el sentimiento o la emoción que dicha mamá puede experimentar. Escríbalo en la casilla correspondiente:

MAMÁ 3

A Acontecimiento ambiental
El niño pintó el tapiz.
B Actividad cognoscitiva: imaginación y pensamiento
—¡Qué maravilla! Empieza a encarnar en actos lo que siempre hemos dicho en esta casa: que el hogar es un espacio para ser vivido en libertad tanto por adultos como por niños. Qué hermoso que esto empiece a dejar de ser mera palabrería y comience a encarnar en actos. ¡Y en actos creadores! Es lógico: el niño encuentra material para pintar, encuentra una superficie blanca y empieza a expresarse creativamente. ¡Podría estar naciendo un artista en nuestra casa! Creo que es muy importante que se sienta respetado en su creación y para eso voy a ponerle un marco a su pintura. ¡Será un recuerdo precioso para su vida futura!
C Cambio emocional

Volvamos ahora a la número 1. La mujer ve lo que el niño hizo en el muro (A) y, también *sin posar, sin fingir, sin actuar*, con toda naturalidad piensa (en B) algo como lo que sigue. Lea con cuidado y escriba su emoción en C:

MAMÁ 1

A **Acontecimiento ambiental**
El niño pintó el tapiz.
B **Actividad cognoscitiva: imaginación y pensamiento**
¡Maldito escuincle! ¿Por qué es tan desobediente? Mil veces le he dicho que no hay que pintar en las paredes, hasta le he dado sus nalgadas a veces, y ni así entiende. ¿Por qué es tan difícil educar a este monstruo? Parece que lo hiciera a propósito, como si me estuviera retando. A veces me dan ganas de mandar todo al demonio y salir corriendo. Pero ya basta, no voy a tolerar más sus desafíos. Ahora sí me las va a pagar...
C **Cambio emocional**

¡Diáfano! Con esos pensamientos la señora experimentará, con mayor o menor intensidad, un estado emocional de molestia, enojo, coraje, cólera, ira, furia...

Veamos ahora el caso de la mamá número 2. Se enfrenta al mismo hecho en A (el niño pintó la pared) pero ella, *sin posar, sin fingir, sin actuar* con toda naturalidad, piensa (en B) algo como:

MAMÁ 2

A **Acontecimiento ambiental**
El niño pintó el tapiz.
B **Actividad cognoscitiva: imaginación y pensamiento**
¡Uy... otra vez! Y dicen mis amigas que apenas estoy empezando, que a medida que los hijos crecen, crece también el tamaño de los problemas. Pues si es así, más vale ir haciendo de tripas corazón porque la tarea es larga. A fin de cuentas, en eso consiste precisamente el proceso de formación de un ser humano: convertir la materia negra en oro, formar un espíritu con esta arcilla. Claro, era una inocentada querer tener una casa como de revista de decoración teniendo hijitos en desarrollo. Además, no toda la responsabilidad es suya: es un niño y los niños suelen hacer cosas que a los adultos no siempre nos gustan. No le puedo exigir a un niño de 5 años que se comporte como un adulto responsable. Si a mí no se me hubiera olvidado guardar los plumones anoche después de haberlos utilizado, no me estaría lamentando ahora. Ya se lo he pedido y le he dado explicaciones de muchas maneras, pero lo cierto es que hasta ahora no han funcionado mis métodos. Habrá qué probar técnicas diferentes para resolver el problema sin usar castigos físicos ni gritos. Espero encontrarlos pronto.
C **Cambio emocional**

¿Cuál será la emoción de esta señora? ¿Qué sentirá en C? Escríbalo en la casilla correspondiente de la tabla anterior.

Resumamos: entre A y C, ocurre B. Entre los *Acontecimientos* del *Ambiente* y los *Cambios emocionales*, hay *Actividad cognoscitiva*: ocurren pensamientos, imágenes, elaboraciones, elucubraciones, pensamiento sólido o falaz, pensamiento lógico o absurdo.

Las tres mamás de nuestro ejemplo han tenido emociones diferentes ante un mismo acontecimiento *porque han pensado de modo diferente* ante dicho acontecimiento. Sus emociones han ido de la ira (en la mamá número 1) a la alegría (en la mamá número 3) pasando por una molestia leve o una franca calma (en la mamá número 2). ¿Se da cuenta? ¡Las emociones no las causa A, sino B! Por eso la frase de Epicteto, formulada hace 2000 años, sigue siendo tan certera: "El hombre no se perturba por las circunstancias, sino por lo que piensa de ellas".

Los ejemplos abundan en la vida cotidiana y así ha sido a lo largo de la historia. La cultura colecciona dichas experiencias, las analiza, las organiza, y abstrae de ellas enseñanzas esenciales. Las formula y las pule. Luego nos las ofrece, finamente procesadas, a través de las leyendas, los cuentos, las parábolas, los mitos poéticos y otros relatos ejemplares.

Así, los poetas sufíes del Cercano Oriente llegaron a esta historia ejemplar:

> Una hiena y una liebre discutían, airadas, acerca de cuál era la comida más sabrosa sobre la faz de la tierra. "Lo más delicioso son las zanahorias, por supuesto", afirmaba la liebre. "¿Qué te pasa? No hay nada más rico que la carroña", respondía la hiena. Un asno pasaba por ahí y escuchó la discusión. Con desdén, se dijo para sus adentros: "Pobres imbéciles... Ninguna de las dos sabe que el alimento más sabroso sobre la faz de la tierra es el heno".

¿Qué nos enseña este relato? Es claro: según lo que pensemos de la realidad, así será nuestra reacción emocional ante ella.

Un poco más allá en la geografía, la cultura china también nos ha dejado abundantes enseñanzas de este tipo. Disfrutemos y aprendamos del siguiente relato taoísta de Chuang Tzu:

> Un día un hombre perdió su hacha. Vio, entonces, al hijo de su vecino y notó que el joven caminaba como ladrón. Lo observó con más detenimiento y encontró que el joven también miraba como ladrón. Continuó observándolo con cuidadosa atención y encontró que sí:

todos los comportamientos del hijo del vecino eran los típicos comportamientos de un ladrón.

Pero al día siguiente el hombre fue al campo, y estando allá tuvo una iluminación: recordó que días atrás, al terminar de cortar leña, había clavado el hacha en la rama baja de un árbol cercano. Buscó el árbol y, felizmente, ahí estaba el hacha: donde la había dejado. La recuperó y volvió a casa.

Esa tarde vio de nuevo al hijo de su vecino. Lo observó con mucho cuidado y se sorprendió al ver que no caminaba como ladrón. Lo observó con más detenimiento: tampoco miraba como ladrón. Lo analizó con atención aún más cuidadosa, y se encontró con que todos los comportamientos del hijo de su vecino ¡eran muy distintos de los de un ladrón!

Analicemos ahora este relato con nuestro esquema A-B-C.

¿Qué sentirá nuestro personaje (en C), cuando *piensa y cree* (en B) que el muchacho es el ladrón?

A **Acontecimiento ambiental**	**B** **Actividad cognoscitiva: imaginación y pensamiento**	**C** **Cambio o Consecuencia emocional**
La mirada, la forma de caminar y los comportamientos del hijo del vecino.	Seguramente este se robó mi hacha. Camina, mira y actúa como un ladrón. Qué desgracia tener un vecino así. Habrá que tener cuidado de hoy en adelante.	Enojo, ira, animadversión, ansiedad...

Un tiempo después, cuando ya recuperó su hacha, vuelve a mirar *los mismos comportamientos* del hijo del vecino: su mirada y su forma de caminar, pero ahora *piensa* de modo diferente sobre los mismos hechos. Veamos tres posibilidades de pensamiento distinto:

A Acontecimiento ambiental	B Actividad cognoscitiva: imaginación y pensamiento	C Cambio emocional
Los comportamientos del hijo del vecino: su mirada y su forma de caminar.	Qué bueno saber que puede uno confiar en los vecinos. No podía ser él. Es un buen muchacho. Sus padres lo han educado bien.	Tranquilidad, calma.

En otro momento piensa y siente de modo distinto:

A Acontecimiento ambiental	B Actividad cognoscitiva: imaginación y pensamiento	C Cambio o Consecuencia emocional
Los comportamientos del hijo del vecino: su mirada y su forma de caminar.	Estuve a punto de acusarlo con sus padres y con la autoridad. Qué mal hice al juzgarlo sin pruebas. Me hubiera metido en un problema con su familia y, lo más grave es que hubiera hecho una acusación injusta.	Incomodidad. Ansiedad. Remordimiento.

Pero, como así es de tramposo nuestro pensamiento, no dudemos que, a veces, con tal de no reconocer que estábamos equivocados, podemos caer en un tercer tipo de pensamiento: "Este joven sí tiene cara de ratero, se nota a leguas... ¡cómo no! Esta vez no fue el ladrón del hacha, pero será mejor cuidarse de él porque mira, camina y se comporta como ladrón". ¿O no es así la mente humana?

Repitámoslo: **las emociones son producto de nuestro pensamiento**. O, lo que es lo mismo: **dime lo que piensas y te diré qué sientes**. De donde podemos derivar el siguiente corolario:

Si de A (*Acontecimiento ambiental, Agente activador, Antecedente en el ambiente)* se deriva un B racional, lógico, adulto, maduro, científico, es decir un *buen pensamiento*, tendremos una *Consecuencia emocional CREADORA.*

A Acontecimiento ambiental	B BUEN PENSAMIENTO (racional, lógico, maduro, adulto, científico)	C Cambio o Consecuencia emocional CREADORA

Por el contrario: si de A (*Acontecimiento ambiental, Agente activador, Antecedente en el ambiente*) se deriva un B irracional, ilógico, infantil, inmaduro, anticientífico (es decir, una *burrada)*, tendremos una *Consecuencia emocional* NEURÓTICA:

A Acontecimiento ambiental	B BURRADA, BOBADA, BASURA cognoscitiva (Pensamiento irracional, ilógico, inmaduro, infantil, anticientífico)	C Cambio o Consecuencia emocional NEURÓTICA

¿Podríamos afirmar, entonces, que todas las emociones neuróticas son producto del pensamiento torcido? Sí, *definitivamente sí*. La neurosis es producto de las *burradas*, de las *bobadas*, de la *basura* cognoscitiva que con tanta frecuencia se aloja en nuestra cabeza. La emoción neurótica es producto del pensamiento torcido: pensamiento irracional, pensamiento ilógico, pensamiento infantil, pensamiento inmaduro, pensamiento idiota, pensamiento estúpido, pensamiento absurdo. O se debe a procesos de imaginación que merecen los mismos adjetivos. Nos encargaremos de demostrarlo en las páginas que siguen. ¿Cómo juzgar si un pensamiento es lógico o es irracional? ¿Con qué criterios juzgar? ¿Cómo filtrar los pensamientos que ameritan quedarse en nuestra cabeza porque son racionales, y desechar aquellos que no lo merecen porque son absurdos?

A desarrollar tales criterios nos dedicaremos en la segunda parte de este libro.

SEGUNDA PARTE

EN LAS ENTRAÑAS DEL MONSTRUO

Estructuras primarias del pensamiento irracional

Si no se puede ser feliz en este mundo,
habrá que procurar al menos no ser tan desdichado.

Arthur Schopenhauer

LECCIÓN 5

LA TENDENCIA A CONFUNDIR EL DESEO CON LA REALIDAD

A estas alturas espero que esté más que claro para el lector que no son las **Adversidades** (A) las que causan las **Congojas emocionales** (C), sino las **Burradas** (B) con que nos convencemos al interpretar los acontecimientos del ambiente.

Los millones de pensamientos estúpidos que pueden anidar en la cabeza humana parecen agruparse en cuatro categorías básicas; la primera de ellas es **la tendencia a formular exigencias irracionales a la naturaleza**. Dedicaremos este capítulo a su análisis cuidadoso.

"Mi papá es un tipo de lo más cuadrado. No entiende razones. Dice que él es como es y que nada lo hará cambiar", "Es muy difícil trabajar con el nuevo jefe: es muy rígido y llega a ser desesperante", "Antonio no ha podido perdonar a su hijo. Aunque el muchacho ya ha madurado, Antonio sigue siendo inflexible con él", "Jesús cree que solo él tiene razón y rechaza a los que piensan diferente: es muy intolerante", "Uno no puede llegar a acuerdos con Pedro: su intransigencia lo lleva a querer imponerse siempre a los demás", "Guillermina no se adapta fácilmente a su nueva condición, y esto la hace sufrir gratuitamente".

Estos son modos típicos de describir a las personas neuróticas: en todos los casos hay referencia a su rigidez e inflexibilidad. Los demás notan fácilmente esos rasgos desagradables porque han padecido sus consecuencias. "Quien te ha padecido, te conoce", dijo el poeta William Blake en sus *Proverbios del infierno*. El pensamiento neurótico es cuadrado, rígido, inflexible, intolerante, intransigente, poco adaptativo. Y si nos ha tocado la mala suerte de interactuar con un portador de tal tipo de estructura cognoscitiva, sabemos ya lo que se siente: ya lo hemos padecido. O... ya nos han padecido a nosotros.

Estas características del pensamiento neurótico son producto de una tendencia ferozmente arraigada: la tendencia de la mente humana a formular exigencias irracionales a la naturaleza. Me refiero aquí tanto a la naturaleza física como a la humana. ¿En qué consiste dicha tendencia? En confundir nuestros *deseos* o *preferencias* con la realidad; en pensar irracionalmente que las cosas *tienen que suceder* de cierto modo *solo porque nosotros así lo queremos*; en creer infantilmente que las personas *deben* comportarse de cierta manera solo porque, según nosotros, esa es la *única manera correcta* de comportamiento; en suponer ingenuamente que los seres humanos, la historia, los acontecimientos que no nos gustan *deberían* ser diferentes de como son, por el simple hecho de que *a nosotros no nos agradan*.

Es legítimo formular *deseos* o *preferencias* de todo tipo. Podemos desear estar sanos, tener un trabajo que nos satisfaga, una pareja con la que nos entendamos bien y con la que podamos disfrutar intensamente de la vida y sus encantos; podemos desear que nuestros hijos tengan buena salud, se desarrollen como personas de bien y evolucionen hasta ser ciudadanos independientes y autosuficientes; podemos ambicionar cosas más atrevidas: poder, riqueza, yates, caballos pura sangre, palacios, sirvientes, diamantes, pozos petroleros, riquezas incontables y un harén con al menos 60 concubinas como el que tuvo el rey Nezahualcóyotl o como los citados en *Las mil y una noches*, o cosas francamente locas: volar, hacernos invisibles, desintegrarnos y reintegrarnos a placer, tener a los 70 años la apariencia que teníamos a los 30 o la potencia sexual de Hércules que disfrutó del amor de las 50 hijas de Tespio en una sola noche, o transformar la materia bruta en oro y hacer desaparecer a nuestro arbitrio las cosas desagradables del mundo: la guerra, la pobreza, el hambre, la enfermedad. Como seres humanos, todos estamos dotados de la capacidad de desear y podemos albergar en nuestro interior cuantos deseos y apetitos se nos ocurran: sanos o insanos, prudentes o imprudentes, racionales o irracionales, altruistas o egoístas. No tenemos que dar cuenta de su legitimidad a nadie.

Y todo estará bien en términos psicológicos mientras seamos capaces de distinguir entre nuestros *deseos* y la *realidad*. Si podemos hacer esto, no sufriremos neuróticamente, pero aceptar la realidad tal como es resulta para el neurótico una dificultad extraordinaria.

Un pensamiento del tipo: "Me gustaría poder volar nada más con desearlo; comenzar a elevarme delicadamente, levitar, desplazarme en el aire a voluntad... ¿No sería maravilloso poder hacer eso? Me gustaría, además, ser el único entre los humanos con tal capacidad", revela un deseo legítimo que no generará sino placer mientras se mantenga en el nivel del deseo: *me gustaría, desearía, preferiría, quisiera, sería agradable, sería encantador, sería maravilloso*, etc. Y se mantendrá en el nivel del *deseo* si va acompañado de un pensamiento como el que sigue: "Sí, *me gustaría* mucho poder volar con solo desearlo, *pero la realidad* es que el cuerpo humano no está construido para tal cosa; mi cuerpo está sometido, como el resto de la materia, a leyes físicas como la ley de la gravedad, y estas se van a cumplir *me guste o no me guste*. Para poder vencer la gravedad primero hay que aceptar que existe; luego tendré que usar recursos tecnológicos que me ayuden a manejarla, pero **con mi solo deseo o con mi solo pensamiento las leyes físicas no se modificarán**". De esta manera, estamos formulando un *deseo*, pero nos mantenemos *en contacto con la realidad*. Estamos pensando con madurez: distinguimos el principio del placer del principio de la realidad. Este hecho aparentemente sencillo, distinguir entre deseos y realidad, es un signo básico de la madurez psicológica y uno de los blindajes más poderosos contra la neurosis.

Pero confundir deseos y realidad es una de las formas más comunes de encadenarnos al sufrimiento gratuito. "Quiero volar nada más con desearlo, levitar, elevarme poco a poco, despegar de la tierra con mi sola voluntad. ¡*Tengo que lograrlo*! Lo deseo con toda la fuerza de mi alma, con toda la fuerza de mi espíritu, con todo mi corazón, con toda mi voluntad, con todo mi ser. ¡Tiene que ser posible! No me importan las leyes físicas. ¡No quiero que se cumpla esa maldita ley de la gravedad! Mi deseo es tan fuerte que *tengo que* lograrlo, *debo* hacerlo..." ¿Lo nota usted? Hemos pasado de una *preferencia* legítima a una *exigencia irracional*; de un *deseo* a una *demanda infantil*. Esto nos generará una severa frustración (y quizá hasta algunas lesiones o la muerte) cuando intentemos hacer la prueba de la realidad. Esta perturbación se mantendrá hasta que logremos separar nítidamente nuestras *preferencias* o *deseos* legítimos, de nuestras *exigencias* o *demandas* irracionales.

Me extendí en este ejemplo obviamente irracional para hacer hincapié en un principio: parece ser más fácil caer en exigencias o demandas irracionales a la naturaleza *mientras menos conocemos las leyes que rigen los fenómenos naturales*. Es más fácil confundir los deseos con la realidad cuando ignoramos las causas naturales que explican dichos fenómenos. O, formulado al revés: **mientras más conocemos las causas de un fenómeno natural y las leyes que lo rigen, más difícil es caer en demandas irracionales.**

Declaraciones del tipo: "Tengo que volar nomás con desearlo" o "Debo ser capaz de hacerme invisible" o "Debo poder pasar a través de ese muro de piedra" muestran muy claramente su condición irracional. Difícilmente se nos ocurriría formularlas en serio (mientras más en serio lo hagamos, más seriamente habrá que considerar el sitio donde habremos de ser internados). ¿Por qué? Porque tenemos experiencia suficiente como para saber que es imposible: la realidad nos lo ha enseñado muy bien, y quizá hasta conozcamos las leyes físicas que nos explican por qué no es posible hacerlo. Pero, repetimos: **mientras menos conocemos las leyes que rigen los fenómenos, más fácil nos resulta formular exigencias o demandas irracionales.**

Así, pueden parecernos razonables a primera vista demandas que son perfectamente irracionales: "*No debería* haber ladrones",

"Todos *deberían* ser respetuosos", "*No debería* haber contaminación ambiental", "Mi vecino *no debería* gritarle a su esposa como lo hace", "La esposa de mi vecino *no debería* tolerarlo", "*No debería* haber narcotraficantes", "*No debería* haber drogadictos", "*No debería* haber guerras", "Todos *deberían* tener conciencia ecológica", "Todos *deberían* tener 'buen' gusto", "*No debería* haber tanta gente", "*No debería* haber grafiteros", "*Nadie debería* votar por ese partido", etc. Es fácil caer en estos exabruptos porque de leyes económicas, sociales, antropológicas y psicológicas, sabemos mucho menos que de principios físicos como el de la gravedad.

Veamos el caso siguiente: una mujer conduce su automóvil por una transitada avenida de la Ciudad de México. Se detiene ante un semáforo en rojo y un niño se acerca a limpiar el cristal. La mujer lo observa cuidadosamente: está rapado y tiene costras en la cabeza, porta una playera muy sucia con la cual limpia el agua jabonosa del parabrisas, sus pantalones están igualmente sucios y calza unos tenis rotos, sin calcetines. Es tiempo de frío y el niño tiene erizado el vello de sus brazos. La mujer lo oye toser. Le nota, además, un brillo raro en la mirada: la típica mirada de un inhalador de sustancias volátiles. Entre los arbustos del camellón alcanza a ver a otro niño de apariencia similar inhalando *cemento*. La mujer se dice algo como: "¿Por qué pasa esto en México? José Martí dijo que los niños nacieron para ser felices... ¿Cómo es posible que algunos niños sufran condiciones tan duras como las que estoy viendo? Esto *no debería* suceder en un país con la cantidad de recursos que México tiene. Esto *no debería* suceder en mi patria".

¿Tiene razón? Si su respuesta es "sí", lo he atrapado por el lado del corazón. Es explicable: elegí mi ejemplo con premeditación, alevosía y ventaja. En situaciones como la que ejemplifico, que apelan al interés social o a la solidaridad con el prójimo, es fácil confundir nuestros deseos con la realidad. Pero, si lo vemos bien, su respuesta es tan irracional como querer volar *solo con la voluntad*. Porque no hay duda de que usted, al igual que yo, *desearía* que todos los niños del mundo vivieran en condiciones óptimas para su felicidad y para su desarrollo físico y psicológico. No obstante, eso es solo *un buen deseo.* La *realidad* es que hay leyes económicas, sociales, culturales y psicológicas que hacen que *nuestro deseo* no siempre se vea cumplido. Esas leyes económicas, sociales, culturales y psicológicas explican que, en la realidad, sucedan muchas cosas que no nos gustan. Pero como no estamos familiarizados con dichas leyes en el mismo nivel en que sí lo estamos con la ley de gravedad, nos resulta fácil formular *exigencias irracionales* y *demandar* infantilmente que las realidades que no nos gustan *no deberían* existir tan solo *porque nosotros no queremos.* Lo que equivale a decir infantilmente: *esas leyes no deberían cumplirse nada más porque yo no quiero.*

Nos guste o no, hay variables que pueden explicar por qué suceden cosas como la que estamos analizando. Un economista podrá darnos explicaciones económicas sobre el doloroso fenómeno de los niños de la calle y su uso de inhalantes volátiles; un antropólogo podrá aportar variables de tipo cultural, y un psicólogo podrá agregar variables individuales. El economista quizá nos diga que en un sistema económico que fortalece el desarrollo de la libre empresa, el capital tiende a acumularse en manos de los propietarios de los medios de producción, mientras que los que no lo son, venden su fuerza de trabajo para sobrevivir. Quizá nos hable también de las leyes de la oferta y la demanda y muchas otras leyes económicas que podría explicarnos en detalle. El antropólogo seguramente mostrará su acuerdo hasta cierto punto, pero nos dirá que, además de las leyes económicas, hay una serie de variables culturales que no alcanza a dilucidar el economista. Podrá explicarnos, por ejemplo, cómo ciertos niños que vienen de ambientes incluso más pobres, pero de cultura diferente (cultura urbana *versus* cultura rural, acceso a la educación, estructura religiosa o ausencia de la misma, familia integrada o desintegrada) no sucumben con la misma facilidad al uso de las drogas. Y además de las causas económicas y culturales, un psicólogo experto en el comportamiento podrá darnos explicaciones de tipo individual: inteligencia, capacidad de liderazgo, modelos en el entorno del niño, capacidad de posponer el placer, tendencia a la reflexión o a la impulsividad, etcétera.

De este modo, si afirmamos que el fenómeno de los niños pobres y afectos a los inhalantes *no debería* existir en un país como el nuestro, nada más porque es el nuestro y porque no nos gustan las condiciones de desigualdad y sus consecuencias, **estamos confundiendo nuestros deseos con la realidad**. Estamos diciendo, nada menos, que las leyes económicas, sociales, antropológicas y psicológicas que hacen que dicho fenómeno exista **no deberían cumplirse nada más porque nosotros no queremos y no nos gustan sus consecuencias.**

Y... ¿no es eso lo mismo que decir "tengo que poder volar nada más con desearlo"? Eso equivale a la frase del niño que está aprendiendo a hablar y dice de pronto: "¡No quiero que sea de noche!", lo que resulta simpático en el pequeño, pero no genera la misma reacción si el emisor es un adulto y lo dice en serio.

Afortunadamente, es posible modificar muchos de los fenómenos sociales y naturales que no nos gustan. Pero, se lo aseguro, no bastará con solo desearlo: habrá que conocer las leyes naturales, económicas, sociales, culturales, psicológicas, que explican los fenómenos y, respetándolas, aprender a aplicarlas para producir los cambios en la dirección que deseamos. "A Dios rogando y con el mazo dando", dice el sabio refrán. Y aunque *desearíamos* que los cambios se produjeran en el momento mismo de desearlo, *la realidad* es que lleva tiempo, esfuerzo, organización y una serie de condiciones a veces complicadas, y según el tamaño del problema, los esfuerzos requeridos podrán ser de corta, mediana, larga o muy larga duración. Eso es así, nos guste o no nos guste.

En nuestro ejemplo, si la señora de los buenos sentimientos sigue confundiendo sus deseos con la realidad, el semáforo se pondrá en verde y ella se irá pensando que la dura realidad que acaba de presenciar *no debería* suceder. Y si lo sigue repitiendo en su cabeza, llegará a su casa con dolor emocional. No obstante, el mundo no habrá mejorado: seguirá teniendo el mismo número de niños en condiciones difíciles, más una señora deprimida que, en lugar de mejorarlo, le habrá agregado otra calamidad al mundo, una unidad más de sufrimiento: el suyo. Y **cuando la gente está deprimida, tiene menos motivación para actuar**. Bien visto, la exigencia irracional es conformista: no hace nada por cambiar la realidad que no nos gusta.

Cuando, en lugar de exigencias o demandas irracionales, formulamos preferencias realistas, estamos en el camino de lograr una meta: "No me gusta esto, pero está sucediendo. ¿Qué puedo hacer para modificarlo? Y si no es posible cambiar la adversidad (como en los casos de muerte), ¿qué puedo hacer para aceptar más fácilmente esta realidad adversa?". He aquí un pensamiento creador.

Es bueno recordar que al formular *preferencias* o *deseos* empleamos modalidades verbales del tipo: *me gustaría, quisiera, preferiría, sería bueno, desearía, me agradaría*, etc. Pero cuando formulamos *exigencias* o *demandas irracionales*, las fórmulas verbales pueden resumirse en algo como: *debe, tiene qué, ha de, debería*... Lo que, puesto con todas sus letras, no es otra cosa que afirmar que *la naturaleza debe, ha de, tiene qué, debería* dejar de comportarse según sus leyes y regirse según nuestros deseos, nuestros gustos, nuestros caprichitos.

Pero eso, por supuesto, no sucederá. Independientemente de la fuerza de nuestros deseos **la naturaleza seguirá comportándose de acuerdo con sus leyes y no de acuerdo con nuestros deseos infantiles,** por lo que nuestras *exigencias irracionales* están condenadas a la frustración permanente. *Exigir* que las cosas sean siempre como nos gustaría es una pretensión destinada a chocar de frente con la naturaleza. Es creernos, ingenuamente, dioses, y esperar que el mundo se ilumine con solo decir: "¡Hágase la luz!". ¿Por qué? Porque la naturaleza, una vez más, se comporta de acuerdo con las leyes que la rigen y no de acuerdo con nuestros deseos. Si queremos cambiar las cosas en la naturaleza, primero habrá que producir cambios en las variables que las hacen suceder. Mientras no hagamos eso, las cosas no cambiarán.

Lo que es, *debe ser*: lo que existe, *existe por alguna razón*, y no va a dejar de existir mientras las variables que sustentan su existencia no se modifiquen o desaparezcan. Si no sabemos cuáles son las causas que rigen un fenómeno, pues ese es, justamente, el trabajo del científico: averiguarlo. Pongo un ejemplo dramático: si mi mejor amigo se suicidó ayer, *debió* suicidarse. *Me duele, no me gusta, me hubiera gustado que no sucediera*, pero si hoy estoy aquí, frente a su cadáver, entonces su muerte *debió ocurrir* por alguna razón que desconozco. Ese es el hecho crudo y naturalmente doloroso. Pero puedo ir más allá del dolor natural y hacerlo *neuróticamente* doloroso si *exijo* que lo que pasó *no debería* haber pasado, que la realidad ante la cual estoy *no debería existir solo porque a mí no me gusta*. Pensar que las cosas *deberían* ser de un cierto modo solo porque *yo quiero* es la manera más segura de chocar de frente con la realidad y sufrir las consecuencias del impacto: heridas, chichones, hematomas, dolor, sufrimiento... o depresión, angustia, ira.

¿Dónde está el origen de este mal? Creo que aquí: en que el cuerpo y la mente no maduran en sincronía. Cuando el niño acaba de nacer, no exagero, *en su deseo le va la vida*. *Necesita* comer y *debe* ser alimentado porque, de lo contrario, sufrirá daños físicos e incluso la muerte. Siente frío y *debe* ser protegido de la intemperie por las mismas razones. Si el deseo no es satisfecho de inmediato, el niño llorará hasta lograr lo que requiere. Insisto: el *deseo* del niño *tiene que* ser satisfecho, porque si no es así, su vida peligra. *Su vida depende de que su deseo sea satisfecho.* Pero el tiempo pasa y el cuerpo y las habilidades del infante se modifican: crece, aprende a rodar en la cama, luego a gatear y después comienzan sus primeros intentos de caminar erguido hasta que lo logra: camina y corre con destreza cada vez mayor. En ese tiempo el niño ha pasado del balbuceo a las palabras y luego al discurso organizado. Su cuerpo y sus habilidades han madurado notoriamente, pero... su mente infantil no registra el hecho y sigue creyendo que sus deseos **tienen que ser satisfechos de inmediato o de lo contrario morirá**. Entonces, cuando desea algo y no obtiene satisfacción inmediata... ¡llora! Aunque sus habilidades físicas aumentaron, *su mente no creció al igual que su cuerpo.* No ha terminado de darse cuenta de que no todos los deseos son necesidades ni de que, ahora, si los demás no satisfacen sus deseos, **él mismo puede hacerlo o puede aprender a posponer la satisfacción o puede aceptar que algunas veces no será satisfecho.** Puede, incluso, aprender a aceptar que hay satisfacciones que *jamás* serán alcanzadas: "Ni modo, se me fueron Ava Gardner y Marilyn Monroe, murieron, jamás podré besar a tales hembras de belleza portentosa". Y, bien visto, es probable que no alcancemos a satisfacer deseos como ese aunque la destinataria de nuestros amores viva aún: es su perfecto derecho admitir o rechazar nuestras propuestas, incluso en el caso de que coincidiéramos en tiempo y en espacio.

Recapitulemos: el rasgo central de la madurez psicológica es la capacidad creciente para diferenciar entre la realidad y el deseo. Un niño muy pequeño, como lo hemos visto, no puede hacer eso: por su edad aún no discrimina entre el principio del placer y el principio de la realidad. Se orienta en el mundo de acuerdo con sus deseos y le cuesta trabajo entender que el mundo no está hecho a la medida de sus caprichos. Conforme madura psicológicamente descubre y acepta con más facilidad que las cosas del mundo no siempre son como a él le gustaría.

Si alguien va a psicoterapia y sale de ella con menos rigideces, con menos *deberías* en la cabeza, su terapia fue exitosa, sin importar el tipo de terapia que haya recibido ni cuánto tiempo haya durado. Para la psicoterapia cognitivo-conductual es tan importante el combate a las exigencias o demandas irracionales que esta estructura torcida de pensamiento es la primera *burrada* contra la que actuaremos, la primera unidad de *basura* cognoscitiva que nos interesa barrer.

Para que usted desarrolle conciencia de la tendencia infantil a formular demandas o exigencias irracionales, registre, a partir de este momento, todos sus brotes emocionales neuróticos: brotes de ira, brotes de angustia, brotes depresivos. Detrás de cada uno de ellos encontrará la mano peluda de un *debería*. Se lo aseguro. Meto la mano al fuego por eso. Para combatir esta modalidad de pensamiento neurótico, sea sistemático al anotar. Escriba. Disciplínese al hacerlo. No se sorprenda si anota 20 situaciones diarias en los primeros días. Mientras más acontecimientos neuróticos registre, más pronto los dominará. En su libreta de trabajo (recuerde: tamaño carta, de unas 100 hojas) registre sus brotes emocionales en una tabla de cuatro columnas con los siguientes encabezados:

Fecha	Situación emocional	Pensamiento irracional 1. Exigencia irracional	Pensamiento racional 1. Preferencia racional y aceptación de la realidad

En la primera columna anote la *Fecha* y, si es posible, la hora.

En la segunda columna anote la *Situación emocional*: fíjese en las dos palabras: *situación (A)* y *emoción (C)*.

En la tercera columna escriba su *Exigencia* o *Demanda irracional*, sus *debería*, sus *tendría qué*, sus *habría de*, etcétera.

En la cuarta columna combata su exigencia irracional y sustitúyala por una *preferencia realista*. Formule su deseo, pero acepte la realidad. No siempre es posible cambiarla, pero muchas veces sí podemos hacerlo llevando a cabo acciones sistemáticas y esforzadas. Con todo, **solo es posible cambiar una realidad cuya existencia aceptamos**. Mientras no aceptemos su existencia, mientras más resistencia opongamos, más tiempo perderemos y más nos tardaremos en encontrar una solución al problema, si es que la tiene. Perderemos un tiempo precioso en inútiles lamentos, que siempre son producto de nuestra *exigencia infantil* de que *lo que es* (eso que está ante nuestros ojos o nuestros sentidos) *no debería* ser. Por lo tanto, esta cuarta columna tiene como propósito ayudarle a distinguir entre su legítimo deseo y la dura realidad.

Guíese con los ejemplos de las páginas siguientes:

Pensamiento irracional
1. *Exigencia irracional* (¿Qué es lo que, según yo, debió o no debió suceder).
Pensamiento racional
1. *Preferencia racional y aceptación de la realidad.*
Fecha
15 de octubre
Situación emocional
Hice una gran pataleta: me enfurecí, le di un manazo al volante, un puñetazo al cofre y una patada a la llanta (C) porque iba a ver a un cliente con el tiempo medido y poco antes de llegar se ponchó una llanta del carro (A).
Pensamiento irracional
No debió poncharse la maldita llanta *precisamente el día* en que tenía que ver a un cliente tan importante.
Pensamiento racional
Pues sí, ahora lo veo claro: *me hubiera encantado* llegar con mi cliente sin contratiempos, *pero la realidad* es que las llantas a veces se ponchan. Es una realidad que no me gusta, pero con la cual hay que enfrentarse siempre que uno maneje automóviles. Alguna vez nos sucederá, y las cosas materiales (las llantas, por ejemplo) no tienen conciencia para determinar si la cita a la que vamos es importante o no. Ni modo. Esa es la cruda realidad y más vale aceptarla maduramente y buscar cómo cambiarla: la ponchadura no se va a corregir nada más con mi berrinche.
Fecha
16 de octubre

Situación emocional
Me entristeció (C) la noticia de que uno de mis profesores de la facultad había fallecido por un cáncer fulminante (A).
Pensamiento irracional
No debería existir el cáncer.
Pensamiento racional
¡Absurdo! El cáncer, el ébola, el sida y otras enfermedades difíciles de manejar existen, me guste o no. Esa es la dura realidad de la medicina actual, aunque *sería bueno y me encantaría* que todas esas enfermedades se detectaran a tiempo, se trataran y se pudieran curar por completo.
Fecha
16 de octubre
Situación emocional
Me molestó (C) que mi vestido de lino se enganchara en una rama de la buganvilia y se rompiera (A).
Pensamiento irracional
Debí cambiarme o tener más cuidado.
Pensamiento racional
Me hubiera gustado hacer cualquiera de las dos cosas, *pero la realidad* es que no hice ninguna de ellas. Evalué velozmente la situación, creí que no pasaría nada, me metí a sacar al perrito porque el niño estaba angustiado y, por hacerlo con prisa, me descuidé: me enganché y se hizo esa rasgadura en mi ropa.

LECCIÓN 6

LA TENDENCIA A MAGNIFICAR LA REALIDAD

Con nuestra tendencia a confundir la realidad y el deseo bastaría para llevar una vida plagada de sufrimiento y neurosis: una vida de sufrimiento gratuito, innecesario, inútil, autoderrotista. Pero como los humanos somos *taaan* inteligentes, hemos inventado muchas otras formas de agravar nuestro neurótico malestar. Revisaremos ahora **la tendencia a la magnificación de la realidad.** Esta segunda modalidad cognoscitiva equivocada consiste en convertir los sucesos molestos, inconvenientes, indeseables o desagradables, en acontecimientos *terribles, horribles, horrendos, catastróficos, lo peor de lo peor...*

Agrandamos las cosas, las inflamos, las exageramos y, en consecuencia, nos sentimos *absolutamente abrumados ante el desastre...* aunque el *desastre* no esté en la realidad, sino en nuestra forma magnificada de definirla. Nos parecemos entonces *al niño que pone el coco y luego le tiene miedo*, como advirtió sabiamente Sor Juana Inés de la Cruz.

Las siguientes son frases que a cada rato escucho en el consultorio, especialmente en la etapa de evaluación: "Es *horrible* lo que me pasa. Mi esposo comenzó a beber. Mi hija se está divorciando y mi hijo, el médico, según me lo dijo su propia novia, es adicto a la cocaína", "Terminé con Jesús y... (brote repentino de llanto incontrolable por unos dos minutos) *todo es un desastre* desde hace dos meses", "Mi mamá se pone como loca si la contradigo. Y todo lo que hago le parece mal. Es *terrible* cuando se enoja. Me resulta *espantoso* tener que regresar a casa todas las noches".

El pensamiento neurótico nos hace ver los acontecimientos del mundo a través de una gran lente de aumento... Luego nos olvidamos del utensilio que estamos usando ¡y nos asustamos con la visión magnificada!

Volver a poner a un paciente magnificador en contacto con la realidad objetiva no es siempre una tarea fácil. Algunos parecen perdidamente enamorados de sus definiciones magnificadoras. Mientras más lo están, mayor es el sufrimiento neurótico que experimentan y más energía y entusiasmo necesitan para vencer sus propios dragones. Con mis pacientes suelo usar dos argumentos para demostrar las falacias que subyacen en la visión catastrofista y en la tendencia a la magnificación de la realidad. Veámoslos:

Magnificar: ¿juicio objetivo o juicio subjetivo?

Imaginémonos saliendo a la calle y eligiendo al azar a 100 personas. A cada una de las que acepten participar, le hacemos el siguiente comentario: "Por favor, aunque lo que le vamos a preguntar le parezca muy sencillo, responda con toda seriedad. Vamos a mostrarle un objeto. Tóquelo, analícelo, lea lo que haya inscrito en él, úselo".

A continuación le damos un lápiz amarillo, con punta de grafito en un extremo y, en el otro, una pequeña goma de borrar, de color rosa, sujeta por un pequeño cilindro de lámina dorada y brillante. Damos un minuto para que la persona analice el objeto y a continuación le extendemos una tarjeta con una pregunta y cinco opciones. Esta tendrá la siguiente leyenda:

¿De qué objeto se trata?
Subraye la respuesta que considere correcta.
a) Un cerillo ***b)*** Una pluma fuente ***c)*** Un papel enrollado
d) Un lápiz ***e)*** Un cuchillo

¿Qué responderán las personas ante esta tarjeta? Sin duda el cien por ciento de las personas que respondan con seriedad afirmarán que se trata de un lápiz: la respuesta correcta será la señalada en el inciso *d*. A continuación le extendemos una nueva tarjeta:

> ***¿Cómo es el lápiz?***
> **Subraye la respuesta que considere correcta.**
> ***a)*** Bellísimo ***b)*** Bonito ***c)*** Regular ***d)*** Feo
> ***e)*** Feísimo ***f)*** Horrible

Ante la segunda pregunta, las 100 personas mostrarán una gran dispersión en sus respuestas. Habrá de todo. Habrá quien encuentre bellísimo el lápiz y quien lo encuentre horrible. Habrá quien lo considere regular, o feo, o bonito. ¿Por qué? ¿A qué se debe que haya habido acuerdo en el primer caso, pero no en el segundo? Todos coincidieron en que se trataba de un lápiz... pero no se ponen de acuerdo en lo que respecta a su belleza. De nuevo, ¿por qué?

Porque para responder a la primera tarjeta basta analizar el *objeto*: se trata de un cilindro de madera con una barra de grafito en el centro, tiene punta en un extremo y goma para borrar en el otro. Tiene marca y sirve para escribir. El *objeto* tiene las características que nos permiten clasificarlo en esa categoría de *objetos* que, en la comunidad hablante, decidimos llamar *lápices*.

Si respondimos que se trataba de un lápiz es porque hicimos un juicio *objetivo*; es decir, nos ha bastado el *objeto* para juzgar.

Pero para dar la segunda respuesta el puro objeto no basta. Son mucho más importantes las características del juzgador, del *sujeto* que juzga. ¿Qué tanto disfruta la persona del acto de escribir? ¿Cuánto aprecio tiene por los objetos que permiten la escritura? ¿Cuánto sabe de las distintas calidades del grafito y de las gomas y de las marcas y precios de los lápices? Lo determinante para dar la segunda respuesta son las características de *la persona* que juzga. Cuando de esto se trata, decimos que estamos haciendo un juicio *subjetivo*: un juicio que depende principalmente, como lo dijimos antes, ya no del objeto sino de las características del *sujeto* que juzga.

La diferencia entre los juicios objetivos y los subjetivos nos permite una mayor claridad en el análisis de las *magnificaciones* de la realidad.

Cuando una persona afirma que "es terrible, horrible, horrendo y catastrófico" algo que le ha sucedido, cree, inocentemente, que está haciendo un juicio *objetivo*. Pero su juicio, como todos los juicios de valor, depende *del sujeto* que juzga: es un juicio *subjetivo*. O, dicho de otro modo, lo que le sucedió no es *objetivamente* terrible ni catastrófico, aunque ella (como *sujeto*) *lo ve, lo aprecia, lo califica, lo juzga* así... y se siente de acuerdo con su consideración.

Si alguien considera que sus juicios obviamente *subjetivos* son *objetivos*, le parecerá que no puede hacer nada por modificar sus emociones al respecto. No hará nada por cambiar su visión de la realidad porque *cree* que tiene razón: en su fuero interno *exigirá* que la realidad sea la que cambie y se lamentará si esta no lo hace. Y lo más probable es que no se modifique: la realidad es como es, según las leyes naturales, económicas, sociales, culturales o psicológicas que la hacen ser como es. Y no es *catastrófico* que así sea, tan solo *nos lo parece así* algunas veces.

Si una mujer aprendió, cuando niña, que envejecer es algo *horrible* y luego reafirmó tal creencia en su adolescencia y en su juventud, y siguió creyéndolo como mujer adulta, ¿cómo se sentirá cuando aparezcan en su vida las arrugas, las canas, el cansancio, las transformaciones corporales típicas de la vejez? Efectivamente, lo vivirá como una experiencia *horrible*. Y si *cree* que su juicio es *objetivo*, le parecerá natural sentirse deprimida y no hará nada por intentar modificar su juicio. Pero si sabe que su juicio es *subjetivo*, como lo es, sabrá que los juicios *subjetivos* ¡dependen del sujeto! Subrayemos esto: no dependen de la realidad, sino de la visión que el *sujeto* tenga de ella. Si la persona sabe esto, sabrá también que, con un poco de trabajo filosófico, **puede desarrollar visiones distintas de la misma realidad**. Esta puede ser la primera estrategia de combate a las emociones neuróticas generadas por nuestra tendencia a magnificar la realidad: entrenar nuestro pensamiento para que pueda distinguir cuándo estamos haciendo juicios objetivos y cuándo estamos haciendo juicios subjetivos. Apliquemos este conocimiento al caso anterior:

a) Sabiendo que "envejecer no es *objetivamente* terrible ni catastrófico, sino que tan solo nos lo parece así *subjetivamente*", nuestra paciente podría ser ayudada a considerar que:
b) Recién nacida, su cuerpo era, *naturalmente*, muy distinto al de hoy: era muy pequeña y no tenía más que una limitada capacidad de movimiento.
c) Con el paso del tiempo su cuerpo se fue modificando: aprendió (*naturalmente*) a rodar en la cama y, sucesivamente, a gatear, a intentar erguirse, a dar sus primeros pasos, a caminar, a correr, etc. Todos estos cambios le parecían buenos y esperables por *naturales*: los había visto en otros y había aprendido que ese es el proceso *natural* del desarrollo.
d) Al llegar a la pubertad se le desarrollaron *naturalmente* los caracteres sexuales secundarios: comenzó a menstruar, desarrolló vello en el pubis y en las axilas, sus caderas se ensancharon y su pecho, antes liso como el de los niños, desarrolló un par de mamas que poco a poco aumentaron de volumen.
e) ¿No es esto *natural*? Lo es, por supuesto. La madre naturaleza ha programado esos cambios en nosotros. Y así como son *naturales* esos cambios al pasar de la infancia a la adolescencia, a la juventud, a la primera madurez, también es *natural* que a medida que el tiempo pasa los cambios continúen. Es *natural* nacer, crecer, desarrollarse, a veces reproducirse, y morir. Es *natural* (e inevitable) que nuestro cuerpo envejezca y finalmente muera y que nuestra materia se reintegre al flujo maravilloso de las energías en el universo. De modo que si aprendemos a ver los cambios corporales como *naturales e inevitables* en lugar de verlos como *catastróficos y terribles*, nuestra aceptación de los cambios será menos dolorosa.

f) Pero si podemos aceptar las transformaciones como algo *natural e inevitable*, ¿por qué quedarnos aquí? ¿Por qué no dar un siguiente paso? ¿Por qué tiene que ser natural, inevitable y *padecible*, en lugar de natural, inevitable y *disfrutable*? Con un poco más de esfuerzo reflexivo podemos aprender a verlo así y plantearnos la pregunta: ¿no es acaso posible vivir una infancia, una adolescencia, una juventud, una primera madurez y una vejez más feliz que cada una de las etapas previas? Y una vez que lo hemos planteado, ¿por qué no poner lo que esté de nuestra parte para lograrlo? La elección es nuestra. **Podemos elegir cómo sentirnos ante la realidad, puesto que podemos elegir cómo pensar ante ella.**

Estos y otros cambios en nuestra visión de la realidad serán posibles si tenemos claro que cada vez que magnificamos, hacemos juicios *subjetivos* y no *objetivos* de la realidad. Pregúntese, en la hora más alta de su íntima conciencia: ¿tiene sentido *elegir* hacer juicios magnificadores que me hacen sentir de un modo *en que no quiero sentirme*? ¿No es eso contradictorio, autoderrotista, y por lo tanto, neurótico? ¿Se da cuenta de que no es la realidad, sino *usted* quien se causa el sufrimiento? La elección de cambio es, también, enteramente suya. Los juicios *objetivos* de la realidad nos ponen en contacto con ella: nos permiten aceptarla más fácilmente en su infinita riqueza, nos permiten fluir más gozosamente con la hermosa vida.

Magnificar: un juicio semántico y una definición objetiva

Pido al lector que considere, sin prejuicios, la argumentación que sigue. No la abandone, sígala hasta el final. Luego critíquela si le encuentra fallas, pero primero reciba el argumento completo.

1. Si afirmo de una cosa que es *mala o fea* y digo de otra que es *malísima o feísima*, ¿con cuál de las dos series de palabras quiero indicar que el grado de maldad o fealdad de la cosa es mayor?
   Con la segunda serie de palabras, claro está:

Malo o feo < Malísimo o feísimo

Lo malo o feo es menor que lo malísimo o lo feísimo

La terminación "-ísimo" indica, gramaticalmente, el grado superlativo de una cosa: se aplica al grado máximo en que los adjetivos expresan la cualidad de que se trata. Léase bien: los superlativos *expresan la cualidad en su grado máximo*. Por lo tanto, un superlativo como *malísimo* o *feísimo* indica *el cien por ciento de lo malo posible*: la maldad o la fealdad expresada en su grado máximo. ¿Estamos de acuerdo?

2. Si estamos de acuerdo en lo anterior, responda a la siguiente pregunta: *¿qué sería lo más malo posible (lo malísimo: el cien por ciento de lo malo) que pudiera ocurrirle a la especie humana?* Medítelo y escriba su respuesta en su libreta, antes de seguir leyendo.

Estas son algunas respuestas que mis pacientes han dado a tal pregunta: "Que se acabara el agua...", "El estallido nuclear definitivo", "Que la Tierra chocara con un cuerpo celeste y se desintegrara", "Que la capa de ozono fuera penetrada por radiaciones letales para la humanidad", "Que nos muriéramos todos".

En todas estas respuestas es evidente que el temor más grande es que la vida humana se acabara. Todas las respuestas lo sugieren o lo afirman abiertamente. Y es cierto: **el cien por ciento de lo malo posible para la especie humana sería su extinción definitiva**. No la desaparición de una décima parte de la población actual del planeta, ni de un cuarto, ni de la mitad, ni de tres cuartos de la población, ni de nueve décimas de la misma, sino de *toda* la población: la extinción *total* de la especie. Todo lo que esté antes de eso sería *muy lamentable, muy doloroso, muy grave*, pero aún no habríamos alcanzado el cien por ciento de lo malo. Este grado máximo de lo malo posible, lo *malísimo*, sería alcanzado, objetivamente, cuando el último organismo humano desapareciera. En ese momento, en un planeta menor que giraba alrededor de un sol menor, en una galaxia menor del universo, se habría extinguido la vida humana. Así estaríamos alcanzando el grado máximo de lo malo posible para nuestra especie. Después de eso ya no habría ni quién sacara porcentajes. Punto *final*. Pero *antes de eso* aún no habríamos alcanzado *lo malísimo*, tan solo estaríamos ante grados crecientes de lo malo posible, *pero no ante el grado máximo*. ¿Estamos de acuerdo?

3. Pregunto ahora: *¿qué sería lo más malo posible (lo malísimo: el cien por ciento de lo malo) que pudiera ocurrirle a usted o a mí, a cada uno de nosotros como individuos?* Medítelo por unos dos minutos y escriba su respuesta en la libreta consabida.

Una persona respondió: "No sé... perder alguna parte del cuerpo. Un ojo, tal vez, una mano, una pierna...". Yo dije: "¿No sería más malo perder dos?". Así, en una especie de reducción al absurdo, podemos descubrir esta verdad elemental: perder una mano es menos grave que perder una mano y un dedo de la otra, y esto menos grave que perder una mano y dos dedos de la otra, y esto menos grave que perder la mano y tres dedos de la otra, y perder las dos manos es menos grave que perder las dos manos y un antebrazo, y dos antebrazos y el brazo, y los dos brazos, etc. ¿Adónde quiero llegar? A la concepción clara de que **el cien por ciento de lo malo posible para cada uno de nosotros como individuos es la muerte, la cual, inevitablemente, nos alcanzará tarde o temprano**. ¿No es así?

Un argumento similar puede emplearse en el caso de la pérdida de seres queridos: perder uno es menos grave que perder dos, tres, cuatro, etc. A lo cual podemos agregar la pérdida de partes corporales del párrafo anterior, hasta que nuestra propia muerte nos dé alcance. Y la variedad de situaciones puede alargarse hasta el infinito, pero el hecho definitivo es uno: *el cien por ciento de lo malo para los individuos solo se alcanza con la muerte.*

Y no es lo mismo morir repentinamente que hacerlo a través de una enfermedad larga y dolorosa. Y no es lo mismo morir de una enfermedad larga y dolorosa que a causa de una tortura larga, lenta y dolorosa, infligida por verdugos que nos castigan por un acto equivocado que cometimos. Y no es lo mismo esto que sufrir una tortura larga, lenta y dolorosa, infligida por verdugos que nos consideran culpables de un crimen del que somos inocentes...

En resumen: *lo malísimo*, el cien por ciento de lo malo para los individuos, es la muerte, y para la especie humana, la extinción definitiva. Todo lo que esté antes de eso... aún no llega al cien por ciento. Acordémoslo y dejémoslo establecido antes de analizar la conversación siguiente entre tres amigos:

> —¡Qué mala película vimos!
> —*Malísima*, diría yo...
> —Malísima es poco, fue *horrible* la porquería que nos trajiste a ver...

4. En el uso cotidiano del lenguaje aprendemos a magnificar sin darnos cuenta. Si ordenamos lo que los tres amigos han dicho, en términos de la buena o mala calidad de la película que vieron, obtenemos esto:

Mala* < *Malísima* < *Horrible

Donde el término "horrible" (o sus correspondientes magnificadores: *terrible, horrendo, catastrófico*) significa "algo más que malísimo". ¿Y qué sería eso? *¡Algo más que el cien por ciento de* *lo malo posible!* Lo que, si fuera cierto, equivaldría a decir que la película que vieron ¡tendría que ser *peor que la muerte individual y peor que el fin de la especie sobre el planeta Tierra*!

Obviamente el último interlocutor está magnificando. ¡Pero también el segundo! ¿No lo cree así el lector? Porque es obvio que *lo horrible* sería algo peor que la muerte o que la extinción total y eso no existe en la realidad: no hay nada más malo que el fin de la especie o que la muerte personal, y tras la película no se ha muerto nadie y el planeta sigue sobrepoblado. ¿No es así? Evidentemente la película no les gustó, puede ser fallida, mal hecha, torpe. De acuerdo. Muy mala. Pero ¿alcanza el superlativo (el cien por ciento) de lo malo? Como la experiencia del cinéfilo lo demuestra cotidianamente, cuando ya no se espera nada más malo, por ahí está ya, agazapado, esperándonos, el siguiente churro. Y lo mismo podríamos decir de los libros, de la música, del teatro y de todas las manifestaciones de la cultura. Muy malas muchas de tales manifestaciones, sí, ¡pero no alcanzan el nivel de la muerte o la extinción de la especie! ¿Para qué exagerar?

Rematemos: *lo horrible*, definido objetivamente, es aquello *peor* que la muerte individual o peor que el fin de la especie. ¿Qué podría ser peor? La inteligencia humana es capaz de *concebirlo*, pero *no existe en la vida real*. Algo peor que la muerte sería seguir sufriendo tortura *después de la muerte* ¡y seguir sintiendo el dolor! Por eso son *horribles* las torturas que las almas reciben en los círculos infernales imaginados por Dante, o las torturas de Tántalo y de Prometeo en la mitología griega. Y son *horribles* justo por eso: siguen ocurriendo *más allá de la muerte*. Los iracundos, sumergidos en un lago de sangre hasta las rodillas, en penumbra permanente, desquitan su ira contra ellos mismos: se están desollando perpetuamente: se arrancan la piel mientras sus dientes rechinan con furia. Y si los diablos pasan y los acosan desde sus andamios, su ira crece, pero al no poder actuar contra sus endemoniados verdugos, los pobres iracundos se lanzan, unos contra otros, con uñas y dientes para seguir lastimándose... He aquí una escena *horrible* en uno de los círculos del Infierno dantesco. Y los castigos mitológicos no son de corta duración. Los dioses no se tientan el corazón y aplican castigos de este tamaño ¡por toda la eternidad! Eso es lo *horrible*.

Pero, como lo decía antes, eso no existe en la vida cotidiana. Podemos *concebirlo, pensarlo, imaginarlo*, pero no se aplica en la realidad. Si nos arrancan el hígado o la piel, nuestro sistema nervioso central se desconecta y perdemos la conciencia, a diferencia de Prometeo con sus entrañas devoradas por los buitres, o de Tántalo abrasado de sed junto a la fuente: ambos conscientes de su inmenso dolor *por toda la eternidad*. En el caso del desollamiento nos acosarían los gérmenes patógenos del ambiente y muy pronto moriríamos; en el caso de la pérdida del hígado sufriríamos el mismo destino: pronto estaríamos muertos de no haber hospital o médicos, o hígado trasplantable en condiciones propicias. Dicho de otro modo: los humanos no alcanzamos, jamás, *lo horrible*; nuestro sufrimiento se detiene, apenas, en lo *malísimo*, en el cien por ciento de lo malo, en la muerte personal o en el fin de la especie. Lo demás, si ocurre, ocurre (¡Oh, Borges!) en tiempos y territorios *inhumanos*, es decir, *divinos*. ¿O no?

Por lo tanto y en resumen: *lo horrible* no existe para los humanos. Es concebible pero no sucede en la realidad. Cada vez que aplicamos tal adjetivo a cualquier acontecimiento o hecho desagradable **estamos exagerando, estamos haciendo tormentas en un vaso de agua, estamos magnificando**. ¿O no es magnificación decir que *es horrible* no encontrar rápido el documento que se nos traspapeló? ¿O que no sea puntual la persona que estamos esperando? ¿O reprobar un examen? ¿O ser rechazado por alguien? ¿O cometer un error? ¿O tener que pagar impuestos? ¿O ser criticado? Basta. No exageremos. No se acaba el mundo. No se acaba la especie. No nos vamos a morir. No solo no es *horrible*, ¡ni siquiera alcanza lo *malísimo*! Lo que ya es *desagradable* no lo hagamos *terrible*; lo que es *indeseable* no lo volvamos *horrendo*; lo que nos parezca *molesto* o *inconveniente* no lo convirtamos en algo *catastrófico* u *horrible*. Dejemos de magnificar... o asumamos las consecuencias.

Magnificar es invocar a los dioses por la picadura de una pulga.

Troquele esto en su alma: **la neurosis es el sufrimiento falso que le agregamos al sufrimiento legítimo.**

Tras reflexionar sobre lo anterior, tras procesarlo cognoscitivamente, tras ponerlo en su equipo espiritual o, mejor aún, *para ponerlo* en ese honroso sitio, agregue a su tabla de trabajo esta segunda forma de pensamiento irracional: en la tercera fila, registre sus magnificaciones y en la cuarta fila, trabaje contra ellas. Sustituya las magnificaciones irracionales por apreciaciones más objetivas de la realidad. Veamos en la siguiente página cómo podría lucir nuestra libreta:

Pensamiento irracional
1. *Exigencia irracional:* ¿Qué es lo que, según yo, *debió* o *no debió* suceder? **2.** *Magnificación de la realidad:* Lo más *horrible* de lo ocurrido es...
Pensamiento racional
1. Preferencia racional y aceptación de la realidad: **2.** Apreciación más objetiva de la realidad:
Fecha
15 de octubre
Situación emocional
Hice una gran pataleta: me enfurecí, le di un manazo al volante, un puñetazo al cofre y una patada a la llanta (C) porque iba a ver a un cliente con el tiempo medido y poco antes de llegar se ponchó una llanta del carro (A).

Pensamiento irracional
1. *No debió* poncharse la maldita llanta *precisamente el día* en que tenía que ver a ese cliente tan importante para mí. **2.** Es *terrible* que me suceda justamente ahora, en especial con este cliente. *Todo* me sale mal. Es *horrible*: ya *todo* se fue al demonio.
Pensamiento racional
1. Pues sí, lo veo claro: *me hubiera encantado* llegar con mi cliente sin contratiempos, *pero la realidad* es que las llantas a veces se ponchan. Es una realidad que no me gusta, pero con la cual hay que enfrentarse siempre que uno maneje automóviles. Alguna vez nos sucederá, y las cosas materiales (las llantas, por ejemplo) no tienen conciencia para determinar si la cita a la que vamos es importante o no. Ni modo. Esa es la cruda realidad y más vale aceptarla maduramente y buscar cómo cambiarla: la ponchadura no se va a corregir nomás con mi berrinche. **2.** Bueno, no exageremos. Es inconveniente pero no es la muerte. Llamaré para ver si me puede esperar, trataré de cambiar la llanta lo más pronto que pueda o pediré ayuda. O buscaré un sitio donde dejar el auto y me iré en taxi. Incluso si perdiera este negocio o al propio cliente, no es el fin del mundo. ¿Para qué agrandar lo que ya de por sí es inconveniente?
Fecha
16 de octubre
Situación emocional
Me entristeció (C) la noticia de que uno de mis profesores de la facultad había fallecido por un cáncer fulminante (A).
Pensamiento irracional
1. *No debería* existir el cáncer. **2.** Es *terrible* que se muera la gente que uno quiere, la gente buena... y ¡alguien tan creativo!

Pensamiento racional
1. ¡Absurdo! El cáncer, el ébola, el sida y otras enfermedades difíciles de manejar existen. Esa es la dura realidad de la medicina actual, aunque *sería bueno y me encantaría* que todas ellas se detectaran a tiempo, se trataran y se pudieran curar por completo. **2.** Es *doloroso*, pero de ninguna manera *terrible*. La realidad es así: hay enfermedades, accidentes, homicidios, suicidios. Nadie tiene comprada la vida y hacia allá vamos todos. "La pena de los dioses es no alcanzar la muerte", dijo el gran Rubén Darío.
Fecha
16 de octubre
Situación emocional
Me molestó (C) que mi vestido de lino se enganchara en una rama de la buganvilia y se rompiera (A).
Pensamiento irracional
1. *Debí* cambiarme o tener más cuidado. **2.** Es *terrible*, es una verdadera *desgracia*, una *catástrofe*, haber rasgado mi vestido de lino.
Pensamiento racional
1. *Me hubiera gustado* hacer cualquiera de las dos cosas, *pero la realidad* es que no hice ninguna de ellas. Evalué velozmente la situación, creí que no pasaría nada, me metí a sacar al perrito porque el niño estaba angustiado y, por hacerlo con prisa, me descuidé: me enganché y se hizo esa rasgadura en mi ropa. **2.** ¡Por favor! ¿Cómo puedo ser tan exagerada? La verdad es que casi no se nota y es posible que después de una lavada y una planchada se note menos. No es una *desgarradura*, es apenas un hoyito. Si después de eso sigue sin gustarme, pues ya veré qué hago para sustituirlo. A fin de cuentas, todo por servir se acaba.

LECCIÓN 7

LA TENDENCIA A LA INDEFENSIÓN

Espero que esté claro, tras las dos lecciones anteriores, que un brote neurótico se origina cuando *exigimos* que la naturaleza, el mundo, la gente, se comporten de acuerdo con nuestros deseos y no de acuerdo con las leyes naturales que los rigen. Cuando nuestra exigencia irracional es frustrada, cuando la realidad nos refriega en el rostro que las cosas suceden independientemente de si nos gustan o no, aumentamos nuestra reacción neurótica, *magnificando* la importancia del hecho y viéndolo como algo gravísimo, terrible, catastrófico: algo peor que la muerte o que la extinción de la especie humana. Cuando vemos un acontecimiento indeseado así, con nuestra lente magnificadora, nos asustamos de lo que vemos y *nos declaramos incapaces de enfrentar un hecho tan abrumador.* En esto consiste *la tendencia a la indefensión*: en la creencia infantil de que estamos a merced de un ambiente hostil y que *nada* de lo que hagamos podrá modificarlo. Nos declaramos incapaces e inútiles ante la adversidad, nos sentimos desamparados ante ella, nos vemos a nosotros mismos como víctimas desprotegidas e *indefensas* de la cruel realidad.

Una declaración de indefensión es lo primero que escuchamos en todos los consultorios de psicoterapia del mundo: "Ya no soporto a mi marido. Desde que se jubiló está metido en la casa todo el tiempo y se la pasa nada más fregando", "Ya no tolero a mi mujer. Está loca. Todo le molesta. Ha de ser la menopausia o yo no sé qué...", "Ya no aguanto a mis padres. No entienden nada. Todo lo que hago les parece mal", "Ya no soporto a mis hijos. Desde que el último entró a la preparatoria todo se desarregló. Los tres se volvieron insoportables. Son groseros, desafiantes, irrespetuosos, retadores", "Ya no tolero al imbécil que tengo por jefe en el trabajo. Es un neurótico perfeccionista", "No soporto al patán que tengo como vecino. Antes vivía ahí un señor muy cortés, muy amable, muy respetuoso, pero ahora llegó un tipejo maleducado y grosero", "Ya no se puede vivir en la Ciudad de México, el tráfico es insoportable", y así sigue la letanía.

La indefensión suele aparecer en el discurso con fórmulas verbales del tipo: "No lo soporto", "No lo aguanto", "No lo tolero", o sus correspondientes: "Es insoportable", "Es intolerable", "Es inaguantable", "Es la gota que derramó el vaso", "Me llenó el hígado de piedritas", "Ya estoy hasta la coronilla", "Eso ya me tiene hasta la madre", "Es el colmo", etcétera.

Cuando una persona se declara incapaz de enfrentar la realidad, simplemente deja de luchar, deja de buscar soluciones: se echa a esperar *lo inevitable*. Así es el estado del depresivo extremo o del que padece una ansiedad paralizante. "Estoy derrotado, nada sirve, nada funcionará". Esos son los pensamientos que rumia el que ha caído en estado de indefensión. Eso cree la gente, pero quien afirma tales cosas está equivocado y se está mintiendo a sí mismo.

Yo acostumbro preguntarle al paciente, un poco tramposamente, *desde cuándo* no soporta los acontecimientos de los que se queja. Y el paciente suele responder cosas como: "No soporto a mi marido desde que se jubiló *hace dos años*", "*Nunca* he soportado a mi mujer: *desde la luna de miel* empezaron los problemas... y eso fue hace *22 años*", "La cosa se volvió inaguantable con los hijos desde que el último entró a la prepa, *el año pasado*", "A mis padres no los soporto *desde que entré a la secundaria*", "El vecino nuevo está ahí desde hace dos años, pero desde hace unos *tres meses* toca el claxon cuando llega en su nueva camioneta. Eso es lo que no soporto".

Dije arriba que yo preguntaba "un poco tramposamente" *desde cuándo no soportaban* el hecho desagradable. Sí, mi inocente trampa me permite atrapar el hecho con el cual refutar su afirmación falsa. Porque todos y cada uno de ellos se están diciendo mentiras: se las dicen y se las creen. Se están mintiendo a sí mismos y caen redonditos en la trampa, víctimas de su propio engaño. Porque si alguien viene a decirme a mi consultorio, sentado frente a mí, mirándome a los ojos, que *no soporta a su marido desde que se jubiló hace dos años*, obviamente me está diciendo falsedades. ¿Se da cuenta el lector de lo obvio de su falsa declaración? Véala: aquí está una guapa señora, sentada cómodamente en mi lujoso sillón de piel negra, recibiendo la luz tibia que entra por el domo de mi estudio, respirando a gusto, sonriendo a veces, *perfectamente viva*, diciendo que desde hace dos años *no soporta* el comportamiento indeseable de su jubilado marido. Lo cierto es lo contrario: *desde hace dos años SOPORTA* el comportamiento desagradable de su marido. Con molestia, es cierto, pero definitivamente *lo ha soportado* puesto que no se ha muerto, no se le ha caído un brazo ni una mano ni un dedo, ni siquiera se ha enfermado. *Lo ha estado soportando*, pero, mientras lo hacía, se ha estado mintiendo al afirmar lo contrario: diciéndose que *no soporta*, que *no aguanta*, que *no tolera* el comportamiento adaptativo del marido a su nueva condición de jubilado. Y aquí, como en los dos errores previos, el mero hecho de hablarse con la verdad en lugar de hablarse con mentiras produce un cambio inmediato en el estado emocional.

Veamos otro ejemplo. Si alguien se dice algo como: "No soporto mirar a los ojos a la gente, es terriblemente difícil para mí", se pondrá en un estado de fragilidad, de ansiedad, de nerviosismo, de debilidad, de *indefensión*. En este estado tenderá a evitar las conductas que le causan ansiedad. Y a medida que las evita o que escapa de ellas, hace más grande su limitación al *confirmar*, huyendo, sin quedarse a comprobarlo en la realidad, su falso juicio. Afirmar la verdad lo pondrá en un estado emocional diferente. Decirse frases como: "Mirar a la gente a los ojos, especialmente a las personas que me gustan, es algo que me pone ansioso, sí, pero... *¡definitivamente puedo soportarlo!* Puedo tolerar esa ansiedad, la puedo aguantar, por muy incómoda que sea", le hará sentirse más calmado, más tranquilo, más en paz consigo mismo porque, aunque reconoce su dificultad, también reconoce su capacidad para afrontarla. Agregue a su monólogo algo como: "No me voy a morir, no voy a caer fulminado por la mirada de nadie, ni siquiera me voy a desmayar. Soy capaz de soportar el nerviosismo inicial y superarlo. Todas las conductas generan, al principio, una ansiedad adaptativa, ese es un hecho natural: lo puedo entender y lo acepto. Me hubiera gustado adquirir antes esta habilidad, pero la realidad es que no lo hice. Y no lo logré antes, por decirme falsedades debilitadoras como que *no soportaba* el nerviosismo que me causaba. Pues de hoy en adelante estoy decidido, me voy a enfrentar a ese hecho cada vez que se me presente la oportunidad. Y no voy a esperar a que se me presente: ¡yo voy a buscar las oportunidades! Voy a mirar a los ojos a todas las personas con las que hable, especialmente a las que me gustan: si logro eso, que es lo más difícil para mí por ahora, lo demás vendrá solo. Voy a buscar la oportunidad de hacerlo y lo haré. Mientras más practique, más pronto venceré esta limitación infantil. A darle, entonces, a entrarle al toro...".

Cuando la gente empieza a hablarse de esta manera, ha dado el gran paso. La indefensión se está quebrando y está tomando fuerza el estado psicológico contrario, la noción de autoeficacia: **la afirmación de nuestra capacidad para enfrentar la realidad, por difícil que sea**. A esta capacidad la gente suele referirse con términos como autoconfianza, personalidad afirmativa, seguridad en uno mismo. Y la verdad es que requiere un poco de trabajo, pero es más fácil de lograr de lo que se cree. Comience y pruébelo.

¿De qué modo podrían hablarse racionalmente las personas de los ejemplos anteriores? Veámoslo. Yo resolveré el primer caso, para ejemplificar. Los demás le tocan a usted.

Declaración de indefensión
Ya no soporto a mi marido. Desde que se jubiló está metido en la casa todo el tiempo, nada más fregando.
Ya no tolero a mi mujer. Está loca. Todo le molesta. Ha de ser la menopausia.
Ya no aguanto a mis padres. No entienden nada. Todo lo que hago les parece mal.
Ya no soporto a mis hijos. Desde que el último entró a la preparatoria todo se desarregló. Los tres se volvieron insoportables. Son groseros, desafiantes, irrespetuosos, retadores.
Ya no se puede vivir en la Ciudad de México, el tráfico es insoportable.
Ya no tolero al imbécil que tengo por jefe en el trabajo. Es un neurótico perfeccionista.
No tolero al patán que tengo como vecino. Antes vivía ahí un señor muy cortés, muy amable, muy respetuoso, pero ahora llegó este tipejo maleducado y grosero.
Afirmación de mi capacidad para enfrentar la realidad
Hace dos años que he soportado su comportamiento *fregón* y lo he hecho con incomodidad o con furia. Ninguna de las dos estrategias ha funcionado, *pero sigo soportándolo.* También puedo soportar el buscar nuevas estrategias: hablar claro con él, hacerle ver lo que pienso, hacerle entender lo importante que es para mí, pero principalmente para él, que encuentre formas más creativas en las cuales emplear su tiempo. Puede costar trabajo, pero es lo suficientemente inteligente como para entender que eso nos beneficiará a ambos.

Hay personas que se sienten interesantes, importantes, superiores, cuando dicen, arrugando la nariz, cosas como: “¡No soporto la vulgaridad!”, “¡No tolero la injusticia!”, “¡No aguanto que me levanten la voz!”, “¡No soportaría un drogadicto en mi familia!”. ¡Boberías! Si tuvieran alguna formación terapéutica, podrían darse cuenta de que están haciendo declaraciones indefensas y de que sus frases pueden traducirse como: “Soy tan débil, tan frágil, tan blandengue, tan aguado psicológicamente, que no puedo soportar lo que no me gusta". ¿Es eso cierto? No, por supuesto. Continuarán soportando lo que dicen que no soportan, pero sufriendo por decirse que no pueden hacer lo que, evidentemente, están haciendo. Cuando rompan la indefensión, descubrirán que no solo toleran las adversidades, sino que también pueden tolerar los esfuerzos que se requieran para intentar modificar las partes de la realidad adversa que se puedan cambiar.

¿Qué es lo que, en resumen, *no soportamos*? Bien visto, solo aquello que nos mata. Otra obviedad que no siempre alcanzamos a ver: si recibimos una pedrada, una puñalada o un balazo y sobrevivimos... ¡ya lo soportamos! ¿O no? Con dolor, con intervenciones quirúrgicas, con atención, con cuidados, con convalecencia más o menos larga, sí, ¡pero ya lo soportamos!

¿No es, entonces, muy irracional, que el neurótico diga que *no soporta* que alguien haga algo que a él no le gusta? Si lo está lamentando es que no se murió y, por lo tanto, *ya lo soportó*. En un nivel más irracional aún, el neurótico se perturba no solo por las *acciones* de los demás, sino *por las palabras* de los demás: "Me insultó, me lastimó con sus palabras, me mentó la madre. Eso no lo puedo soportar". ¡Por favor! ¿No podemos soportar las necedades, las vulgaridades, las groserías, los errores y las torpezas del prójimo? ¡Bah! ¡Por supuesto que podemos soportarlos, podemos tolerarlos, podemos entenderlos! Lo hemos hecho toda la vida y continuaremos haciéndolo en el futuro, ya que no se ven muchas posibilidades de que los seres humanos se vuelvan virtuosos de la noche a la mañana. No solo podemos soportarlos, incluso podemos intentar cambiarlos: podemos tolerar el esfuerzo de confrontar al agresor y hacerle ver, sin agresión, que ambos saldremos beneficiados con un trato más respetuoso. Y si no lo logramos, ¡también lo soportaremos!

Aunque no nos guste, los neuróticos existen. Y si el otro "me insultó y me mentó la madre", que él sea quien sufra las consecuencias de su furia: que su aparato digestivo se lo demande. Y si su furia tiene una base racional porque nosotros realmente cometimos un error, ignoremos los insultos, aceptemos la crítica con madurez y comprometámonos a cambiar el acto que nuestra falibilidad humana nos hizo cometer. También eso lo podemos soportar. Podemos, incluso, disfrutar al hacerlo.

Como la estupidez no tiene límite y le da por aparecer incluso en medio de la inteligencia, hay quien se perturba, ya no por actos y palabras, sino por ¡las miradas! de los demás. "Me vio por encima del hombro", "Me lanzó una mirada cargada de odio", "Me echaba puñales por los ojos", "Me desnudó con la mirada el desgraciado viejo libidinoso".

Tuve una vez un paciente, periodista y supermacho, que un día golpeó a un hombre en el metro porque, según él: "Me estaba echando miraditas, el muy putarraco... Por eso le puse en su madre, pa' que no me ande confundiendo. Pa' que aprenda con quién se mete".

Una mirada tendrá tanto control como el que usted le otorgue. Si usted lo quiere, puede deprimirse, enfurecerse o atemorizarse con ciertas miradas. Hágase daño, si así lo desea. Si no, riámonos un poco: le invito a recordar al cómico norteño Eulalio González "Piporro", cuando nos parodia esta actitud humana en el personaje de uno de sus corridos: "Ah, qué mirada tan pesada tenía... ¡Pesada, pesada...! Nomás te dejaba caer la mirada sobre la frente ¡y sentías el golpanazo en el cogote! ¡Ah, qué mirada tan pesada! ¡Era un plomo! ¡Era un berbiquí! ¡Nooo..! ¡Te atravesabaaa!".

También recuerdo a alguien que se quejaba, no ya de los comportamientos, ni de las palabras, ni de las miradas, sino de *las supuestas intenciones* de otra persona: "Es un hipócrita", decía. "Me trata con toda clase de amabilidades, pero yo sé que, en el fondo, le caigo mal".

Y así sigue la gente... ¿Hasta dónde? Usted ponga el límite.

Insisto: ¿qué es lo que no podemos soportar? Solo aquello que nos mata, dijimos. Si no nos mata, *ya lo soportamos.* ¿Puede matarnos una mirada, una palabra, una crítica negativa, un rechazo, una imagen temible del futuro, un recuerdo? ¡Nunca sin nuestro consentimiento!

Para ayudarlo a combatir la indefensión, agregue a su tabla, en las columnas tercera y cuarta, la categoría correspondiente:

Pensamiento irracional
1. *Exigencia irracional:* ¿Qué es lo que, según yo, *debió* o *no debió* suceder? **2.** *Magnificación de la realidad:* Lo más *horrible* de lo ocurrido es... **3.** *Indefensión*: Lo que *no puedo soportar* es...
Pensamiento racional
1. *Preferencia racional y aceptación de la realidad:* **2.** *Apreciación más objetiva de la realidad:* **3.** *Afirmación de mi capacidad para enfrentar la realidad:*
Fecha
15 de octubre
Situación emocional
Hice una gran pataleta: me enfurecí, le di un manazo al volante, un puñetazo al cofre y una patada a la llanta (C) porque iba a ver a un cliente con el tiempo medido y poco antes de llegar se ponchó una llanta del carro (A).
Pensamiento irracional
1. *No debió* poncharse la maldita llanta *precisamente el día* en que tenía que ver a ese cliente especialmente importante para mí. **2.** Es *terrible* que me suceda justamente ahora, en especial con este cliente. Todo me sale mal. Es *horrible*: ya todo se fue al demonio. **3.** *No soporto* que me pase esto a mí, justo cuando más necesidad tengo.

Pensamiento racional
1. Pues sí, lo veo claro: *Me hubiera encantado* llegar con mi cliente sin contratiempos, *pero la realidad* es que las llantas a veces se ponchan. Es una realidad que no me gusta, pero con la cual hay que enfrentarse siempre que uno maneje automóviles. Alguna vez nos sucederá, y las cosas materiales (las llantas, por ejemplo) no tienen conciencia para determinar si la cita a la que vamos es importante o no. Ni modo. Esa es la cruda realidad y más vale aceptarla maduramente y buscar cómo cambiarla: la ponchadura no se va a corregir con mi berrinche. **2.** Bueno, no exageremos. Es inconveniente pero no es la muerte. Llamaré para ver si me puede esperar, trataré de cambiar la llanta lo más pronto que pueda o buscaré ayuda. O buscaré un sitio donde dejar el auto y me iré en taxi. Si perdiera este negocio o incluso al cliente, no es el fin del mundo. ¿Para qué agrandar lo que ya de por sí es inconveniente? **3.** Por supuesto que puedo soportarlo. Toda vida productiva está expuesta a obstáculos, de muy distinta naturaleza. Soporto que existan y tolero las molestias que se requieran para resolver las dificultades. No solo soy capaz de tolerar simplezas como una ponchadura; también soy capaz de enfrentar y resolver la dificultad con este y con otros clientes. Lo he hecho en el pasado y lo seguiré haciendo en el futuro.
Fecha
16 de octubre
Situación emocional
Me entristeció (C) la noticia de que uno de mis profesores de la facultad había fallecido por un cáncer fulminante (A).
Pensamiento irracional
1. *No debería* existir el cáncer. **2.** Es *terrible* que se muera la gente que uno quiere, la gente buena... y ¡alguien tan creativo! **3.** *No soporto* que la vida de alguien querido pueda terminarse en plena creatividad por culpa del cáncer.

Pensamiento racional

1. ¡Absurdo! El cáncer, el ébola, el sida y otras enfermedades difíciles de manejar existen. Esa es la dura realidad de la medicina actual, aunque *sería bueno y me encantaría* que todas ellas se detectaran a tiempo, se trataran y se pudieran curar por completo.
2. Es doloroso, pero de ninguna manera terrible. La realidad es así: hay enfermedades, accidentes, homicidios, suicidios. Nadie tiene comprada la vida, y hacia allá vamos todos. "La pena de los dioses es no alcanzar la muerte", dijo el gran Rubén Darío.
3. Por supuesto que lo soporto. ¡Ya lo soporté! Y quizá tenga que soportarlo más veces en el futuro, con personas aun más cercanas, como mi pareja, mis hijos o mis padres. En caso de suceder, no solo podré soportarlo, espero también ser capaz de dar ayuda y consuelo a quien lo necesite.

Fecha

16 de octubre

Situación emocional

Me molestó (C) que mi vestido de lino se enganchara en una rama de la buganvilia y se rompiera (A).

Pensamiento irracional

1. *Debí* cambiarme o tener más cuidado.
2. Es *terrible*, es una verdadera *desgracia*, una *catástrofe*, haber rasgado mi vestido de lino.
3. *No puedo soportar* lo que le sucedió a mi amado vestido de lino.

Pensamiento racional

1. *Me hubiera gustado* hacer cualquiera de las dos cosas, *pero la realidad* es que no hice ninguna de ellas. Evalué velozmente la situación, creí que no pasaría nada, me metí a sacar al perrito porque el niño estaba angustiado y, por hacerlo con prisa, me descuidé: me enganché y se hizo esa desgarradura en mi ropa.
2. ¡Por favor! ¿Cómo puedo ser tan exagerada? La verdad es que casi no se nota y es posible que después de una lavada y una planchada se note menos. No es una *desgarradura*, es apenas un hoyito. Si después de eso sigue sin gustarme, pues ya veré que hago para sustituirlo. A fin de cuentas, todo por servir se acaba.
3. ¿Para qué me miento? *Ya lo soporté.* No soy tan aguada psicológicamente como para no tolerar un contratiempo.

LECCIÓN 8

LA TENDENCIA A CONDENAR

Condenar, maldecir, censurar, vituperar, reprobar, culpar, acusar, descalificar, satanizar, degradar, rebajar, anular... He ahí el deporte favorito de nuestra triste especie. He ahí su veneno letal: su cianuro o su arsénico, su plomo derretido. Oigamos a la gente condenando, maldiciendo, censurando, vituperando, reprobando, culpando, acusando, descalificando, satanizando, degradando, rebajando, anulando a su prójimo.

Oigamos a un iracundo: "¿Qué? ¿Otro error? ¿Qué le pasa al ingeniero? ¡Es un idiota! ¡No puede hacer nada bien! ¿Cómo pudo haber fallado en algo tan simple? Lo voy a correr. Ese tipo es un pendejo. Sí, un pobre y miserable pendejo".

Oigamos a un deprimido: "¡Soy un pendejo! ¿Qué me pasa? ¡No puedo hacer nada bien! ¿Cómo pude haber fallado en algo tan simple? Me van a correr. Soy un pendejo. Sí, eso soy: un pobre, pinche y miserable pendejo".

Así de claro: cuando la gente condena a otras personas, experimenta enojo y, si las condena con más severidad, llegará a la ira. En un grado extremo puede llegar a la agresión física e incluso al homicidio. Pero cuando se condena a sí mismo, sufre tristeza y, si se condena más severamente, llegará a la depresión. En un nivel extremo puede llegar a golpearse a sí mismo e incluso a suicidarse.

En todos los casos, las condenas tienen un propósito: descalificar, demeritar, degradar, rebajar, anular al condenado. Intentan, en el fondo, afirmar que quien recibe la condena, *vale menos* porque no califica, porque no tiene méritos, porque su grado en alguna jerarquía es menor, porque ocupa estratos bajos y, *por lo tanto, él* es más bajo que el condenador (según la *lógica* de quien condena, desde luego: una *lógica* fascista que voy a despedazar y de la que tendré mucho gusto en burlarme un poco más adelante).

Se condena por razones raciales (negro, prieto, chino, indio, naco); por razones socioeconómicas (pelado, pelagatos, pobretón, muerto de hambre, jodido, pocarropa, comecuandohay); por razones profesionales (macuarro, pinche, fámulo, lacayo, gato, macehual, ganapán, licenciadito, abogadete); por razones religiosas (hereje, judío, mocho, infiel —acusación mutua entre católicos y musulmanes en épocas pasadas o en ciertas regiones en el presente—); por razones sexuales, rebajando a la mujer ("No lloren como mujeres lo que no supieron defender como hombres", "Sea machito", "Los machos no lloran", "Pareces vieja"), o por las mismas razones, degradando al hombre (macho estúpido, vil machirrín, miserable machín de siete suelas); por razones de orientación sexual (puto, marica, maricón, culero —término este último que pasó a significar "cobarde"—) y hasta por razones políticas (reaccionario, revisionista, lacayo del imperialismo, estalinista, neoliberal). Así Marx acusó a algunos escritores de ser "la canalla literaria", Goebbels usó el término *ungeziefer* —alimaña— para aplicarlo a los judíos, y (¿siguiendo su ejemplo?) Fidel Castro aplicó a los disidentes cubanos el término "gusano" y llegó a decir de los que se fueron de Cuba por el puerto de Mariel: "Que se vaya la escoria...".

Condenas como "hijo de puta" o "hijo de la chingada" hacen referencia a que alguien vale menos por la ocupación de su madre o por la forma en que fue concebido: el hijo de la chingada es el hijo de la violada, el hijo de la sometida, el hijo de la poseída con violencia. Y el mensaje detrás de la condena es que quien haya sido concebido en tales condiciones *vale menos* que quienes lo hayan sido en condiciones diferentes.

El condenado es, a los ojos del condenador, un humano *defectuoso* y, por eso, inferior: es tarado, idiota, imbécil, estúpido, torpe, menso, tonto, memo, estólido, retrasado mental, retardado, subnormal, cretino, pendejo, lelo, mongoloide, loco.

O, de plano, es juzgado como mucho menos que humano. Así, alguien que se está sintiendo superior a otro por razones de inteligencia, suele usar como términos condenatorios: animal, bruto, bestia, burro, buey (o güey), caballo (como dicen en Yucatán). El mensaje es claro: su inteligencia no es la de un ser humano, sino la de un organismo inferior. Por lo tanto, *él es inferior.*

Y si el condenado lo es por razones morales, oímos palabras como: vil, ruin, malo, malvado, perverso, abyecto, despreciable, rastrero, bajo, ignominioso, abominable, aborrecible, indigno, detestable, degenerado, execrable, repugnante, odioso, repulsivo, infame.

"Hideputa, follón, bellaco fementido...", dice don Quijote.

"Ultrapiojo, archiliendre, multichinche, / bufoncete, soplón, semiladilla", son los versos iniciales de un soneto satírico de Salvador Novo que, cuando se enciende más, es capaz de insultar así: "¿Qué puta entre sus podres chorrearía / por entre incordios, chancros y bubones / a este hijo de tan múltiples cabrones / que no supo qué nombre se pondría?".

"Hijo de su pinche, puta y recontracogida madre", dice un personaje de José Agustín.

En el fondo, todas las condenas pretenden sacar al condenado de su condición humana y reducirlo a una condición inferior. No otra cosa revelan las condenas más obvias. De ahí que las personas que condenan lancen sus términos como latigazos.

Todos hemos oído frases como: "Qué perro", "Es un cerdo", "Es una rata", "Es un gusano", "Es un piojo", "Es una víbora", "Es un reptil", "Es un alacrán", "Es un insecto", "Es un puerco", "Es un marrano", "Es un cochino", "Es un guarro", palabras todas que consideran al otro como un organismo subhumano. O menos que eso: el condenado se convierte, ante los ojos de su condenador, en un desagradable subproducto: "Es una mugre", "Es un desecho", "Es la escoria", "Es basura", "Es la hez de la sociedad", "Es una mierda", "Es un pendejo" (del latín *pectiniculus* que, en su primera acepción en español, es "un pelo del pubis, de las ingles o del empeine", es decir, un pelillo, una cosa insignificante), término que en Cuba y otros países de América Latina significa "cobarde" o "pusilánime" y que en México tomamos como sinónimo de "tonto" o "estúpido".

Y la letanía sigue, con una variedad digna de mejor causa.

Aplicando las condenas, los hombres han despreciado, desdeñado, vilipendiado, torturado, herido, quemado, matado, a sus hermanos.

Las condenas están en el fondo de emociones perturbadas como la ira o la depresión, pero también en el fondo de actos como el suicidio, el homicidio y el genocidio.

Y toda esta amplia gama de condenas y autocondenas, esencia y resumen de la neurosis es producto de una lógica tan falaz y torcida como dañina.

Veamos por qué.

Primer argumento: la Declaración Universal de los Derechos Humanos

"Todos los seres humanos nacen libres e iguales en dignidad y derechos", dice en su primer artículo ese noble documento. Así es. Y esas condiciones no se pierden con nada. Mi dignidad y mis derechos me pertenecen por el mero hecho de existir y de ser parte del género humano. Y al género humano se pertenece por razones biológicas: soy humano porque fui procreado por humanos y tengo la organización cromosómica, determinada genéticamente, que me hace pertenecer a esta especie. Mi condición humana no depende de títulos nobiliarios ni universitarios, no depende de condiciones económicas, sociales, culturales, intelectuales, ni de género o de preferencia sexual. No soy más o menos humano si soy más rico o más pobre, más culto o más inculto, más instruido o menos instruido, con más o menos grados académicos. Mi condición humana no depende del color de mi piel ni de características físicas como fuerza, habilidades atléticas, talentos o entrenamientos. Soy humano porque pertenezco a esta especie triste pero hermosa, por cuya supervivencia y felicidad, por cierto, bien vale la pena hacer esfuerzos. No hay subhumanos ni superhumanos: solo hay humanos. Nada más, pero nada menos. Nadie es más que nadie, nadie vale más que nadie, nadie vale menos que nadie. Llegar a esta conclusión le costó a la humanidad siglos de sangre, y las generaciones actuales lo agradecemos. Ya no hay patricios con más derechos que los plebeyos o que los esclavos; ya no hay señores feudales que valgan más que sus siervos; ya nadie pasa sobre los derechos de otros como un acto *normal*, puesto que tal comportamiento será visto como lo que es actualmente: un delito o, al menos, un acto equivocado contra el que protestará la comunidad, haciendo valer sus derechos. Y más tarde o más temprano la razón terminará imponiéndose.

Pero también sobre este pensamiento noble se cierne la trampa irracional y por ahí aparecerán los grupúsculos intentando arrebatarnos lo que nos pertenece por derecho y queriendo concedérnoslo a cucharadas, según cumplamos o no con sus objetivos. Así, un grupo cuyo interés sea la producción de bienes económicos querrá dar más cucharaditas de valor a quien le ayude a alcanzar más pronto sus objetivos (el trabajador cumplido, que se queda sin chistar más allá del tiempo señalado en su contrato, que trabaja horas extras o que llega puntual e incluso minutos antes de la hora de entrada); un poco menos cucharaditas de valor a quien produzca menos (el que llega a tiempo y se va a la hora especificada y no trabaja horas extras), y mucho menos cucharadas a quien se atreva incluso a protestar (el que organiza a los demás trabajadores para luchar por menos tiempo de trabajo, por más salario, por reparto de utilidades y otras ganancias contra *la patronal*). Lo mismo pasará en las organizaciones políticas, religiosas, culturales, intelectuales, académicas, que también practican el reparto de cucharaditas de valor.

Y esos grupos alcanzarán su avieso propósito cuando logren que el trabajador más productivo se crea y se sienta mejor que el segundo, y este mejor que el tercero. Y su control será total cuando el trabajador menos productivo comience a pensarse y a sentirse inferior al segundo, y este, inferior al primero en su capacidad productiva.

En fin, así es el género humano. Así se organizan los grupos: así intentarán controlarnos; pero, salvo que cuenten con nuestra complicidad, no lograrán convencernos. No permitiré que lo que me corresponde me sea arrebatado, y tampoco permitiré que quieran recetármelo a cucharadas según sus intereses. No valgo más ni menos que nadie porque mi valor como humano depende de mi condición humana y no de qué tan bien o qué tan mal hago las cosas que las organizaciones desean que haga. Tampoco valgo más o menos que nadie cuando hago o dejo de hacer lo que yo mismo quería hacer. Si no logré levantarme a la hora que quería, bueno, es una lástima, es lamentable, llegaré tarde o no alcanzaré a la persona a la que deseaba ver. Eso es cierto: *pero de ningún modo valgo menos como ser humano por eso.* Lo mismo si no logro mis metas académicas, deportivas, artísticas, económicas, sociales, intelectuales, espirituales, políticas, sexuales, etcétera.

¿Por qué? Porque mi condición humana no ha cambiado: sigue siendo la misma. ¿No es ese, acaso, el espíritu de la Declaración Universal de los Derechos Humanos?

Hay un truco infantil que a veces usamos para intentar despreciar al prójimo cuando se comporta de modo distinto al que hubiéramos deseado: "Es una bestia", "Es inhumano", "Es un animal", decimos ante personas que han cometido asesinatos violentos. "Es una bestia: mató a su padre de un hachazo en la cabeza", "Es inhumano: mató a su propia madre ahorcándola", "Es un animal: envenenó a sus hijos y luego se suicidó". Truco infantil, decía, porque la verdad es que tales actos aberrantes y abominables *son actos humanos: humanos y solo humanos.* ¿O no? No nos engañemos: ¡ningún animal mata a sus padres con un hacha, ni ahorca a su madre con sus manos! ¡Ninguna bestia envenena a sus hijos! Tales actos lamentables y equivocados solo los lleva a cabo nuestro prójimo, nuestro hermano, nuestro semejante:

el otro ser humano que puede ser cualquiera de los que vemos y con los que interactuamos cotidianamente. Son pocos, pero existen. Son capaces de equivocarse tan gravemente como lo hemos descrito. Y son de la misma especie que usted y yo. Muy lamentable que seamos así, es cierto, pero solo nosotros los humanos nos equivocamos de manera tan grave. Y es mejor saberlo, para prevenir que nuestra parte oscura se apropie de nuestra conciencia de maneras inesperadas. Recuérdelo:

> Todos los seres humanos nacen libres e iguales en dignidad y derechos, y dotados como están de razón y conciencia, deben [mejor aún: ¡es deseable...!] comportarse fraternalmente los unos con los otros. [...] Toda persona tiene todos los derechos y libertades proclamados en esta Declaración, sin distinción alguna de raza, color, sexo, idioma, religión, opinión política o de cualquier otra índole, origen nacional o social, posición económica, nacimiento o cualquier otra condición. Además, no se hará distinción alguna fundada en la condición política, jurídica o internacional del país o territorio de cuya jurisdicción depende una persona, tanto se trate de un país independiente como de un territorio bajo administración fiduciaria, no autónomo o sometido a cualquier otra limitación de soberanía.

Eso dicen los artículos 1 y 2 de la Declaración de la que venimos hablando. Recuérdelo y lea más sobre el tema. No valdrá menos si no lo hace, pero se privará de un conocimiento precioso.

Segundo argumento: hacia un estado del ser sin ego

Las lamentables condenas (resumen y esencia de la neurosis: no me cansaré de repetirlo) son resultado de una confusión. Toda condena confunde el *acto* con la *persona* que lo ejecuta, confunde el *ser* con el *hacer,* confunde el *YO* (con mayúscula) con los *yocitos* (con minúscula).

Y no son lo mismo.

Cuando condenamos a un ser humano por un error cometido, tendemos a usar términos condenatorios de naturaleza totalitaria. Así, decimos cosas como: "Qué estúpido", "Qué imbécil", "Qué tipo tan vil", "Qué miserable", etcétera. Condenamos a la *persona* y no al *acto*; al *ser* y no a *lo que hizo*; a su *YO* y no a su *yocito*. Sería más acertado, más preciso y más justo decir algo como: "Creo que te equivocaste *en esto*", "*Se comportó* tontamente", "Es *un acto* vil el que realizó José", "Repruebo *su conducta*".

¿Realmente hay diferencia?

Por supuesto, ya que los seres humanos somos capaces de comportarnos de modo muy inteligente, de modo medianamente inteligente, de modo poco inteligente y de modo francamente necio en distintos momentos de nuestra vida. Todo ser humano es falible, comete errores: lo mismo los de alta inteligencia que los de inteligencia promedio o los de inteligencia inferior al promedio. Todos, sin excepción. Absolutamente todos.

Por eso, hacer afirmaciones totalitarias como: "Soy un fracasado", "No sirvo para nada", "Todo me sale mal", "Siempre me equivoco" cuando fallamos en algo, no solo es falso, sino también contraproducente, porque nos inmoviliza y nos hace sentir mal. Más certero e inteligente sería decir: "Fallé en esto. No me gusta, pero esa es la realidad. No es el fin del mundo. Puedo soportarlo perfectamente y puedo soportar el esfuerzo de un nuevo intento para lograr lo que quiero. Y si no lo logro, también lo soportaré, y evaluaré si sigue siendo lo suficientemente importante como para intentarlo una vez más... No me voy a condenar ni a darme golpes de pecho por haber fallado. Me equivoqué y puedo aprender de mis errores. Manos a la obra, pues...".

Tampoco es cierto lo contrario: creer que somos seres humanos superiores porque hicimos algo bien. Si alguien nos felicita diciendo: "Estuviste genial en tu conferencia. Me encantó...", y concluimos de ahí que "*YO* soy genial", se trata de una apreciación equivocada. Lo cierto es que hice algo muy bien, pero de ahí no se deriva que *todos* mis actos vayan a ser ejecutados del mismo modo. Si tenemos los pies en la tierra, agradeceremos el elogio en lo que vale y nos enorgulleceremos por *esa ejecución*, pero haremos bien en no caer en la desmesura de considerarnos superiores al resto. Si lo hiciéramos, pensando que "somos unos verdaderos genios", estaríamos, de nuevo, cometiendo el error de confundir el *ser* con el *hacer*, el *acto* con la *persona*, el *YO* con el *yocito*. Y no nos quedaría más que pensar que somos "unos verdaderos idiotas" cuando nos equivocamos en algo.

Más preciso, más acertado y más justo sería pensar: "Qué bueno que mi conferencia le gustó. Qué bueno que la preparé bien y que tuve la capacidad de exponer mis ideas con claridad. Logré hacer interesante el material y pude transmitir el conocimiento que me interesaba. Me gustaría que así fueran todos los actos de mi vida, pero tengo claro que no es así. Esto es producto de mi experiencia y mi conocimiento en este terreno, una experiencia y un conocimiento que no tengo en *todos* los terrenos".

Dicho de otro modo: el *YO* (con mayúsculas) es la personalidad integrada, el ser integral, el ser total, la *persona*, el *ser*.

El *yo* o *yocito* (con minúscula) es cada uno de nuestros *actos*, de nuestros rasgos, de nuestras características, de nuestras virtudes, de nuestras realizaciones, de nuestros defectos, de nuestras limitaciones. El *yo* o *yocito* es el *hacer* del *ser*.

Así, es correcto condenar el *yocito*, el acto, el hacer, pero es equivocado condenar el YO, a la Persona, al Ser.

¿Por qué?

Porque para evaluar los actos, los rasgos, las conductas, las virtudes y los defectos de un ser humano, contamos con medidas objetivas: podemos medir quién tiene más fuerza en los brazos, quién levanta más peso, quién corre más rápido, quién es más inteligente, quién tiene mejor ortografía, quién sabe más de historia de China, etcétera.

Pero no hay forma de evaluar el *YO* a partir de la evaluación de los *yocitos*.

¿Por qué?

Porque el hecho de levantar más peso o hacer más pesos, de correr más rápido o de tener más inteligencia, no me hace *ser* una *persona* mejor.

De modo que si usted me gana en el salto de longitud; si, demostrablemente, en una competencia tras otra termina usted saltando más centímetros o más metros que yo, ¿quiere eso decir que *usted* es *mejor persona que yo* o solo quiere decir que *salta más distancia que yo*?

Si yo le gano a usted en conocimiento de la historia de los celtas, ¿significa eso que *valgo más que usted* o solo que *sé más de historia celta que usted*?

Podríamos llenar páginas y páginas con ejemplos similares, pero pongamos mejor un ejemplo definitivo. Siga paso a paso el ejemplo siguiente, aunque al principio le parezca absurdo:

a) Yo tengo las orejas grandes (o medianas, o pequeñas, usted elija).
b) Estas son las orejas verdaderamente humanas.
c) Todo aquel que las tenga del mismo tamaño que las mías es un verdadero ser humano.
d) Todo aquel que las tenga de tamaño diferente *no es un verdadero ser humano*: es un subhumano que merece la muerte.

¿Cómo la ve?

¿Le parece una propuesta inteligente o un absurdo?

¿Qué le parecería que yo tomara esto en serio y, en consecuencia, me comportara despreciando a los de orejas distintas a las mías y tratando de organizar a los de orejas iguales a las mías en contra de los de orejas distintas a las mías?

¡Definitivamente absurdo!

Igualmente absurdo sería aplicar el mismo razonamiento al tamaño de mis manos, de mis pies, de mi espalda, de mi cintura, de mis piernas, de mi nariz, de mi cabeza, de mi tórax, de mi pene.

Así de absurda, así de arbitraria, así de irracional era la creencia de los nazis en la supremacía de la raza aria:

- **a)** Tenemos cierta conformación craneal, cierto color de piel, cierto tipo de cabello, etcétera.
- **b)** Estas son las características del *verdadero* ser humano.
- **c)** Todos los que no tengan estas características *no son seres humanos verdaderos*: son subhumanos, seres humanos imperfectos, razas degeneradas e inferiores, *ungeziefer*, que merecen la muerte.

¡Gulp!

Así de absurdo es el pensamiento fascista.

Así de absurdo es condenar a las *personas* por sus *actos* o *rasgos*.

Y el pensamiento fascista adopta formas tan variadas como las que enumeramos al principio de este capítulo.

Ahí enlistamos variedades del fascismo sexual ("Los de mi sexo somos superiores a los del sexo opuesto"); del fascismo económico ("Los ricos valen más que los pobres"); del fascismo académico ("¿A qué universidad fuiste? ¿Qué grados tienes? ¿Dónde hiciste el doctorado? ¿No tienes cursos posdoctorales? ¿Solo maestría? ¿Ni eso? ¿No terminaste la carrera? Ese no terminó ni la prepa"); del fascismo intelectual ("Los que piensan como yo, valen más que los que piensan diferente"); del fascismo psicológico ("Los neuróticos, los locos, los enfermos, los discapacitados valen menos que los 'normales'"); del fascismo cultural ("Ese tipo es un lector de *bestsellers*", "Ese otro no lee nada", "¿Ya viste lo que lee ese 'naco'...?", "Ese del morral ha de ser de los que oyen *El pájaro Chogüi*"); del fascismo físico ("Los de sangre europea valen más que los autóctonos", frase tan fascista en su racismo como la contraria: "Los tseltales son los *hombres verdaderos*"), etceterísima...

Hitler estaba convencido de la supremacía de los arios, igual que los integrantes del Ku Klux Klan creen que ser blanco, anglosajón y protestante los hace superiores a los que no lo son.

El dictador ugandés, Idi Amin Dada, se creía superior a los ingleses ¿y a cuántos más?

El Che Guevara afirmó que el guerrillero es el escalón más alto de la humanidad. (¿Qué lugar ocuparía a sus ojos el pacifista?). Fidel Castro llamaba *gusanos* a los disidentes.

La creencia en que hay seres humanos superiores e inferiores está presente en todas estas modalidades del pensamiento fascista, y en esa creencia se sustenta la intolerancia, la dificultad para aceptar al otro, al que piensa, siente y se comporta de maneras distintas a las nuestras.

No es raro, por todo eso, que a veces veamos niños que a sus inocentes y dulces 4 o 5 años, ya se creen superiores o inferiores por la escuela a la que van, por la colonia donde viven, por el coche que maneja su papá, por si viven en casa propia o rentada y, sin exagerar, hasta ¡por la marca de sus tenis!

Absurdo tras absurdo tras absurdo... porque el *YO*, el Ser, la Persona, no es evaluable.

Y no es petición de principio ni apelación a la autoridad ni premisa arbitraria: es un hecho objetivo.

El *YO*, sencillamente, *no se puede evaluar* objetivamente.

No hay cómo hacerlo.

Veamos por qué.

Si el *YO* es la suma de todos los *yocitos*, para evaluarlo tendríamos que sumar todos los rasgos, las características, las virtudes, las realizaciones, los defectos, las limitaciones, las emociones, los pensamientos, las acciones, las sensaciones, las percepciones de un ser humano.

Cosa imposible porque:

a) ¿Cómo evaluar dichas conductas si ni siquiera las podemos contar? Y no podemos contarlas simplemente porque en un segundo ocurren millares... o más. Veamos: cuando escuchamos a alguien decir: *Buenos días, señores...* escuchamos siete sílabas: Bue-nos-dí-as-se-ño-res.

Pero para escuchar la primera sílaba: "Bue", es necesario *1)* que el aire sea desplazado por ese golpe de voz, *2)* que el pabellón de nuestra oreja capte ese desplazamiento, *3)* que el aire entre por el canal auditivo externo e incida sobre la membrana del tímpano, que al ser golpeada por el aire de la sílaba "bue", *4)* activa, uno tras otro, los tres huesecillos famosos del oído medio: martillo, *5)* yunque y *6)* estribo. Este último, *7)* incide sobre la ventana del oído interno: un tubito lleno de líquido donde flotan unas pequeñas piedrecitas (los otolitos: piedritas del oído) que, *8)* al ser desplazadas por la energía mecánica originada por la sílaba "bue", *9)* rozan los cilios (pelillos que son las terminales del nervio auditivo). *10)* Cuando los cilios son rozados por los otolitos en movimiento, la energía mecánica *11)* se transforma en energía eléctrica que *12)* se va por el nervio auditivo a *13)* estimular cierta zona de la corteza temporal del cerebro: en ese momento y solo entonces, *14)* ¡oímos la sílaba "bue"...! Catorce cambios por lo menos. ¿En cuánto tiempo? En décimas de segundo. Y lo mismo ocurre con cada una de las sílabas que le siguieron. Igualmente rápido. Pero los seres humanos no solo oímos sílabas aisladas: oímos palabras organizadas en frases y oraciones que tienen sentido, que *significan*, que dicen algo. Pero aparte de las sensaciones tenemos las percepciones y las emociones. Y también imaginamos y pensamos cosas a partir de la explicación de este acontecimiento minúsculo. Y no por ello hemos dejado de ver lo que pasa a nuestro alrededor, ni de pensar en ello, ni de pensar sobre nuestro pensamiento, ni de imaginar millones de cosas, ni de responder al saludo, ni de ver las nubes, el sol, la luz, las casas y las cosas...

¿Cuántas conductas, molares y moleculares, llevamos a cabo en cada segundo? ¿Y en un minuto? ¿Y en una hora? ¿Y en un día? ¿Y en ...?

Sí, el número de interacciones con el ambiente es infinito. Las conductas son innumerables: no podemos contarlas.

b) Pero, haciéndole una primera concesión a la irracionalidad, imaginemos que tuviéramos filmada la vida de alguien minuto a minuto.

Obviemos el hecho absurdo de que para analizarla tendríamos que usar, por lo menos, otro tiempo de vida como el que tenemos filmado: para analizar una vida de 50 años, minuto a minuto, necesitaríamos 50 años más de observación, por lo menos. (Eso, en caso de que no durmiéramos, ni comiéramos, ni hiciéramos nada más que ver esa vida que tenemos filmada).

Concedámoslo: tenemos una vida filmada y vamos a analizar y a evaluar todos los *yocitos* para, una vez sumados, poder evaluar el *YO* del sujeto que estamos analizando.

¿Podremos hacerlo?

Pues *definitivamente no* porque, aunque pudiéramos contar los actos filmados, las máquinas solo pueden registrar eso, los *actos*: las conductas observables, pero el grueso de la vida psicológica no es accesible a las cámaras: no se pueden filmar las emociones, los pensamientos, la imaginación, la fantasía, los ensueños, los sueños.

Y si eso no está filmado, ¿cómo diablos contar y evaluar integralmente el *YO* total de un ser humano? Sencillamente no se puede.

c) Ahora imaginemos, haciendo una segunda concesión a la irracionalidad, que hubiera máquinas capaces de filmar la imaginación y el pensamiento: todos los procesos internos de un organismo humano.

¿Ya? ¿Ahora sí podríamos evaluar al escurridizo *YO*?

Pues, definitivamente, *tampoco*.

Porque todo juicio de valor es subjetivo: depende del sujeto que juzga, y tales juicios de valor subjetivos variarán de país a país, de cultura a cultura, de estrato social a estrato social, de individuo a individuo... y variarán también en el mismo individuo según su edad o su madurez emocional.

¿Cómo hacer juicios objetivos acerca de si la conducta sexual extramatrimonial es buena o mala, sin considerar los valores individuales, por eso mismo subjetivos?

d) Hagamos otra concesión a la irracionalidad en nuestro intento por evaluar al *YO*: imaginemos que todos los dioses de todas las religiones habidas y por haber hubiesen diseñado una máquina capaz de evaluar actos humanos y que tal máquina tuviera la virtud mágica de convencer a todos los que sus resultados vieren, de que la calificación que da es objetiva.

Diseñaron su maravilloso invento y se lo dieron a los hombres.

Bueno, ¿ahora sí ya?

Pues *tampoco ahora*.

Desde los existencialistas sabemos bien que el humano no es solo lo que ya hizo. Es un ser *en devenir*, es un *serse siendo*: en este momento puedo comenzar a cambiar mi historia y comportarme, de aquí en adelante, de modo radicalmente distinto a como lo había hecho antes de adquirir conciencia de mi capacidad para cambiar.

Este es un privilegio humano que no les podemos pedir a las ratas, a los gatos, a los perros, a los monos ni a los insectos.

Pero sí a los adultos humanos.

No soy solo lo que ya hice: soy también lo que me propongo hacer y que en este momento acabo de concebir: soy también, pues, el proyecto de mí mismo.

¿Cómo se evalúa esto que es, también, parte del *YO*?

Una vez más: sencillamente *no hay cómo hacerlo*: el *YO* no se puede evaluar.

Solo nos es dado evaluar los actos, el hacer, los *yocitos*, nunca las personas, el Ser, el *YO*.

Y si reconocemos que no es posible evaluar el *YO*, hemos llegado, por vías occidentales, a un sueño de las filosofías orientales: alcanzar un estado del ser *sin ego*, un estado saludable en que nos aceptamos de manera incondicional como lo que somos: seres humanos falibles que dialogan con el universo y aprenden por ensayo y error.

No valemos más por nuestros aciertos.

No valemos menos por nuestros errores.

Aprendamos de nuestros fracasos y actuemos responsablemente para modificarlos.

Dejemos de culparnos, de darnos golpes de pecho, de *azotarnos*, como se decía en mis tiempos de estudiante.

Dejemos de creer que somos merecedores de castigo.

Neguémonos a sentir culpa *por nada*. Así como lo oye: *por nada*. No hay razón para ello: en lugar de sentirse culpable, sienta, piense y actúe *responsablemente*.

Dele fuerza en su cabeza a la siguiente cadena de pensamientos:

YO soy un ser humano falible.

Soy capaz de realizar actos (*yocitos*) excelentes, regulares, malos y malísimos, ante mis propios ojos o según el juicio subjetivo de quien los juzgue.

Me acepto con todo mi bagaje: no valgo más que nadie por mis actos excelentes.

No valgo menos que nadie por mis actos equivocados.

Si reconozco que me equivoqué, si me doy cuenta de que hice daño a otros o me dañé a mí mismo, me comprometo *responsablemente* a cambiar mi conducta de aquí en adelante.

Lo que hice antes está en el pasado y eso ya no puedo modificarlo.

Respondo por esos actos.

Soy *responsable* siempre.

Pero nunca *culpable*.

Recuérdelo siempre: una *persona* y sus *actos* no son lo mismo: y aunque una muestra es una muestra, *nadie compraría tu casa si solo le enseñas un ladrillo.* Aunque, si me demuestra lógicamente que no tengo razón, estoy dispuesto a escucharlo.

Para abatir poco a poco nuestra lógica fascista, agreguemos ahora, en la tercera fila de nuestra tabla, esta nueva modalidad del pensamiento irracional y combatámosla en la cuarta fila.

A fin de cuentas ¿no se trata de eso? ¡Claro que sí! Se trata de procesar racionalmente las dificultades de la vida para desarrollar una emoción que nos impulse a resolver problemas y no una emoción neurótica que nos paralice en la dificultad o que nos acarree más dificultades de las que ya teníamos.

Epicteto me ayuda a cerrar inmejorablemente este capítulo: **de ignorante y brutal es el culpar a otros de las propias miserias. Aquel que a sí mismo se culpa de su infortunio comienza a entrar en el camino de la sabiduría, pero el que no se acusa a sí ni a los demás, es perfectamente sabio.**

Pensamiento irracional
1. *Exigencia irracional*: ¿Qué es lo que, según yo, *debió* o *no debió* suceder? **2.** *Magnificación de la realidad:* Lo más *horrible* de lo ocurrido es... **3.** *Indefensión*: Lo que no puedo soportar es... **4.** *Condena totalitaria (al YO).*
Pensamiento racional
1. *Preferencia racional y aceptación de la realidad.* **2.** *Apreciación más objetiva de la realidad.* **3.** *Afirmación de mi capacidad para enfrentar la realidad.* **4.** *Rechazo al acto (yocito).*
Fecha
15 de octubre

Situación emocional
Hice una gran pataleta: me enfurecí, le di un manazo al volante, un puñetazo al cofre y una patada a la llanta (C) porque iba a ver a un cliente con el tiempo medido y poco antes de llegar se ponchó una llanta del carro (A).
Pensamiento irracional
1. *No debió* poncharse la maldita llanta *precisamente el día* en que tenía que ver a ese cliente especialmente importante para mí. **2.** Es *terrible* que me suceda justamente ahora, en especial con este cliente. *Todo* me sale mal. Es *horrible*: ya *todo* se fue al demonio. **3.** *No soporto* que me pase esto a mí, justo cuando más necesidad tengo. **4.** ¿Por qué tengo tan mala suerte? Pobre de mí, soy un miserable fracasado.
Pensamiento racional
1. Pues sí, lo veo claro: *Me hubiera encantado* llegar con mi cliente sin contratiempos, *pero la realidad* es que las llantas a veces se ponchan. Es una realidad que no me gusta, pero con la cual hay que enfrentarse siempre que uno maneje automóviles. Alguna vez nos sucederá, y las cosas materiales (las llantas, por ejemplo) no tienen conciencia para determinar si la cita a la que vamos es importante o no. Ni modo. Esa es la cruda realidad y más vale aceptarla maduramente y buscar cómo cambiarla: la ponchadura no se va a corregir con mi berrinche. **2.** Bueno, no exageremos. Es inconveniente, pero no es la muerte. Llamaré para ver si me puede esperar, trataré de cambiar la llanta lo más pronto que pueda o buscaré ayuda. O buscaré un sitio donde dejar el auto y me iré en taxi. Si perdiera este negocio o incluso al cliente, no es el fin del mundo. ¿Para qué agrandar lo que ya de por sí es inconveniente? **3.** Por supuesto que puedo soportarlo. Toda vida productiva está expuesta a obstáculos de muy distinta naturaleza. Soporto que existan y tolero las molestias para resolver las dificultades. No solo soy capaz de tolerar simplezas como una ponchadura; también soy capaz de enfrentar y resolver la dificultad con este y con otros clientes. Lo he hecho en el pasado y lo seguiré haciendo en el futuro.

4. Bueno, ¡ya! No tiene ningún sentido condenar a la suerte ni calificarme como "un fracasado", "un pobre", "un miserable". Eso es verme como "una pobre víctima indefensa". Condenarme a mí mismo por un incidente como este es una torpeza, un acto irracional, en lugar de eso, mejor veré qué puedo hacer para solucionarlo pronto y tratar de no perder mi cita o, en caso de que la pierda, disminuir sus posibles desventajas.
Fecha
16 de octubre
Situación emocional
Me entristeció (C) la noticia de que uno de mis profesores de la facultad había fallecido por un cáncer fulminante (A).
Pensamiento irracional
1. *No debería* existir el cáncer. **2.** Es *terrible* que se muera la gente que uno quiere, la gente buena... y ¡alguien tan creativo! **3.** No soporto que la vida de alguien querido pueda terminarse en plena creatividad por culpa del cáncer. **4.** ¡Maldita vida!
Pensamiento racional
1. ¡Absurdo! El cáncer, el ébola, el sida y otras enfermedades difíciles de manejar existen. Esa es la dura realidad de la medicina actual, aunque *sería bueno y me encantaría* que todas ellas se detectaran a tiempo, se trataran y se pudieran curar por completo. **2.** Es doloroso, pero de ninguna manera terrible. La realidad es así: hay enfermedades, accidentes, homicidios, suicidios. Nadie tiene comprada la vida y hacia allá vamos todos. "La pena de los dioses es no alcanzar la muerte", dijo el gran Rubén Darío. **3.** Por supuesto que lo soporto. ¡Ya lo soporté! Y quizá tenga que soportarlo más veces en el futuro, con personas aun más cercanas, como mi pareja, mis hijos o mis padres. En caso de suceder, no solo podré soportarlo, espero también ser capaz de dar ayuda y consuelo a quien lo necesite. **4.** ¿Maldecir la suerte sirve para cambiarla? No. Solo sirve para sentirme peor.

Fecha
16 de octubre
Situación emocional
Me molestó (C) que mi vestido de lino se enganchara en una rama de la buganvilia y se rompiera (A).
Pensamiento irracional
1. *Debí* cambiarme o tener más cuidado. **2.** Es *terrible*, es una verdadera *desgracia*, una *catástrofe*, haber rasgado mi vestido de lino. **3.** *No puedo soportar* lo que le sucedió a mi amado vestido de lino. **4.** ¡Qué bruta fui!
Pensamiento racional
1. *Me hubiera gustado* hacer cualquiera de las dos cosas, *pero la realidad* es que no hice ninguna de ellas. Evalué velozmente la situación, creí que no pasaría nada, me metí a sacar al perrito porque el niño estaba angustiado y, por hacerlo con prisa, me descuidé: me enganché y se hizo esa desgarradura en mi ropa. **2.** ¡Por favor! ¿Cómo puedo ser tan exagerada? La verdad es que casi no se nota y es posible que después de una lavada y una planchada se note menos. No es una *desgarradura*, es apenas un hoyito. Si después de eso sigue sin gustarme, pues ya veré qué hago para sustituirlo. A fin de cuentas, todo por servir se acaba. **3.** ¿Para qué me miento? *Ya lo soporté.* No soy tan aguada psicológicamente como para no tolerar un contratiempo. **4.** Cometí un error, pero no soy una bruta. Hice algo bueno por el niño que estaba angustiado por su perrito y ser sensible al malestar ajeno es una característica mía de la que me enorgullezco. La próxima vez, en circunstancias parecidas, haré lo mismo, pero, si me acuerdo, tomaré algunas prevenciones.

LECCIÓN 9

HACIA EL AUTOCONTROL DE LAS EMOCIONES

Es tiempo de dejar atrás la tablita que hasta ahora nos ha servido para sistematizar la búsqueda del pensamiento irracional y su combate.

En este capítulo aprenderemos a utilizar una herramienta más útil aún y más natural: una herramienta que, gracias al uso continuo, tiende a internalizarse hasta que se convierte en una especie de segunda naturaleza. Con ella podremos reflexionar sobre nuestras emociones y modificarlas. Esta herramienta es el *autoanálisis racional*: una serie de preguntas organizadas sistemáticamente, gracias a las cuales aprenderemos a identificar con precisión las emociones neuróticas y a descubrir los pensamientos irracionales que las generan, así como a combatirlos racionalmente y a sustituirlos por pensamientos racionales que generen emociones creadoras: emociones que nos impulsen a resolver problemas en lugar de inmovilizarnos en el conflicto.

El *autoanálisis racional* está compuesto de cinco partes fácilmente recordables, gracias al recurso mnemotécnico del A-B-C-D-E, donde:

> **A** es un *Acontecimiento* en el *Ambiente* (también lo hemos llamado *Agente activador, Acontecimiento, Antecedente ambiental, Afuera* o *Adversidad*).
> **B** son las *Bobcrías*, las *Burradas*, los *Bacilos*, las *Bacterias* o la *Basura* cognoscitiva: los pensamientos irracionales acerca de los acontecimientos.

C es el *Cambio* o *Consecuencia* emocional neurótica que se deriva de nuestros pensamientos.
D es el *Debate* y la *Destrucción* sistemática del pensamiento irracional.
E es el *Efecto emotivo* que tienen los nuevos pensamientos racionales sobre nosotros.

La herramienta parece sencilla (véase la forma completa en el cuadro que sigue), pero es muy importante aprender a manejarla adecuadamente para extraer de cada *autoanálisis* todo su jugo bienhechor. He aquí el instrumento de trabajo: cópielo y haga un cuadernillo con, por lo menos, 20 formas de autoanálisis. Llene uno cada vez que tenga un brote de ira, de depresión o de angustia.

Autoanálisis racional #

Fecha: *Tiempo transcurrido:*

A: *Antecedente ambiental*

1. ¿Qué sucedió? (Sea objetivo: apóyese en el "truco de la cámara cinematográfica").

B: *Burradas (Pensamientos irracionales)*

1. Exigencia: ¿Qué es lo que, según yo, *debió* o *no debió* suceder?

2. Magnificación: Lo más *horrible* de lo sucedido es...

3. Indefensión: Lo que de plano *no puedo tolerar* es...

4. Condenas: ¿A quién estoy condenando y con qué adjetivos?

¿A mí?

¿A los demás?

¿A la suerte?

C: ***Consecuencia emocional***
1. ¿Cómo me estoy sintiendo? (Nombre la emoción y describa las sensaciones que la acompañan).

2. ¿Cuál es mi nivel, en una escala de 0 a 100, de Unidades Subjetivas de Perturbación (USP)?

D: ***Discusión, disputa, debate, destrucción, demolición, derrota del pensamiento irracional***
1. ¿Es cierto que lo sucedido en A *no debió* suceder, *solo porque a mí no me gusta*?

2. ¿Por qué *sí debió* suceder? (¿Qué causas naturales, sociales, psicológicas, pueden explicar la existencia de A?).

3. ¿De verdad es *horrible*?

4. ¿Realmente *no lo tolero*?

5. ¿Son ciertos los adjetivos que usé para condenar?

6. Los demás o yo ¿realmente valemos menos por lo sucedido?

7. ¿Cuál es el *acto* (*yocito*) mío o ajeno que no me gustó?

Acto ajeno:

Acto mío:

8. ¿Qué puedo hacer, *realistamente*, en el futuro, para modificar dicho acto?

9. ¿Mi malestar emocional me ayuda a lograr la meta anterior?

10. ¿Maldecir mi suerte sirve para cambiarla?

E: *Efecto emocional*

1. ¿Qué *acto* puedo realizar hoy mismo para alcanzar la meta señalada en D8?

2. ¿Cómo me siento después de haber escrito este autoanálisis racional?

¿Cómo se maneja la forma de autoanálisis racional?

Antes de comenzar a trabajar con la forma de autoanálisis racional, vale la pena tomar en cuenta estas

Advertencias

a) La forma de Autoanálisis Racional está concebida para tratar brotes emocionales muy específicos. De modo que, si en un día ocurren muchos brotes neuróticos, ni modo:

no habrá más remedio que hacer muchos autoanálisis. De preferencia, uno por cada brote irracional. Hay días en que pasan tantas cosas que, al llegar la noche, puede uno sentirse atrapado en una maraña de emociones a la que no se le ve ni pies ni cabeza. La tendencia natural, sustentada en la ley del menor esfuerzo, es querer resolver una situación emocional compleja con un solo autoanálisis. Pero, si actuamos así, con toda seguridad dejaremos algo (o mucho) en el aire. Por eso, recuerde: si ocurren 10 acontecimientos desafortunados en un día, haga 10 autoanálisis racionales: *uno por cada situación*. Si no tiene tiempo o energía para hacer tantos, elija los más significativos y trabájelos por separado. Mientras más autoanálisis escriba, mejor para usted: el proceso de pensamiento racional se internalizará más rápido. **Mientras más autoanálisis haga ahora, menos necesitará hacer en el futuro.**

b) El único jugo que podemos sacarle a una emoción neurótica es usarla como un indicador de que estamos pensando irracionalmente. Vea todo brote neurótico, ya sea de ira, de angustia o de depresión, como una especie de gran semáforo rojo que se prende ante usted y le dice: "*¡Alto!* Si te estás sintiendo así, *de ese modo en que no quieres sentirte*, es porque, con toda seguridad, estás pensando irracionalmente. Este es el momento para que te detengas y te pongas a escribir un autoanálisis".

c) El proceso de pensamiento está de tal modo desmenuzado en la forma de autoanálisis racional, tan minuciosamente detallado, que a veces nos dan ganas de responder algunas preguntas de modo mecánico, casi con monosílabos. ¡No se lo permita! Que cada pregunta sea una invitación a reflexionar *en serio*. Trabaje honestamente contra los pensamientos generadores de neurosis. No responda de dientes para afuera.

Ahora sí. Con las anteriores advertencias en mente, aprendamos a manejar correctamente el instrumento. Siga para ello las siguientes

Instrucciones

1. Antes que nada, llene los datos administrativos en la parte superior del autoanálisis: *a)* numere el autoanálisis, *b)* ponga la fecha en que lo escribe y *c)* calcule el tiempo transcurrido desde que ocurrió el acontecimiento ambiental hasta el momento en que lo analiza.

Vea el siguiente ejemplo:

Autoanálisis racional 1

Fecha: 15 de octubre *Tiempo transcurrido:* 17 días

2. Entrando ya, propiamente, al cuerpo del autoanálisis, responda primero a las preguntas de la letra C (*Consecuencia* emocional).

La primera pregunta dice: *¿Cómo me estoy sintiendo?* Escriba, por lo tanto, solamente cosas que se *sienten*, es decir, *sentimientos* (o *emociones*) *y sensaciones* físicas. Identifique la emoción y describa cómo se presenta dicha emoción en su cuerpo. Haga una especie de revisión de todo su organismo y reporte su temperatura, su ritmo cardiaco, la tensión de sus músculos, la sudoración, la boca seca, el rubor, etcétera.

Si alguien experimenta una emoción como la angustia, probablemente sentirá tensión en el cuello o en los hombros, una sensación como de *mariposas en el estómago*, sudoración en las manos o en las axilas, respiración agitada y aceleración del ritmo cardiaco. En la depresión se puede *sentir* frío, músculos laxos, desgano general, ganas de llorar, opresión en el pecho, etc. En la ira puede haber fuerte tensión en hombros, brazos y puños; también suele encontrarse tensión en los músculos faciales, especialmente en los maseteros y los temporales, que son los de las mandíbulas y las sienes, pero también en los labios, las mejillas y la frente. Así, podemos sentir que se nos *traban* las mandíbulas y que fruncimos el ceño y apretamos los labios; también podemos tener ganas de gritar o de golpear, y percibimos el ritmo cardiaco acelerado, además de sudoración, boca seca, etc. Fíjese en todas estas señales y escríbalas. Vuélvase un experto en identificar las sensaciones corporales que acompañan a las emociones. Le recomendamos que no ponga en C cosas que no sean *estados emocionales*. Si alguien escribe en C algo como: "Me *sentí* muy culpable", que es un giro común en el lenguaje cotidiano, le pediremos que lo elimine de su autoanálisis porque es un término equivocado en el lenguaje psicológico. ¿Por qué? Porque la culpa no es una *emoción*: es una *cognición*, un *pensamiento*. Lo correcto sería decir: "Me *juzgué* culpable, me *creí* culpable, me *pensé* culpable". Si alguien escribiera eso, estaría usando más correctamente el lenguaje psicológico. Por lo tanto, si la culpa no es una emoción, sino un pensamiento, su lugar no está en C, sino en otra parte del autoanálisis.

La segunda pregunta de C dice: *¿Cuál es mi nivel de Unidades Subjetivas de Perturbación* (USP)?

Para responderla, aclaremos primero en qué consiste la *Escala de Unidades Subjetivas de Perturbación*. Se trata de una especie de termómetro emocional que se gradúa entre 0 y 100, donde 0 equivale a un estado de total tranquilidad y 100 al estado de mayor perturbación posible. Para una persona con temor a los perros un 0 lo produciría, quizá, "el perrito de peluche de mi hija", mientras que un 80 correspondería a: "Tres perros *rottweiler* me persiguen ladrando ferozmente: yo intento correr, pero siento que el miedo me paraliza. Están a punto de alcanzarme", y un 100 equivaldría a: "Siento la primera tarascada en la pierna. Un segundo perro está a punto de atrapar mi brazo y un tercero salta sobre mi cara con las fauces abiertas". Tras graduar varias situaciones durante una semana, aprendemos a usar la escala con propiedad, y esto nos permite *objetivizar lo subjetivo*. Graduar o calificar nuestra emoción con esta escala, en la letra C del autoanálisis, resulta muy informativo tanto para el terapeuta como para el propio paciente.

Vea el siguiente ejemplo:

C: *Consecuencia emocional*

1. ¿Cómo me estoy sintiendo?
   Muy deprimida, profundamente triste. Sin ganas de nada, no puedo dejar de llorar, siento mucho frío, siento el pecho como aplastado, como que me cuesta trabajo respirar.

2. ¿Cuál es mi nivel de Unidades Subjetivas de Perturbación (USP)?
   Entre 80 y 90 USP.

3. Responda ahora a la letra A (*Antecedente ambiental*). La pregunta dice: "¿Qué sucedió? (Sea objetivo: apóyese en el truco de la cámara cinematográfica)". Este truco consiste en imaginar que hay una cámara emplazada, filmando el acontecimiento ambiental y registrando imagen y sonido. Escriba solamente lo que quedaría en la cámara y no sus cogniciones sobre el hecho. Supongamos que quiero hacer un autoanálisis porque me descubro enojado ante el hecho de que mi hija se llevó, sin permiso, mi libro *Lascas*, edición de 1901, esa joya inmortal que escribió el alto poeta mexicano, don Salvador Díaz Mirón y de la cual soy un feliz poseedor. Al responder a la pregunta "¿Qué sucedió?" de la parte A de mi autoanálisis, escribo algo como: "Aprovechando que yo no estaba, mi hija se llevó el libro *Lascas*, esa magna joya de mi biblioteca, y se lo llevó no sé si para siempre. Esto es una gran falta de respeto. Con seguridad va a tratar mi libro descuidadamente y, si llego a recuperarlo, me lo devolverá dañado o sucio".

Ahora, en un intento de objetividad, preguntémonos si todo lo que escribí quedaría grabado en la cámara cinematográfica. Es obvio que no: en la cámara solo quedaría mi hija tomando el libro *Lascas* de uno de mis libreros y llevándoselo. Lo demás (sus intenciones: "Aprovechando que yo no estaba", "Se lo llevó no sé si para siempre"; el significado de su acto: "Es una gran falta de respeto"; la forma en que tratará el libro: "Con seguridad lo va a tratar descuidadamente", y su destino: "No sé si lo volveré a ver", "Si lo recupero, vendrá dañado o sucio") no quedará en la cámara sencillamente porque las *intenciones* y los *significados* de nuestros actos no son observables ni registrables por una cámara. Tampoco lo son mis predicciones catastróficas sobre el destino del libro, por la sencilla razón de que todavía no han ocurrido: están en mi cabeza. Escribir los pensamientos como si fueran hechos objetivos es la mejor forma de contaminar nuestro autoanálisis desde su inicio.

Aclarado esto, volvamos al ejemplo del Autoanálisis Racional número 1 y avancemos otro paso. Respondamos el inciso A:

A: Antecedente ambiental

1. ¿Qué sucedió? (Sea objetivo: apóyese en el "truco de la cámara cinematográfica").
   Antonio me dijo que lo había pensado bien y había decidido terminar nuestra relación.

El acontecimiento ambiental queda, de este modo, limpiamente declarado: las palabras de Antonio comunicando su decisión sí son hechos susceptibles de ser registrados por una cámara cinematográfica. Cosas como: "El infeliz de Antonio echó a la basura dos años de noviazgo", "Se burló de mí con una crueldad infinita", "Siempre me engañó", "Nada le importó", y otras suposiciones similares no se pueden registrar porque no son observables.

4. Pasemos ahora a B: se trata de localizar las *Burradas*, las *Boberías*, los *Bacilos*, las *Bacterias*, la *Basura* en nuestra cabeza: los pensamientos irracionales sobre los cuales se desarrolla la emoción neurótica. Respondamos a las preguntas una por una y, mientras estemos en esta parte del autoanálisis, *no nos demos el lujo de pensar racionalmente*. En esto consiste el arte de un buen autoanálisis: en desarrollar nuestra capacidad para localizar

en el interior de nuestra cabeza todos los modos de pensamiento irracional. Se trata de atrapar las sabandijas irracionales que dañan nuestra mente. Hay que atraparlas y sacarlas: solo así podremos mirar a los demonios de frente. Este es el primer paso para derrotarlos.

B: *Burradas (Pensamientos irracionales)*

1. Exigencia: ¿Qué es lo que, según yo, *debió* o *no debió* suceder? *Antonio* no debió *decirme lo que me dijo.* Debería *cumplir sus promesas. Nuestra relación* debería *importarle tanto como a mí.*

2. Magnificación: Lo más *horrible* de lo sucedido es... *que me engañó, que seguramente nunca me quiso y que no le importa lo que yo sienta.*

3. Indefensión: Lo que de plano no puedo tolerar es... *perderlo y que todo esto puede deberse a otra mujer.*

4. Condenas: ¿A quién estoy condenando y con qué adjetivos?
   ¿A mí? *Pobre, engañada, burlada, insignificante, no valiosa, desechable, usada.*
   ¿A los demás? *Antonio: desgraciado, malagradecido, cabrón, hijo de puta, insensible.*
   ¿A la suerte? *Pinche suerte la mía, ¿por qué tenía que volver a pasarme?*

5. Llegamos ahora a D, la fase creadora del autoanálisis. Se trata de *Destruir* el pensamiento irracional y sustituirlo por una visión más objetiva, más racional, más *científica* de la realidad. Se trata aquí de *pensar lógica, madura, adulta, racionalmente.* En esta sección *no se permita pensar irracionalmente.* Sea lo más creador que pueda al reflexionar. Apéguese a la realidad como lo haría un científico. Encuentre argumentos sólidos para enfrentarlos a las *Burradas* de la sección B.

D: *Discusión, disputa, debate, destrucción, demolición, derrota del pensamiento irracional*

1. ¿Es cierto que lo que sucedió en A *no debió suceder, solo porque a mí no me gusta?*
No, claro que no: si sucedió, debió pasar por algo. Lo sucedido no me gusta, pero las cosas en la naturaleza no van a dejar de ocurrir solo por los gustos o las preferencias de uno...

2. ¿Por qué *sí debió* suceder? (¿Qué causas naturales, sociales, psicológicas, pueden explicar la existencia de A?).
Alcanzo a ver, por ahora, las siguientes razones:

- **a)** *Para empezar, él no es yo. Somos individuos distintos, con cargas genéticas distintas e historias diferentes de aprendizaje social. No tenemos por qué sentir o pensar exactamente lo mismo.*
- **b)** *Las relaciones entre seres humanos son finitas y variables.*
- **c)** *Hay más gente en el mundo que puede resultarnos atractiva, tanto a mí como a él.*
- **d)** *Los intereses cambian.*
- **e)** *A veces nos cansamos, nos hartamos, nos saciamos o nos aburrimos.*
- **f)** *A mí aún me gustaba la relación, pero como lo dije al principio: él no es yo: somos individuos con gustos, deseos, preferencias e intereses diferentes.*

3. ¿De verdad es *horrible?*
Aunque me dan ganas de decir que sí, la verdad es que no es horrible *en el sentido de que no es peor que el fin del mundo, ni peor que el fin de la vida en la Tierra. Ni siquiera me produce directamente la muerte. Es cierto que es doloroso, es lamentable, es triste, y con eso basta. ¿Para qué exagerarlo? Me pegó fuerte la frase que el terapeuta dijo el otro día: "La neurosis es el sufrimiento falso que le agregamos al sufrimiento legítimo". Así que elijo quedarme solo con el dolor legítimo, con ese me basta y sobra. Me esforzaré por no verlo con lente de aumento.*

4. ¿Realmente *no lo tolero?*
La verdad objetiva es que ya lo toleré. Ya lo toleré esta vez y lo he soportado varias veces antes. Yo misma he tomado la decisión de terminar otras relaciones en el pasado, y siempre pensaba que no sería tan difícil tolerarlo. Hasta llegué a pensar que era más difícil tener que comunicarle mi decisión de terminar a la pareja, que recibir yo la notificación. Así de curiosa es la mente. Lo que es claro es que, con mucho o con poco dolor, de todos modos lo soportaré. Viví 28 años sin conocerlo, así que podré sobrevivir aunque, por el momento, duela.

5. ¿Son ciertos los adjetivos que usé para condenar?
Definitivamente todos son falsos. Ni soy una víctima indefensa, ni he sido engañada ni burlada ni usada. No soy un objeto desechable. Soy una mujer que acaba de recibir la notificación de que su pareja ha decidido terminar la relación amorosa porque sus intereses, sus gustos o sus preferencias cambiaron. Ya. Ese es el hecho. Bien visto, es todo lo contrario al engaño: al hablarme claro me está demostrando respeto. Decir que él es insensible, malagradecido, desgraciado, etc., también es falso. Si fuera cierto, no me dolería esta ruptura, significaría una liberación. Me duele legítimamente porque en realidad es una persona con virtudes que aprecio. Llamarle hijo de puta *es una injusticia con él y con doña Carmelita, su mamá, que tan bien me trató todo este tiempo.*

6. Los demás o yo ¿realmente valemos menos por lo sucedido?
Desde luego que no. Nadie vale más ni menos que nadie. Ya me quedó claro que una persona no es lo mismo que sus actos. No me gusta su decisión, pero él sigue siendo la persona que es, con sus virtudes y sus defectos.

7. ¿Cuál es el *acto* (*yocito*) mío o ajeno, que no me gustó?
El acto ajeno: *que haya decidido romper la relación conmigo.*
El mío: *reaccionar tan inmaduramente con un brote depresivo.*

8. ¿Qué puedo hacer, *realistamente*, en el futuro, para modificar dicho acto?
Podría hablar de nuevo con él y proponerle que reconsidere su decisión, adquiriendo yo el compromiso de cambiar en algunos aspectos de los que se llegó a quejar (mi dificultad para expresar mis sentimientos, mis celos excesivos, mi dependencia) y aceptar con entereza su decisión, sea cual sea. El hecho de estar en terapia es ya un acto de madurez, lo mismo que responder este autoanálisis con toda seriedad.

9. ¿Mi malestar emocional me ayuda a lograr la meta anterior?
Por supuesto que no. Está bien un rato de llanto. Sirve como desahogo, pero no hay que exagerar en el sufrimiento.

10. ¿Maldecir mi suerte sirve para cambiarla?
Desde luego que no... Mientras más la maldigo, peor me siento. Es mejor aceptar responsablemente los errores propios y comprometerse con un camino de cambio. La suerte la deciden los dioses: a mí me toca poner todo lo que esté de mi parte.

6. Responda finalmente a las preguntas de E: El *Efecto emocional* producido por el pensamiento racional.

La primera pregunta dice: *¿Qué* acto *puedo realizar hoy mismo para alcanzar la meta señalada en D8?* Note que nos estamos refiriendo a un *acto*: *un comportamiento muscular observable*, según la definición que de *Acción* dimos en los primeros capítulos. Nombre, pues, *actividades musculares observables*: no buenas intenciones, ni propósitos, ni deseos, ni disposiciones, sino *actos*.

La segunda pregunta dice: *¿Cómo me siento después de haber escrito este autoanálisis racional?*

Si con este autoanálisis logra disminuir una *depresión neurótica* a un estado de *tristeza racional*, magnífico. Si logra bajar un estado de *ira destructora* a un nivel de molestia creadora, excelente. Si logra transformar un estado de *angustia incapacitante* en un estado de *ansiedad facilitadora* de la acción que resuelve una dificultad, extraordinario. Con esto ya es bastante. Pero muchas veces irá más allá: después de un buen autoanálisis descubrirá que llega a un claro estado de *tranquilidad* o de *calma*, y más aún:

a veces sentirá que ha llegado a un estado de franca *alegría*. Cuando lo logre, disfrútelo intensamente: está viendo más lejos, se ha quitado velos turbios que le impedían ver la realidad, ha saneado su ecología cognoscitiva. Hay que celebrar una fiesta en la plaza del alma.

Terminemos el autoanálisis de nuestro ejemplo:

E: *Efecto emocional*

1. ¿Qué *acto* puedo realizar hoy mismo para alcanzar la meta señalada en D8?
   Le llamaré por teléfono y le propondré un encuentro. Voy a poner por escrito lo que quiero decirle: quiero hacerle saber que he decidido trabajar en mi propio crecimiento y que por eso entré a terapia; quiero dejarle claro que para mí la relación con él es muy importante y que me gustaría que continuáramos, pero que respetaré maduramente su decisión, sea cual sea.

2. ¿Cómo me siento después de haber escrito este autoanálisis racional?
   Muy bien. Entera. Con una extraña paz. Con disposición a aceptar la realidad, pero también a luchar por lo que quiero. Mi nivel de Unidades Subjetivas de Perturbación ha bajado como a 20 o 25.

Ahora sí, integremos el rompecabezas y leámoslo completo:

Autoanálisis racional 1

Fecha: *15 de octubre* Tiempo transcurrido: *17 días*

A: *Antecedente ambiental*

1. ¿Qué sucedió? (Sea objetivo: apóyese en el "truco de la cámara cinematográfica").
   Antonio me dijo que lo había pensado bien y había decidido terminar nuestra relación.

B: ***Burradas (Pensamientos irracionales)***

1. Exigencia: ¿Qué es lo que, según yo, *debió* o *no debió* suceder? *Antonio* no debió *decirme lo que me dijo.* Debería *cumplir sus promesas. Nuestra relación* debería *importarle tanto como a mí.*

2. Magnificación: Lo más *horrible* de lo sucedido es... *que me engañó, que seguramente nunca me quiso y que no le importa lo que yo sienta.*

3. Indefensión: Lo que de plano *no puedo tolerar* es... *perderlo y que todo esto puede deberse a otra mujer.*

4. Condenas: ¿A quién estoy condenando y con qué adjetivos?
¿A mí? *Pobre, engañada, burlada, insignificante, no valiosa, desechable, usada.*
¿A los demás? *Antonio: desgraciado, malagradecido, cabrón, hijo de puta, insensible.*
¿A la suerte? *Pinche suerte la mía, ¿por qué tenía que volver a pasarme?*

C: ***Consecuencia emocional***

1. ¿Cómo me estoy sintiendo?
Muy deprimida, profundamente triste. Sin ganas de nada, no puedo dejar de llorar, siento mucho frío, siento el pecho como aplastado, como que me cuesta trabajo respirar.

2. ¿Cuál es mi nivel de Unidades Subjetivas de Perturbación (USP)?
Entre 80 y 90 USP.

D: ***Discusión, disputa, debate, destrucción, demolición, derrota del pensamiento irracional***

1. ¿Es cierto que lo que sucedió en A *no debió suceder, solo porque a mí no me gusta?*
No, claro que no: si sucedió, debió pasar por algo. Lo sucedido no me gusta pero las cosas en la naturaleza no van a dejar de ocurrir solo por los gustos o las preferencias de uno...

2. ¿Por qué *sí debió* suceder? (¿Qué causas naturales, sociales, psicológicas, pueden explicar la existencia de A?).
   Alcanzo a ver, por ahora, las siguientes razones:

   a) *Para empezar, él no es yo. Somos individuos distintos, con cargas genéticas distintas e historias diferentes de aprendizaje social. No tenemos por qué sentir o pensar exactamente lo mismo.*
   b) *Las relaciones entre seres humanos son finitas y variables.*
   c) *Hay más gente en el mundo que puede resultarnos atractiva, tanto a mí como a él.*
   d) *Los intereses cambian.*
   e) *A veces nos cansamos, nos hartamos, nos saciamos o nos aburrimos.*
   f) *A mí aún me gustaba la relación, pero como lo dije al principio: él no es yo: somos individuos con gustos, deseos, preferencias e intereses diferentes.*

3. ¿De verdad es *horrible*?
   Aunque me dan ganas de decir que sí, la verdad es que no es horrible *en el sentido de que no es peor que el fin del mundo, ni peor que el fin de la vida en la Tierra. Ni siquiera me produce directamente la muerte. Es cierto que es doloroso, es lamentable, es triste, y con eso basta. ¿Para qué exagerarlo? Me pegó fuerte la frase que el terapeuta dijo el otro día: "La neurosis es el sufrimiento falso que le agregamos al sufrimiento legítimo". Así que elijo quedarme solo con el dolor legítimo, con ese me basta y sobra. Me esforzaré por no verlo con lente de aumento.*

4. ¿Realmente *no lo tolero*?
   La verdad objetiva es que ya lo toleré. *Ya lo toleré esta vez y lo he soportado varias veces antes. Yo misma he tomado la decisión de terminar otras relaciones en el pasado, y siempre pensaba que no sería tan difícil tolerarlo. Hasta llegué a pensar que era más difícil tener que comunicarle mi decisión de terminar a la pareja, que recibir yo la notificación. Así de curiosa es la mente. Lo que es claro es que, con mucho o con poco dolor, de todos modos lo soportaré. Viví 28 años sin conocerlo, así que podré sobrevivir, aunque por el momento duela.*

5. ¿Son ciertos los adjetivos que usé para condenar?
Definitivamente todos son falsos. Ni soy una víctima indefensa, ni he sido engañada ni burlada ni usada. No soy un objeto desechable. Soy una mujer que acaba de recibir la notificación de que su pareja ha decidido terminar la relación amorosa porque sus intereses, sus gustos o sus preferencias cambiaron. Ya. Ese es el hecho. Bien visto, es todo lo contrario al engaño: al hablarme claro me está demostrando respeto. Decir que él es insensible, malagradecido, desgraciado, etc., también es falso. Si fuera cierto, no me dolería esta ruptura, significaría una liberación. Me duele legítimamente porque en realidad es una persona con virtudes que aprecio. Llamarle hijo de puta *es una injusticia con él y con doña Carmelita, su mamá, que tan bien me trató todo este tiempo.*

6. Los demás o yo ¿realmente valemos menos por lo sucedido?
Desde luego que no. Nadie vale más ni menos que nadie. Ya me quedó claro que una persona no es lo mismo que sus actos. No me gusta su decisión, pero él sigue siendo la persona que es, con sus virtudes y sus defectos.

7. ¿Cuál es el *acto* (*yocito*) mío o ajeno, que no me gustó?
El acto ajeno: *que haya decidido romper la relación conmigo.*
El mío: *reaccionar tan inmaduramente con un brote depresivo.*

8. ¿Qué puedo hacer, *realistamente*, en el futuro, para modificar dicho acto?
Podría hablar de nuevo con él y proponerle que reconsidere su decisión, adquiriendo yo el compromiso de cambiar en algunos aspectos de los que se llegó a quejar (mi dificultad para expresar mis sentimientos, mis celos excesivos, mi dependencia) y aceptar con entereza su decisión, sea cual sea. El hecho de estar en terapia es ya un acto de madurez, lo mismo que responder este autoanálisis con toda seriedad.

9. ¿Mi malestar emocional me ayuda a lograr la meta anterior?
Por supuesto que no. Está bien un rato de llanto. Sirve como desahogo, pero no hay que exagerar en el sufrimiento.

10. ¿Maldecir mi suerte sirve para cambiarla?
Desde luego que no... Mientras más la maldigo, peor me siento. Es mejor aceptar responsablemente los errores propios y comprometerse con un camino de cambio. La suerte la deciden los dioses: a mí me toca poner todo lo que esté de mi parte.

E: *Efecto emocional*

1. ¿Qué acto puedo realizar hoy mismo para alcanzar la meta señalada en D8?
Le llamaré por teléfono y le propondré un encuentro. Voy a poner por escrito lo que quiero decirle: quiero hacerle saber que he decidido trabajar en mi propio crecimiento y que por eso entré a terapia; quiero dejarle claro que para mí la relación con él es muy importante y que me gustaría que continuáramos, pero que respetaré maduramente su decisión, sea cual sea.

2. ¿Cómo me siento después de haber escrito este autoanálisis racional?
Muy bien. Entera. Con una extraña paz. Con disposición a aceptar la realidad, pero también a luchar por lo que quiero. Mi nivel de Unidades Subjetivas de Perturbación ha bajado como a 20 o 25.

Todo ha quedado en su sitio. ¿No es así? Sugiero al lector que haga, por lo menos, unos 20 autoanálisis racionales antes de comenzar los ejercicios de la siguiente lección. Familiarícese con este instrumento hasta dominarlo por completo. Recuerde que hay que tratar de no caer en respuestas mecánicas y formularias: reflexione en serio. Y oblíguese a hacerlo pronto: no deje que sus emociones neuróticas se arrancien en su interior. ¿Por qué sufrir un mes si puede sufrir solo una semana? ¿Y por qué una semana y no un día? ¿Y por qué un día y no una hora? ¿Y por qué una hora y no unos minutos? Prevéngase contra la indisciplina y ponga manos a la obra de inmediato. Es esperable que, a veces, en plena tormenta neurótica, las personas se nieguen a trabajar. Es como si reconocieran su error y luego se dijeran, retadora y berrinchudamente: "Sí, estoy siendo irracional... ¡¿y qué?!". Es natural, pero recuerde que es en esos momentos cuando más beneficios puede acarrear el autoanálisis: cuando ocurre el problema, es más fácil reconocer las señales emocionales y sensoriales, y más fácil identificar las irracionalidades que las están generando. Me gusta decir a mis pacientes que hacer autoanálisis en plena tempestad es como subir de cinta en las artes marciales. Véalo así y alégrese cuando lo logre por primera vez.

Por otro lado, mi experiencia clínica me ha mostrado que después de los primeros 10, la gente tiene ya la capacidad de hacer los autoanálisis de memoria, por lo que después de 20 análisis escritos la posibilidad de hacerlos mentalmente se habrá enriquecido hasta niveles insospechados.

TERCERA PARTE

INEPTITUDES DE LA INEPTA CULTURA

Estructuras secundarias
del pensamiento irracional

La verdadera religión consiste
en la transformación de la ansiedad en risa.

Alan Watts

LECCIÓN 10

EL ARTE DE METERSE ZANCADILLAS A UNO MISMO… Y CÓMO DEJAR DE HACERLO

Todos los seres humanos caemos con gran facilidad en emociones neuróticas. Ya sabemos que estas no son el resultado directo de lo que pasa en el entorno, sino de nuestras interpretaciones torcidas de la realidad. Es nuestro pensamiento el responsable, no la realidad. La realidad *es* y seguirá siendo como es: seguirá comportándose según una serie de intrincadas leyes a cuyo conocimiento tenemos solo un acceso limitado. No obstante, tan pronto como sucede algo que no nos gusta, parecen activarse las cuatro estructuras primarias del pensamiento irracional y comenzamos a *demandar* que las cosas *no deberían* haber sucedido como sucedieron, que *es terrible* que haya sido así, que *no podemos soportar* una realidad tan difícil y, por tanto, que el que propició que las cosas ocurrieran de ese modo es *un insecto despreciable, un miserable hijo de puta, un perro, un torpe* que merece ser regañado, golpeado, herido, torturado, desaparecido, incluso ¡matado! Y si fuimos nosotros mismos los responsables de que las cosas hayan salido como salieron, pues hacia nosotros se dirigirá la artillería pesada de nuestro arsenal condenatorio.

Según el tamaño de nuestra *demanda*, de nuestra *magnificación*, de nuestra *indefensión* o de nuestra *condena*, será el tamaño de nuestra emoción. Mientras más irracional sea nuestro pensamiento, más perturbados estaremos. Y mientras más perturbados estemos, menos eficaces seremos para resolver la dificultad que se nos presentó.

Hay, sin duda, una tendencia natural a pensar irracionalmente. Esta tendencia tiene un probable origen genético. Nuestros ancestros, a lo largo de generaciones, automatizaron reacciones rápidas ante las amenazas a la supervivencia. Así se explican los estados de alerta en que nuestro organismo entra ante ruidos repentinos u objetos que aparecen de pronto en nuestro campo visual. Así se explican también los brotes de ira cuando nuestra familia, nuestra propiedad o nuestros derechos se ven amenazados. O los estados de recogimiento interior (parecidos a la depresión) en que caemos cuando el clima es hostil y amenazante. En esos casos dan ganas de quedarnos en casa y mantenernos a salvo en nuestro refugio tibio, prender la chimenea y tomar cosas calientes mientras permanecemos alrededor del fuego. ¿No le recuerda eso al hombre primitivo viendo la tempestad junto a la hoguera de su caverna cálida? Así tendemos a reaccionar ante las dificultades: con temor, con ira, con depresión. Todo esto es cierto. Pero, también sin duda, es nuestra historia de aprendizaje social la que tiene mayor peso como determinante de nuestras actuales formas emotivas de responder a la realidad.

Respecto a la tendencia genética, disponemos de pocos recursos en el estado actual del conocimiento como para hacer modificaciones significativas que nos ayuden a manejar mejor las dificultades emocionales. Tal vez algún día podamos hacerlo, pero hoy por hoy, es en el manejo de la historia de aprendizaje social donde nos encontramos mejor capacitados para producir cambios significativos. Esto es, como lo hemos señalado, lo que se proponen las psicoterapias cognitivo-conductuales.

"Los seres humanos tenemos una extraordinaria capacidad para convertirnos en estúpidos", decía Albert Ellis en 1961 cuando, al alimón con Robert Harper, publicó *A Guide to Rational Living.* ¡Cuánta verdad! No nos cuesta demasiado trabajo lastimarnos con las acciones, los gestos, las palabras y ¡hasta las miradas! de los demás. ¿Por qué? ¿Existe, acaso, alguna palabra capaz de cortar la piel, de producir un hematoma, de sacar sangre, de lastimar? No, *definitivamente no.* "Es cierto —dirán algunos lectores—, las palabras no hieren físicamente, pero pueden herir psicológicamente...". "¡Tonterías!", responderá el terapeuta racional. ¿Qué se quiere decir con eso de que "pueden herir psicológicamente"? ¿Que pueden herir por la *intención* o por lo que *significan*? El "significado" es actividad cognoscitiva, algo que *nosotros aportamos*, algo que no existe sin nuestra intervención como miembros activos de la comunidad hablante. Si es así, la estupidez es aún más clara: la característica básica del *daño psicológico* es que *lo mediamos nosotros*: depende de *nuestra interpretación* de la realidad, no de la realidad misma. Dicho de otro modo: nosotros percibimos la palabra o el acto que no deseamos y, una vez percibido, podemos interpretarlo de muchas maneras; podemos pensar lógica, madura y racionalmente sobre él y sentir la emoción legítima que dicha interpretación genere, o podemos *leer* la realidad equivocadamente y transformar el acto, la palabra o la mirada del otro en un afilado "puñalito cognoscitivo" que luego nos enterraremos *nosotros mismos* en donde más nos duela.

Así, a partir del Hecho A: mi hermano me dijo *idiota*, yo puedo desarrollar el Pensamiento B: "Mi hermano *no debería* decirme *cosas hirientes. Es horrible* que me lastime así, cuando yo siempre lo he respetado. ¿Por qué me trata de ese modo? ¿Por qué me insulta? ¿Seré en realidad el *imbécil* que dice que soy? ¿En qué me equivoqué ahora? ¿Por qué siempre me pasan estas cosas? Es verdaderamente *terrible* ser estúpido y yo lo soy... ¡Hasta los de mi propia familia me lo dicen! *No soporto* que me traten de esa manera y menos que se burlen de mí. En lugar de ayudarme, me insulta. ¡Es un desgraciado egoísta!". Con pensamientos de este tipo me generaré una *Consecuencia* (C) emocional negativa: lograré hacerme sentir mal, muy mal, verdaderamente mal.

Pero si en lugar de tener tales pensamientos, interpreto la realidad de modo distinto y me digo a mí mismo algo como: "Mi hermano está molesto conmigo y eso no me gusta. Creo que está reaccionando neuróticamente: ante las más pequeñas frustraciones se perturba seriamente, y le ha dado por agredirme con una violencia que, por ahora, es solo (¡por fortuna!) verbal.

Con esto, en lugar de resolver su problema conmigo, tiende a agravarlo. Por suerte cada vez me siento más capaz de reconocer mis errores sin sufrimiento inútil y ya no caigo en el juego agresivo con tanta facilidad como lo hacía antes. Reconozco que antes me comportaba tan neuróticamente como él y a la mínima provocación respondía de manera violenta. Creo que mi error del pasado es el mismo que él está cometiendo ahora: está *sobregeneralizando* y me condena *totalitariamente* por algún acto mío que no le gustó. Bueno... ese es el hecho. Veamos cómo puedo ayudarle a comportarse de modo menos irracional. Le preguntaré qué es lo que le molestó, y si tiene razón, intentaré cambiar mi conducta. Pero si no la tiene, expondré mis razones con claridad y firmeza, pero sin agresión. Hablando se entiende la gente y ambos somos lo suficientemente inteligentes como para entendernos".

¿Qué emoción pueden producir pensamientos como estos? Molestia leve, quizá. O calma. Hasta alegría en algunos casos. Sentimientos (C) muy distintos a los generados por el tipo de pensamientos (B) señalados en el primer caso.

En resumen: los pensamientos racionales generan emociones creadoras. Los pensamientos irracionales generan emociones neuróticas.

De las cuatro *estructuras primarias* revisadas en la segunda parte de este libro, se derivan las que denominaremos "estructuras secundarias del pensamiento irracional": un cierto tipo de cogniciones (creencias, valores, filosofías, puntos de vista, convicciones) que la cultura ha instaurado en nosotros con sumo cuidado y que los hallazgos psicológicos han terminado por demostrar que son generadoras de neurosis. Son estructuras cognitivas equivocadas que la cultura nos ha hecho pasar como buenas, como útiles, como benéficas. Las hemos aprendido gracias al esfuerzo de nuestros padres, de nuestros maestros, de las diferentes religiones, de la cultura en general y, con nuestra decidida contribución personal, por supuesto, sin darnos cuenta de los peligros que conllevan. No solo las hemos aprendido, sino que, al otorgarles una valencia positiva, nos empeñamos en perpetuarlas instaurándolas en nuestros hijos, en nuestros alumnos, en nuestros colegas, en nuestros amigos. Pero tales ideas no resisten un análisis lógico. Una mirada rigurosa las desbarata con prontitud. Sin embargo, su arraigo es tal que, aun conociendo sus falacias lógicas, cuesta trabajo arrancarlas de nuestro pensamiento, de nuestro comportamiento observable y de nuestras emociones.

Como ya dijimos, las *estructuras secundarias* se derivan de las cuatro *estructuras primarias* que ya conoce. Estas cuatro filosofías irracionales básicas se derivan, a su vez, de la falacia mayor: la creencia en el *locus* de control externo de las emociones; es decir, la creencia de que las emociones son producidas en su totalidad por los acontecimientos externos, una idea que ya hemos combatido suficientemente desde la Lección 3.

¿Cuáles son las *estructuras secundarias del pensamiento irracional*? ¿Cuáles son las creencias falaces, las ideas torcidas, las cogniciones irracionales, las absurdas filosofías de vida, las patrañas, los valores equivocados que con más frecuencia subyacen en nuestras emociones perturbadas y a las que hemos denominado, parafraseando a Ramón López Velarde, "ineptitudes de la inepta cultura"? ¿De qué manera nos entrenó el grupo social para aceptar dichas ideas y herirnos con ellas? ¿Cómo nos dejamos convencer tan fácilmente?

Esta tercera parte del libro estará dedicada a conocer las más perniciosas, así como a combatirlas y a sustituirlas por modos de pensamiento que no causen neurosis. Así, tras demostrar la condición falaz de cada una de ellas, sugeriremos caminos de cambio que han demostrado sorprendente eficacia en el trabajo clínico.

Albert Ellis ha formulado 10, 11, 12 ideas irracionales en distintos momentos. Arnold Lazarus comenzó con 20, luego subió a 40 y terminó formulando más de una centena de errores neuróticos. Identificar estos errores y demostrar cómo encarnan en la vida cotidiana ha sido enormemente útil, pero creo que las ideas nucleares admiten precisión y que el lector se beneficiará de conocer las filosofías irracionales en un nivel mayor de abstracción.

Por ello, las estructuras secundarias del pensamiento irracional, a las que en este libro he decidido llamar *ideas enemigas*, son:

1. La creencia en que el amor es una necesidad y que, en consecuencia, la desaprobación y el rechazo son experiencias terribles e intolerables.
2. La creencia en el perfeccionismo como medida de la dignidad humana y el consecuente miedo a equivocarse.
3. La creencia en que la frustración es una experiencia terrible e intolerable, y que es natural reaccionar con ira, con agresión, con violencia, cuando el ambiente no nos da lo que esperábamos.
4. La tendencia a predecir catástrofes y a creer que es natural preocuparnos y angustiarnos ante la posibilidad de que suceda lo que no queremos.
5. La creencia en que las experiencias del pasado son determinantes e insuperables y que, si algo nos afectó profundamente en el pasado, seguirá lastimándonos por siempre.
6. La creencia en que es más fácil evitar las dificultades que enfrentarlas o, lo que es lo mismo: que disciplinarse para asumir las responsabilidades es muy difícil.

Estas, lo creo firmemente, son las mayores *ineptitudes de la inepta cultura*.

¿Por qué nos atrevemos a llamar *irracionales* a ideas tan reverenciadas en nuestro entorno? Porque, después de analizadas, resultan estupideces soberanas. Y no son idioteces inocuas: son equivocaciones que crean dolor y sufrimiento innecesario.

Dedicaremos una lección al análisis de cada una de ellas. He organizado cada lección del siguiente modo: en primer lugar, presento una pequeña introducción en que se identifica la *idea enemiga*; a continuación, una serie de argumentos para demostrar por qué se trata de una idea irracional; en tercer lugar, un ejemplo clínico: el caso de pacientes dominados por la idea irracional que se esté tratando; en cuarto lugar, una serie de *pensamientos racionales* fácilmente recordables que el lector puede usar como lemas para contrarrestar la *idea enemiga*; en quinto lugar, una lista de *actos* o acciones musculares *observables* que pueden ayudarlo a desarraigar las *ideas enemigas*, y para cerrar cada capítulo, he buscado en la tradición oriental sufí, budista o taoísta alguna historia ejemplar de esas que la cultura ha refinado hasta convertirlas en preciosos continentes de sabiduría concentrada. Estas historias ejemplares se aproximan al mito, entendiendo la palabra *mito* en su sentido más alto: un conjunto de verdades organizadas en un icono verbal que le da sentido a nuestra vida en la Tierra. Espero que tales enseñanzas terminen por borrar la influencia perniciosa que las ineptitudes de la inepta cultura han tenido sobre nuestras emociones.

Para que su lectura sea activa y creadora, he formulado para usted cinco preguntas de estudio que enumero a continuación:

1. ¿Cuál es la creencia irracional o *idea enemiga* que se combate en esta lección?
2. ¿Por qué es irracional? (Resuma, por lo menos, cinco argumentos).
3. ¿Qué conductas suyas piensa que están controladas por esta idea? Identifique las principales: no más de cinco, para que pueda combatirlas de un modo más eficaz. Sea preciso y objetivo.
4. Formule de tres modos distintos la *idea racional* (la contraria a la falacia de la pregunta 1). Trate de usar menos de 10 palabras en cada caso. Diez palabras que le funcionen como lemas, es decir, frases memorables con efecto emotivo, autoinstrucciones que lo ayuden a equilibrarse rápidamente cada vez que lo necesite.
5. ¿Qué *actos* observables puede realizar para vencer esta idea?

Estas preguntas tienen el propósito de ayudarle a avanzar siempre en busca de la esencia de lo que lee. Respondiendo a las preguntas *mientras lee*, tendrá al final un excelente resumen de su lectura. Ojo: no haga su resumen *después* de la lectura, sino *durante* ella. Ahorrará tiempo y esfuerzo. Proceda así:

1. Escriba la primera pregunta en su libreta.
2. Comience a leer con el propósito de encontrar respuesta a su pregunta.
3. Una vez que la encuentre, escriba la respuesta en su libreta y proceda de la misma manera con las preguntas que siguen.

Las respuestas a los interrogantes 1, 2 y 4 pueden ser extraídas directamente del texto. Las preguntas 3 y 5 requieren una especie de *examen de conciencia* y sus respuestas deben, por lo tanto, ser obtenidas de su propia experiencia vital. Siga estas instrucciones para la lectura de cada una de las lecciones, desde la 11 hasta la 16. Este procedimiento aparentemente sencillo es usado en psicología educativa para promover la comprensión de la lectura. Úselo, aproveche mi esfuerzo, sáquele jugo. No solamente lea: escriba y conteste las preguntas en su libreta.

LECCIÓN 11

ALL YOU NEED IS LOVE O EL ERROR DE JOHN LENNON

Los problemas que un psicoterapeuta atiende en su consulta diaria son originados, en un alto porcentaje, por algo que podríamos denominar genéricamente *quejas de amor.* El problema abarca los tres tiempos: el presente ("Ya no me ama"), el pasado ("Su infidelidad es la prueba de que no me amaba"), y el futuro ("¿Y si dejara de amarme?"). Estas quejas producen todos los tipos de emoción perturbada: desde episodios de ansiedad severa, como la sufrida por tantas personas ante la posibilidad de ser rechazadas o abandonadas, hasta brotes de depresión con intenciones suicidas precipitados por ruptura, por separación, por divorcio, por muerte... El terapeuta enfrentará también brotes de ira provocados por las sospechas de que la pareja "podría amar a alguien más". Los niveles de agresión y violencia originados por los celos son abrumadores; para ilustrarse un poco basta echar una ojeada a la nota roja de los periódicos o releer *Otelo.* En resumen, las quejas de amor generan ansiedad, depresión, ira, nerviosismo, incomodidad, inseguridad, indefensión, dolor, insomnio, odios, resentimientos, rencores, deseos de venganza, intentos de suicidio, suicidios, intentos de homicidio y asesinatos... Más los malestares que usted desee agregar como parte de su experiencia personal y que conoce bien porque los ha padecido en distintas etapas de su vida.

El pensamiento neurótico que subyace en estas emociones perturbadas puede resumirse en esta...

Idea enemiga

El ser humano adulto necesita el amor y la aprobación de todos, en todo lo que hace, para poder ser feliz.

¿Le suena familiar? No tengo la menor duda de que alguna vez ha escuchado palabras similares. Tampoco dudo de que las haya creído alguna vez. Quizá las crea ahora. Puedo especular que muchas veces ha actuado según esa premisa. ¿Habrá caído en el error de enseñar eso a sus hijos? Si es así, no se preocupe, no se angustie, no es catastrófico, no es el fin del mundo. Aún estamos a tiempo de sacar esa *burrada* de nuestra cabeza y de ayudar a que no anide tan fácilmente en la de nuestros hijos. Ayúdese y ayúdelos a darse cuenta de que tal creencia es irracional porque:

1. Cuando afirmamos eso, caemos en el error primario de confundir necesidades y deseos (véase Lección 5: "La tendencia a confundir el deseo con la realidad"). Para vivir *necesitamos* comida, agua, protección de las inclemencias del tiempo. Sin agua y sin comida nos debilitaremos poco a poco hasta la muerte. Lo mismo sucederá si nos exponemos al frío o al calor extremos sin la protección adecuada. Las *necesidades* son un requisito para la vida. Pero caerles bien a los conocidos o a los desconocidos *no es un requisito para vivir.* De serlo, hace mucho tiempo que habríamos muerto, puesto que, si revisamos cuidadosamente nuestra historia, encontraremos un sinnúmero de ocasiones en las que no hemos sido amados por todas las personas que pretendíamos que lo hicieran, ni con la intensidad que hubiésemos deseado; o hemos sido desaprobados, rechazados, criticados, negados, vilipendiados, difamados, calumniados, injuriados, desacreditados, desprestigiados por mucha gente en distinta medida desde el kínder hasta el día de hoy, justa o injustamente. Algunas veces nos hemos enterado y muchas otras no. Y, no obstante eso,

seguimos vivos. Furiosos, tristes, angustiados o intranquilos, pero vivos. ¿A cuántas personas no les caeremos mal? ¿Cuántas hay que nos desaprueban sin que lleguemos a saberlo jamás? Aunque es *muy deseable* ser amados, queridos, admirados, aprobados por todos en cada una de nuestras acciones, no es, sin embargo, una *necesidad*, puesto que no es un requisito para seguir vivo: es tan solo un *deseo*, muy fuerte e intenso a veces, pero *solo un deseo*. Y los *deseos* no son *necesidades*: confundirlos es caer, lo repito, en la más primaria de las estructuras irracionales de pensamiento: confundir los deseos con la realidad.

2. Los recién nacidos *necesitan* que los adultos los atiendan, es cierto. No pueden, por sí solos, satisfacer sus necesidades. Si no hay alguien que los alimente o los proteja de las inclemencias del tiempo, pueden morir. Para el recién nacido, *deseo* y *necesidad* van juntos. Les va la vida en la satisfacción de su deseo. Pero, como ya quedó establecido en lecciones previas, muy pronto el cuerpo se desarrolla y al crecer adquiere capacidades: el niño comienza su movimiento autónomo y simultáneamente desarrolla el habla. En poco tiempo ya puede *pedir* que satisfagan sus deseos y, si no hay nadie que lo haga, puede ir él mismo por agua o por comida. Pero, por desgracia, como también señalamos, su mente no siempre se desarrolla al mismo tiempo que su cuerpo: la mente infantil sigue creyendo que *necesita* la atención de los demás, aunque ya pueda sobrevivir sin ella; sigue confundiendo sus *deseos* con sus *necesidades*. Ahora que ya es un niño autónomo, se sigue comportando en este terreno con el equipo cognoscitivo de un recién nacido. Pero si es justificable que lo haga el niño de pocos años, ya no es tan explicable que siga haciéndolo el infante de 8 años, época en que la capacidad de pensamiento abstracto está más desarrollada. Y todavía es menos explicable cuando ya pasó la etapa de las operaciones formales (11 o 12 años, de acuerdo con Jean Piaget),

¡y mucho menos explicable cuando el *niñito* tiene ya 18, 28, 38, 48 o 58 años y sigue haciendo berrinches cuando sus deseos son frustrados! Dicho en crudo: los adultos no son niños; ¿por qué, entonces, continuar babeando, berreando y actuando como si lo fueran, ante la falta de amor, las muestras de rechazo o la crítica que conlleva toda vida creadora?

3. *Desear* la aprobación de todos en todo es una meta imposible de alcanzar. Sencillamente, no se puede conseguir. Los estadígrafos nos mostraron que las cosas en la naturaleza se ordenan de determinada manera: las estaturas, los coeficientes intelectuales, el peso corporal, las habilidades musculares, el tamaño de los árboles o de las piedras... lo que usted quiera. Si tomamos una población y medimos cualquiera de esas variables, notaremos una regularidad: la mayor parte de la población cae en el promedio y, a medida que avanzamos hacia los extremos, encontraremos cantidades decrecientes. Si medimos, por ejemplo, el coeficiente intelectual de cualquier ciudad, al procesar los resultados notaremos que la mayor parte de la población obtiene puntajes alrededor del 100 (CI normal o promedio). Hallaremos también que hay personas *inteligentísimas* (con coeficientes intelectuales de 140 y quizá más). Sí, las hay, pero menos que las de inteligencia promedio; de igual modo encontraremos muy pocas personas *retardadas* (con coeficientes menores a sesenta). Hay un poco más de personas con coeficientes intelectuales superiores al término medio o inferiores al término medio, pero *no tantas como las de término medio*. Lo mismo sucede con las estaturas: en una muestra poblacional encontraremos pocos enanos, pocos gigantes y la mayor parte tendrá estaturas promedio. Otro tanto sucederá si medimos el peso corporal, el perímetro de la cabeza o de la cintura, el tamaño de los pechos en las mujeres o la longitud de los pies o del pene en los hombres.

Sucederá lo mismo con nuestra apariencia o con nuestros actos. Algunas personas, muy pocas, los desaprobarán radicalmente; otros, pocos también, los aprobarán delirantemente, pero para la mayoría serán regulares, intermedios, moderados, pasables, pasaderos, aceptables, indiferentes, insignificantes. Ni modo: así se ordena la naturaleza. Si graficamos las mediciones, observaremos que la gráfica adquiere la forma típica de una campana: es la llamada *curva normal* o *campana de Gauss*. Mientras más grande sea la muestra, más regularidad habrá en el trazo de la curva. Insisto: así acostumbra ordenarse la naturaleza. Por lo tanto, demandar que *todos* nos aprueben en *todo* es exigir algo antinatural, algo que no podremos alcanzar jamás: es un capricho que, al ser convertido en exigencia irracional (*debo, tengo que, he de* ser aceptado por todos en todo), está destinado a topar de frente con la realidad y, en consecuencia, a ser frustrado. Es tan irracional como querer levitar, resucitar a alguien o producir lluvia con rezos fervientes. Pensar que *todos deben aprobarme en todo* es exigirle a la naturaleza que no se ordene según sus leyes, sino según nuestros deseos, según nuestras preferencias, según nuestros caprichitos infantiles.

4. Por la misma razón tampoco es posible obtener *siempre* la aprobación *ni siquiera de una sola persona*. Aunque la persona que juzga sea quien más nos ame en la vida (nuestra pareja, nuestros hijos, alguno de nuestros padres, nuestro amigo o nuestro fanático más decidido), sus opiniones *también* se distribuirán de acuerdo con la curva normal o campana de Gauss. En esa lógica, aunque sea quien más nos ame, si juzga objetivamente, encontrará extraordinarios algunos de nuestros actos, medianos otros, y otros francamente torpes o equivocados. La aprobación de todos en todo no la lograron ni Buda, ni Mahoma, ni Leonardo, ni Picasso, ni Jesucristo. Este último, por lo pronto, no alcanzó la aprobación ni siquiera de todos sus paisanos,

que terminaron crucificándolo. Al escribir esta última frase estoy consciente de que puedo ser severamente desaprobado por unos pocos, celebrado por otros pocos y tratado indiferentemente por la mayoría de mis lectores.

5. No alcanzaremos la aprobación de todos en todo ni siquiera esforzándonos al máximo por lograrlo. Habrá cosas para las que empezamos tarde: a mis 74 años ya no podré, por más que me esfuerce, integrarme al ballet Bolshoi como primer bailarín, ni ganar las competencias olímpicas en gimnasia.
6. Habrá siempre cosas que no podremos modificar: el tamaño de los huesos, el color de la piel, de los ojos o del cabello (aunque puedan producirse modificaciones temporales gracias a la cosmética). Tampoco es posible modificar después de cierta edad la estatura, la forma del cráneo, la complexión, la cantidad de vello corporal, la dotación genética: todos esos elementos que nos hacen únicos e irrepetibles como seres humanos. Por ser mesocéfalo no puedo ser al mismo tiempo braquicéfalo o dolicocéfalo. No puedo ser a un tiempo lampiño y velludo. Mis ojos son cafés y por eso no son azules, grises o negros. No puedo ser alto y bajo, ni atlético, pícnico y leptosomático *al mismo tiempo*. Por tener el pelo naturalmente lacio, no lo tengo naturalmente crespo. ¿Cómo darles gusto a todos, aunque lo deseemos de manera vehemente? Acepte la realidad: no se puede, haga lo que haga. Y por ser como somos, seremos amados por unos, rechazados por otros y más o menos amados o más o menos desaprobados por la mayoría.
7. A veces no seremos amados o no recibiremos aprobación, no por falta de esfuerzo de nuestra parte, sino porque *el otro puede carecer de capacidad de amar*, o puede estar aún en estadios primitivos de su desarrollo psicológico. Tal vez aún es víctima de su propia creencia irracional en la *necesidad de ser amado* y no tiene ojos más que para su propia *necesidad* neurótica. Quizá todavía está en una etapa

prolongada de la necesidad narcisista de admiración y se pasa el tiempo absorto en la contemplación de su propio ombligo psicológico. Aún no llega a la etapa madura del amor: ese periodo en que somos felices amando activamente, es decir, *dando* amor, en lugar de disfrutar solamente cuando lo *recibimos*.

8. Una de las grandes ventajas del amor maduro, del amor creador, del amor que no busca ser amado, es que, paradójicamente, hace más probable que las respuestas amorosas ocurran. Si somos *amables*, en su sentido estricto de *dignos de ser amados* por nuestro trato cortés y respetuoso hacia el prójimo, obviamente hacemos más probable que la gente responda según lo que recibe. Y aunque recibir amor es muy agradable, deja de ser el principal motor de nuestras acciones y se convierte en un resultado secundario. Por eso le aconsejo que ame activamente. Lo demás vendrá por añadidura.
9. Una de las sinrazones mayores de estar *demandando* o *exigiendo* desesperadamente la aprobación ajena es que nos impide beneficiarnos de las bendiciones de la crítica. Si no recibimos crítica seria sobre nuestras ejecuciones, retardamos innecesariamente nuestro desarrollo. Las personas que quieren asegurar la aprobación, con toda probabilidad mostrarán sus trabajos a un juez blando, a alguien que solo les dirá cosas positivas sobre su *maravillosa* labor. Pero durante la adquisición de habilidades, nada nos hace crecer tanto como una crítica fuerte, intensa, responsable y seria. El mejor juez es la persona entrenada, inteligente, conocedora del tema, generosa y capaz de orientarnos. Bienvenida sea su crítica cuando llegue. Gracias a ella creceremos y cometeremos menos errores la próxima vez. Si en alguna ocasión recibimos críticas injustas, administradas de manera totalitaria o sobregeneralizadora ("Lo que hiciste es una porquería, tíralo a la basura, tu trabajo es increíblemente torpe..."), haremos muy bien en ignorarlas:

así no nos sirven para nada. Y molestarnos, deprimirnos o angustiarnos por ellas, sirve menos aún para mejorar.

Por lo demás, recordemos que *siempre* podemos tamizar, filtrar, seleccionar la crítica, con nuestro pensamiento racional. Si es certera, bienvenida sea: me beneficia y me enriquece; si no lo es, podemos pedir que nos la precisen. Ante el ejemplo anterior podríamos responder algo como: "Así como la expusiste, tu crítica resulta poco orientadora. ¿Podrías señalarme uno, dos o los tres errores más grandes que encontraste? ¿Qué me sugieres para superar cada uno de ellos? Con eso puedo comenzar a trabajar: corregiré tales errores y, si después me regalas otro poco de tu tiempo, te agradeceré mucho que le eches una nueva ojeada a mi trabajo para seguir mejorándolo". Si se queda usted en la pataleta o el berrinche, se tardará más en corregir el error o se llenará de resentimiento.

10. Mientras más miedo tengamos a la crítica y la desaprobación, más nos paralizaremos ante la posibilidad de que suceda. Y ninguna vida creadora es posible si no nos atrevemos a desafiar la opinión ajena con nuestros actos creadores en el arte, la cultura, la ciencia, la filosofía, los negocios, los deportes y la vida cotidiana. Mientras más irracionales seamos en nuestra busca de aprobación, menos riesgos correremos, más inmóviles estaremos, más inertes, menos creadores y, por lo tanto, menos satisfacciones obtendremos.

11. "¿Qué horas son?", pregunta el hombre de poder, según un chiste popular. "¡Las que usted guste, señor presidente!", es la respuesta que obtiene. El ejemplo muestra, con los rasgos agudos del humor, la desesperada búsqueda de aprobación. La respuesta ya no es servicial: es servil.

    ¿Ha oído usted términos como "arrastrado", "lambiscón", "lamesuelas", o versiones más soeces de los mismos adjetivos? ¿A quién suelen aplicarse dichos calificativos? Eso es: a las personas que se desviven con tal de obtener la aprobación de los otros; los que se ponen de tapete para que los demás pasen; los que se niegan a sí mismos con tal de caerles bien a los demás. ¿Qué obtienen? ¡Lo contrario de lo que esperaban! Cosechan el desdén y la falta de respeto de esos otros que, más tarde o más temprano, les aplicarán los términos despectivos arriba señalados. Desean tanto la aprobación que la convierten en una falsa *necesidad* y, una vez que han caído en la trampa que ellos mismos fabricaron, son capaces de arrastrarse con tal de satisfacer su supuesta *necesidad*. Repitámoslo: se esfuerzan tanto que terminan logrando desprecio: exactamente lo contrario de lo que buscaban. Esta es la paradoja de la neurosis: es autoderrotista: obtiene lo contrario de lo que desea. Al buscar tan desesperadamente la aprobación de los otros, las personas actúan contra sus propias metas. Al perderse el respeto a sí mismas, hacen más probable que suceda lo que tanto temen: que los demás también lo hagan.

Albert Ellis y Robert Harper señalaron con agudeza que "en su definición estricta, 'need' (necesitar), se deriva del vocablo inglés de la Edad Media 'nede', del anglosajón 'nead', y del indoeuropeo 'nauto' que significan desfallecer de cansancio (lo que también se observa en el término gótico 'naus', cuerpo). Su significado principal en inglés equivale a necesidad, compulsión, obligación, algo que constituye un requisito para la vida y la felicidad".

No es muy distinto su significado en español. Por eso, y con todos los argumentos señalados antes, espero que el lector pueda ver con mayor claridad que tanto los padres como los maestros, los amigos, muchos psicólogos y John Lennon se equivocan cuando afirman que "todo lo que *necesitas* es amor". El amor y la aprobación son un *deseo*, intenso, es cierto, pero *solo un deseo*. Caerles bien a todos, o a uno solo en todo, no es algo necesario, ni forzoso, ni preciso; no es inexcusable, ni imprescindible, ni obligatorio; no es algo ineluctable, ni ineludible, ni indispensable, ni indefectible, y contra esta idea ningún remache sale sobrando: no es absoluto ni esencial para la vida. En resumen: no es *vital*, aunque sea agradable, deseable, apetecible y placentero. Salvo la opinión del lector, desde luego, que puede ignorar, desaprobar, aprobar o celebrar este capítulo. Me *gustaría* que lo celebrara y tomara conciencia del daño que se ha hecho con la idea que aquí estamos combatiendo; me gustaría que comenzara a exponerse a la crítica y a correr más riesgos con sus actos creadores. Sí, me gustaría… pero *no lo necesito* para seguir viviendo, ni para seguir creando y disfrutando mi vida.

12. Para conservar la libertad y fortalecer el carácter, para dejar de ser esclavos, para *madurar*, hay que aprender a demostrarnos que no nos desbarata la crítica, el rechazo o la soledad: solo después de eso podremos dar a los demás una compañía que valga la pena, la compañía o el amor de un ser humano pleno, independiente, autosuficiente y maduro, y no la compañía de pobre calidad del menesteroso que se pasa la vida mendigando amor.

El caso de Jorge Alberto

Era este un paciente de 31 años, empleado del gobierno federal y estudiante de una especialidad en ciencias biológicas. Llegó a terapia planteando lo siguiente:

> Tengo problemas con mi novia. Se queja de que soy violento y, la verdad, así es: lo reconozco. Con mucha frecuencia caigo en la agresión verbal con ella. La quiero mucho, me hace falta, pero ante cualquier forma de desprecio que me hace, me descontrolo. Tenemos un año viviendo juntos y, cuando estamos bien, pensamos en casarnos y establecernos definitivamente como pareja, pero después del último pleito en que estuve a punto de pegarle, ella me insistió en que yo

entrara a terapia y amenazó con irse. Ella ya estuvo en terapia y sus papás también, y está segura de que me ayudará. No sé cómo me ha aguantado tanto. Yo siempre he sido extremadamente celoso, y como sabía de sus novios pasados, a cada rato le reclamaba. Me llenaba de rencor y me quedaba callado o tenía repentinos estallidos de coraje. Todavía me sigo poniendo histérico de vez en cuando y le reclamo tonterías. Ella es tranquila y calmada. No es pasiva, pero se mantiene relajada. Todos dicen que ella es buena onda, aunque a veces me desespero y le grito porque me preocupo por la lentitud con que hace las cosas. Es tonto, pero es como si alguien nos estuviera viendo y nos fuera a juzgar mal o me fuera a juzgar mal a mí porque ella no hace las cosas tan rápido como yo. Ella es lo más importante para mí, la reconozco como el gran centro de mi vida, me ha ayudado mucho y no quiero lastimarla nunca. Creo que todo mi problema se debe a los conflictos que tuve en mi casa. Mi madre siempre me rechazó y me sigue rechazando. Su hijo favorito es mi hermano, el que sigue de mí. Lo sobreprotegió siempre mientras a mí me corría. "Ya lárgate, estorbas", me decía, entre otros gritos feos. Eso me lastimaba mucho, me sentía aislado, apartado y dolido. A veces, por la noche, lloraba en mi cama por eso. ¡Y hasta de eso se burlaba mi mamá! Eso me sigue afectando. El otro día oí en la televisión que, si uno sufrió violencia, reproducirá esa violencia después. Tomé conciencia de mi problema un día, a los 17 años, en que mi mamá me agredía con pellizcos y jalones de pelo por una cosa insignificante. Una tía que estaba de visita le llamó la atención. "Ya no le pegues ni lo trates así, ya es un jovencito...", le dijo. Ese día me di cuenta de que siempre me había regañado mucho. Cuando decidí irme a vivir con Jimena, creo que lo hice por escapar. Mi papá maneja el discurso de que a todos los hijos se les trata igual, pero quien toma las decisiones en la casa es mi mamá, aunque mi padre sea el responsable de la familia en términos económicos. Pero se deja convencer por mi mamá y consienten a mi hermano y le dan privilegios mientras a mí me imponen castigos. A mí nunca me dieron coche, por ejemplo. Yo lo logré con mis ahorros del trabajo y de una beca que conseguí con mi esfuerzo. A él no le exigían nada y le daban todo: escuela pri-

> vada, universidad, apoyo, carro; le pagan un curso especial para que se reciba porque es incapaz de hacer la tesis. Jimena me convenció de ir a terapia hace unos meses y fui una vez, pero el hecho de que la doctora fuera mujer me hizo no volver con ella. No quería otra figura materna.

Las querellas de Jorge Alberto seguían este patrón de modo repetitivo y aparentemente interminable. Tenía muchos motivos para quejarse de su madre *insensible*, que lo rechazó tantas veces mientras prefería al hijo menor, y muchos motivos para quejarse de su novia, ¡que lo aprobaba y lo apoyaba en todo! Así es la neurosis: no se satisface con nada.

Pero la inteligencia de Jorge Alberto era superior al promedio, y respondió excelentemente a su programa de terapia conmigo, que duró unas 25 sesiones: pronto aprendió a analizar situaciones psicológicas complejas a través de los análisis multimodales y se hizo consciente del peso que las actividades cognoscitivas tienen como determinante de las emociones. Se hizo experto en la ejecución de los autoanálisis racionales y aprendió a desafiar con mi ayuda sus creencias erróneas, sus falacias cognitivas, sus inferencias arbitrarias, y sobre todo a dejar de creer que las influencias del pasado eran inmodificables: desde el presente aprendió a combatir su absurda *necesidad* de amor maternal. Comenzó a correr más riesgos psicológicos, desafiando la *necesidad* de aprobación en general. Aprendió a identificar sus berrinches infantiles y a combatirlos con éxito. Entre los muchos autoanálisis que me sorprendieron gratamente, hubo uno que quiero destacar: encontró que su condición de primogénito podía ser una causa de que "me exigieran más que a mi hermano. Eso, a la larga y visto sin resentimiento, ha terminado siendo beneficioso para mí, me ha ayudado a independizarme, a ser más responsable y a lograr muchas cosas tanto laboral como académicamente". Desde luego, celebré entusiastamente su búsqueda de explicaciones alternativas a un hecho psicológico y su creciente tolerancia a las limitaciones del prójimo, incluida su madre.

Semanas después terminamos la sesión con el siguiente reporte:

> Un día oí a mi mamá hablando por teléfono con mi tía y presumiéndole mis logros y me dio mucho gusto, pero también recordé que ya antes, hace como un año, había pasado algo parecido y yo, en lugar de alegrarme, me había enojado mucho pensando que *era una hipócrita*. Ver lo mismo de modo diferente es uno de mis grandes logros gracias a la terapia.
>
> Ahora siento que mis papás me toman como modelo. El otro día fueron a visitarme y me pidieron asesoría para una empresa en la que mi papá se va a meter. Mi mamá estuvo muy calladita, y yo la veía como admirada cuando me escuchaba dándole respuestas organizadas, coherentes y argumentadas a mi papá. Cuando la noté tan atenta, me dio gusto, pero me sentí aún mejor porque no había estado pendiente de si me aprobaba o no, sino de darle a mi papá el mejor consejo profesional que podía darle. Me estoy llevando bien con ellos. A mí se me quitó el resentimiento y a ella como que se le quitó una culpa.

El combate y la destrucción de las falacias cognoscitivas, los autoanálisis, la instigación continua por parte del terapeuta para que avanzara hacia el estatus del amor creador, pronto resquebrajaron su dependencia extrema de los desdenes reales o supuestos de su pareja. Recibió entrenamiento asertivo para la expresión libre de sus sentimientos y opiniones, y aprendió a defender sus derechos sin pasar sobre los derechos o sentimientos de su pareja y de su madre. Unos meses después me dio la noticia de que él y Jimena ya habían fijado fecha para casarse y de que "la más entusiasta para organizar la fiesta es mi mamá". Sus padres pedirían pronto la mano de la novia, y los padres de ella estaban felices porque "la verdad, estaban preocupados de que viviéramos juntos sin estar casados. Eso a Jimena y a mí no nos importa, pero nos da gusto que ellos estén contentos".

Hacia una visión madura del amor y la aprobación

Es difícil, sin duda, liberarnos por completo de ideas que con tanta efectividad (e incluso con buena intención) instauraron en nosotros los padres, los maestros, los amigos, la religión, los medios de comunicación, la cultura: la sociedad en general. ¿Cómo podemos ayudarnos a nosotros mismos? Comencemos por dar cabida en nuestro pensamiento a las alternativas racionales; luego permitamos que se desarrollen, démosles fuerza, hagámoslas crecer. Para reestructurar su pensamiento, reflexione sobre las siguientes enseñanzas:

1. "Si te vienen a decir que alguien ha hablado mal de ti, no te embaraces en negar lo que ha dicho; responde solamente que no sabe todos tus otros vicios y que, de conocerlos, hubiera hablado mucho más". EPICTETO.
2. "Si preguntas a cada transeúnte cómo debes construir tu casa, pasarán 1000 años antes de que puedas poner la primera piedra". PROVERBIO CHINO.
3. No hay miedo más ridículo que el miedo al ridículo. Perdámoslo de una vez por todas.
4. "Todas las cartas de amor / son ridículas. / No serían cartas de amor / si no fueran /ridículas. / Yo también escribí, / a su tiempo, / cartas de amor, / como las otras, / ridículas. // Las cartas de amor, / si hay amor, / tienen que ser/ ridículas. // Pero, al final, / solo las criaturas que nunca escribieron / cartas de amor / son las que fueron ridículas". FERNANDO PESSOA.
5. "El pájaro rompe el cascarón. El huevo es el mundo. El que quiere nacer tiene que destruir un mundo". HERMANN HESSE. Sí, romper el mundo de las ideas irracionales que nos envuelven y nos encapsulan como una tela de araña... o como una camisa de fuerza.
6. Ante las críticas injustas, pregúntese, como los poetas sufíes: *¿Qué daño le hace a la Luna el ladrido de los perros?*

7. Y ante los elogios inmerecidos, recuerde aquellos versos: "No vale nada el fruto / cogido sin sazón. / Ni aunque te elogie un bruto / ha de tener razón". ANTONIO MACHADO.
8. Solo se tiran piedras al árbol cargado de frutos.
9. Con las piedras que me lancen construiré mi monumento.
10. *¿Quién necesita a un necesitado?* Repítase eso cuando se esté quejando por falta de amor.
11. Ante las críticas injustas, deje que aniden en su cabeza aquellas palabras del poeta persa Saadi: *Sé como el sándalo, que perfuma el hacha que lo hiere.*
12. "No es mejor dar que recibir ni recibir que dar", dicen Lazarus y Fay. "Lo mejor es dar y recibir. De acuerdo, pero sin olvidar que la parte activa está en el dar. Recibir es la consecuencia".

Acciones para comenzar a vencer el miedo al rechazo

¿Qué *hacer* para desafiar, para destruir, para deshacer, la creencia irracional de que el adulto *necesita* ser amado o aprobado por todos en casi todo lo que hace? Cambiar el pensamiento es el primer paso, pero a veces no basta. Enumeramos a continuación una serie de *actos observables, acciones musculares*, que han demostrado gran eficacia para ayudar a la gente a liberarse de la creencia en la necesidad de aprobación y amor. Léalos cuidadosamente y cada vez que logre realizar alguno de ellos anótelo en su diario de terapia como un éxito significativo. No hay éxito pequeño: todos son importantes. Todos incrementan nuestro rango de libertad. Cada desafío a la creencia irracional equivale a poner una carga de dinamita en el monumento a la irracionalidad. Después de cada acto antineurótico la realidad *se devela:* caen los velos que nos impiden verla, alcanzamos a ver más lejos y más claro. Estas pueden ser algunas de sus tareas:

1. Use con más frecuencia frases como: "No soy monedita de oro pa' caerle bien a todos", "El amor y la aprobación me gustan, *pero no son una necesidad*", "Bienvenida la crítica que me ayuda a crecer", "La crítica cuesta poco y beneficia mucho". Úselas, dígalas en voz alta, escríbalas, practíquelas, aconséjelas.
2. En la próxima reunión de amigos juegue al abogado del diablo: defienda puntos de vista distintos de los que uno o varios integrantes del grupo estén manifestando. Jugar este juego permite desarrollar confianza. Poco a poco dejará de jugar y avanzará hacia la expresión de sus auténticas opiniones políticas, religiosas, científicas, etcétera.
3. Mucha gente se pasa la vida sintiendo vergüenza (un sentimiento estúpido e inútil) por muchísimas cosas: por su apariencia física, por sus finanzas, por sus sentimientos, por su familia, por su pasado. Salga de esa atmósfera castrante y avance día con día hacia la autoafirmación. No mienta: afirme su verdadera personalidad. Usted no vale más que nadie por ser como es... pero tampoco vale menos.
4. Haga ejercicios contra la vergüenza: pida informes, haga preguntas, pida que aclaren sus dudas, diga su apodo de ahora o del pasado, cuente chistes, diga *no*, compre una revista pornográfica, visite una *sex shop* y hable de lo que vio, compre juguetes eróticos, enriquezca su dotación de lencería.
5. ¿Ha sentido *pena ajena* alguna vez? ¿Es de aquellos a los que les da por sentirla? Permítame decirle que, si la vergüenza por errores personales es irracional, sentir *pena ajena* es algo doblemente neurótico: es, en el fondo, otra forma de sentirse superior al prójimo. Cuando se descubra cometiendo ese error, anótelo y coméntelo en su libreta.
6. Hable con libertad sobre características suyas que en el pasado le avergonzaron: peso, estatura, rasgos faciales, tipo de cabello, color de piel, calvicie, etc. Cuente cómo comenzó a sentirse orgulloso de tales rasgos.

7. Hable con libertad sobre características suyas de las que esté orgulloso. Correrá el riesgo de ser juzgado como arrogante o presuntuoso. No importa. Y no importa porque no será cierto si tiene claro que sus *actos* no son *usted*. "Me enorgullece hacer bien tal y tal cosa. Dominar eso me hace sentir feliz pero no me creo superior a nadie por eso".
8. *¡Solo para hombres, solo para caballeros...!* Así rezaba el pregón de los vendedores de revistas sicalípticas a las afueras de los teatros de revista, cantinas y centros nocturnos de la calle de San Juan de Letrán, en el México de hace medio siglo. Lo recuerdo mientras le propongo a usted, caballero de cualquier edad, un ejercicio contra la vergüenza de varios niveles de dificultad: Nivel 1 (secundaria): Vaya a una farmacia y compre condones. Use la palabra "condón" y no el eufemístico "preservativo". Nivel 2 (bachillerato): Vaya a una farmacia y compre condones: pídaselos a una mujer. Nivel 3 (pasantía): Vaya a una farmacia y pregunte por marcas y precios de condones. Anótelos, pero salga sin comprar nada. Nivel 4 (licenciatura): Vaya a una farmacia y pregunte si comprando condones por docena le harían un descuento. Nivel 5 (maestría): Vaya a una farmacia y pregunte si todos los condones son iguales o si hay variedad en los tamaños. Diga que los de tamaño normal son muy pequeños para usted. Nivel 6 (doctorado): Vaya a una farmacia y pregunte si hay condones de tamaño *menor* al estándar porque los de tamaño normal ¡resultan muy grandes para usted! Independientemente de la edad que usted tenga, trate de pasar por todas estas *etapas educativas* y alcance lo más pronto que pueda el *doctorado en sinvergüenzadas*. Si logra hacer esto, o cosas similares que su ingenio le dicte, habrá roto cadenas, grilletes, barrotes psicológicos que lo han tenido preso *con su propio consentimiento*. Recuerde que al hacer cualquiera de estos ejercicios no está pasando sobre los derechos de nadie: *tan solo está ejerciendo los suyos*.

9. Proponga una conferencia o un curso, atrévase a buscar la publicación de un cuento, un ensayo, un poema, un libro. Si no obtiene aprobación inmediata, mejor para su práctica racional: estará venciendo su falsa *necesidad* de aprobación y también estará templando su alma.
10. Póngase una prenda que le quede muy bien y que no se haya atrevido a usar por miedo a la desaprobación (minifalda, blusa, bikini, tanga, zapatos, botas, etcétera).
11. *¡Solo para damas...!* ¿Ha notado que hay ropa que le queda mejor sin ropa interior y no se ha atrevido salir de casa de ese modo? Este es el momento: he aquí su autorización terapéutica. Atrévase a ir a una fiesta sin sostén o sin pantaleta. Nadie más que usted lo sabe. Por supuesto, si quiere revelar su *secreto* con su pareja, magnífico. Compartirán esa pequeña complicidad con gusto y quizá con excitación.
12. Si un día *se pone colorada* por algo, trate de externar los pensamientos que generaron el rubor.
13. Afirme sus preferencias sexuales, salga del clóset de una buena vez. Ejerza su derecho a ser quien es.
14. Haga una lista de cosas que lo hicieron sentir mal en el pasado y que nunca ha contado. Cuéntelas poco a poco a quien usted elija.
15. Elogie a alguien, exprese un sentimiento positivo, felicite, apoye, ofrezca disculpas por un error cometido, cuente que lo hizo.
16. ¿Ha querido ir a un campo nudista y no se ha atrevido? ¿Por temor a qué o a quién? ¡Vaya de una buena vez!
17. Someta sus creaciones (un texto, un cuadro, una foto, una escultura, una idea, su tesis, etc.) a una crítica seria y aprenda lo más posible de la experiencia. No deje pasar más tiempo, hágalo esta misma semana.
18. Atrévase a hacer invitaciones y aproximaciones francas a personas que le gusten: usted tiene todo el derecho a solicitar (no a exigir) y los demás tienen todo el derecho

a decir *sí* o *no*. Corra el riesgo del rechazo y expóngase: ya verá las felices sorpresas que le depara la realidad.

19. Cite, cada vez que pueda, aquella letrilla satírica de don Luis de Góngora: "Ándeme yo caliente / y ríase la gente".
20. Aprenda de memoria lo siguiente:
Ser feliz estando vivo: arder en el incensario.
Amar es verbo en activo: ser amado es secundario.
21. Explique la diferencia entre el amor maduro, activo, que goza al amar sin esperar respuesta, y el amor inmaduro, pasivo, que solo disfruta cuando recibe.

Para formarse mejor en este terreno, lea con cuidado la sección que sigue.

Una historia ejemplar

Dos hermanos, casado el uno y el otro soltero, compartían una granja cuyas fértiles tierras producían abundantes cosechas. Los hermanos se repartían el grano en partes iguales.

Un día el hermano casado comenzó a pensar: "Esto no es justo. Mi hermano es soltero y se lleva la mitad de la cosecha. Yo tengo mujer e hijos, de modo que cuando sea viejo tendré lo que necesite. En cambio, ¿quién cuidará de mi pobre hermano cuando llegue a viejo? Necesita ahorrar para el futuro porque su necesidad es mucho mayor que la mía". Pensando en eso, se levantaba de la cama por la noche y llevaba un costal de grano al granero de su hermano soltero.

Pero el soltero también comenzó a pensar: "Esto es una injusticia. Mi hermano tiene mujer e hijos y se lleva la mitad de nuestra cosecha. Yo no tengo que mantener a nadie. No está bien que mi pobre hermano reciba lo mismo cuando tiene más necesidad que yo". Y pensando en eso se levantaba por la noche y llevaba un costal de grano al granero de su hermano casado.

Un día se levantaron al mismo tiempo, tomaron su costal, se encaminaron al granero del otro y se encontraron en el camino.

Muchos años después, cuando ambos murieron, el hecho se divulgó. Cuando llegó el momento en que la aldea pudo levantar un templo, se escogió para erigirlo el lugar en el que los hermanos se habían encontrado. Todos estuvieron de acuerdo en que no habría en toda la aldea lugar más santo que aquel.

LECCIÓN 12

EL PERFECCIONISMO: UNA PERFECTA IDIOTEZ

Otra de las ineptitudes de la inepta cultura es su tenaz empeño en convencernos de otra peligrosa

Idea enemiga

La perfección es algo que los seres humanos pueden alcanzar si se esfuerzan lo suficiente, y el valor y la dignidad de las personas es directamente proporcional a dicho estado de perfección.

Una vez que tal creencia anida en nuestra mente, quedamos inficionados de un miedo estúpido y pernicioso: el miedo a cometer errores, a equivocarnos, a *regarla* (según la expresión mexicana). Pocas creencias hacen tanto daño y nos limitan tanto en nuestro desarrollo.

La creencia en el perfeccionismo como medida de la dignidad humana y el consecuente miedo a equivocarse son cosas que ocurren muy pronto en nuestras vidas, gracias, una vez más, al eficaz empeño y a la dedicación de nuestros padres, de nuestros maestros, de las personas significativas en nuestra cultura, desde luego con nuestra crédula participación. Esas amables personas, sin dudar que tal creencia es saludable, están perfectamente convencidas de que al instaurarla en nuestra mente infantil nos ayudan a crecer psicológicamente. ¡Oh, ingenuidad! Esa creencia absurda más temprano que tarde nos genera ansiedad, miedo, terror, sufrimiento, cobardía, inmovilidad, inseguridad, falta de iniciativa, incapacidad creadora, débil autoimagen, frustración, descontento con uno mismo, pobre autoconcepto, irritabilidad, furia, resentimiento, depresión. ¡Neurosis, pues! ¿Era eso lo que se proponían las personas que decían amarnos? Evidentemente no. ¿Por qué, entonces, obtuvieron eso? Porque la creencia es falsa, como a continuación lo demostraremos.

1. La Madre Naturaleza nos dio talentos y habilidades, pero los distribuyó de acuerdo con sus normas: la curva normal o campana de Gauss de la que hablamos al comentar la patraña del capítulo anterior. Así, estamos extraordinariamente bien dotados para algunas pocas actividades; extraordinariamente mal dotados para otras, y medianamente dotados para la mayoría. Pretender tener todos los talentos es una exigencia irracional que va en contra de las leyes naturales y es, por eso mismo, algo inalcanzable. Quien lo pretenda estará entrando con el pie derecho al sendero de las frustraciones. ¡Y luego se lamentará de lo que él mismo eligió!
2. La cantidad de actividades humanas es tal en nuestro mundo que no alcanzarían 1 000 vidas para dominar, con niveles de excelencia, las ciencias, las artes, la filosofía, los deportes, los espectáculos, las finanzas, etc. Todas demandan tiempo de aprendizaje y práctica. ¿Cuántas horas dedica el novelista a su labor? ¿Cuántas el concertista o la bailarina? ¿Cuántas el financiero o el deportista? Para alcanzar los niveles de ejecución en que se mueven es necesario que le dediquen la vida a ello. Así, podremos ser muy buenos en una o en algunas escasas disciplinas, pero para las demás, sencillamente *por razones de tiempo*, solo alcanzaremos un conocimiento superficial, vago o nulo.
3. ¿Conoce usted a alguien que sea al mismo tiempo un gran poeta, un gran científico, un gran filósofo, un gran lanzador

de bala, un gran violinista, un gran luchador enmascarado, un gran dirigente, un gran tenor, un gran barítono, un gran bajo, un gran actor y, además, *Miss* o *Mister* Universo? La perfección no existe entre los humanos, pretender alcanzarla es empecinarse en escribir con tinta sobre las aguas del río.

4. Las personas aterrorizadas por la posibilidad de fallar esconden un sentimiento de minusvalía porque confunden su *ser* con su *hacer*, su *persona* con sus *actos*, su *YO* con sus *yocitos*. Pero, como lo tenemos perfectamente claro desde que revisamos esa confusión páginas atrás (véase Lección 8: "La tendencia a condenar"), una persona es mucho más que sus actos; el *ser* permite *hacer* cosas diversas y contradictorias, y el *YO* no es lo mismo que los *yocitos*.
5. Si en la carrera de los 100 metros planos usted me gana al menos por tres segundos en competencias repetidas, ¿qué significa? ¿Que es usted un *ser humano* mejor que yo o tan solo que *corre* usted más rápido? ¿Quiere decir que es usted *más veloz* o que *vale* más que yo? Es obvio: la competencia demostró que usted corre más rápido. Nada más. Eso fue lo que medimos con una medida objetiva. Pero no hay medidas objetivas para evaluar el *YO*, la Persona, el Ser. Y lo que dijimos sobre la carrera de velocidad lo podemos extender a cualquiera de las otras áreas del funcionamiento humano: inteligencia, sensibilidad, conocimiento, preparación, dones, habilidades. Ser más hábil, más conocedor, más sensible, más inteligente, significa eso: no tiene, salvo por definición arbitraria, infantil, *caprichosa*, nada que ver con la tarea imposible de evaluar la complejidad de un *ser humano*.
6. El que teme al error retrasa su aprendizaje. Mientras más dispuestos estemos a cometer errores y a aprender de ellos, aprenderemos más rápido a conducir un automóvil, un tráiler de 32 ruedas, un ferrocarril, un avión o una nave espacial; a manejar una computadora, a dominar un

idioma, un deporte, una ciencia, un método, o lo que sea. Mientras más temor genere la posibilidad de equivocarnos, más energía perderemos y más nos tardaremos en dominar la habilidad de que se trate.

7. Hay cosas que lograremos con esfuerzo disciplinado, es cierto; sin embargo, entendámoslo de una vez: hay cosas que no podremos hacer con perfección, **aunque pongamos todo el esfuerzo y toda la energía de la que dispongamos por el resto de nuestras vidas.** Si no tenemos una estatura muy superior al promedio, nos resultará imposible disputar el campeonato mundial de box de peso completo o jugar en las ligas mayores del baloncesto profesional. Del mismo modo, hay actividades para cuyo rendimiento es necesario comenzar el entrenamiento a una edad temprana. Si no pudimos hacerlo a su tiempo, nos resultará francamente difícil rendir como un virtuoso. Desde luego que esto no impedirá que disfrutemos al máximo de practicar cualquier actividad y, al final de cuentas de eso se trata: de aumentar el goce de nuestra vida, algo que podremos hacer sin que importe mayormente ganar o perder. Y eso se logra con más facilidad cuando dejamos de demandar infantilmente a la naturaleza cosas que no está en ella dar.
8. Vale la pena recordar que hay *victorias pírricas*. ¿Recuerda esa expresión? Muchos la han leído u oído pero no todos tienen claro su origen. Recordémoslo: el gran historiador griego Plutarco dedicó una de sus *Vidas paralelas* a Pirro y Mario. Cuenta ahí que Pirro, rey de Epiro, derrotó a los romanos en Asculum en el año 280 a. C., pero a costa de tantas bajas en su propio ejército que, cuando lo felicitaron por el triunfo, respondió con estas palabras: "Otra victoria de estas y estaremos arruinados". La anécdota ilustra muy bien los denodados esfuerzos del perfeccionista que, empeñado en alcanzar triunfos menores, deja el alma embarrada en el empedrado: sacrifica su salud, su familia, su bienestar emocional, su buen nombre, sus bienes

materiales, su tranquilidad, en la persecución de algo imposible de lograr. ¿No es eso una victoria pírrica en su más clara expresión?

9. La gente que busca ingenuamente la perfección (en el peso, en la salud, en la apariencia, en la administración de sus finanzas, etc.) se priva de placeres pensando que "ya vendrá el tiempo para ellos". Un tiempo que, si llega, llega tarde: cuando ya no se puede comer y beber a gusto porque las personas ya son cardiacas, hipertensas, diabéticas, gotosas o, simplemente, sus dientes ya perdieron fuerza o su olfato y su gusto ya están deteriorados. Uno de mis pacientes vino a terapia motivado por una frase burlona de un amigo que le dijo: "Te has esforzado tanto y te has privado de tanto que no me queda más que admirar tus cualidades de gran suegro: todo lo que has logrado con tus sacrificios será disfrutado por tus yernos...".
10. Los psicoterapeutas cognitivo-conductuales resaltan una enseñanza generosa: cometer errores no solo *no es terrible*; es algo *absolutamente deseable, útil, formador.* Es algo hermoso y digno de agradecimiento. Nuestros logros en el conocimiento de la naturaleza y en nuestra capacidad para adaptarnos y sobrevivir han sido posibles *gracias a nuestros errores y al aprendizaje que hemos derivado de ellos.*
11. La tendencia al perfeccionismo impide a las personas beneficiarse del trabajo en grupo. Puesto que quieren tener siempre la razón y consideran a los demás incapaces y flojos, no se dan cuenta de una incapacidad suya: son incapaces de delegar. En el pecado les va la penitencia: tienen que trabajar el doble o el triple.
12. Es casi obvio, pero a veces hay obviedades que, de tan cercanas, no alcanzamos a ver: para vivir en un mundo complejo como el que entre todos hemos forjado, tenemos tantas cosas que aprender que sería materialmente imposible aprenderlas una por una, con ayuda de un guía o de un maestro. Por eso, la generosa Madre Naturaleza

puso en nosotros la capacidad de aprender por nuestra cuenta mediante el proceso autocorrectivo del ensayo y el error. Así nacieron y se desarrollaron las ciencias y sus hijas, las tecnologías. Así aprendimos a distinguir entre los venenos y los alimentos, a protegernos del frío y del calor, a construir casas y edificios, a comunicarnos con sonidos primero, y con signos después; así dilucidamos y pudimos leer los glifos de la escritura maya, babilónica o egipcia; así desciframos después el código genético; así aprendimos a tender puentes sobre los ríos y sobre los abismos, a navegar, a volar, a explorar primero tierras ignotas y luego el espacio exterior, a calcular el tiempo, a dominar la energía, a conocer la tierra, el fuego, el aire y las aguas, y también a fabricar cosas útiles y cosas deliciosas: los buenos vinos, los perfumes, el café, los manjares suculentos y el pan. Gracias al bendito error, y a nuestra capacidad para su corrección ulterior, hemos aprendido todo lo que sabemos. Por todo eso, bienvenido sea el bondadoso error. Agradezcamos sus enseñanzas: mientras más errores cometamos ahora, más crecerá nuestro conocimiento, más mejorarán nuestras habilidades, mayor será nuestra eficacia para el manejo de las cosas del mundo.

Algunos ejemplos clínicos

El señor Vázquez ha hecho *un infierno* en su casa. Es tan perfeccionista en sus demandas "que ya nadie lo soporta". Su esposa reportó lo siguiente: "Siempre anda de puntilloso con la forma en que se *debe* barrer, sacudir, aspirar o lavar los platos... tanto que no hay sirvienta que nos aguante. Lo mismo hace con mi forma de vestir y con los comportamientos de todos en la mesa. Siempre nos está corrigiendo. Cuando vamos a tener visitas, es un tormento para todos porque cuida hasta el más mínimo detalle. En lugar de disfrutar de la reunión todos nos ponemos tensos y angustiados".

Ana Luisa sentía el teatro como su vocación vital. Renunció a ello a los 22 años ante los primeros brotes de *pánico escénico*, al comenzar los ensayos para una primera obra profesional. La raíz de su temor era, por supuesto, la creencia en que *no debería* cometer errores y que *sería terrible* si tal cosa sucediera en una obra en la que *arruinaría* el trabajo de todo el equipo. *No podría soportar* que eso sucediera porque sería la confirmación de su falta absoluta de valor como ser humano: "Si no puedo hacer bien aquello para lo que estoy llamada, entonces ¿qué sentido tiene intentarlo?".

"Soy un mediocre: saqué 9.4 en ese maldito examen y yo me había propuesto no bajar de 9.5". Eso se decía cierto paciente durante su vida estudiantil. Y sufría y rechinaba los dientes mientras el resto de sus compañeros disfrutaba de sus nueves, de sus ochos o incluso de haber pasado el examen con seis. Era ya, desde entonces, víctima de la ansiedad. Sus malestares digestivos culminaron en úlcera y lo tuvieron al borde de la muerte hace unos tres años. Eso lo trajo a terapia. Nunca se había decidido antes porque no confiaba en las calificaciones de sus probables terapeutas. Esa desconfianza era otra obvia señal de su perfeccionismo.

La señorita Hernández trabaja el triple en su labor como editora. "Es mi trabajo —dice— y no me puedo arriesgar a que un libro salga con erratas". Le cuesta mucho confiar en sus subordinados, de modo que lee y relee el material que ya revisaron los correctores que trabajan para ella. "Y siempre encuentro erratas que a ellos se les fueron... son unos incapaces". Su extremo perfeccionismo le quita horas de placer y de sueño y le genera una innumerable serie de afecciones. "Y lo peor de todo es que, cuando pasa el tiempo, termino hallando errores en lo que, según yo, ya iba perfecto".

Héctor se avergonzaba (pero nunca lo confesaba) cada vez que no sabía algo. Se avergonzaba tanto que se ponía a inventar respuestas con tal de no reconocer sus fallas. Cuando terminó la carrera y comenzó a dar clases, su sufrimiento aumentó. La actividad docente le gustaba, pero se sentía muy mal cuando no sabía algo, y muy culpable cuando armaba respuestas artificiosas. Su conflicto consigo mismo lo trajo a terapia. Pronto descubrimos que el error era generalizado. No solo se creía obligado a saber cosas de su profesión: también se exigía ser experto en todas las demás áreas del conocimiento humano. Era un ejemplo enfermizo de "fascista intelectual" (el que cree que vale más por sus ideas o por lo que sabe). Desde luego, su desdén hacia los *ignorantes* era total y siempre andaba con el dedito levantado tratando de dar clases a quien se dejara.

Hacia una visión madura del error humano

1. *Comience por aceptar que su deseo de perfección no concuerda con la realidad.* No dudo que le gustaría hacer todo perfectamente y ser un dios. Ese es un deseo. Pero la realidad se le presenta a diario con todo su poder. ¿Se ha dado cuenta de que hay cosas que le salen muy fácilmente? ¿Ha notado que otras le cuestan un poco más de trabajo y que para otras parece naturalmente negado? Si se lo propone, puede mejorar en todas, pero acéptelo de una vez: **la perfección no existe, no está entre las posibilidades humanas, no es algo alcanzable ni física ni psicológicamente.** Hay diferencias entre las habilidades mediadas por los hemisferios derecho e izquierdo del cerebro. Hay diferencias en la memoria, en la capacidad para imaginar y en las habilidades de pensamiento. No todo el mundo es Homero u Ovidio, Hegel o Kant, Shakespeare o Cervantes, Leonardo o Miguel Ángel, Mozart o Vivaldi. ¡Y no habría uno solo, ni siquiera entre ellos, que hubiera podido dominar lo que *todos* los otros dominaban!
2. *Nadie tiene aptitudes e intereses para todo.* A José le interesa la neurocirugía, pero su pulso es malo. Antonio, en cambio, tiene un pulso excelente, pero sus intereses van hacia la escultura y no a la neurocirugía. Aquel *graffiti* del 68

francés: "Sed realistas: exigid lo imposible", nos sonó bien como lema generacional, pero ¿qué tanto le sirve realmente a la sociedad a la que pretendemos servir que nos mantengamos en una perpetua adolescencia?

3. Admitamos el hecho de que algunas personas están extraordinariamente mejor dotadas que el promedio para hacer muchas cosas. Muy bien, felicitémoslas. Tienen el don o el talento necesario para ello. Pero el hecho real es que desarrollar esos talentos requiere tiempo, y para las ejecuciones de excelencia se requiere más tiempo aún. Y el día solo tiene 24 horas. Y los seres humanos se cansan y necesitan descansar. Y necesitan transportarse. Y alimentarse. Y para que funcionen sanamente también necesitan hacer ejercicio físico y asearse. Y dormir y orinar y defecar. Y, a veces, también necesitan reflexionar y meditar: detener el flujo del pensamiento analítico. ¿Cuánto tiempo consumen estas actividades naturales? A usted, ¿cuánto tiempo le quedará para el desarrollo de sus talentos y la adquisición de las habilidades que le interesan? ¿Le dará tiempo de hacer *todo* lo que quiere *con perfección*? Conteste sinceramente. No se quede callado. No se mienta a sí mismo.
4. *No valdrá menos si comete un error.* En todo caso aumentará su experiencia del mundo, sabrá más, tendrá menos posibilidad de fallar en lo que ahora se equivocó. Eso le hará sentirse más a gusto aprendiendo, dominando nuevas habilidades. Eso no lo hará un ser humano *más valioso*: lo hará un ser humano *más feliz*.
5. Esforzarse por mejorar nuestras realizaciones es un deseo legítimo. Nos llena de energía y nos mantiene en acción. Pero **podemos sufrir gratuitamente si prestamos más atención al resultado que al proceso**. Lo importante es disfrutar del proceso: lo demás vendrá por añadidura.
6. Hacer bien las cosas nos da satisfacción. Si es así, gocemos de esa satisfacción. Pero no la echemos a perder con

la tonta creencia de que porque hicimos algo muy bien valemos más que los que, esta vez, no lo hicieron tan bien como nosotros. Si admitimos ese pensamiento absurdo, nos encadenamos a su consecuencia: ¿hasta cuándo seremos *igual de valiosos*? ¿Cuándo aparecerá alguien que nos supere en la ejecución y, por lo tanto, en el valor como ser humano? ¿Hasta cuándo podré mantenerme como un ser humano *de primera categoría* para pasar a ser uno de segunda, de tercera, de cuarta, etc.? Detenga ese pensamiento falaz de una vez por todas y arrójelo por la alcantarilla más cercana. **Juzgue sus actos y califíquelos, si quiere. Pero no se juzgue ni se califique usted a partir de sus actos.**

7. *¿Quiere vivir? Dispóngase a hacerlo: dispóngase a cometer errores.* Salvo unas cuantas cosas muy sencillas, la adquisición de habilidades conlleva la posibilidad del error. *Si le teme a fallar, logrará pocas cosas*: aquellas que el azar quiera regalarle. Nada más. El azar puede ser generoso a veces, pero es más caprichoso que el pensamiento irracional.
8. Deje de afirmar el absurdo de que *no soporta* cometer errores. Mírese, tóquese, óigase respirar, pálpese la zona genital, acuérdese de sus últimos placeres visuales, auditivos, táctiles, gustativos, olfativos, sexuales. ¿Se da cuenta? ¡Está usted vivo! Eso quiere decir que *ya soportó* todos los errores que ha cometido desde que nació hasta el día de hoy. No se murió, luego ya los soportó. Ya toleró, ya aguantó sus equivocaciones. Y hasta se benefició de ellas. Pero, mientras las soportaba, se veía a sí mismo como una víctima indefensa: *se decía que no podía soportar lo que estaba soportando.* Véalo objetivamente: se decía una gran mentira. Y no solo se mentía, sino que esa mentira le hacía sentirse muy mal. ¿No le parece absurdo decirse mentiras para sentirse mal? ¿Le parece algo lógico? Deje de hacerlo. Afírmese en la realidad. Dígase cotidianamente algo como: **puedo soportar perfectamente mis errores**

y hasta beneficiarme de ellos. Podrán ser lamentables, pero no fueron letales. La mejor prueba de que no lo fueron es que estoy vivo.

9. Si quiere insistir en que su dignidad depende de qué tan bien haga las cosas, déjese ir por un tiempo con ese pensamiento absurdo. No se lo recomiendo, pero como usted es el dueño de su pensamiento, admita, si quiere, la idea torcida. Déjela anidar en su cabeza y permítale crecer. Crea firmemente en que su valor depende de qué tan perfectamente haga las cosas. Luego degrádese hasta donde quiera: bájese de categoría humana con cada error que cometa. Recuerde que es su decisión: no se ande quejando después.
10. Pretender ser perfecto es una perfecta idiotez.
11. Para castigarnos por nuestro miedo al error tenemos que padecer, además de nuestro fracaso, el éxito de los otros: los que no tienen miedo a equivocarse.
12. Concédase permiso de no ser todo el tiempo *el mejor*.
13. No sea fascista con los demás ni sea fascista con usted mismo: perdone los errores ajenos y las imperfecciones propias. ¿Que no piensan como usted? Respete su derecho a no ser *tan perfectos*. Saque de su cabeza el pequeño dictador que todos llevamos dentro: su *Stalincito*, su *Hitlercito*, su *Pol Potito*, su *Pinochetín*, su *Fidelito*, su .... Escriba en la línea punteada el nombre de su tirano favorito.
14. El perfeccionismo estuvo a punto de dejar a los romanos sin su epopeya nacional, la *Eneida*, y a mí, uno de sus tantos lectores, sin uno de mis grandes placeres. Virgilio, su autor, ordenó que la obra fuese quemada porque no había tenido tiempo de pulirla. El emperador Augusto impidió que la voluntad irracional del gran poeta fuese cumplida.
15. Sopese esta verdad poética que me enorgullece haber acuñado: *Regándola... crece la planta*.

Acciones para desarraigar el perfeccionismo

Recuérdelo: cambiar el pensamiento es el primer paso, pero a veces no basta. He aquí una serie de *actos observables, acciones musculares*, que pueden ayudar a la gente a liberarse del perfeccionismo y a desafiar, destruir, deshacer, la creencia irracional de que la perfección es un estado que los humanos podemos alcanzar y que el valor o la dignidad de una persona es directamente proporcional a dicho estado de perfección. Léalos cuidadosamente y cada vez que logre realizar alguno de ellos, no olvide anotarlo en su diario de terapia como un éxito significativo.

1. Haga una lista de cosas que le gustaría dominar, pero que dejó de hacer o no ha iniciado por temor a equivocarse: tocar el piano, redactar, hablar otro idioma, practicar un deporte, jugar ajedrez, cantar, etc. Escoja tres de esas actividades y comience su aprendizaje. Hágalo durante al menos seis meses y evalúe luego el nivel de dominio y el placer que le otorgan.
2. ¿Cuáles han sido los 10 errores más grandes de su vida? ¿Qué aprendió de ellos? No solo los repase mentalmente: ¡escríbalos ahora! No para avergonzarse ni para regañarse inútilmente, sino para perdonarse pronto.
3. Haga una lista de las habilidades que aún le falta dominar para mejorar su práctica profesional.
4. En la vida estudiantil: pregunte, participe, exponga en clase. En la vida académica: presente trabajos en revistas, congresos, reuniones de su especialidad. En la vida laboral: presente iniciativas, defienda sus puntos de vista, corra riesgos.
5. Escriba una lista de las ventajas que tiene el cometer errores.
6. Practique a solas un baile que no domine y dance la próxima vez que oiga música: suéltese, dele permiso a su cuerpo y déjese ir con el torrente maravilloso de las notas: goce del movimiento sin importar cómo lo está haciendo.

7. Cante en grupo o a solas y disfrútelo: no importa cómo lo haga.
8. Pregunte cosas que no sepa: no es su obligación saberlo todo.
9. ¿Le da a veces por creerse perfecto y superior a los otros? Diga cuántas lenguas habla y qué grado de dominio tiene de ellas: compare las que domina con el número total de lenguas que se hablan en el planeta (alrededor de siete mil). ¿Quiere dominarlas todas en esta única vida de la que dispone?
10. Aprenda a decir *No sé*: reconozca cuando no sabe algo. Dígalo y comience a enorgullecerse de su racionalidad.
11. En cuanto tenga oportunidad, hable con quien quiera oírlo sobre lo destructivo del perfeccionismo.
12. Pregunte cómo se escribe o cómo se pronuncia una palabra en su propio idioma o en otro.
13. Haga una lista de palabras que pronunciaba mal en el pasado: de una lengua extranjera o de su propia lengua.
14. Pregunte algo a alguien que se supone que sabe menos.
15. Haga por escrito un ejercicio de *intención paradójica* como el que le sugerimos en la sección anterior: por cada defecto en que se atrape, por cada cosa que no sepa, por cada error que cometa (aunque sea mínimo: de ortografía, de dicción, de ciencia, de deportes, de cocina, de mecánica, etc.), juegue a *degradarse* como ser humano durante toda una semana: "Soy un ciudadano de segunda, de tercera, de cuarta, de quinta categoría...". Vea hasta dónde llega. Analice lo absurdo de la *degradación* y ríase un poco. Luego perdónese y vaya por la vida propagando la noción latina *Errare humanum est*.
16. Cada vez que la situación lo amerite, cite mi frase con voz claramente audible: "Regándola... crece la planta".
17. Use con más frecuencia la frase: "No te preocupes, nadie es perfecto, todos nos equivocamos a veces".

18. Cuando le cuenten un grave error de alguien, en vez de burlarse pregunte algo como: "¿Qué podríamos hacer para ayudarlo?".
19. Si alguien está sufriendo por algún error cometido, ayúdelo a distinguir entre su acto y su persona.
20. La próxima vez que cometa un error, diga en voz alta: "¡Qué lástima! ¡Una vez más acabo de demostrar que no soy un dios!".

Una historia ejemplar

Había una vez un hombre tan perfecto que un día logró reproducirse a sí mismo con tal perfección, que al ver su obra sonrió satisfecho e hizo otra copia igualmente perfecta. Y luego otra y otra más hasta completar 11 copias. Cuando la Muerte vino a buscarlo, no supo distinguir cuál era el original, de modo que regresó sin nadie a su morada en el Más Allá. Pero como conocía a fondo la naturaleza de los seres humanos regresó al día siguiente. Reunió a los 12 personajes iguales y les dijo:

—Reconozco que el autor ha hecho un trabajo admirable, casi perfecto, pero debo decir que en uno de ustedes he descubierto un pequeño defecto. Es un error pequeño, ciertamente, pero es un error después de todo...

—¡Eso no es cierto! —Saltó el autor de las copias, lleno de indignación—. ¿A qué defecto te refieres?

—A este... —dijo la Muerte sonriendo, mientras lo tomaba por el brazo y lo llevaba a su reino.

... y otra más

Un gran alboroto en el monasterio sorprendió al gurú. El causante era uno de sus discípulos, que, al ser interrogado sobre la causa del escándalo, respondió: "Ha venido a visitarte un grupo de intelectuales y yo les dije que tú no desperdiciarías tu precioso tiempo hablando con personas que tienen la cabeza llena de ideas y de autores, pero vacía de sabiduría. Les dije que personas así, con su engreimiento, originan los dogmas y las divisiones entre la gente".

El gurú sonrió y dijo: "Eso es muy cierto, pero... ¿no es engreimiento el creerse diferente de ellos? ¿No será ese engreimiento la causa de esta división y este escándalo?".

LECCIÓN 13

TOLERANCIA A LA FRUSTRACIÓN Y MADUREZ HUMANA

La madurez humana es directamente proporcional a la capacidad para tolerar la frustración. Sí, directamente proporcional: **a mayor capacidad de tolerancia a la frustración, mayor madurez psicológica; a menor capacidad de aguantar que las cosas no salgan como lo hubiéramos deseado, menor madurez psicológica**. Un niño pequeño tiene, explicablemente, una menor capacidad para resistir los acontecimientos frustrantes. No es extraño. Lo extraño es que un adulto reaccione ante la frustración como cuando tenía 4 años. Es esperable que un niño de esa edad berree cuando no le compran una paleta, pero no lo es tanto que un adulto de inteligencia normal haga berrinche porque la realidad no es como quisiera: porque se enfermó, porque se le olvidó algo, porque cometió un error, porque fue criticado, ¡porque no aguantó una frustración! Aunque sorprenda, esto último es común: la gente se molesta porque reaccionó infantilmente ante algo que no le gustó: ¡se enoja porque se frustró a sí mismo! Hay quien se rinde ante las frustraciones y deja de perseguir sus objetivos. Hay quien llora, maldice, se deprime, mata, se mata. O trata de hacerlo... Todos ellos son víctimas de una estructura de pensamiento irracional que la psicoterapia racional-emotiva ha identificado y que puede expresarse así:

Idea enemiga

Es terrible, horrendo y catastrófico que las cosas no salgan de la manera en que uno esperaba.

Esta creencia es por demás irracional, entre otras cosas porque:

1. Aunque es desagradable o inconveniente, o doloroso, o desafortunado, no obtener lo que esperamos, *nunca* es horrible ni catastrófico. Calificar algo como terrible o catastrófico es un juicio de valor, y *todos los juicios de valor son subjetivos*, es decir, dependen del sujeto que los formula. Por definición, *no están en la realidad*: ¡están en la cabeza del sujeto que juzga! Así, nada es terrible a menos que uno *lo crea* así. Analizado objetivamente, lo terrible, lo monstruoso, lo horrible, lo horrendo, lo catastrófico es aquello que es más que lo superlativo de lo malo, más que lo *malísimo*: aquello que es más que cien por ciento malo. Y eso no existe en la realidad objetiva puesto que siempre es posible la ocurrencia de algo peor mientras haya vida. Luego, objetivamente, lo terrible, lo horrible, lo catastrófico, lo que es peor que la muerte o que la desaparición de la especie humana sobre el planeta simplemente no existe más que en nuestra imaginación. Es una *concepción*, es una *imagen*, es una *creencia*, y los conceptos, las imágenes y las creencias están en nuestra cabeza, no en la realidad (véase la Lección 6: "La tendencia a magnificar la realidad").
2. Los niños tienen más dificultad para soportar las frustraciones, pero de todos modos las soportan mientras la realidad no acabe con su vida. Digamos que, dada la inmadurez natural de su pensamiento, están más a merced de su ambiente físico y social. Les cuesta más trabajo entender que, si ahora son frustrados, la frustración no durará para siempre. Un adulto, en cambio, puede darse cuenta de que muchas de las frustraciones son solo temporales, sabe que después de la noche sigue la mañana y que después del invierno viene la primavera. No se puede esperar que una rata o un mono se comporten filosóficamente ante los acontecimientos frustrantes, porque no está en su naturaleza lograrlo. Tampoco puede hacerlo un niño recién

nacido, pero a medida que crece podrá lograrlo cada vez con más facilidad... a menos que se le enseñe que no puede y que *él no cuestione la enseñanza*. Cuando alcance su condición de adulto, mientras más inteligente sea, más capaz será de reflexionar, pensar, procesar y reprocesar los acontecimientos frustrantes de la realidad y desarrollar formas creadoras para enfrentar las adversidades. ¡Y mientras más pronto comience, mejor para él!

3. Caer en la indefensión ante las frustraciones cumple el requisito definitorio de la neurosis: su condición autoderrotista. Esto quiere decir que nos lleva a lograr *lo que no queremos*. Mientras más infelices nos hacemos a nosotros mismos por las frustraciones, menos eficaces somos para eliminarlas o para disminuir sus efectos perniciosos. Mientras más lloremos culpando a nuestra *maldita y perra* suerte por las desventuras con que nos martiriza, más tiempo pasaremos pegados a tales desventuras: lamiéndonos las heridas mientras gemimos lastimeramente. Mientras más sufrimiento sintamos, más parálisis... y menos acción eficaz habrá para intentar cambiar lo que nos molesta.
4. Hay frustraciones inevitables como la muerte de personas amadas. ¿Qué pueden hacer nuestra ira o nuestra tristeza ante la muerte? Nada. Absolutamente nada. Demandar a la naturaleza que las personas queridas *no deberían morir* es una exigencia infantil, ingenua, inocente, irracional, neurótica. El hecho es que la gente muere de modo inevitable y, nos guste o no, morirán otros y moriremos nosotros. Lo dijo insuperablemente el gran Homero: "Igual que las generaciones de las hojas son las generaciones de los hombres". Imaginemos una gran hojarasca y pensemos en todas las hojas que cada año caen de los árboles. Así son las generaciones de los hombres: tanto el lector de estas líneas como yo que las tecleo estaremos perfectamente muertos dentro de un siglo... o mucho menos en mi caso. ¿No es así? ¿Por qué resulta tan difícil aceptar un hecho

tan sencillo? ¿Por qué tanta alharaca ante un hecho natural? Mientras más pronto aceptemos el hecho de que el nacimiento produce la vida y la vida produce la muerte, más pronto estaremos reaccionando ante ello con madurez y con entereza de adulto, y no con los lloriqueos y pataletas del niño caprichoso. Cuando logramos aceptar la muerte, comenzamos a vivir plenamente, empezamos a chuparle el tuétano a la vida.

5. Ocurrirán acontecimientos naturales, como las enfermedades, las epidemias, las sequías, los incendios, los tornados, los ciclones, los maremotos, las inundaciones, los terremotos, o hechos sociales como la guerra, el exilio, la cárcel, la contaminación del agua y del aire, o hechos conductuales como el crimen, el robo, el fraude, la traición, la mentira, la injusticia. No nos gustan, es cierto, pero no desaparecerán *solo porque no nos gustan.* Mientras más pronto aceptemos su existencia, más pronto estaremos en acción para disminuir su probabilidad de ocurrencia o para paliar sus efectos dolorosos. Tenemos más capacidad para actuar contra los hechos sociales indeseables que contra los hechos naturales. Pero aun los sociales son difíciles de cambiar: requieren acción de grupo, organización, negociación, acuerdo, movilización de voluntades, etc. ¡Nuestra molestia no basta! No podemos hacer mucho para impedir las guerras en el mundo, pero es privilegio humano elegir cómo reaccionaremos ante los acontecimientos indeseables.
6. En los años cuarenta se popularizó la hipótesis de que la agresión es una reacción a la frustración: un perro, un mono o una rata son condicionados en el laboratorio a emitir una respuesta determinada, tras de la cual reciben una mínima dosis de alimento. Después de un tiempo, por lo general breve, el organismo aprende la conducta y la lleva a cabo con facilidad. ¿Pero qué sucede si, una vez adquirida la conducta, el organismo deja de recibir comida?

Al principio su conducta aumenta y este incremento va acompañado de respuestas emocionales del tipo de la ira. Sí, eso pasa: el organismo emite la respuesta con más fuerza, pero también muerde y rasguña el *operandum* o el comedero de su cámara. Si hay otro organismo cerca, puede atacarlo violentamente. De resultados como este surgió la creencia de que la frustración conduce a la agresión. La gente se encargó de extrapolar acríticamente este resultado a los asuntos humanos. *Acríticamente* porque, aunque es cierto que eso ocurre en organismos inferiores, *no es necesariamente cierto en los seres humanos*. Los humanos no somos ratas, ni perros, ni monos. A esos organismos no les podemos pedir que se pongan filosóficos y citen a Epicteto, Sócrates, Buda o Schopenhauer porque, ya lo dijimos, no está en su condición hacerlo; son lo que son: ratas, perros, monos, gatos. Pero nosotros no somos gatos, perros, monos ni ratas ¡aunque a veces nos comportemos así cuando no nos atienden de inmediato o cuando no somos tratados como creemos merecerlo! Nosotros, a diferencia de los organismos inferiores, tenemos el don inmenso de pensar acerca de la realidad, pero también pensamos acerca de nosotros mismos, y somos capaces de pensar sobre nuestro propio pensamiento acerca de la realidad y de nosotros mismos. Tenemos *conciencia* y, con un poco de entrenamiento, podemos dejar de comportarnos de maneras perrunas, gatunas o ratoniles y asumir comportamientos de seres humanos adultos y *conscientes*. Podemos aprender a procesar nuestras frustraciones y a comportarnos maduramente ante ellas. Lo hizo Sócrates ante la muerte, Epicteto y Séneca ante las desventuras, Tomás Alva Edison ante el incendio de sus laboratorios, san Francisco de Asís ante la pobreza. Y millones de nosotros lo hemos hecho y lo hacemos diariamente ante millones de situaciones que no siempre salen como nos hubiera gustado. Y podríamos hacerlo muchas veces más si tomamos *conciencia* de que no somos perros, monos, gatos, ratas... ¡y de que solo los humanos podemos actuar filosóficamente ante las frustraciones!

7. La frustración no es una emoción. Tampoco es un pensamiento o una cognición. La frustración *es una cosa del ambiente*. El ambiente nos da algo que no queríamos o no nos da algo que queríamos. Si es algo del ambiente (A) entonces no tiene poder directo para producir cambios emocionales (C). Como está más que claro a estas alturas, las consecuencias emocionales no son producidas por A, sino por B: el buen pensamiento o la basura cognoscitiva con que interpretamos la realidad. Según sea el nivel de solidez de nuestro pensamiento, así será como desarrollaremos una mala, mediana, buena o muy buena capacidad para tolerar la frustración. Y, recuerde cómo comenzamos este capítulo: **a mayor capacidad de tolerancia a la frustración, mayor madurez humana.**
8. Su pensamiento ante la frustración puede generar furia. La furia tiende a generar agresión. La agresión o el castigo pueden corregir rápidamente una conducta indeseable, pero su efecto dura poco. El uso del castigo tiene consecuencias lamentables a mediano y largo plazo: genera ansiedad en quien lo recibe, solo funciona en presencia del agente castigador, y cuando este no está presente, la conducta puede reaparecer con más fuerza. Mientras más se enfurezca y agreda a quien lo frustró, más animadversión y deseos de venganza generará... o más miedo y menos deseos de estar cerca de usted. En resumen, sus desventajas son mayores que sus ventajas. **Resistir la frustración y buscar soluciones con la corteza cerebral y el lóbulo frontal y no con el cerebro reptil es el mejor camino**. La forma más primitiva del cerebro es el cerebro reptil: a partir de él se desarrollaron las capas sucesivas de esta especie de lechuga prodigiosa que es el cerebro humano actual. Las reacciones primarias son mediadas

por el cerebro reptil y funcionan en circunstancias de vida o muerte. Para el resto de actividades humanas en que la vida no está en peligro, es de suma importancia avanzar en el uso del cerebro más evolucionado. A eso lo estamos invitando con esta lectura.

El caso de Miguel Ángel

Miguel Ángel, de 20 años, estudia el segundo semestre de la carrera de Economía en una gran universidad pública. Ha iniciado un proceso de psicoterapia presionado por sus padres. De hecho, fue su madre la que llamó para concertar cita. Como es mi costumbre en estos casos, doy la información pertinente a quien lo solicita, pero insisto en que sea el propio paciente quien llame para acordar su primera sesión: es importante que desde el principio se haga responsable de su proceso terapéutico. ¿Por qué los padres de Miguel Ángel estaban tan interesados en el bienestar de su hijo?

> Porque parece un niño chiquito —dijo la madre—. Por todo se molesta. No es normal que a su edad haga las cosas que hace. Insistió en aprender a tocar la guitarra y lo dejó después de sus primeras clases porque no le salía un ejercicio. Lo oía practicar en su cuarto y de repente se ponía a dar gritos y a manotear sobre las cuerdas. Un día rompió una de ellas y ya no quiso volver a clases. Ahí está la guitarra empolvándose. Le pasó lo mismo con el futbol americano. Un día se peleó con su *coach* y dijo que ya no quería saber nada *de esos imbéciles*. Pero la última fue que le dio un manazo a su computadora y la descompuso. Nos la había estado pidiendo desde hacía varios meses y se molestaba porque no se la comprábamos rápido. Finalmente se la compramos y se la regalamos en su cumpleaños número veinte. Después de nueve días exactos (eso fue todo lo que le duró el gusto), se enfureció porque no podía hacer algo o no dominaba alguna función y no sé bien si la tiró al suelo o le dio un

> puñetazo. El caso es que la descompuso. Nosotros no estábamos, pero la sirvienta nos dijo que había estado llorando mucho rato en su cuarto. Esa noche nos pidió perdón y se comprometió a que ya no volvería a hacer cosas como esas, que ya maduraría y todo eso. Pero yo le dije a mi marido que había que hacer algo más firme, y decidimos que entrara a terapia. Él ya aceptó. Ahora le diré que le llame, a ver si no se enoja. Le diré que lo haga hoy en la tarde.

Hasta aquí la mamá. Miguel Ángel me llamó dos días después y concertamos cita. Al final de su primera entrevista de evaluación diagnóstica me contó que cuando su mamá le dijo que él tenía que solicitar su cita conmigo, se volvió a enojar. Su madre le dijo que así funcionaba yo, que no se enojara con ella. Que recordara su propósito de cambio. "Pero solo le pude llamar hasta que se me bajó el coraje".

En su evaluación nos encontramos un nivel exacerbado de neuroticismo *(grado de predisposición a los trastornos neuróticos)*: 59 en el Cuestionario de Personalidad de Willoughby: 39 puntos arriba del nivel deseable, sustentado en un nivel igualmente elevado de ideación irracional (63 en el Inventario de Valores Autoderrotistas, de mi autoría). Su ideación irracional parecía concentrarse en su baja tolerancia a la frustración. Debido a esto, se metía en dificultades en todos lados: le sucedía en la escuela, con sus profesores, con su novia y, desde luego, en casa, especialmente con sus padres. Juzgaba a su padre como "intolerante, soberbio, egoísta, mamón, hipócrita, miedoso, pendejo, cabrón, proimperialista, narcisista, sobreprotector, tirano, castrante, macho, prejuicioso, realista, pesimista, manipulador, chantajista". Su madre le parecía *simplista y no analítica.* El pueblo mexicano era, ante sus ojos, un pueblo de "dejados, flojos, llenos de pretextos, superficiales, materialistas, machos, simples, corruptos, avariciosos, avorazados, ambiciosos, desidiosos, malos". Él mismo se consideraba "egoísta, soberbio, intolerante, idiota, imbécil, flojo, inútil, miedoso, cobarde" y se juzgaba como un hijo "malagradecido, decepcionante, insensible, mentiroso, huevón, irresponsable y tan mamón como mi papá".

Diseñamos un programa de reestructuración cognitiva que contemplaba 38 sesiones, de las cuales solo se requirieron treinta y una. Aprendió a procesar sus mínimas frustraciones de un modo mucho más maduro y comenzó a actuar disciplinadamente en la persecución de sus metas. Al terminar su proceso terapéutico, su puntaje de neuroticismo había bajado de 59 a 16 y su puntaje en el Inventario de Valores Autoderrotistas pasó de 63 a 7. "Mi coco sigue siendo mi padre", decía en una de sus sesiones finales.

> Todavía dejo que me saque de onda, pero no será por mucho tiempo. Al menos eso espero. Me dan ganas de amarrarlo y traértelo, pero está convencido de que él nunca entrará a terapia. Lo dice y se enorgullece de ello. Ese sí está neurótico, pero hasta con él empiezo a ser más tolerante. Lo bueno es que ahora la familia cuenta con un neurótico menos: yo. Al menos eso estoy tratando y he logrado muchas cosas. Creo que aparte de mí las que más han salido ganando son mi novia y mi mamá. Y mi hermana como que ya se anda motivando a venir.

Hacia una visión madura de la frustración

¿Cómo pensar de modo racional, de modo lógico, de modo científico, ante las frustraciones? A continuación encontrará algunos caminos de cambio. Comencemos con los pensamientos:

1. *Lo que pasó, debió pasar por algo: las cosas en la naturaleza pasan porque algo las hace suceder.* Hay leyes naturales, sociales, económicas, culturales, psicológicas, que pueden explicar por qué pasó lo que pasó. Busque esas leyes y saque de su cabeza la noción narcisista de que usted es el centro del mundo: las cosas no pasan para darle gusto o disgusto a usted.
2. Pregúntese si la frustración es verdaderamente *horrible* o si nosotros la definimos así. La pregunta es retórica porque

ya sabemos la respuesta: ninguna frustración será *verdaderamente* horrible. El propósito de que lo invite a hacerse tal pregunta es que, si no nos la hacemos, nos quedamos varados en la emoción perturbada. Si aún puede hacerse la pregunta (*¿De verdad es horrible?*) es que usted *aún no se ha muerto*, todavía está pensando: el mundo aún no se ha acabado. Por lo tanto, sea lo que sea, lo sucedido *no es horrible*, aunque sea *muy desagradable, muy perturbador, muy molesto.* Lo horrible, según nuestra definición previa, es aquello que es *peor* que la muerte. Recuérdelo, no me cansaré de repetirlo: la neurosis es el sufrimiento falso que le agregamos al sufrimiento legítimo.

3. ¿Le gusta sentirse tan mal ante la frustración? Si no le gusta, recuerde que *usted puede elegir* cómo sentirse. Una vez que haya *elegido* hágase una nueva pregunta: *¿Qué me toca pensar para sentirme como quiero sentirme?* No se diga mentiras acerca de lo *insoportable* que es la frustración. No es insoportable: aun con molestia, *usted está soportando* el hecho frustrante. Y si sigue vivo es que ya lo soportó, ya lo aguantó, ya lo toleró. Estar en contacto con la realidad, por dura que sea, le hará sentirse mejor que cuando se envenena con mentiras del tipo: "No soporto esta realidad tan terrible...". ¿Qué sentido tiene decirse mentiras para sentirse mal? ¿Le parece sano, útil, inteligente? A menos que lo haga con propósitos terapéuticos: para demostrarse una vez más que el pensamiento torcido engendra sufrimiento, resulta una práctica insana, inútil y tonta.
4. Recuerde siempre que su furia (C) no se debe al *acontecimiento* frustrante (A), sino a su demanda infantil (B) de que tal hecho *no debió* suceder. ¿Cree usted que *no debería* ser frustrado y que la suya es la voluntad divina? ¿Tan infantil es su cabeza? Mientras lo siga creyendo estará atado irremediablemente a la frustración, porque cada vez que formulamos un deseo cabe la posibilidad de que este sea satisfecho *o no.* El ambiente puede darnos lo que

deseamos *o puede no dárnoslo.* Yo quisiera para mañana un día soleado y luminoso, de cielo azul y altas nubes blancas. Mi deseo es tan legítimo como todos los deseos, pero si sucederá o no, es algo que no depende de mí ni de la intensidad de mi deseo. Depende de las condiciones atmosféricas.

5. ¿Quién dice que *no deberíamos* ser frustrados? Resulta que las cosas suceden porque hay otras cosas que las hacen suceder, como hemos visto antes hasta el cansancio. Gracias a las frustraciones, hemos llegado los humanos a ser lo que somos: así se produjo la evolución del comportamiento. Una conducta previa dejó de funcionar y nos obligó a buscar nuevas formas de adaptación para sobrevivir. Así llegamos a caminar erguidos, a desarrollar determinada estatura y ciertas características corporales; así se desarrolló nuestra inteligencia y nuestra cultura; así aprendimos a relacionarnos con los demás y a diseñar normas de convivencia en grupo; así aprendimos a vestirnos, a comer, a manejar herramientas y aparatos; así aprendimos a volar, a navegar, a construir casas y carreteras, rascacielos y trenes bajo el mar. En resumen: no se esfuerce peleando contra la frustración: esa es solo una consecuencia. Acéptela y ahorre energía para luchar contra las variables que la hicieron suceder. Y si no es posible luchar contra esas variables (como en el caso de la muerte), *más razón aún* para no desperdiciar su energía creadora. ¿No le parece?
6. ¿Cree usted que mientras mayor sea la frustración o la pérdida, más razón hay para sentirse perturbado? Si lo cree, está equivocado. Dele cabida en su dura cabeza a un pensamiento totalmente diferente: mientras mayor sea la frustración, más filosófico y más sabio conviene ser al respecto. Sopese este pensamiento: si la frustración es inevitable (como en los casos de muerte, amputación o enfermedad incurable), *menos razón* hay para perturbarse, puesto que la alteración emocional no tiene posibilidad

alguna para resucitar a quien perdimos o para hacer que retoñe el miembro amputado o para acelerar la investigación científica que producirá el remedio para la enfermedad incurable. Hay un dolor legítimo ante las frustraciones graves: acepte ese dolor y quédese con él, pero *no lo aumente* con su pensamiento irracional.

7. Mientras mayor sea su molestia ante la frustración, menos eficaz será para disminuirla, para corregirla o para encontrar soluciones alternativas.
8. Recuerde que el hecho de que las cosas no hayan salido como lo deseaba no afectará su valor como persona: no valdrá menos, no será inferior, no será *un don nadie*. Ni usted ni quien lo haya frustrado (su esposa, sus hijos, su empleado). Mientras más pronto se libere de la basura cognoscitiva que le hace creer que hay seres humanos superiores e inferiores, mejor para usted. Aunque todos hacemos algunas cosas mejor o peor que otros, *nadie es más que nadie*: he ahí el mejor credo humanista... aunque rabien los fascistas (o, para ser más racionalmente preciso: *los que con mayor o menor frecuencia piensan fascistamente*). No condene a las personas, pero tampoco a entelequias como Dios, el Destino, la Historia, la Suerte, el Sistema, la Cultura, etc. Si no le gustan, trate de cambiar lo que pueda, pero no gaste su pólvora en infiernitos que al único que afectan negativamente es a usted mismo.
9. ¿Quién dice que "solo por su linda cara" no debería ser frustrado en su búsqueda de aprobación, amor, perfección, salud, bienestar, éxito, felicidad? Mientras más convencido esté de este absurdo, más niño es: ya sea en su edad cronológica o en su edad mental.
10. Una de las formas más eficaces para sentirse peor, más enojado, más iracundo, más perturbado ante las frustraciones, es atribuir *intencionalidad* al agente frustrante: "Eso lo hiciste por molestarme...", "Me quieren engañar", "Se están burlando de mí", "Me quieren ver la cara de idiota".

Lo cual puede ser totalmente cierto, medianamente cierto o palmariamente falso. Pero si se empeña en atribuir intencionalidad a hechos inocentes como que su hijo haya obtenido malas calificaciones en segundo de primaria *solo por molestarlo* a usted, está a punto de tropezar con pensamientos paranoides y narcisistas extremos, como que los dioses o el destino están en su contra y por eso hubo un huracán en su tiempo de vacaciones. "El destino se ensaña conmigo", "¿Por qué los dioses me hacen sufrir de esta manera?". Si quiere sentirse más infeliz ante los hechos frustrantes, comience a atribuir intencionalidad incluso a los hechos más insignificantes.

11. Recuerde que lo justo y lo injusto, lo bueno y lo malo, lo moral y lo inmoral, son juicios de valor y por lo tanto *subjetivos*: lo que a usted le parece injusto (o inmoral, o malo) no lo es ante los ojos de otro. Al menos no en la misma medida.
12. Recuerde aquella enseñanza de san Ambrosio o de san Anselmo (es un poco frustrante no recordarlo con precisión, *pero no es ninguna catástrofe*): "Señor, dame coraje para cambiar las cosas que se pueden cambiar, resignación para aceptar las que no puedo cambiar... y sabiduría para distinguir entre ambas".
13. Ante las frustraciones acumuladas, tenga presente que *nunca es más oscuro que antes del amanecer.*
14. Cuando ya se esté cansando en la persecución de un objetivo importante, recuerde que *el tuétano más exquisito está en el hueso más duro.*
15. Piense en el hombre que iba por la calle sintiendo lástima de sí mismo porque no tenía zapatos... hasta que al dar la vuelta a la esquina se encontró con un hombre que no tenía pies.
16. Para apagar la frustración, encender el pensamiento.

Algunas acciones para fortalecer la tolerancia a la frustración

Insisto: el pensamiento no basta, hay que hacerlo encarnar en actos observables que puedan desafiar, destruir, deshacer la creencia irracional de que es terrible verse frustrado y que es lógico enfurecerse cuando las cosas no salen como uno las esperaba. Enumeramos a continuación una serie de *actos observables*, una serie de *acciones musculares* que han demostrado gran eficacia para ayudar a la gente a liberarse de la absurda creencia que hemos tratado aquí. Recuerde también que cada vez que logre realizar alguna de ellas, conviene anotarla en su diario de terapia como un éxito significativo. Vale la pena repetirlo: no hay éxito pequeño, todos son importantes. Todos incrementan nuestro rango de libertad. Le recuerdo que cada desafío a la creencia irracional equivale a poner una carga de dinamita en el grotesco monumento a la irracionalidad. Después de cada acto antineurótico mirará más lejos y más claro. Estas pueden ser algunas de sus tareas:

1. Ante cada frustración, haga autoanálisis. Ya sabe cómo hacerlos y, si no, relea la Lección 9. No importa cómo, pero hágalos: por escrito, audiograbados, en voz alta o en voz baja. No importa el medio, pero hágalos lo más pronto que pueda después de un hecho frustrante. O antes, cuando logre anticipar una probable frustración. También cuenta usted con otra herramienta: la doble columna (lea la Lección 17 para dominar esta técnica), una forma más veloz de autoanálisis. No hay métodos mejores entre las psicoterapias del este o del oeste. Y si encuentra uno mejor, haga el favor de practicarlo.
2. Cuando la gente sufre frustraciones, se convierte muy rápidamente en experta sobre las desventajas de la frustración. Si quiere dejar de sentirse mal, comience por hacer una lista de *las ventajas* que pudiera tener la situación

frustrante. Alguna habrá. O más de una, que podrá ver más fácilmente después de hallar la primera. No se resista y búsquelas. No se niegue. No retobe: solo hágalo. Busque, esfuércese, no tiene nada que perder, salvo su malestar.

3. Siga todos los pasos de un trámite burocrático que haya estado posponiendo y que sea importante para su vida. Siga el trámite hasta el final: no importa el resultado. Haga lo que esté de su parte: saque su pasaporte, solicite visa en alguna embajada difícil, regularice su situación fiscal, pague los prediales atrasados, vaya por sus actas al registro civil, escriba su tesis, someta un ensayo o un libro a dictamen, obtenga su credencial de elector, saque su licencia, tramite su cédula profesional, termine de escriturar su casa o su terreno. Venza cada paso, vénzase a usted mismo hasta que logre su objetivo. Recuerde: su objetivo es aumentar su tolerancia a la frustración. No se deje vencer si no le dan la visa: reinténtelo en cuanto pueda.
4. Si es usted estudiante, reinscríbase al curso que reprobó. Estudie el doble y propóngase sacar la calificación más alta. No importa si lo logra o no: propóngaselo, enciérrese a diario en la biblioteca de su facultad, estudie y vaya por su meta. Por lo menos pasará la materia.
5. Lea en voz alta y trate de memorizar el siguiente poema de Pedro B. Palacios, *Almafuerte*:

> *No te des por vencido, ni aun vencido.*
> *No te sientas esclavo, ni aun esclavo.*
> *Trémulo de pavor, piénsate bravo*
> *y arremete feroz, ya malherido.*
>
> *Ten el tesón del clavo enmohecido*
> *que ya viejo y ruin vuelve a ser clavo;*
> *no la cobarde intrepidez del pavo*
> *que amaina su plumaje al primer ruido.*

Procede como Dios que nunca llora
o como Lucifer que nunca reza.
O como el robledal cuya grandeza
necesita del agua y no la implora...

¡Que muerda y vocifere, vengadora,
ya rodando en el polvo, tu cabeza!

6. Lea un libro de cuentos sufíes y localice los que más fortalezcan su capacidad de tolerancia a la frustración.
7. Lea una biografía de Tomás Alva Edison.
8. ¿Quiénes serían sus cuatro ases en su capacidad para tolerar la frustración? Búsquelos entre los artistas, entre los hombres de ciencia, entre los deportistas, entre los comerciantes, entre sus maestros, entre sus familiares, etcétera.
9. Elabore una lista de alternativas de solución para la situación frustrante, evalúelas y seleccione la mejor.
10. Resuelva crucigramas, enigmas, adivinanzas o problemas matemáticos. *Resuélvalos*, no solo los empiece, llegue hasta el final, hasta sentir la satisfacción de haberlos terminado.
11. Haga una lista de frases que contribuyan a la baja tolerancia a la frustración ("No lo soporto", "Esto es el colmo", "Es intolerable", "¿Quién puede resistir eso?", etc.). Siga hasta completar 20 frases.
12. Haga una lista de frases que contribuyan a aumentar la capacidad de tolerancia a la frustración ("Es difícil, pero puedo tolerarlo", "Lo intentaré las veces que sea necesario", "Lo difícil lo hacemos fácil, lo imposible nos lleva un poco más de tiempo"). Siga usted hasta completar 20...
13. Aprenda poemas de memoria. Recuerde que en esas joyas verbales hay emoción y sabiduría concentradas. ¿Que no entiende nada? Vaya al diccionario, consulte las palabras que desconozca, descifre el sentido, escuche la música de los versos y de las palabras, *vea* las imágenes con el ojo

de su mente. A medida que aprenda el texto de memoria, la esencia del poema le será revelada poco a poco. Para que no pierda tiempo explorando por su cuenta y tratando de ordeñar piedras, ahí le van unos cuantos autores infalibles: Quevedo, Góngora, Lope de Vega, san Juan de la Cruz, Rubén Darío, Antonio Machado, Salvador Díaz Mirón, Leopoldo Lugones, Ramón López Velarde.

14. *Practique la distracción* cuando esté en situaciones frustrantes inevitables. ¿Está usted en la antesala del dentista o del médico? ¿Está en la sala de espera de un hospital? ¿Tiene que hacer una fila de dos horas en la oficina de Hacienda, en la Tesorería o en la oficina bancaria? Ni modo. Mala suerte. Esto es parte de su condición de ciudadano. Es el precio por vivir en la *polis*. Si no puede posponer la actividad sin sufrir males mayores, acepte el hecho malhadado y resista. Pero no se perturbe de más. Así que, mientras está en la fila, saque esa novela que no ha terminado y lea lo que pueda. Memorice ese poema extraordinario de quien sea (pero que sea extraordinario: digno de su memoria). Lea ese clásico tanto tiempo pospuesto. Imagínese pronunciando en voz alta y bien modulada el canto introductorio de la *Ilíada*, o cualquiera de los subsecuentes. O escriba esa carta a la opinión pública quejándose del trato que esta secretaría de gobierno da a los ciudadanos. O pula su ensayo, corrija esa página, haga el índice de su tesis, resuelva crucigramas, escuche música en su equipo portátil, practique meditación respiratoria... Distráigase, en suma, en lugar de estar *magnificando* el hecho como si fuera peor que el sismo de 1985 y sintiendo lástima por usted mientras condena a *los infelices burócratas* al servicio del ogro filantrópico. O maldígalos, si quiere, pero a través de un acto creador: un soneto ortodoxo de 14 versos endecasílabos perfectamente medidos y rimados, por ejemplo. Y si logra hacer más de uno en las dos horas que tiene, muchas felicidades. Haga otro. Y otro. Y otro. ¿Recuerda

aquel libro de don Renato Leduc titulado *Catorce poemas burocráticos y un corrido reaccionario, para solaz y esparcimiento de las clases económicamente débiles*? Escriba uno que lo supere o baje ese libro de internet y léalo mientras hace fila. Descubrirá que el tiempo se le va como agua. He aquí, como ejemplo, "El cumplido funcionario":

Falleció el funcionario de un maligno tumor,
de un tumor canceroso en su ancho nalgatorio
contraído en diez lustros de trabajo creador
culi-atornillado detrás del escritorio.

El personal adscrito con varias actitudes
el cadáver del jefe acompaña al panteón.
Hay algunos que ensalzan sus ocultas virtudes.
Otros hay que murmuran: era un buey y un cabrón.

Ya el difunto desciende al seno de la Tierra
mientras aúlla frases un fúnebre orador...
Y un perrito fox-terrier *encima de una perra*
afánase y jadea... para escuchar mejor.

15. Tome un libro importante para su actividad profesional, un clásico de su disciplina, un libro que sería bueno que ya hubiera leído pero que fue postergando un año tras otro. Tómelo y léalo desde la primera página hasta el colofón sin importar que tenga partes áridas, aburridas, simples, muy difíciles o ya superadas. Recuerde que es un clásico: oblíguese a leerlo. Cada obstáculo superado templará su alma y fortalecerá su nivel de tolerancia a la frustración. Registre el número de páginas que logre leer diariamente y vea cuánto tiempo se tarda en terminarlo. No deje pasar este año sin cumplir su meta. ¿Acepta sugerencias? Ahí están la Biblia, el Corán, el Bhagavad-Gita, *Las mil y una noches*, *Don Quijote de la Mancha*, la obra completa

de Shakespeare, de Tolstoi, de Dostoyevski. Si es usted feminista, toda la obra de Simone de Beauvoir. Y si es un joven psicólogo, las obras completas de Freud, de Jung, de Adler, de Skinner, de Rogers, de Albert Ellis. Sin prejuicios, joven amigo. Éntrele. Ya me lo agradecerá cuando termine.

16. ¿No tiene trabajo? Propóngase un mínimo de llamadas, de solicitudes o de entrevistas por día. ¿No le gusta el que tiene? Resista hasta que consiga una mejor opción.
17. Si está en psicoterapia cognitivo-conductual, trabaje con disciplina: haga tareas, lea lo que su terapeuta le pida, haga autoanálisis, practique la doble columna, practique relajación o meditación. Manténgase así hasta terminar el proceso: no lo deje a medias como ha dejado otras tantas cosas. Impóngase sobre la desidia y supere las etapas difíciles.
18. Si perdió un brazo o una pierna, es natural lamentarlo, pero recuerde todos los ejemplos de personas que antes de usted han sufrido pérdidas similares o más graves y han sobrevivido incluso para hacer obras extraordinarias. Ayúdese a vivir ordenando su pensamiento e investigando de qué manera podrá suplir o aminorar la pérdida: sométase con disciplina a su terapia de rehabilitación, busque la prótesis adecuada, haga los ejercicios prescritos: nunca será como su órgano original, pero su pensamiento y el tiempo le ayudarán a dominar la prótesis casi como si lo fuera. Si perdió a un ser querido, está muy bien que ame su recuerdo, pero honre ese recuerdo concentrándose en amar creadoramente a los otros seres queridos que le quedan: abrácelos, béselos, acarícielos, búsquelos, visítelos, llámeles por teléfono, dígales cuánto los ama, respételos. Nadie tiene la vida comprada y más vale amarlos hoy, en su hora y en el lugar precisos, que morirnos antes sin haberlo hecho o pasarnos el resto de la vida lamentando lo que no hicimos.
19. Si sufre una enfermedad incurable y *de verdad* ya no hay nada que hacer salvo esperar la muerte, medite sobre ella,

reúnase con personas en su misma condición, visite a un tanatólogo, escriba cartas de despedida, haga algo que siempre quiso hacer, arregle sus papeles, haga o revise su testamento, ordene lo que pueda, planee sus funerales, escriba su epitafio.

Una historia ejemplar

Para obtener una buena cosecha es necesario disponer de buena semilla, buen abono y riego constante. Pero hay cierto tipo de bambú que resulta excelente para desarrollar la tolerancia de la frustración: siembras la semilla, la abonas y te ocupas de regarla con regularidad. Durante los primeros meses aparentemente no sucede nada. La verdad es que no pasa nada apreciable durante los primeros ¡siete años!, a tal punto que el cultivador inexperto termina convencido de haber sembrado semillas estériles. Sin embargo, al séptimo año, la planta lanza un hermoso brote hacia el exterior, y en un periodo de pocas semanas, a una proporción de algo más de un metro diario, crece y crece y crece y crece ¡hasta alcanzar casi 40 metros!

¿Tardó solo estas últimas semanas en crecer? No. La verdad es que se tomó siete años y estas semanas en desarrollarse. Durante los siete años de aparente inactividad, el bambú generó un complicado sistema de raíces que le permitirían sostener el crecimiento que iba a tener después.

En la vida diaria, muchas veces tratamos de encontrar soluciones rápidas sin entender que el éxito es el resultado del crecimiento interno y que este requiere tiempo. Por esa impaciencia, por esa baja tolerancia a la frustración, cuando aspiramos a obtener resultados rápidos, muchas veces abandonamos las cosas justo cuando estábamos a punto de conquistar la meta.

Es difícil convencer al impaciente de que solo llegan a la meta los que perseveran y saben esperar el momento adecuado. De igual manera, es necesario entender que en muchas ocasiones estaremos frente a situaciones en las que creeremos que nada está sucediendo. Eso puede ser extremadamente frustrante. Quienes resisten la frustración y no se dan por vencidos avanzan gradual e imperceptiblemente: están creando los hábitos y el temple (su complejo sistema de raíces) que les permitirá sostener el éxito cuando al fin se materialice.

LECCIÓN 14

LOS QUE NO PUEDEN FLUIR CON LA VIDA: ESCLAVOS DEL FUTURO

> Alma cobarde aquella que en cuanto el cielo se encapota,
> o incluso cuando solo asoman las nubes en el horizonte,
> se desmorona, se abate y comienza a gimotear.
>
> ARTHUR SCHOPENHAUER

¿Qué tienen en común las fobias, las ansiedades interpersonales y el síndrome obsesivo-compulsivo? ¿En qué se parecen el miedo a los gatos, la agorafobia, el ataque de pánico, el temor a hablar en público, el miedo al rechazo y el que se tiene a ser contaminado por microorganismos? He aquí la razón: a primera vista nos parece lógico y natural preocuparnos ante la posibilidad de sufrir daño físico o emocional. ¿Acaso no es lógico y natural preocuparnos cuando pueden herirnos, lastimarnos, asaltarnos, robarnos, matarnos? Sí, hasta cierto punto. Lo malo es que también nos parece una preocupación natural y lógica que puedan burlarse de nosotros, embromarnos, importunarnos, criticarnos, ridiculizarnos. Justo ahí es donde está el problema: en que nos parezca algo *lógico y natural*. Y es un problema porque, eso que nos parece *natural y lógico*, no lo es. Esa *apariencia de razonabilidad y naturalidad* es resultado de una estructura filosófica profundamente arraigada en nuestro pensamiento, otra ineptitud de la inepta cultura, otra...

Idea enemiga

Si algo es, o puede ser, peligroso o temible,
uno debe angustiarse y preocuparse muchísimo.

¿Le parece lógica esta afirmación? Si así lo cree, tendré mucho gusto en demostrarle cuán equivocado está, y más gusto tendré cuando quede usted convencido y deje de experimentar angustias inútiles y las lamentables consecuencias que dicho pensamiento y tal emoción acarrean.

La creencia de que uno debe angustiarse o preocuparse ante la posibilidad de que ocurra algo peligroso es estulta porque:

1. Cuando la vida está en riesgo, el organismo se activa para ponernos a salvo de las amenazas a nuestra integridad. Esa activación extraordinaria está conformada por una cadena básica de cinco alteraciones fisiológicas: *hay un incremento de adrenalina, se eleva el nivel de azúcar en la sangre, aumenta el ritmo cardiaco, sube la frecuencia respiratoria* y *entra en tensión la musculatura estriada*. Tras estos cambios el organismo está listo para pelear, saltar, correr, agacharse, quebrar la cintura, meter las manos, cerrar los ojos, etc., lo que sea necesario para disminuir la potencialidad del daño.

   En resumen: si hay peligro para la vida, gracias al *síndrome de activación fisiológica* que acabamos de describir, nos ponemos a salvo o disminuimos el daño posible. Pero, *si no hay peligro para la vida* (como no lo hay al hablar en público, al ver un ratón, al intentar hablar con una muchacha desconocida o al exponer en clase), el síndrome de activación fisiológica no solo es inútil, sino también perjudicial: la adrenalina produce comezón o prurito en la piel y puede desencadenar una neurodermatitis; la glucosa en exceso nos puede llevar a la diabetes; acelerar innecesariamente el corazón a cada rato puede hacer que *truene* prematuramente (antes de los 55 años); alterar nuestro ritmo respiratorio puede generar cansancio (por respirar mal) o contribuir a disneas, apneas o episodios asmáticos; la tensión excesiva en los músculos estriados puede ocasionar jaquecas, contribuir a las migrañas, producir dolores, desgarres y contracturas musculares o, incluso, dislocar vértebras. Esto sucede en los músculos estriados de modo directo, pero de modo indirecto (ya que la tensión en la musculatura estriada hace que la musculatura lisa disminuya su actividad) causa toda esa serie de malestares que se conocen como enfermedades psicosomáticas o psicofisiológicas: gastritis, úlceras gástricas o gastroduodenales, diarreas, estreñimientos, colitis, etcétera.

Así pues, **aunque es natural reaccionar de manera extraordinaria cuando nuestra vida está en peligro, es absurdo y dañino para la salud reaccionar del mismo modo cuando no existe peligro para la integridad física.**

2. El propósito último de las reacciones extraordinarias de nuestro cuerpo cuando la vida está en peligro es protegernos, ponernos a salvo, disminuir la potencialidad del daño físico. Pero si nuestra vida no está en peligro y reaccionamos como si lo estuviera, *nosotros mismos la ponemos en peligro*. He aquí, una vez más, la condición autoderrotista de la neurosis. La parte más antigua, la parte más reptil de nuestro cerebro nos hace reaccionar así, de modo tan primitivo. Pero el gran poder de la parte más evolucionada del cerebro humano puede actuar en nuestro beneficio si nos capacitamos para ello.
3. De acuerdo con los principios de la terapia cognitivo-conductual, si algo es peligroso de verdad, es conveniente hacer algo para eliminar o disminuir el peligro, y si no se puede hacer nada, podemos resignarnos y aceptar el hecho de que el peligro existe. Exigir infantilmente que *no debería* existir el peligro es ignorar los hechos más elementales de la vida: la tierra, el agua, el fuego y el viento existen,

y nosotros gracias a ellos. Pero la tierra tiembla cuando las capas tectónicas sufren acomodos. Y a veces los ríos se desbordan y producen inundaciones por lluvias abundantes. Y hay maremotos, huracanes, incendios. Exigir irracionalmente que no deberían existir tales peligros es estar muy mal preparado para la vida, es pensar con las vísceras, es confundir, una vez más, los deseos con la realidad.

4. Resulta muy útil reconocer que nuestra angustia no tiene ningún poder para hacer desaparecer el peligro. Es más, a veces nuestra angustia o nuestra preocupación hacen *más probable* que suceda lo que tanto tememos, como cuando alguien sale a manejar con el terror de sufrir un accidente: mientras más ansioso esté, más posibilidad hay de que el accidente ocurra. Cuestionarse la utilidad de los estados de angustia es algo de verdad beneficioso, lo cual muy pocas veces hace la persona angustiada: al parecerle algo natural, los deja en su nicho y casi les pone flores y veladoras.
5. Lo peor que nos puede ocurrir es morirnos. Pero, bien visto, muerte y vida son parte del mismo continuo y no realidades separadas o procesos distintos. No es posible concebir la una sin la otra. Los hemos separado artificialmente, pero son partes de un mismo fenómeno: los seres vivos nacen, crecen, a veces se reproducen *y mueren*. ¿Estamos vivos ahora? Algún día dejaremos de estarlo y los elementos de los que estamos hechos continuarán en el flujo permanente de las energías. Así será y eso puede ocurrir mientras usted huye y se angustia ante lo peligroso o cuando enfrenta los riesgos que toda vida productiva conlleva. Desde luego lo segundo es más satisfactorio. Mientras menos miedo irracional tenemos, más creadora y satisfactoria se vuelve nuestra vida. Mientras menos miedo infantil tenemos de la muerte, más disfrutamos de la vida.
6. Cualquier peligro (incluido el de la muerte) es menos desagradable que vivir aterrorizado, huyendo, ocultándose y

temblando de miedo. Una vez que admitimos que el peligro existe y que igualmente podemos ser asaltados en nuestro auto como en el transporte público, en las calles del centro de la ciudad o cerca de nuestra casa, y que, en consecuencia, decidimos aceptar los riesgos y enfrentarnos a ellos como parte de una vida gozosa y creadora, descubrimos que las cosas no son tan graves en la realidad. La mayoría de las veces nuestra angustia crece ante peligros que, si no los hemos inventado del todo, al menos los hemos *magnificado* con nuestra vocación catastrofista.

7. Nuestra vocación *magnificadora* y nuestras visiones *catastrofistas* nos generan más sufrimiento del necesario. Miramos el futuro con lente de aumento y luego nos asustamos con la visión... ¡pero nos encadenamos a ella! Reaccionamos ante cosas que aún no han sucedido y sufrimos neuróticamente. Si sufro un accidente y resulto herido el próximo septiembre (lo pienso en el mes de junio), pues ya me atenderé lo mejor que pueda en esas fechas. ¿Y si me duele mucho la herida? Pues me aguantaré el dolor o tomaré analgésicos. ¿Y si requiero hospitalización? Pues ya me hospitalizarán. ¿Y si no tengo dinero? Pues se me hospitalizará en una institución pública... ¿Y si me atienden mal? Pues una atención sin lujos es mejor que ninguna. ¿Y si me muero? Pues ya se encargará mi familia del hecho. ¿Y si no llevo identificación en el momento del accidente y no le avisan a mi familia? Pues me llevarán a la morgue y me enterrarán en la fosa común o entregarán mi cuerpo para experimentación y práctica a los estudiantes de medicina. ¿Y si esos jóvenes le faltan al respeto a mi sacrosanto cadáver? Pues ya no lo sentiré y, si hay otra vida, enviaré mi *poltergeist* a asustar a los bromistas, y si las cosas son así, seguramente me divertiré viendo con qué facilidad los humanos nos preocupamos por cosas que no han sucedido. En fin: lo más seguro es que no me pase nada en septiembre: es lo más probable, según las estadís-

ticas que muestran lo sobrepoblado que tenemos el planeta a pesar de la cantidad de angustiados que lo habitan. Pero cuando llegue a dicho mes con el cuerpo indemne... ¿quién me devolverá la calma perdida y la gran cantidad de adrenalina desperdiciada durante los largos meses en que me angustié pensando que algo gravísimo me sucedería en el *terrible* septiembre?

8. Y más allá del daño físico, ¿a qué le teme la gente? A la crítica, a la desaprobación, a cometer errores, a que lo consideren inferior, a no lograr lo que deseaba, a reprobar, a fracasar profesionalmente, a ser rechazado, a no lograr una beca, a paparruchas similares... ¿No cree que ya es tiempo de liberarse de esas servidumbres gratuitas? Nos hemos esclavizado a ellas por la creencia de que son temores *naturales* y *lógicos*. No lo son: son temores neuróticos *adquiridos*. Y ya es tiempo de mandarlos al demonio y empezar a vivir más gozosamente.
9. Si hasta los niños pueden aprender a desactivar sus temores irracionales, los adultos pueden hacerlo con más facilidad. Están más equipados para razonar y para enfrentarse filosófica y conductualmente a las posibles dificultades y a los peligros que entraña toda vida creadora. Están, también, más capacitados para resignarse ante lo inevitable y para elegir con más sabiduría los caminos posibles para hacer más llevadera la vida cuando algo se ha perdido irremisiblemente.

El caso de Antonieta

Antonieta vino a consulta por sufrir ataques de pánico: dos años antes, estando de vacaciones, mientras viajaba en el metro de Londres con unos amigos, sufrió una crisis de taquicardia que terminó en internamiento en un centro de cardiología. Sus latidos subieron a 180 por minuto. Se sintió al borde de la muerte. En el hospital diagnosticaron fibrilación atrial y la controlaron con fármacos. Volvió a México, pero pronto descubrió que la taquicardia seguía. A veces le ocurría incluso durmiendo y despertaba con pánico. Sobrellevó las cosas por un tiempo, pero un día, también de vacaciones, ahora en Puerto Vallarta, surgió un ataque mayor: sudor en las manos, palpitaciones, desorden general; se sintió a punto del desmayo. En aquel momento pensó en la experiencia londinense: todas las escenas desfilaron por su cabeza. Percibió una falta total de control de sí misma. "No me pertenezco: me estoy muriendo". El llanto la invade. Se siente frágil y en peligro. De vuelta a Ciudad de México, entra a un proceso de psicoterapia lacaniana que la atrae intelectualmente pero no le ayuda para nada en las crisis de ansiedad. Los ataques de pánico se hacen más frecuentes: hasta tres veces diarias. "Y ni siquiera podía decirlo en las sesiones de terapia".

Otro día, mientras se acerca un viaje al extranjero, sufre un ataque de llanto y la sensación de muerte inminente. Un médico la atiende con un sedante que le funciona muy bien por un tiempo... hasta que el mercado deja de surtirlo. Se somete entonces a nuevos exámenes médicos que no encuentran ninguna anomalía física. Su equipo orgánico está bien. Sin embargo, toma un medicamento indicado por su psiquiatra "para regular las ondas cerebrales". Y así sigue hasta que un afortunado día se encuentra un documento informativo sobre los ataques de pánico y la opción terapéutica de vanguardia en la investigación y la práctica clínica: la psicoterapia cognitivo-conductual. Así llegó conmigo, afirmando que no deseaba "tener el equipo de seguridad afuera". "No quiero psiquiatra ni chochos si no hay problema físico. Quiero poner las cosas en su sitio y erradicar esos problemas de mi vida".

La valoración diagnóstica mostró que tenía problemas de comunicación con su esposo y se llevaba mal con los dos hijos adolescentes *de él*. Los muchachos habían venido a vivir con ellos y con el hijo que ambos habían procreado. No se sentía apoyada por el esposo: pensaba que consentía demasiado a sus hijos "tal vez porque se siente culpable". Pero le parecía que los conflictos con los adolescentes podían afectar el desarrollo psicológico del hijo *de ambos*. "Y yo estoy dispuesta a salvar a ese niño como sea. Si tengo que irme, separarme, divorciarme, lo que sea, lo voy a hacer por mi hijo, aunque mi marido tenga todas las virtudes que tiene".

Al explorar su historia encontramos factores *predisponentes*, factores *precipitantes* y los factores *específicos* del trastorno del ataque de pánico.

Entre los factores *predisponentes* encontramos que su padre (fallecido tres años antes) solía tener crisis epilépticas después de sufrir contrariedades. Estas lo sumían en periodos de depresión y silencio que derivaban en situaciones de tensión familiar y violencia verbal por parte de la madre. "Antes del ataque, mi papá estaba callado y como enojado". Si la paciente hablaba, la callaban o la amenazaban "con el diablo". Su padre casi no le dirigía la palabra, salvo para decirle "todo lo defectuosa que le parecía". "Todo en casa eran secretos. De sexo no se hablaba y de la epilepsia paterna, menos". El esquema mental que desarrolló puede resumirse así: *las señales de tensión terminan irremediablemente en una crisis mayor.*

Entre los factores *precipitantes* (acontecimientos vitales generadores de ansiedad) del primer ataque de pánico, el del metro en Londres, encontramos los siguientes: su madre había fallecido dos meses antes, ese día no había comido ni había dormido bien, había tomado café (cosa que no acostumbraba) y estaba tomando sustancias homeopáticas para adelgazar que eran diuréticas y deshidratantes. Además "empezó a haber problemas entre Luisa y José, los amigos con los que iba, y ambos acudían a mí para hablar uno del otro. Yo estaba tensa y en conflicto".

Finalmente están los *factores específicos del trastorno*: el ataque de pánico declarado. Este trastorno es una curiosidad psicológica capaz de arruinar vidas. ¿En qué consiste?

El síndrome del ataque de pánico

Un ataque de pánico es, en principio, un síndrome: un conjunto de síntomas o alteraciones. Es complicado y ocurre muy rápido; por eso agota y confunde a quien lo sufre. Entender el síndrome es el primer paso para controlarlo. En el ataque de pánico encontramos muchas alteraciones que se pueden clasificar como sigue:

1. *Síntomas somáticos y motores*: palpitación cardiaca acelerada, tensión muscular, respiración agitada y superficial, temblores, sudoración, dolor u opresión en el pecho, aturdimiento, mareo, a veces malestar estomacal o intestinal, hormigueo, comezón y adormecimiento en los dedos de las manos y de los pies.
2. *Síntomas cognoscitivos* (de la imaginación y del pensamiento). Puesto que son las actividades cognoscitivas las que nos distinguen de las demás especies, *son los síntomas cognoscitivos los más determinantes del ataque de pánico.* Así, el sujeto que sufre el ataque de pánico se siente disperso, confundido, con dificultad para concentrarse, desorientado. Se pone a *pensar* que algo muy grave le va a suceder, que va a perder el control, que se va a desmayar, que se va a volver loco, que le va a dar un ataque cardiaco, que tiene que huir y refugiarse en algún lugar seguro, que necesita ayuda, que todos se van a dar cuenta de lo que le pasa y que sería una terrible vergüenza que eso sucediera.

   Su imaginación trabaja a todo lo que da y por su mente pueden desfilar *escenas aterrorizantes*: de hospital, de internamiento, de intervenciones quirúrgicas carísimas y complicadas, de dificultades sin fin. Uno de mis pacientes se veía a sí mismo "con camisa de fuerza de esas que se veían en las películas mexicanas de antes, en un hospital psiquiátrico todo blanco, metido en un cuarto con paredes acolchadas, con ventanitas enrejadas y yo con una cara de loco como la de Jack Nicholson al final de *Atrapado sin salida*".

3. *Síntomas afectivos o emocionales*: primero, desde luego, el miedo, un miedo *pánico.* ¿Sabe usted, por cierto, de donde viene esta palabra? Tiene un origen hermoso: los Titanes de la mitología griega intentaron un día asaltar el cielo, apropiarse del Olimpo y quitarle el poder a Zeus. Acosaron a los dioses hasta que estuvieron a punto de vencerlos. Zeus buscó la protección de su hermano Poseidón, el dios de los mares, para él y su grupo. Los Titanes fueron tras ellos, pero, a punto de la embestida final, el gran dios Pan, amo de los instrumentos de aliento, vio en la playa un enorme caracol marino. Fue hacia él, lo levantó, se lo llevó a los labios y sopló. Salió del caracol un sonido tan estruendoso que los Titanes huyeron, presas de un miedo *pánico*: el miedo producido por *Pan*, capaz de aterrorizar a los mismos titanes.
4. En fin, decíamos que primero la persona siente miedo, temor, ansiedad, nerviosismo, angustia, terror. Pero después, cuando el ataque pasó, experimenta enojo, molestia, disgusto, pena, vergüenza... Y un poco más tarde siente melancolía, tristeza, depresión. Quien lo vivió lo sabe. Pero tampoco aquí termina todo. Hay también...
5. *Síntomas conductuales: acciones*, conductas observables que involucran movimiento muscular. Las acciones a que nos referimos son a veces gruesas y a veces sutiles. Las acciones gruesas más nocivas son las *conductas de evitación* y *escape.* Estos comportamientos caracterizan a la neurosis: huir, salir corriendo, escabullirse, evadirse, desertar, *tomar las de Villadiego*, correr a casa en lugar de exponerse y afrontar la situación difícil y, de ese modo, permitirle a la realidad que nos muestre su cara amable o, al menos, la no tan grave. La realidad nunca es tan amenazante como la concebimos o como la imaginamos, pero en la neurosis la gente no se queda a comprobarlo: huye, víctima de sus pensamientos aterrorizantes.

   Pero también hay, según dijimos antes, acciones sutiles, tan sutiles que casi nadie se percata de ellas cuando

> están sucediendo. Es más: casi nadie cree que él mismo *esté haciendo algo* para producirse el ataque de pánico. Pero lo hace. Respira mal: sostiene su respiración mientras el ataque dura, o respira mal en general (con el pecho y no con el abdomen). *Esto es lo que genera muchos de los síntomas físicos que señalamos antes.* Respirar mal es, también, la mejor manera de aumentar dichos síntomas. La terapia cognitivo-conductual pone énfasis en esto hasta el cansancio: *respirar con el pecho y no con el diafragma genera y construye un ataque de pánico.*

La primera vez que alguien sufre un ataque de pánico experimenta todas o la mayor parte de las alteraciones que hemos citado. Y las sufre *repentinamente*, como surgidas de la nada. Por eso no es extraño que la experiencia le resulte tan atemorizante y tan perturbadora.

La primera vez que le ocurrió, Antonieta ni siquiera sabía que lo que le estaba sucediendo era un ataque de pánico. De pronto aparecieron todos los síntomas y ella no encontraba nada que pudiera explicarlo. Cuando sacamos la larga lista de factores predisponentes y precipitantes, comenzó a entender, pero en aquella primera ocasión, sencillamente no hallaba explicaciones. Y como a la gente no le gusta eso de no entender, *se inventa explicaciones.* Y en esto las personas no suelen ser muy originales. A todos les da por pensar cosas como estas: "Me voy a morir", "Estoy perdiendo el control de mí mismo", "Me voy a desmayar", "Me estoy volviendo loco", "Me va a dar un ataque cardiaco" o, cosa más probable: *todas las anteriores.* Esa es la *explicación* que encuentran, y se apoyan para ello en las alteraciones físicas que están sintiendo. Es una explicación muy comprensible, pero *totalmente equivocada.* Es equivocada porque un ataque de pánico no produce ninguno de los temibles resultados que el paciente predice. La gente sigue creyendo que un ataque de pánico le producirá la muerte o lo volverá loco, aunque ya haya tenido varios ataques que no le produjeron lo que tanto temía: *ni lo mataron ni lo volvieron loco ni le generaron un ataque cardiaco. Ni siquiera se desmayó.* Pero, igual que todos los que sufren esas emociones neuróticas, es probable que piense que salió indemne de los ataques previos *por pura suerte.* Y luego se pone a sufrir más, pensando algo como: "¿Hasta cuándo me durará esta suerte?".

La psicoterapia cognitivo-conductual ha desarrollado una explicación de lo que sucede en un ataque de pánico. Veámosla en detalle:

Agente activador autogenerado
Alguna alteración física natural: cambio en frecuencia cardiaca, tensión muscular, sudoración, respiración agitada, boca seca, calor, rubor, etcétera.

↓

Magnificación y predicción catastrófica
"Esto es señal de que algo grave me va a suceder: me voy a desmayar, me va a dar un ataque cardiaco, me voy a volver loco, etcétera".

↓

Aumento de alteraciones físicas: la reacción se duplica
Las predicciones catastrofistas generan mayor frecuencia cardiaca, más tensión, más sudoración, más respiración pectoral... etcétera.

↓

Confirmación de las magnificaciones anteriores y nuevas predicciones catastróficas
"Yo tenía razón: ya aumentaron los síntomas y continuarán creciendo...".

↓

Alteraciones físicas magnificadas
El pensamiento *confirmatorio* hace que la respiración, la sudoración, la tensión, la frecuencia cardiaca, etc., aumente todavía más: ¡esto ya es el ataque de pánico!

↓

Fin del ataque

Las señales fisiológicas van descendiendo poco a poco hasta sus niveles normales.

↓

Sensación psicológica de alivio

"¡Uf, ya pasó...!".

↓

Las horas y los días corren hasta que surge una nueva predicción de ataque

"¿Y si me vuelve a pasar?".

Esta predicción produce una reacción fisiológica que es tomada como un nuevo

↓

Agente activador

↓

¡Y el ciclo se repite!

La primera percepción de un ataque de pánico es que es algo que no tiene sentido, es ilógico e irracional. Es incomprensible y desconcertante. Parece desorganizado y no se le ve patrón alguno. Eso hace que quienes lo padecen se sientan desalentados e indefensos, puesto que cuando no podemos entender algo, ¿cómo podríamos cambiarlo? Pero, aunque es cierto que los miedos experimentados en un ataque de pánico son ilógicos (en el sentido de que lo temido no va a ocurrir), el ataque de pánico *sí tiene un patrón regular y predecible.* Los síntomas pueden cambiar con el tiempo, pero el patrón permanece igual: es cíclico. Que sea cíclico y siga el mismo patrón predecible tiene una gran ventaja: lo hace más fácil de manejar.

Repasemos el patrón planteado en el esquema: el ataque de pánico comienza con lo que hemos llamado *Agente Activador Autogenerado* (AAA): un acontecimiento *interno,* que bien puede ser alguno de los *síntomas del ataque de pánico* que revisamos antes:

un *síntoma físico* natural (respiración agitada, palpitaciones después de subir una escalera, hormigueo en las manos tras un poco de ejercicio o sentirse mareado, etc.); un *síntoma cognoscitivo* ("¿Y si me diera un ataque de pánico al ir al aeropuerto, o en el avión, o en la conferencia, o ahora que me voy a quedar solo en casa?"); un *síntoma emocional* natural (cambios emocionales ante una mala noticia, una sorpresa, un ruido repentino), o un síntoma *conductual* (contener la respiración o respirar superficialmente).

De lo anterior, sobreviene la *magnificación y predicción catastrófica*: al percatarse del AAA y ponerle más atención de la normal, la reacción aumenta y hace que aparezcan otros síntomas: al sentirse mareado, por ejemplo, el paciente predice que algo más grave sucederá, y al pensar esto, seguramente se tensarán sus músculos, y con ese estado de tensión aparecerán todos los síntomas que de modo natural varían junto con la tensión (o *covarían*): la respiración se agitará, las palpitaciones cardiacas aumentarán, junto con la adrenalina y la glucosa... Pueden aparecer estas alteraciones y muchas más de las que ya hemos hablado. Todo esto sucede como respuesta natural a la *magnificación y predicción catastrófica* que el paciente ha hecho a partir del AAA. La reacción aumenta debido a la *interpretación* que la persona hace de la realidad, debido a lo que *se dice a sí misma sobre las alteraciones* y lo que significan, o debido a lo que *imagina* que sucederá. **Estos procesos cognoscitivos son los determinantes del ataque de pánico.** La interpretación catastrófica y magnificada de sus signos corporales produce una esperable *reacción magnificada* de sus respuestas físicas. Por decirlo así, con su pensamiento *el paciente ha duplicado, triplicado o cuadruplicado* la reacción inicial. Debido a su *interpretación exagerada* del síntoma natural, se tiene ahora una perturbación emocional agigantada: el ataque de pánico en pleno.

Recuerde que no siempre estamos conscientes de nuestras interpretaciones. Y cuando nos referimos a realidades internas, es probable que estemos menos conscientes aún. Por eso muchas personas creen que el ataque de pánico sucede sin razón aparente, como surgido de la nada. Pero, como lo hemos visto, no es así: **a toda reacción emocional la precede siempre una serie de actividades cognoscitivas ya sea de imaginación o de pensamiento.** No siempre estamos conscientes de esas cogniciones, pero ahí están. Con un poco de práctica nos volvemos expertos en localizarlas. Esa es una de las funciones de la psicoterapia: hacer consciente lo que no lo es. Aunque la persona que sufre ataques de pánico es muy buena observadora de *sus sensaciones físicas* (¡exageradamente buena!), no siempre es tan buena para monitorear *su actividad cognoscitiva*, sobre todo aquella con la cual se genera el aumento de los síntomas: sus interpretaciones, sus *sospechas*, sus hipótesis, sus predicciones, sus suposiciones, sus pensamientos o sus imágenes.

Ayudé a mi paciente Antonieta a tomar conciencia del juego peligroso que se da en el ataque de pánico y a entender su lógica intrincada. La paciente se benefició profundamente de un proceso de reestructuración del pensamiento, pero también aprendió a respirar ventral, abdominal o diafragmáticamente; recibió entrenamiento en relajación muscular progresiva, algunas sesiones de meditación respiratoria y entrenamiento asertivo para el manejo de las dificultades interpersonales. Dicho de otro modo: aprendió a poner en orden su mente, su cuerpo, y su relación con los demás. Sus niveles de satisfacción y bienestar cambiaron dramáticamente, y de esto salió beneficiada también su relación de pareja, la relación con su hijo y con la familia extendida.

He abordado ampliamente este caso porque es prototípico de las complicaciones y de las sutilezas que abundan en los estados de ansiedad. Si entendemos el ataque de pánico, es mucho más fácil comprender las truculencias cognoscitivas de las fobias, los ataques de ansiedad generalizada, los ataques de pánico con agorafobia, las ansiedades interpersonales, los trastornos obsesivo-compulsivos, el pánico escénico y las llamadas ansiedades de ejecución.

Hacia una visión madura del peligro

Deles cabida en su cabeza a pensamientos como los que siguen:

1. *Vivir es arriesgarse: toda vida creadora involucra riesgos.* Puede construir su refugio antiaéreo, su fortaleza, su *búnker*, y encerrarse a piedra y lodo, o a hierro y concreto, en un sitio donde no entre ni el más mínimo peligro, donde ni el menor rayo de luz natural toque su piel sensible, donde el agua sea químicamente pura y no sepa a nada más que a oxígeno e hidrógeno, donde hasta el aire esté preso... ¿Le llamaría *vida* a eso? A mí me suena a sepulcro. Pero si el encierro con 100 aldabas le sigue pareciendo atractivo, recuerde aquella enseñanza: *Cerré la puerta al horror / y el horror estaba dentro.*
2. *Ni miedos innecesarios ni peligros innecesarios.* No tenga miedo a aprender lo que sea, pero no se exponga a peligros inútiles si no tiene el entrenamiento apropiado.
3. *Ocuparse, no preocuparse.* Su adrenalina no le quitará ese tumor, ni impedirá que sea maligno, su miedo no curará esa pieza dental, ni evitará que sus acreedores vengan a embargarlo. ¡Use su energía para visitar al médico, para ir al dentista y para pagar o renegociar su crédito!
4. *La realidad es menos peligrosa que el pensamiento catastrofista.* La realidad que no miramos es más susceptible de ser magnificada. "Ya me aceptaron en la escuela de aviación, pero debo una materia de la prepa. Es mi última oportunidad y estoy estudiando, pero creo que no voy a pasar. Si no apruebo, no podré cumplir mi sueño de ser piloto, y si no me quedo en la escuela, mejor me mato...". Por ahí fluía el discurso de un joven paciente una semana antes de su examen. Hablamos largo y tendido sobre el asunto: le hice ver que incluso el suicidio es una búsqueda de solución de problemas, sí, pero es *el último* recurso: antes de eso hay miles de soluciones posibles. *Esa escuela es un*

medio, no el fin. Sería el lugar más deseable, *pero no el único*. "En lugar de desperdiciar tu energía en angustia, úsala para dominar otro tema de los que pueden venir en el examen". Estuve muy elocuente ese día y me da gusto decirlo. Pablo se fue a estudiar muy convencido y una semana después me envió un mensaje electrónico reportándome que había aprobado con 7 y que ya estaba en la escuela de aviación.

5. *La alarma muchas veces resulta peor que el fuego*. Cuando el fuego se desata, busca uno la forma de apagarlo, si puede, o se dedica a contemplar las llamas que destruyen nuestro patrimonio. Eso dura poco tiempo. Pero angustiarse ante la posible pérdida de nuestros bienes devorados por el fuego es una actividad que podemos practicar toda la vida. Quizá no ocurra nunca, pero ¿quién nos quitará la úlcera, la diabetes, los trastornos digestivos o los males cardiacos que nos generamos con nuestro pensamiento catastrofista?
6. *No me voy a angustiar por lo que aún no sucede*. O sí. Eso, desde luego, es decisión suya. Elija.
7. *Los fantasmas son tímidos cuando se les mira de frente*. Pruébelo y compruébelo.
8. *Nadie se muere en la víspera*. ¿O ha sabido de alguien? "El guajolote", dice mi paciente el chistoso.

Acciones antineuróticas para vencer la angustia

La idea enemiga de que *si algo es o puede ser temible o peligroso, uno debe preocuparse enormemente por ello* puede extirparse de nuestro pensamiento a través de una serie de actividades sistemáticas. A continuación enumeramos algunas. Practíquelas y sea creativo y disciplinado mientras se empeña en ellas.

1. La principal actividad para vencer esta idea irracional es *enfrentar* el estímulo o la situación que teme: el animal, la cosa o la situación objeto de su fobia; el público, los

exámenes, las personas del sexo opuesto, las situaciones sociales, su propio miedo.

2. Explique el A-B-C de las emociones a una persona perturbada por la angustia. Dígale lo que está usted haciendo para enfrentarla.
3. Explique a alguien la tendencia a predecir el futuro, el *Error del Adivino* y su relación con la ansiedad neurótica.
4. Use la técnica de la doble columna ante cada situación que lo ponga ansioso: en el lado izquierdo de la hoja escriba el pensamiento automático que predice catástrofes y desafíelo en el lado derecho.
5. Juegue a la bola de nieve con intención paradójica. Ejemplo: "Si hago esto, pasará esto, que es negativo, y si eso sucede, pasará esto otro, que es más grave, y si eso sucede, pasará esto otro, que es más grave aún, y si eso ocurre, pasará esto otro, que será muchísimo más grave". Continúe con una situación real hasta que se le haga claro cuán ridículo es lo que está pensando y cuánto daño se está haciendo con sus predicciones.
6. Aprenda y practique la respiración diafragmática. He aquí los pasos básicos:

   a) Consiga dos libros de buen tamaño (diccionarios o tomos de enciclopedia).
   b) Tiéndase en su cama o en el piso.
   c) Coloque uno de los libros sobre su pecho y el otro sobre su ombligo.
   d) Note cuál de los dos libros se mueve más: si se mueve el del pecho, es que está usted respirando pectoral o superficialmente; si se mueve el del abdomen, muchas felicidades: esa es la forma correcta de respirar.
   e) Durante cinco minutos, por lo menos (no hay límite máximo: eso depende del tiempo de que disponga), respire a su ritmo normal pero cuidando que solo se mueva el libro que está en el abdomen, y que no se

mueva o que apenas se note el movimiento del libro sobre el pecho.

f) En una segunda sesión ya no use libros: use solo sus manos.

g) En una tercera sesión ya no use ni sus manos: sienta su vientre llenándose y vaciándose.

h) Practique la respiración diafragmática, abdominal o ventral, en muchos sitios y a distintas horas. Poco a poco se convertirá en su modo natural de respirar. En eso consiste una buena respiración. Llegará el día en que pueda hacerlo caminando, comiendo, dando clase, haciendo el amor.

Felicitaciones anticipadas. Su cuerpo y su alma me lo agradecerán. Y a usted también, si es sistemático.

7. Practique sistemáticamente los ejercicios de relajación muscular progresiva descritos en la Lección 18 de este libro.
8. Practique meditación. Comience por los ejercicios de meditación respiratoria que encontrará también en la Lección 18 de este libro.
9. Si es obsesivo de los gérmenes, lea el libro *Los Cazadores de microbios* y luego un libro de terapia cognitivo-conductual para tratar las obsesiones y compulsiones.
10. Haga muchos autoanálisis sobre sus miedos.
11. Acepte responsabilidades: no las evite ni escape de ellas. Recuerde que nadie nace sabiendo, así que basta con que tenga alguna capacitación: lo demás lo aprenderá sobre la marcha.
12. Lea el libro *Viva sin temores* de Fensterheim y Baer.
13. Vea películas de terror: no escape, no cierre los ojos, no mire hacia otro lado. Vea directamente a la pantalla mientras respira diafragmáticamente y se relaja.
14. Presente un proyecto en su trabajo, tome iniciativas, corra riesgos. Presente un reporte en un congreso de su especialidad, solicite un trabajo, una beca, una promoción.

Dé una conferencia o un curso. Insisto en estas actividades porque son importantísimas para toda vida creadora.

15. Conquiste sus miedos irracionales enfrentándolos con actos racionales: súbase al elevador, asómese a la ventana del piso 21, asómese por la azotea, aprenda a nadar, aproxímese a los animales que tema. Recuerde que no se trata de correr riesgos inútiles: si no hay muro de protección, no tiene ningún sentido exponerse a una caída.
16. No escape de alguna situación inofensiva que lo atemorice. Quédese hasta demostrarse que no es peligrosa y que su ansiedad disminuye ante ella.
17. Escriba un texto implosivo: una descripción vívida de una interacción suya con la situación más temible que pueda imaginar. Hágalo detallada y minuciosamente. Imagine y describa colores, formas, sonidos, aromas, sabores, sensaciones táctiles, etc. Cuando termine, léalo e imagínelo muchas veces *sin evasiones: viéndolo de frente con el ojo de la mente.* Notará que su ansiedad disminuye con cada ejercicio. Pídale un ejemplo a su terapeuta.
18. Exponga y defienda sus ideas ante figuras de autoridad, defienda sus derechos sin agresión. Vencer los miedos en la imaginación es un método tan poderoso como vencerlos en la realidad.
19. Corra el riesgo de actuar asertivamente: exprese sus verdaderos sentimientos u opiniones sobre lo que sea, ante quien sea. Cuide solamente de no pasar sobre los derechos de nadie. Piense en lo peor que podría pasar y vea lo que realmente pasa. Compare los resultados.

Una historia ejemplar

La Peste se dirigía a la ciudad y en su camino pasó junto a una caravana que acampaba en el desierto. Al verla, el jefe le preguntó:

—¿Hacia dónde te diriges, oh, Peste?

—Voy a la ciudad. Pienso tomar la vida de 1000 personas.

Cuando venía de regreso, la Peste pasó de nuevo junto a la caravana. El jefe, tan pronto como la vio, la increpó de este modo:

—¡Ya supe lo que hiciste! ¡Me han contado que tomaste 20000 vidas y no solo las 1000 que me habías dicho!

—Te han informado mal... —repuso la Peste—. Yo solo tomé las 1000 vidas que te dije. Las demás se las ha llevado el Miedo.

LECCIÓN 15

LOS QUE NO PUEDEN FLUIR CON LA VIDA: ESCLAVOS DEL PASADO

Tan dañina e irracional como la angustia por los eventos futuros es la tendencia a sufrir esclavizándose a los acontecimientos del pasado. En ambos casos se sufren las consecuencias de no ser capaz de fluir con la vida, de no ser capaz de afirmarse en el presente, en el *aquí y ahora*, que es el único sitio donde el ser y el estar se manifiestan: el único punto del tiempo en el cual existimos realmente y desde el cual podemos purificar y liberar la conciencia.

"No voy a tener dinero, me robarán, me asaltarán, me herirán y no tendré ni para curarme...". He ahí la angustia por lo que todavía no ha pasado. "Fui un niño muy pobre, mi familia sufrió estrecheces, hambre, frío. Pobre de mí, tanto sufrimiento me arruinó la vida". He ahí el dolor por lo pasado.

Repasadores permanentes de una misma película de horror, los esclavos del pasado se atormentan con saña cotidianamente mediante una tortura autoimpuesta: "Cuando era niño mi padre me golpeaba", dice un paciente. "Mi madre me rechazaba y era obvio que prefería a mis otros hermanos", se queja otro. "Como a los 6 años, un tío que llegó a vivir a la casa y que parecía quererme mucho, me toqueteó los genitales... Ahí empezaron mis dificultades con los hombres y mi actual imposibilidad de relacionarme bien con el sexo opuesto", comenta alguien más. Y el rosario sigue: "Nunca pude con los idiomas", "Siempre fui tímido", "Siempre fui agresivo", "Siempre fui triste", "Una vez me robaron en esa colonia, no he vuelto jamás", "Los carros rojos son de mala suerte: en uno de ellos murió mi hermano", "Mi primer esposo me engañó. Por eso no confío ni en el actual, ni en nadie", "Mi madre era autoritaria e impositiva, por eso siento esta ansiedad ante las mujeres", "El alcoholismo de mi padre era una tortura para todos durante mi niñez. Ahora tengo 36 años y él dejó de beber hace 15, pero el recuerdo de aquellos días me hace llorar", etcétera, etcétera, etcétera... ¿Qué hay en la cabeza de todos ellos? Un nido tenebroso donde reina un pensamiento desapacible, una nueva

Idea enemiga

El pasado es importantísimo y si algo nos afectó profundamente tiempo atrás, continuará haciéndolo por siempre.

Esta es una creencia dañina, puesto que:

1. Como ya vimos, la *generalización* es un proceso psicológico muy útil, pero la *sobregeneralización* es un error lógico grande. Quien les concede demasiada importancia emocional a las experiencias pasadas cae con frecuencia en dicha distorsión. "Jamás podré perdonar que mi padre me haya traicionado y le haya dado la razón a mi marido en...", "Siempre me sentiré avergonzado por lo que hice", "Todos los calvos son libidinosos", "Las veracruzanas son infieles", "Nunca podré conjugar los verbos en modo subjuntivo", son casos de sobregeneralización. Piénselo por un momento y tome conciencia de que son tonterías: podemos generalizar una respuesta psicológica hasta cierto punto, y está bien, pero más allá de ese punto la creencia se vuelve absurda. Las tortillas de maíz son un círculo de masa cocida y se comen, igual que las tortillas de harina, las tostadas, las tlayudas oaxaqueñas, o el pan árabe. Pero... ¡cuidado! El próximo círculo cocido puede ser un plato de cerámica

y romperle los dientes. ¿Le parece un ejemplo absurdo? Sí, lo es, por eso lo escogí: es tan absurdo *como todas las sobregeneralizaciones.* Quiero decir, sencillamente, que *no todos* los círculos de materia cocida se comen. Y también que *no todos* los hombres *ni todas* las mujeres son iguales, que *no todos* los ingleses son puntuales, que *no todas* las francesas son sensuales, ni todos los alemanes fueron nazis, ni todos los mexicanos son irresponsables.

2. Afirmarse en una creencia sobregeneralizadora puede actuar en contra de nuestros intereses a través de las llamadas profecías autocumplidas: si creo que una persona con ciertas características físicas será tan agresiva e irrespetuosa como otra muy parecida que conocí en el pasado, puedo predisponerme negativamente hacia ella y comportarme de un modo que haga más probable que nuestra interacción sea ríspida.
3. Si creemos que el pasado es importantísimo e inmodificable, tenderemos a querer solucionar problemas presentas con viejas formas de solución. O simplemente dejaremos de buscar soluciones novedosas: nos doblegaremos ante el *infausto destino* y doblaremos las manos ante él. Pero resulta que el tiempo, los avances tecnológicos, los nuevos descubrimientos, los nuevos aprendizajes, las nuevas habilidades, se están modificando permanentemente y las soluciones a los viejos problemas afloran continuamente... para el ojo que las merece y que las quiere encontrar.
4. Muchos comportamientos que fueron útiles y apropiados en el pasado dejan de serlo cuando las circunstancias cambian: ¿lograba usted la atención de sus padres haciendo berrinches cuando era niño? Es muy probable que logre rechazo en su ámbito laboral, social o de pareja si continúa haciéndolos ahora que es adulto. Si busca resolver con llanto, con aislamiento, con *la ley del hielo,* con retobos, berrinches o *carotas* sus problemas de pareja y sus dificultades laborales o sociales, a ver cuánto tiempo lo

aguantan. En esos terrenos esperamos comportamientos responsables de un adulto confiable y no retobos de niño berrinchudo. Si no ha aprendido cómo, ha llegado el tiempo de hacerlo. Alguien tenía que decírselo y me da gusto ser yo, especialmente ahora que ya tiene 18, 20, 33, 44 o 60 años.

5. "Infancia es destino", decían los psicoanalistas pensando en el *Little Hans* de Freud. "Somos producto de nuestra historia de condicionamiento", decían los conductistas pensando en el *Little Albert* de John Watson. Enemigos irreconciliables solo en lo aparente, tanto psicoanalistas como conductistas se adherían firmemente a la doctrina del determinismo histórico: ambos creían en la influencia definitiva del pasado sobre las experiencias presentes y futuras. Creían en eso y reunían evidencia que comprobara sus afirmaciones. Pero los humanistas ("El hombre no es una víctima inerme ni de la influencia ambiental ni de la influencia de los acontecimientos del pasado") ponían en duda sus asertos y también reunían evidencia que los apoyaba. Finalmente, la evidencia en ambas trincheras fue de tal magnitud que resultó imposible ignorar las propuestas del campo contrario. Así nacieron, *grosso modo*, las aproximaciones cognitivo-conductuales en la psicoterapia: a partir del hecho demostrable de que el ambiente influye en nosotros, *pero nosotros también influimos en el ambiente.* Esta noción, a la que llamamos "determinismo recíproco", equilibra, con sustento en la investigación científica, en la práctica clínica y en la realidad cotidiana, las posiciones extremas de los deterministas y de los humanistas ortodoxos que afirmaban con Protágoras que "el hombre es la medida de todas las cosas".

6. Que el pasado influye en nosotros es perfectamente demostrable: la inmensa mayoría hablamos en la lengua de nuestros padres, nos comportamos según pautas aprendidas en la escuela y reforzadas por el grupo social, adquirimos

valores morales y religiosos, y creemos o descreemos de ciertos símbolos o ideas. Sí, así es, pero... **no somos esclavos del condicionamiento, ni de nuestras creencias, ni de nuestro destino.** Si queremos, podemos descondicionarnos, recondicionarnos, sensibilizarnos, desensibilizarnos, aprender nuevos modos de respuesta y desaprender los viejos modos neuróticos de reacción. Esto que digo lo prueba la historia y lo comprueba la ciencia del comportamiento; lo prueba la realidad y las infinitas experiencias que nos brinda sin plan preconcebido, y también lo comprueba la práctica clínica de la psicoterapia. ¿Tuvo alguna vez fobia a las alturas, a las ratas, a las serpientes, a los insectos, a la oscuridad, a los extraños, a hablar en público, a relacionarse con personas del sexo opuesto? ¿Logró superarlos todos o al menos alguno de ellos? ¿Creyó alguna vez que nunca podría dominar algo que ahora domina? ¿Cómo le hizo para lograrlo? ¿No que el pasado era de *total* importancia?

7. A diferencia del condicionamiento en los animales, el aprendizaje por condicionamiento en los humanos *pasa por la cabeza*; es decir, está mediado por el pensamiento. Dicho así, la posibilidad del cambio está en *nuestro terreno.* Nosotros decidimos qué influencias ambientales nos condicionarán y en qué medida.
8. No son las experiencias indeseables del pasado las que nos infligen sufrimiento, sino nuestra acrítica creencia en que tienen una importancia absoluta y definitiva.
9. "Ayer se fue; mañana no ha llegado...", dijo, en verso inmortal don Francisco de Quevedo y Villegas. Cuánta verdad. Vivimos en el río perpetuo del presente mientras haya perceptor. Solo desde el presente es posible prever y concebir el futuro, y solo desde el presente es posible, *volver a pasar las cosas por el corazón*: *recordar.*
10. "Ese tipo me cae mal", dice alguien de una persona a la que no conoce y con la cual nunca ha tenido trato. Esta es una modalidad sobregeneralizadora que en el psicoanálisis se

llama *transferencia*. En efecto, están *transfiriendo* un sentimiento del pasado a un estímulo nuevo. ¿Por qué? Porque *este tipo* comparte ciertas características con alguien con quien se tuvo alguna interacción desagradable en el pasado: el maestro represor de segundo año de primaria que hablaba como *este tipo*, el grandulón que lo amenazaba en el vecindario cuando tenía 10 años y que tenía *esa miradita*, o el padre inmaduro que se burlaba por algún defecto físico y que *se reía así*.

11. "Yo soy un pozo de rencor", dice cierta persona inteligente que conozco. "Como amigo puedo tener defectos, pero como enemigo soy perfecto...". Yo me divierto escuchándolo porque me doy perfecta cuenta de que se está burlando de sí mismo y esa es una actitud sana: no está tomando en serio lo que dice. El problema es que hay personas para las cuales eso mismo sí es cierto: viven llenas de resentimiento y de rencor por pasados agravios y no son conscientes de que, antes que a sus enemigos, se hacen daño a sí mismas. Son sus primeras víctimas.

El caso de Jaime

"Mis padres eran tan autoritarios que finalmente lograron que me rebelara contra su autoridad. Algo me pasó un día, y decidí que ya bastaba", decía Jaime en consulta tras haber perdido su trabajo más reciente por una de sus frecuentes rebeldías adolescentes. Pero ya no era un adolescente cuando lo traté: tenía 34 años y seguía creyendo que "no soportaba ninguna autoridad".

> Estaba en la prepa y empecé a jugar futbol americano en serio. Me juntaba con los de la porra y empecé a no dejarme de nadie. Primero en la escuela. Me sentía muy bueno para los madrazos y la verdad es que los demás se intimidaban nomás al verme. Siempre fui corpulento y, además, tenía algo, como un rencor acumulado.

Me empecé a sentir muy cabroncito, así que era mejor que no me buscaran. El año más duro fue el segundo de prepa, cuando me le puse perro a mi papá y también a mi jefa. Un día incluso la empujé y cuando se lo dijo a mi padre y este me reclamó, le contesté con gritos y me le puse enfrente como para pelear. Entonces como que vi que empezaba a tenerme miedo. Eso no me gustó, pero tampoco me hizo cambiar. Cada que me enojaba me ponía a gritar como loco y yo veía que se sacaban de onda. Y seguía sin gustarme el hecho de que se atemorizaran, pero no me podía controlar. Mi papá también es fuerte, pero no se me compara... tanto por la edad como porque yo tengo un entrenamiento físico. Total, que así me seguí. A veces me entraba un arrepentimiento muy culero y me ponía a chillar solo. A ellos nunca les decía nada porque ni siquiera me podía disculpar. Sí, me daban ganas, pero nomás no podía... En los primeros años de facultad comencé a participar políticamente y me di cuenta de mi imposibilidad para negociar. A huevo quería salirme con la mía y terminaba en pleito no solo con las autoridades de la escuela, sino con mis propios compañeros de grupo. No sabía debatir. No oía. Todo terminaba mal. Un día uno de los cuates, un lidercillo de la escuela con el que me llevaba bien, de plano me llegó a decir que mejor ni fuera cuando había que resolver algo, porque podía terminar *reventando* la negociación. Tuve muchos problemas con los maestros también, pero pude terminar bien la carrera de contador, que siempre me ha gustado. El problema duro se vino al empezar a trabajar. Me peleaba con mucha facilidad con los pinches jefes cada que hacían pendejadas. ¡Y cómo hay pendejos en el mundo, carajo...! El mundo está jodido y yo de pinche inestable, perdiendo trabajos. Eso me sigue pasando ahora: no soporto la autoridad. Es algo superior a mí... Soy bueno en mi trabajo, pero no los aguanto. Vine a terapia porque mi esposa fue tu paciente hace poco y ella me convenció. Para mí ella es lo más importante y ahora estamos esperando bebé, y no me gustaría exponer mi matrimonio. Pero, la verdad, es que hasta eso me molestaba: varias veces llegué a enojarme con ella cuando empezaba a decirme que viniera contigo, que me ibas a ayudar, que necesitaba apoyo psicológico. "No soy tan pendejo como pa' necesitar tecomates pa' nadar", le contestaba. Un día hasta a ella le levanté la mano. No llegué a tocarla, pero sí la saqué de onda y yo me sentí muy mal. Ese día me leyó la cartilla: o hacía algo o hasta ahí llegábamos. No quiero perderla. Me da miedo y hasta reconocer eso me chinga. No creas que de buena gana marqué tu teléfono. Lo hice porque no me queda otra, pero si por mí fuera, ni madres la terapia. Te digo todo esto para que estés advertido, porque no fue fácil para mí. Lo del trabajo fue el disparador. Bueno, también lo de ella. Bueno... las dos cosas.

La evaluación psicológica de Jaime me mostró un puntaje muy elevado de neuroticismo en el Cuestionario de Personalidad de Willoughby y un puntaje muy similar en el Inventario de Valores Autoderrotistas. Estas características coincidían con un déficit de comportamiento autoafirmativo, tanto para expresar sentimientos positivos como para expresar opiniones y defender sus derechos sin agresión.

La actividad terapéutica de Jaime (que duró 40 sesiones) se orientó a destruir su arraigada creencia en la dificultad e incluso en la imposibilidad de cambiar "porque así había sido su historia pasada". Desafiamos su absurda convicción, demostramos lo ilógico y autoderrotista de mantenerla, confrontamos sus conflictos de identidad que le hacían confundir acto y persona, ser y hacer, *YO* y *yocitos*. Esto significa que aprendió a dejar de condenar a las *personas* y concentró su crítica o su rechazo en los *comportamientos* de la gente. Esto resultó clave en su reestructuración cognoscitiva. "Es que resulta tan lógico que simplemente ya no me la creo cuando me cacho condenando a otros y sobrevalorándome a mí mismo. Pero tampoco me la creo cuando me empiezo a condenar a mí, sobrevalorando a los demás por alguna cosa que hacen bien. Es más, no me explico cómo pude creer lo contrario en mis años pasados".

Cuando llegamos a este punto, Jaime estaba más que listo para recibir las sesiones de entrenamiento asertivo que su evaluación psicológica señalaba como imprescindible. Aprendió a distinguir los tres tipos básicos de comportamiento interpersonal: la conducta no asertiva, la conducta agresiva y la conducta asertiva. Aprendió que sus derechos, sus opiniones y sus sentimientos no son más ni menos importantes que los de los demás, sino que son *tan importantes* como los de ellos. Aprendió, por lo tanto, que no podemos salirnos con la nuestra a costa de los derechos, sentimientos y opiniones de los otros. "No está bien que los demás pasen sobre mí, pero tampoco está bien que yo me aproveche de ellos. Ahora lo veo claro y siento cierta pena por mi etapa porril, pero bueno, nadie nace sabiendo. Es un error, pero no me condeno por eso. Como tú dices, soy humano y falible, no soy don Perfecto...". Jaime aprendió a negociar. Primero conmigo, luego con su pareja y con sus padres. Finalmente, en su vida laboral. Según el último inventario de seguimiento que recibí de él, lleva un poco más de dos años en un trabajo que le gusta y en el que se siente orgulloso de ser "cada vez más chingonamente asertivo", según su florida verbalización capitalina.

Hacia una visión madura de los acontecimientos "traumáticos" del pasado

1. Los seres humanos somos los únicos organismos vivos capaces de lograr un cambio *inmediato* en nuestro comportamiento, y una reestructuración total de las influencias perniciosas del pasado. A diferencia de los perros pavlovianos o de los pichones y ratas skinnerianos, nosotros podemos dejar *inmediatamente* de fumar, de comer bestialmente, de estupidizarnos ante la televisión o las drogas, de amenazar a nuestra pareja, a nuestros hijos, a nuestros empleados. Para ello basta tan solo un golpe de decisión. ¡Hágalo ahora!
2. **La historia no es lo que ya ocurrió. La historia la estamos haciendo ahora mismo.** *Ahora* es cuando decidimos qué pasado queremos tener. "El presente es el pasado de

mañana", dijeron certeramente Albert Ellis y Robert Harper en su clásica *A Guide to Rational Living*. Comience a hacerse, *ahora*, un pasado feliz.

3. Admitiendo incluso que algunos hábitos son más difíciles de desarraigar que otros, tenemos, no obstante, un amplio margen de maniobra. ¿Ha sido sedentario por más de una década? Bueno, primero admítalo. Luego reconozca que caminar cinco kilómetros diarios es una meta que no alcanzará en tres días. De acuerdo. Pero si empieza ahora, dentro de algunos meses su cuerpo se lo agradecerá y le exigirá el ejercicio que lo hace sentir tan bien. Empiece por darle una vuelta a la manzana, luego aumente un minuto o una cuadra cada día... hasta lograr la meta.
4. ¿Quién dice que *no debió* tener el pasado que tuvo? ¿Quién, además de usted? Es cierto que no le gustan ciertos aspectos de su pasado, sí, *pero la realidad* es que ocurrieron. Y si ocurrieron, *debieron* ocurrir por alguna razón más allá de su deseo actual de que no hubieran ocurrido. Deje, entonces, de exigir irracionalmente que lo que ocurrió *no debió* ocurrir solo porque a usted *no le gusta*. Acepte los hechos del pasado porque, entre otras cosas, ya no puede evitarlos. Lo que sí puede hacer es *interpretar* esa realidad de un modo más inteligente, de un modo más científico, de un modo más productivo, de un modo más creador, de un modo menos neurótico. ¡Insista hasta que lo logre!
5. Lo que le ocurrió en el pasado es indeseable, pero *no es horrible*; es perturbador y molesto, pero *no es terrible*; es incómodo y desagradable, pero *no es catastrófico*. Ni aunque usted se empeñe en verlo así. Recuerde, sin embargo, que si usted *se empeña* en verlo de ese modo, es su *elección*: usted está eligiendo mentirse y sentirse mal con sus propias mentiras.
6. Deje de condenarse por sus errores pasados. Y deje de condenar a sus padres, sus maestros, sus amigos, sus hijos, su pareja, su *ex*. Lo que pasó, pasó. Usted cometió

estupideces y los demás también. ¿Sus errores propios fueron muy graves? ¿Lo fueron los ajenos? ¿Trató injustamente a alguien? ¿Le gritaron, lo insultaron, lo trataron mal, lo lastimaron, lo *traumaron*? Ni modo. Deje de lamentarlo y cúrese. Recupérese del trauma. Deje de rasgarse las vestiduras... y la piel. No sirven para nada la culpa ni el golpe de pecho. Para nada, excepto para llenarlo de dolor, para convertirlo en una bolsa de resentimiento, para impedir su crecimiento, para envenenarlo. Insisto: lo que pasó, pasó. Acepte el error propio y la equivocación ajena y empéñese en corregir las cosas *ahora*. Sin latigazos. Sin azotes. Sin golpes de pecho. Estos solo estorban en el proceso de construcción de una nueva personalidad más sana y más feliz.

7. "Conduce tu carreta y tu arado sobre los huesos de los muertos". WILLIAM BLAKE.
8. ¿Guarda algún resentimiento? Expréselo, resuélvalo y olvídelo. ¡Ya!
9. Reflexione en esto: los resentidos y los rencorosos son aquellos que toman veneno ¡para que se muera el otro!
10. Deje de atormentar, de acusar, de *fregar* a su pareja por errores del pasado: la madurez humana se alcanza cuando aprendemos a ya no desenterrar a los muertos.
11. "Si se puede luchar contra el problema, luche... Luego, si descubre que no hay forma de ganar, limítese a olvidarlo. Perpetuamos el dolor, lo mantenemos vivo cuando repasamos una y otra vez nuestras heridas, al tiempo que las exageramos. Volvemos una y otra vez sobre los recuerdos dolorosos, quizá con el deseo inconsciente de que cambie la situación, pero no cambia". DALAI LAMA.
12. ¿Tiene sentido esperar hasta morirnos para beber las deliciosas *aguas del olvido*, de las que han hablado los grandes poetas? Usted elige.

Algunas acciones para vencer las influencias perniciosas del pasado

1. ¿Ha tenido temor de la desaprobación en el pasado? Libérese ahora: haga ejercicios contra la vergüenza irracional: invite a salir a la persona que le gusta, tome iniciativas en el trabajo, dé conferencias, busque crítica seria para su trabajo, vaya en busca de la publicación de sus artículos o libros, inicie conversaciones con extraños. Haga las tareas sugeridas en los capítulos previos.
2. ¿Ha sido perfeccionista en el pasado? Aprenda nuevas cosas y corra el riesgo de cometer errores. No oculte sus equivocaciones. Cuénteles a los otros cuando se equivoca. No a todos, por supuesto: usted elija a quién.
3. ¿Tiene aún, a estas alturas de su vida y de nuestra era, *sentimientos* de superioridad o inferioridad? Los dos son caras de la misma patraña. Haga una lista de sus prejuicios condenatorios contra la gente: judíos, indios, mestizos, negros, chinos, arios, aristócratas, burgueses, obreros, ricos, pobres, derechistas, izquierdistas, mochos, conservadores, liberales, neoliberales, protestantes, etc., y otra lista de las personas ante las cuales ha tenido "sentimientos de inferioridad".
4. Empiece a usar frases como: "Nadie es más que nadie", "Nadie vale menos que nadie", "No hay superiores ni inferiores".
5. Haga una lista de tres acontecimientos del pasado que sienta que no ha podido superar (que aún lo enfurezcan, lo depriman, lo avergüencen o lo atemoricen) y escriba un autoanálisis sobre cada uno de ellos.
6. Desafíe normas irracionales de comportamiento establecidas en el pasado: compórtese, péinese, vístase del modo que le parezca conveniente, siempre que no pase sobre los derechos de los demás.
7. Sustente sus nuevas opiniones, exprese sentimientos positivos, exponga sus dudas, critique constructivamente.

8. Busque chistes que se burlen de la creencia irracional de que el pasado es importantísimo y que no podemos modificarlo. Cuéntelos.
9. Lea libros actuales sobre temas que en el pasado le hayan generado culpa irracional: vida sexual, militancias políticas, prácticas religiosas, ideologías, cientificismo o anticientificismo extremos.
10. ¿Ha tenido limitaciones en la exploración del infinito universo del placer sexual? Es hora de liberarse de ese pasado regido por la mojigatería: comience por comprarse un buen manual que le ayude a derrumbar las ideas irracionales que abundan en este terreno. Hay muchísimos ahora, pero yo le recomiendo que tenga en su buró los libros sensibles e informados de Alex Comfort. A continuación aplique lo aprendido. ¡Hay personas que hasta para la compra de material bibliográfico tienen dificultades!
11. Sea más asertivo con sus sentimientos positivos: exprese su cariño, su amor, su admiración por los demás; sea más asertivo con sus opiniones, defienda sus derechos más frecuentemente.
12. Practique deportes o actividades físicas que no haya hecho antes y que siempre quiso hacer: caminatas, montañismo, masajes, tipos distintos de baño.
13. Disciplínese para alcanzar una meta: haga planes, afínelos, llévelos a cabo. Levántese temprano, venza los obstáculos, avance hacia la meta.
14. Estudie algo nuevo: una nueva carrera, por ejemplo, sin importar la edad que tenga.
15. Use la técnica de la doble columna: en la primera haga una lista de frases que impliquen la aceptación pasiva y autoderrotista de las influencias del pasado: "El que nace para maceta, del corredor no pasa", "Estoy negado para...", "Árbol que crece torcido jamás su tronco endereza", "Genio y figura, hasta la sepultura", etc. Luego, en la segunda columna, escriba frases racionales que desafíen a las

anteriores. Ejemplos: "Soy humano y tengo metas, no soy solo una maceta", "Algunas cosas se me dificultaban, pero terminé dominándolas con esfuerzo disciplinado", "A diferencia de los árboles, yo tengo capacidad de enderezarme: comenzaré con mi torcido pensamiento", "Mientras viva, tendré capacidad de elegir".

16. Haga una lista de los comportamientos supersticiosos que todavía conserve. Oblíguese a actuar de un modo racional en esas situaciones: tome el salero de manos de otra persona, pase bajo una escalera (¡tras constatar que no hay un pintor arriba!), tire o regale esa pata de conejo que cuelga en su llavero, etcétera.
17. Pruebe platillos nuevos, degústelos, vaya a una cata de vinos, deléitese con los aromas, expóngase a nuevas sensaciones, vaya a conciertos de música distinta a la que hasta ahora ha disfrutado.
18. ¿Intentó cambiar algún hábito indeseable (fumar, beber, usar drogas) y se rindió ante la dificultad? Recupere el intento de cambio y persista en él.
19. Aprenda a relajarse (Lección 18) y controle sus estereotipias (movimientos repetitivos cuando se halla en estados de ansiedad: aclararse la garganta, movimientos nerviosos con las piernas, las manos, etc.). Modifique hábitos perniciosos o inútiles: morderse las uñas, arrancarse pelos, exprimirse los barros. Esfuércese por erradicar sus muletillas verbales condicionadas en etapas previas de su vida (*Esteee..., ¿Veees...?, Digo..., ¿No?, Sí, caón..., No, güey...*, y otras).
20. Cierre los ojos, respire hondo, relájese profundamente e imagínese (lo más vívidamente que pueda) siendo perdonado por alguien a quien lastimó en el pasado: imagine que esa persona viene hacia usted y lo toca, lo mira a los ojos y le dice con palabras claras y sinceras que lo perdona por aquel o aquellos actos equivocados que cometió usted, debido a su inmadurez emocional.

21. Cierre los ojos, respire hondo, relájese profundamente e imagínese (lo más vívidamente que pueda) perdonando a alguien que lo haya herido en el pasado: imagine que va hasta esa persona y la toca, la mira a los ojos y le dice, con palabras claras y sinceras, que la perdona por aquel o aquellos actos equivocados que cometió con usted debido a su inmadurez emocional.

¡Se sorprenderá del poder curativo que estos últimos dos ejercicios tienen!

Una historia ejemplar

Había una vez una aldea de gente muy pobre. Cuando bien les iba, tenían comida suficiente para ir pasándola, pero la mayor parte del tiempo padecían hambre. Los ancianos se reunieron y acordaron reglas para la sobrevivencia de la comunidad. Como en el huerto comunitario había crecido un ciruelo que daba frutos deliciosos, una de las reglas decía: "Cuando vayas al huerto, deberás tomar una sola ciruela, solamente una". La razón para esto era simplemente que la cantidad limitada de frutos hacía imperativo que hubiera restricciones sobre la cantidad de alimento que cada individuo podía consumir. Si alguien iba al huerto y tomaba dos, estaba privando a alguien más de su derecho al preciado fruto y, debido a su glotonería y falta de consideración, una persona se quedaría con el estómago vacío. Por eso era importante honrar la regla y no tomar más que "una ciruela, solamente una".

Muchos años después, la pequeña comunidad modernizó sus métodos de producción agrícola y sus nuevas técnicas produjeron mayor abundancia de comida, especialmente había una sobreabundancia de ciruelos. Las ciruelas caían de los árboles y se pudrían en el suelo. Pero, no obstante la plétora frutal, la antigua regla se mantenía: "Cuando vayas al huerto, deberás tomar una sola ciruela, solamente una".

La regla, igual que muchas otras, pasó de generación en generación sin adaptarse a los nuevos tiempos. Algunas personas, especialmente los niños, preguntaban: "¿Por qué no podemos tomar más que una ciruela?". A lo cual se respondía de muchas maneras: "Cállate, no cuestiones la ley". O "Lo que fue bueno para nuestros ancestros, también lo será para nosotros". O "Si comes más de una ciruela, te vas a quedar ciego". O "si tomas más de una ciruela, se te caerá el brazo". O "Así es la voluntad de Dios, ¿quiénes somos nosotros para juzgarla?".

De modo que, en esta aldea, como en muchas otras, lo que una vez fue una regla útil, sensible y práctica, había pasado a ser un dogma de la comunidad y se había vuelto una imposición supersticiosa sobre la gente.

Si examináramos la conducta de las personas en esa comunidad, encontraríamos distintos patrones. Había quienes se adherían religiosamente a la regla de "una sola ciruela, solamente una" y nunca se desviaban de ella. Había otros que deseaban tomar dos ciruelas o más, pero no se atrevían. Había también algunas personas que se atrevían a tomar dos o más ciruelas, pero se sentían culpables después de comerlas. Si continuaban teniendo remordimiento de conciencia cada vez que tomaban una segunda ciruela, iban a confesarse y su confesor les aconsejaba volver al buen camino y observar la costumbre de "una ciruela, solamente una".

A otros no les gustaban las ciruelas y les resultaba fácil respetar la ley. Entre esos a los que no les gustaban las ciruelas o eran demasiado viejos para comerlas con deleite, había algunos inquisidores que proponían aplicar los castigos más duros a los que transgredían la regla. Hubo algunos ¡que fueron llamados "santos" por observar tan rigurosamente una regla absurda!

Pero también había otros que *se daban cuenta* y habían deducido que no había razón válida para mantener el dictado de "una ciruela, solamente una", así que consumían dos o más a la vez, sin ninguna culpa o remordimiento. Entre ellos hubo algunos que emprendieron reformas sociales y otros llegaron a concebir la iluminada idea de embotellar o enlatar las ciruelas excedentes para poder usarlas a lo largo del año, aunque no fuera tiempo de cosecha. Esos que se atrevieron a romper la influencia perniciosa del pasado, terminaron recibiendo bendiciones de los que originalmente los condenaban.

LECCIÓN 16

HEDONISMO SABIO Y HEDONISMO MIOPE

Quizá una de las cosas que han hecho tan gozosa mi práctica como psicoterapeuta es que desde mi etapa estudiantil en la Facultad de Psicología nunca he dejado de asombrarme. Siempre ha habido algo que atrae poderosamente mi atención. Digo esto mientras recuerdo un sencillo experimento llevado a cabo en aquella época. Ahora casi cualquier estudiante que haya tomado un buen curso de psicología en la preparatoria puede conocer experimentos parecidos, pero en aquellos años, la década de 1970, la psicología mexicana estaba apenas adoptando los métodos de investigación de las ciencias naturales y no era común hacer prácticas de laboratorio. En fin, el experimento elemental al que me refiero tenía dos fases. En la primera entrenamos una rata blanca para presionar una palanca que sobresalía de la pared de una pequeña cámara experimental o Caja de Skinner. Cada vez que la rata presionaba la palanca, recibía como consecuencia una píldora de alimento. Al principio, cuando el organismo es introducido a la cámara, se dedica a explorar su nuevo ambiente: olisquea los rincones, toca las paredes, se acerca al pequeño foco en el techo, etc. De pronto, en una de esas idas y venidas, pasa por la palanca y, accidentalmente, presiona con fuerza suficiente como para cerrar un circuito eléctrico que prende la luz del techo y dispensa una píldora de alimento en el pequeño comedero. La rata, sensible al sonido, va al comedero y toma su píldora. El tiempo sigue corriendo y en algún momento vuelve a pasar por la palanca y la presiona con el mismo resultado: se prende la luz y recibe alimento. A medida que esto se repite, el tiempo entre las presiones se va haciendo cada vez más corto y aumenta el número de palancazos sobre unidad de tiempo. La relación entre presión de la palanca y comida se va estableciendo poco a poco, hasta que después de 20 o 30 minutos la conducta queda establecida: la rata presiona la palanca sistemáticamente y obtiene comida hasta que se sacia. Al día siguiente, tan pronto como es introducida a la cámara, la rata va directamente a la palanca y comienza a presionarla. Ha aprendido una nueva conducta.

En una fase posterior introdujimos en la cámara una segunda palanca que solo requería la mitad de fuerza para cerrar el circuito eléctrico. Nos sorprendía la rapidez con que la rata aprendía a ignorar la primera palanca y se dedicaba a presionar *solo la que requería menos esfuerzo.* Esto era lo que me asombraba: ¡la ley del menor esfuerzo parecía cumplirse también en los organismos inferiores!

La vida siguió su curso y la reflexión de la etapa adulta hizo que un día *me asombrara de lo contrario*: de que los organismos superiores ¡también se conduzcan muchas veces como lo hacen las ratas y otros organismos inferiores! Pareciera que la ley del menor esfuerzo es una ley natural, común a todos los organismos: **si dos conductas producen idéntico resultado, el organismo tiende a emitir la conducta que requiere menor esfuerzo**. Esta ley da lugar al error de pensamiento que analizaremos en este capítulo y que denominaremos “Falacia del Hedonismo Miope”. Podemos enunciar así esta nueva

Idea enemiga

Es más fácil evitar las dificultades y responsabilidades de la vida que enfrentarlas.

Y sí, *parece* más fácil: si dos conductas producen *el mismo resultado,* parece lógico elegir la que cuesta menos, la que involucra un esfuerzo o un desgaste menor. El problema es que la ley del menor esfuerzo resulta engañosa, y lo que *parece* igualmente fácil a corto plazo, muchas veces termina produciendo resultados absolutamente *distintos* a mediano y a largo plazo. El paso del tiempo termina mostrándonos que los resultados aparentemente *idénticos* no lo son.

Veamos estos ejemplos humanos donde la famosa ley se aplica con resultados nocivos a mediano y largo plazo: muchas veces parece más fácil ir al cine que ponerse a estudiar, sucumbir al helado de chocolate que resistir la tentación, leer una novela que escribir un capítulo de la tesis, no hacer ejercicio que hacerlo, usar el castigo físico para corregir a un niño que aprender métodos más eficaces de instrucción, no llevar el auto al taller mecánico que quedarse un tiempo sin él mientras lo arreglan, sucumbir a la dosis de alcohol o de droga cuando se está sufriendo el síndrome de abstinencia que resistir y liberarse de una buena vez, evitar el contacto con la persona que nos atrae que exponerse al rechazo...

Y no obstante lo fácil que parece, la idea de sucumbir al menor esfuerzo a veces resulta imbécil por una serie de razones incontrovertibles, entre las que destacan las siguientes:

1. A diferencia de las ratas, los seres humanos hemos desarrollado la capacidad de pensar y de *darnos cuenta* de las cosas. Descubrimos las leyes que rigen los fenómenos y así desarrollamos una mayor conciencia de ellos. Hacemos proyectos de vida, nos forjamos metas, analizamos nuestras potencialidades y avanzamos hacia nuestra autorrealización. Por eso podemos darnos cuenta rápidamente de que optar por el camino fácil no siempre considera las consecuencias a largo plazo de una decisión. Si sucumbo ahora al helado o a la inmovilidad, me haré más obeso a mediano y largo plazo, con todas las consecuencias que eso traerá contra mi salud; si no puedo resistir las molestias del síndrome de abstinencia del alcohol, las drogas,

el café, las anfetaminas, me encadeno más a ellas y hago más difícil mi próximo intento de liberación: me hago más dependiente; si retraso mi tesis, puedo perder becas, apoyos, ingreso a un nivel superior de educación y otras oportunidades académicas y laborales; si no me expongo al posible rechazo, me estoy negando oportunidades de aprendizaje y de satisfacción; si no me tomo la molestia de llevar el auto al taller, me expongo a sufrir las consecuencias de un susto, una contrariedad o un gasto mucho mayor; si no uso condón en las primeras relaciones sexuales con personas que acabo de conocer, me expongo a enfermedades que no quisiera tener, etc. Dicho de otro modo: optar por el camino más fácil hace la vida más difícil.

2. La elección del camino fácil impide alcanzar satisfacciones mayores: si soy dispendioso o despilfarrado en mis gastos, no tendré esas satisfacciones que solo se logran con autodisciplina: la casa, el auto, el trabajo, el tiempo libre del que deseo gozar. Y esto es cierto en caminos tan variados como la ciencia, el arte, la filosofía, la salud, el comercio, el deporte y todas las actividades humanas.
3. Sucumbir al camino fácil y rehuir el camino difícil asegura una continua ansiedad, con sus secuelas de remordimiento y culpa. No hacer las tareas escolares, no presentar el examen profesional, no hacer los pagos correspondientes ante las instituciones públicas o privadas pueden generar el riesgo de reprobar, de recibir advertencias, citatorios o embargos. O simplemente que se nos prive de servicios como el agua, el teléfono, el gas, la electricidad, etc. Pero estas omisiones también aumentan la tendencia a condenarnos, debilitan el autoconcepto y la confianza en uno mismo, fortalecen el sentimiento de indefensión y disminuyen la noción de autoeficacia.
4. Rehuir el camino difícil significa conformarse con resultados pobres, con satisfacciones menores y de corta duración. Leer cómics es, en efecto, más fácil que leer las

aventuras de *El ingenioso Hidalgo Don Quijote de la Mancha*; leer el periódico es más sencillo que leer a Shakespeare; leer un *bestseller* es más fácil que leer y entender un poema de Garcilaso de la Vega o de don Francisco de Quevedo. Sí, todas esas son tareas más fáciles, pero si sucumbimos a lo fácil solo estaremos estimulando zonas superficiales de nuestro espíritu y nos privaremos de placeres infinitamente más altos a los cuales únicamente se accede con un poquito más de esfuerzo inicial.

5. Aunque *sería muy agradable* que las altas satisfacciones fueran fáciles de lograr, la realidad es que no es así *ni tiene por qué serlo*: el mundo no está organizado para darnos casa y sustento *nada más por nuestra linda cara*. Escribir el artículo, la tesis, el libro, cuesta trabajo. Lo mismo que atender la tienda de abarrotes, o prepararse para las competencias olímpicas, o destacar en nuestro ámbito profesional. Esa es la realidad y, bien visto, es muy gratificante que así sea. Si insiste en que el mundo *debería* ser más blando con usted y que *no debería* ser como es, está cayendo en el error primario —¡una vez más!— de confundir la realidad con el deseo. Como ya bien lo sabe, en eso consiste la inmadurez emocional. Por lo tanto, siga en combate abierto contra los *debería*. Ni siquiera *debe* o *tiene qué* ser autodisciplinado. Si lo ve así, con esa moralina insufrible, se sentirá presionado por la obligación y se sentirá culpable cuando no cumpla con el *debería*. Mejor sustituya sus exigencias por deseos y conveniencias: "Opto por el camino difícil porque las cosas que se logran de ese modo enriquecen mi vida, la hacen más gozosa, me dan mayor satisfacción y placer a largo plazo y me hacen vivir más plenamente". Le *conviene* pensar de este modo, pero, desde luego, *no tiene que* hacerlo así.
6. Muchas veces exageramos las dificultades o adversidades de la vida con nuestra visión magnificadora de la realidad. "Ah, qué terrible obstáculo...", "Oh, qué horrible

contrariedad tener que rehacer el capítulo que no le gustó a mi asesor...", "Ay, es horrendo hacer fila en la Tesorería...", "Ugh, eso de levantarse temprano en los días de frío...", "Agh, qué lata eso de...". Mientras más tormentas hacemos en el vaso de agua, más nos asustamos, menos nos exponemos... y menos logramos.

7. Mientras más magnificamos la realidad, más sentimientos de indefensión generamos en nosotros: "No soportaría el rechazo, el esfuerzo, la confrontación, la dificultad...". Eso equivale a decir que *no soportaremos la vida sin las satisfacciones que deseamos*. Pero, oh, contradicción, ¿qué es lo que estamos haciendo? Al no exponernos a hacer las cosas disciplinadamente, *nos obligamos a soportar* el tipo de vida gris e insatisfactoria que, según nosotros, no podemos soportar. Así que, si de todos modos *vamos a soportar* lo que no nos gusta, ¿por qué no soportar el esfuerzo que involucra la persecución de aquello que sí queremos? He aquí el corazón podrido de la neurosis ante una privación o una frustración: "*Tengo* que disfrutar siempre", "Es terrible privarme del placer que se me ofrece", "No soporto el sufrimiento que ocasiona la privación", "Maldita sea la prohibición...", "¡Al demonio!". Y así, magnificando la dificultad, abandonamos la conducta creadora y disciplinada, y sucumbimos al placer inmediato haciendo más gruesas las cadenas que nos atan a la infelicidad.
8. Otra forma particularmente nociva de la magnificación es la predicción catastrófica: ¿para qué hacer las cosas si no me producirán satisfacción alguna? ¿Para qué esforzarse si mi estado de ánimo no cambiará? ¿Para qué exponerme si no lograré nada? Predecir resultados negativos es una forma brutalmente efectiva para mantenerse en la inmovilidad y en la parálisis.
9. La elección del camino fácil generalmente oculta un fuerte temor de fracasar y de ser desaprobado, temores francamente estúpidos —como ya lo demostramos en capítulos

anteriores—. Predecir fracasos es jugar al adivino y casarse con sus hipótesis. Si deja que la realidad conteste, se sorprenderá muchas veces de cuán equivocado estaba cuando usted pretendía contestar por ella.

10. Evitar el camino difícil y sucumbir al camino fácil puede llevar a la gente a realizar actos antiéticos, antisociales o francamente psicopáticos. No es otro el origen de la mentira, el engaño, el fraude, la violación, el robo, el asalto, el crimen organizado. La búsqueda del dinero fácil lleva a la gente a practicar conductas que terminan causando daño a otros y al mismo sujeto que las ejecuta. Las carreras criminales comienzan con actos de poca monta y poco a poco van avanzando por ese camino fácil que suele desembocar en la cárcel... si no en la muerte.
11. Note la estrecha relación que hay entre la falta de autodisciplina y la baja tolerancia a la frustración. Mucha gente rompe su disciplina ante los primeros obstáculos, ante las primeras dificultades, ante los primeros rechazos, ante las primeras frustraciones, pues. Optar por el camino fácil es exhibir una muy baja tolerancia a la frustración y, por lo tanto, un muy bajo grado de madurez humana.
12. Hay una estrecha relación entre la falta de autodisciplina y la depresión. Mientras más autodisciplinado se es, menor resulta la tendencia a la depresión. Mientras menos capacidad de autodisciplina se tiene, mayor es la tendencia a deprimirse. La palabra misma lo muestra. "Depresión" es un término que los psicólogos tomamos prestado de la orografía, donde significa *hundimiento de la corteza terrestre*. En el caso de la conducta, lo que cae o se hunde es el nivel del comportamiento. El sujeto deprimido deja de hacer cosas, permite que disminuyan o se derrumben sus conductas de autocuidado (bañarse, peinarse, lavarse los dientes, cuidar su persona en general), su actividad social (no quiere ver gente, ni recibir visitas o ir a reuniones), su actividad laboral o académica (llega tarde o falta,

no cumple con sus tareas, no toma iniciativas), etc. Un paciente deprimido comienza a romper el círculo depresivo cuando, aún sin ganas de hacerlo, se disciplina y realiza las conductas antidepresivas que lo sacarán de la espiral.

13. ¿Sus consentidores padres lo hicieron indisciplinado resolviéndole todas las dificultades? Qué lástima. Tanto amor fue veneno. Pero recuerde que después de los 8 años usted comenzó a pensar cada vez más por su cuenta. ¿Cuántos años tiene ahora? Si está leyendo este libro, supongo que ya tendrá la edad suficiente para dejar de culpar a su pasado por su déficit de autodisciplina. Le hará muy bien. Y le hará mejor aún si se responsabiliza de sus actos y reconoce que nadie sino usted mismo es quien ahora evita el camino difícil y con ello sabotea sus propias metas. Reconózcalo y actúe.
14. La tendencia a la inercia, a la inmovilidad, a quedarse echado como una vaca tomando el sol todo el día o atiborrándose de papas y cervezas frente a la televisión es una forma particularmente dañina en que suele encarnar el hedonismo miope. Nos da por creer que es posible lograr la felicidad máxima sin tener que hacer nada, sin comprometerse con nada y con nadie. La creencia es falsa, a menos que uno tenga la inteligencia de una naranja: mientras mayor es la capacidad intelectual de una persona, más estimulación requiere, más rápido se hastía de no hacer nada, más pronto se aburre de la inmovilidad.
15. ¿Por qué, en resumen, es tan importante desarrollar la capacidad de autodisciplinarse y no sucumbir a la ley del menor esfuerzo, a la búsqueda de satisfacciones inmediatas, al hedonismo miope? Porque la capacidad de autodisciplinarse tiene que ver con todo:

Con el cuidado de la salud física: hacer ejercicio, mantener una dieta balanceada, mantenerse alerta ante el uso de calmantes y estimulantes, levantarse temprano, acostarse a una hora determinada para no tener sueño al día siguiente, visitar periódicamente al médico o al dentista, ajustarse a un régimen de medicamentos cuando es necesario, practicar el sexo seguro, usar condón, etcétera.

Con la armonía conyugal: cumplir con las obligaciones económicas, respetar los presupuestos, cumplir con las responsabilidades hogareñas, dar tiempo y atención a los hijos, comunicar sentimientos tanto positivos como negativos, expresar las opiniones, controlar los celos irracionales, ponerles freno a las conductas machistas, autoritarias e irrespetuosas, defender los derechos a tiempo, resolver los problemas cuando se presentan para impedir que crezcan innecesariamente, buscar satisfacer las necesidades y los deseos más profundos de la pareja, etcétera.

Con la vida académica: estudiar, hacer tareas, preguntar en clase, tomar cursos extracurriculares, leer, mantenerse informado, suscribirse a las revistas especializadas, privarse de algunos placeres mientras no se ha cumplido con cierta tarea importante, escribir ensayos sobre la especialidad de uno, publicarlos, solicitar apoyos ante las instituciones pertinentes, etcétera.

Con la vida laboral: ser puntual, tomar iniciativas, entregar trabajos a tiempo, reconocer los errores, aceptar la crítica, desarrollar la capacidad autocrítica, no posponer acciones importantes, tomar decisiones, aprender a negociar, respetar a los clientes, a los colegas, a los superiores, a los subordinados, etcétera.

Con la vida social: llamar a los amigos, asistir a reuniones, recibir gente en casa, pedir favores ocasionalmente, decir *no* cuando no deseamos hacer algo, iniciar conversaciones, expresar afecto, etcétera.

Con la vida civil: pagar a tiempo la luz, el agua, el teléfono, los impuestos; seguir las reglas de tránsito; respetar al prójimo y a la naturaleza; no contaminar el ambiente con ruido, con basura, con agresión, etcétera.

Con la vida psicológica: desafiar la necesidad neurótica de aprobación, combatir el perfeccionismo, hacer esfuerzos sistemáticos para dejar de considerarse superior o inferior, aumentar la tolerancia a la frustración, enfrentar aquellas situaciones que nos producen ansiedad, liberarnos de las influencias perniciosas del pasado, aprender a perdonar y a perdonarnos, vencer continuamente la tendencia a la inercia, correr riesgos, etcétera.

Con la vida artística y espiritual: aprender disciplinadamente el arte al que quiera dedicarse, someterse a la crítica, tomar cursos, exponerse a los editores, al público, a los medios, a los galeristas, a las instituciones públicas y privadas que ofrecen apoyos y becas y, sobre todo trabajar, producir, crear...

16. Nadie vale más ni menos por ser más o menos disciplinado. El valor como ser humano no lo determina la capacidad de autodisciplina. Lo que la autodisciplina hace por nosotros es llevarnos más pronto a la autorrealización, a dejar de ser solo meras potencialidades. La autodisciplina nos aproxima a nuestras metas. No nos hace valer más, pero nos da más satisfacciones, nos hace sentir más afortunados, más satisfechos, más alegres, más contentos con nosotros y con los demás: nos permite lograr lo que queremos y evitar lo que no queremos, nos hace más capaces de chuparle el tuétano a la vida.

Algunos ejemplos clínicos y el caso de Manuel

Sandra tenía problemas para terminar la tesis de maestría; Mariano no podía con la de licenciatura; Isabel quería, pero no se atrevía a cambiar de asesor para la tesis doctoral; Manuel estaba a punto de perder su departamento por no reestructurar su deuda con el banco. En todos estos casos el problema surgía porque optaban por el camino fácil, por el placer de corto alcance, por el hedonismo miope. Sandra sucumbía a las actividades políticas, Mariano a las docentes, Isabel temía la reacción de su asesor (persona muy respetada y con poder en la institución académica donde ella hacía su doctorado), Manuel se gastaba sus ingresos en droga.

> *Sandra y su actividad política:* Me metí porque era necesario resolver algunos problemas del colegio... y de repente me sentí metida hasta el fondo. Hemos logrado varias cosas y tiene su encanto, pero por descuidar mi trabajo académico he dejado abierto un flanco por donde ya comienzan a atacarme los adversarios. Además, también hay peligro de que me quiten el apoyo que me dieron para terminar la tesis y estar en la grilla no me deja avanzar. Es importante, pero me quita tiempo y, bien visto, no es tan importante para mí como la vida académica, que de verdad me apasiona. ¿Qué hago?

> *Mariano:* Dar clases me gusta. No sabía qué tanto lo disfrutaría y ahora lo veo como una forma de realización personal. Me gustaría dedicar mi vida a eso. Me gusta preparar clases, aprender, ayudar a los muchachos en su crecimiento, representar el papel de autoridad moral ante ellos. Lo tomo en serio y me gusta hacerlo. Pero en estas vacaciones la directora me llamó y me preguntó cómo iba lo de la tesis porque las políticas de contratación iban a cambiar pronto y el título se iba a volver requisito indispensable. La verdad es que me dio un calambre psicológico. Por eso decidí venir a terapia.

> *Isabel:* El doctor X es respetadísimo y tiene mucho poder en la institución. Empecé a colaborar con él desde el principio, cuando estaba haciendo mi servicio social. Fui su asistente durante la maestría y fue mi asesor de tesis. He aprendido mucho con él y ya estaba nombrado como asesor para mi tesis doctoral, pero siento que no avanzo. No estoy creciendo. Esto se ha vuelto una relación como de padre hija y yo aprecio eso, pero no me gusta para mi vida acadé-

> mica. Necesito un cambio, pero ¿cómo enfrentarlo? ¿Cómo plantearle mi decisión? ¿Cómo va a reaccionar? ¿Qué efectos negativos puede tener sobre mi carrera? Llevo meses pensando en decírselo, pero no me atrevo. A veces me desespero y me pongo a llorar. Espero que me ayudes en eso.

Manuel se pinta solo en la crónica que sigue. Se la encargué unas 12 sesiones después de iniciada su terapia y la reproduzco *in extenso* porque ilustra con claridad el proceso de disonancia cognoscitiva en que el paciente se encontraba a esas alturas: luchando a brazo partido contra las filosofías autoderrotistas que lograba identificar, pero sin tener total conciencia de todos los pensamientos automáticos que lo asaltaban a lo largo del día. Este registro anecdótico funcionó de modo excelente para llegar a un nivel más profundo en el proceso de desarraigo gradual de su pensamiento irracional, causante de su neurosis. La crónica se inicia con tres párrafos de patente pensamiento neurótico, pero el propio paciente se percata de su discurso interno y logra combatirlo, lo cual le genera un notorio cambio en las emociones. Pero luego se deja ir en un torrente de pensamiento irracional que culmina, varias horas después, en una nueva ingestión de cocaína. Transcribo su registro cognitivo-conductual tal como lo presentó en su sesión terapéutica, pero he puesto en letra cursiva los pensamientos irracionales de los que no era consciente aún. Cuando, entre ambos, logramos que tomara conciencia de esos pensamientos automáticos, resultó mucho más fácil combatirlos. Sigámoslo:

> Despierto. Estoy cansado. Me duele el cuerpo. Me siento como si no hubiera dormido. Me pesan los párpados y desearía quedarme en la cama y no ir al trabajo; me cobijo y vuelvo a sumergirme en el sueño por más de media hora. Despierto nuevamente. Recuerdo que tuve un sueño desagradable que me pareció horrible: estaba en la cama con Blanca Estela y yo no podía tener una erección porque el sexo de ella era enorme, como una concha redonda, dura como la piel de

> un cangrejo. De las orillas del círculo rosado se levantaban unas largas púas; a pesar de lo extraño y terrible de su sexo, yo deseaba penetrarla y hacía un gran esfuerzo, pero era imposible. Tenía miedo y no lograba una erección; ella me mostraba su sexo, que sobresalía en medio de sus muslos, pero yo estaba desesperado y me sentía mal, muy mal... Miro la escena una y otra vez: ella tendida sobre la cama y yo incapaz de hacer nada, desmoralizado por mi incapacidad.
>
> Ahora estoy tan abatido como en el sueño: ¿qué quiere decir? ¿acaso soy impotente? ¿es el reflejo de una homosexualidad reprimida? ¿o es que en verdad no amo a Blanca? No comprendo nada y me siento muy mal.
>
> De pronto recuerdo tus palabras en una sesión pasada y me parecen muy certeras: solo fue un sueño extraño y punto. Decido no meterle jerigonza psicoanalítica como en mis antiguas terapias y elijo pensar que, en términos científicos, la interpretación de los sueños está aún en pañales. La realidad me dice que ni soy impotente, ni soy homosexual (aunque tenga fantasías ocasionales y fugaces cuando estoy muy excitado...). Antes me angustiaba por razones de mi formación religiosa, ahora me dan risa. Sé que en la realidad nunca las llevaría a cabo: nunca me he sentido excitado por un hombre en la vida real; en cambio, con las mujeres me enciendo rapidísimo. Así que no hay por qué darle tantas vueltas, que solo desembocan en culpa. A partir de este pensamiento me siento sorprendentemente tranquilo.

Hasta aquí los tres párrafos donde el paciente logra contrarrestar su pensamiento irracional con pensamientos lógicos. De aquí en adelante, Manuel se deja ir en un torrente de pensamiento irracional que culmina con una nueva ingestión de droga. He puesto en caracteres cursivos las verbalizaciones automáticas sustentadas en distorsiones cognoscitivas:

> Me levanto. Son las nueve de la mañana. Tomo una toalla y me dirijo al baño: bajo el chorro del agua intento una y otra vez poner en orden mis pensamientos, pero *no logro organizar las actividades del*

día. Recuerdo que *necesito* ir a buscar mi título de maestría en la Dirección de Profesiones para estar en condiciones de ser sinodal en los exámenes profesionales. El agua fría me reconforta, pero me siento cansado; pienso que *mi actitud es la de aquel que no tiene responsabilidades* y en ese momento, como en cascada, llega a mí una serie de tareas que no he realizado *y que ya debería tener hechas: no he iniciado la redacción de mi investigación, no he elaborado el programa para el taller de investigación en Hidalgo, no he ido a ver a mi tutor del doctorado... No sé por dónde comenzar, tengo flojera,* me toco el vientre, me duele...

Me visto y arreglo el cuarto con cierta parsimonia. Hago la cama y cuelgo la ropa. En la cocina hay trastes sucios y *Juana no recogió su cuarto. Qué hueva. Además, tengo que pensar qué vamos a comer este día.*

Decido, después de lavar los platos, barrer y trapear el piso, ir al mercado a comprar algunos guisos para no tener que cocinar. Antes de salir, apuro un vaso de leche y un pan. El cuerpo me pesa, *el calor es aplastante,* camino con desgano; mientras viajo en el colectivo, llegan a mi mente las imágenes del sueño de esta mañana, pero ahora me pregunto: *¿por qué no tengo relaciones sexuales más frecuentes?* Blanca se niega, dice que solo cuando estemos casados, aunque luego dice que no, que no es eso... No entiendo... Yo comprendo que, debido a nuestra situación, a una larga historia de malos entendidos, de groserías, dudas, exigencias, ella se niegue a tener contacto físico, aunque a veces *sospecho que el motivo real es que ella tiene un amante,* pero no lo sé... ¿Cuándo me voy a casar con ella, cuándo? Quién sabe cuándo... mucho menos si me siento así de mal, con tantos temores, dudas y sospechas infundadas... Además, siempre pienso que *ella no quiere y que solo me busca porque está convencida, o vencida, y no cree encontrar otra relación duradera.* ¿Será? O tal vez sí me ama, pero *ya no confía en mí.* O no sé...

Camino por los corredores del mercado y *siento envidia de la gente con la que me cruzo: me parece que van felices... ¿Por qué me siento así? ¿Cómo debería ser mi vida?* En la cocina económica compro sopa y guisado, y me alegro de ello pues no tendré que cocinar; compro frutas y verduras, así como unas tortillas. *¡Qué fea es la vida cotidiana!*, me digo. No disfruto de la alegría y del colorido del mercado. Voy sumergido en mis pensamientos. Tengo hambre. *Se me antojan unas tostadas de tinga, pero sé que me van a caer mal pues no he desayunado... ¿Qué tiene? —me digo— Me tomo un poco de Melox y asunto resuelto...*

Ya es tarde. Me he dilatado *demasiado*. El tiempo se ha ido sin darme cuenta. Tomo un taxi para regresar a casa. Me he acordado de que *necesito* entregar unos recibos de pago para que se tramite un préstamo que solicité. Voy al trabajo y de ahí a Profesiones. *Me desespero porque antes tengo que buscar el comprobante que me dieron para recoger el título. Quiero que el taxi vuele.* Se ha hecho tarde: son las 12:35, han pasado más de tres horas desde que me levanté. *Me reprocho: "Este es el resultado de haberme levantado tan tarde". Me siento nuevamente mal, como un perezoso, holgazán y huevón: "Soy un desordenado, por eso no me salen las cosas. ¿Cómo me voy a casar con Blanca? Voy a hacerle daño a mi hija con mi comportamiento: mi ejemplo no es el mejor...".*

Dejo la comida en casa y busco el comprobante. Tengo un desorden de papeles. *No sé ni cuándo los vaya a organizar... Mientras busco, pasan frente a mis ojos los estados de cuenta de la tarjeta de crédito (que no he pagado), los del crédito hipotecario, los recibos del predial y del agua, que también tengo que pagar, los recibos de honorarios con el IVA, que debo, y el problema de la luz. Busco con rapidez y desordeno aún más los papeles; quiero gritar: ¿dónde chingados puse ese maldito talón? ¡Aaay, qué fregadera! Este desmadre es el resultado de mis estupideces, del pinche vicio...* Por fin aparece el talón y doy un largo suspiro y me digo: *"Ahora no vayas a perderlo. Ojo..."*

Tomo el camino al trabajo, compro el periódico, intento leer en el trayecto, pero apenas ojeo los encabezados de la primera plana. No me entusiasma ninguna noticia: *el país se está cayendo a pedazos* es lo único que pienso. Miro por la ventanilla; *las calles me parecen tristes, sucias. La ciudad es un asco*, pienso, y me vuelvo a acordar de lo que vimos en sesiones pasadas... "Es mi pensamiento torcido, otra vez..." [*¡Bien!*: nota del autor]. Me quiero abandonar a la melancolía cuando escucho la música de una canción cursi y boba... *Pienso en Blanca y en mi mala fortuna...* Y me digo que *la amo, pero no sé qué hacer... ¿Por qué me siento tan decaído y cansado? Es en ese preciso instante cuando pienso que podría comprar un poco de coca: Quizá me reanimaría. Es relativamente fácil que la consiga.* Pero no... me siento mal... *me da sentimiento de culpa... Me miro huyendo de todo y de todos...* Mejor no... Pero... no tiene caso... Yo lo que quiero es un poco de placer, pasar un buen rato y *solo me engaño... Pero... ¿qué tiene? Ya mañana me voy a sentir un poco mejor, más reanimado. Así retomaría mis actividades. De seguro el Freddy tiene uno o dos gramos y yo tengo dinero. Pero no... No voy a tirar mi dinero en comprar mierda... ¡No!*

Cuando llego a mi trabajo me siento un poco mejor. Entrego los papeles y me voy en seguida a Profesiones. Ya es tarde. Apuro el paso. Pienso en tomar otro taxi, pero no, porque voy a gastar más... *Subo a un colectivo que va lleno. Me da coraje: chingados... ¿por qué no tengo coche?* Voy molesto. *Tengo ganas de pasar por encima de la gente, de aplastarla. Cualquier rozón me irrita y creo que es de mala leche: pinche gente.* Logro ocupar un lugar junto a una señora que tiene unos pechos opíparos. Quisiera besárselos. Y *vuelvo a sentir coraje porque no tengo relaciones sexuales: ¡Qué mierda! ¿Acaso soy un eunuco? ¿Qué me pasa? ¡Chingao!* ¡Ahora me explico mejor el sueño del sexo de Blanca como una concha dura e impenetrable! ¡No es impotencia ni homosexualidad: Blanca tiene dudas por mi vicio y realmente se pone difícil! Me tranquilizo por un ratito. Lanzo miradas furtivas y medrosas a la línea rosada que marca los cachondos y frescos pechos de la mujer que está a mi lado... *Siento rabia. Tan fuerte como no la había sentido desde aquel fracaso con Norma. Nunca había vuelto a sentir esta necesidad por una mujer: las mujeres pueden conseguir con quién coger con mayor facilidad que los hombres...*

Bajo del pesero. He perdido demasiado tiempo: corro para llegar a las oficinas. Entro con paso precipitado. Busco la ventanilla en la que tengo que realizar el trámite: una señorita me explica que ya no es hora, que hasta el día de mañana me pueden atender, a partir de las nueve... y me indica cuál es el procedimiento. Estoy a punto de protestar, pero es inútil; tomo los datos y me retiro, molesto conmigo por haber llegado tarde: *Hubiera tomado taxi...*

Salgo a la calle. El sol deslumbra y hace un calor denso: *Todo me sale mal.* Lo bueno es que puedo esperar al jueves para entregar copia de mi título y de mi cédula profesional... Camino bajo los pesados rayos del sol, contrariado por no haber alcanzado a realizar el trámite. Estoy cerca de la casa de Freddy y *me imagino que estoy platicando con él, inhalando un poco del polvo. Vuelvo a pensar que sería bueno que esta tarde me diera unos jalones;* también *argumento que la puedo usar para trabajar; podría terminar el programa del curso de investigación y divertirme,* pero *también pienso que me voy a excitar y que no me quedará otra que masturbarme y ya no quiero: ¿por qué necesito de esa mierda para sentir que puedo vivir feliz?* No. No la necesito, eso es falso, yo lo que quiero es una vida más feliz y así no lo voy a conseguir [*¡Bien, de nuevo!*, nota del autor]. *Quizás otro día, cuando no tenga nada que hacer, compro algo y busco alguna chava que le guste, la invito y nos la pasamos bien...* Pero... ¿a quién invito? Bueno, le podría decir a Alfonso, nos vamos a Cuernavaca y nos ligamos a unas gringas... *Sí... mejor lo dejo para otra ocasión, creo que es lo mejor.*

Pensar en la coca me hace sentir mal. Entonces me pregunto, *¿cuándo voy a dejar de pensar que quiero inhalar coca? ¿Nunca? Es un laberinto interminable.* Me siento frustrado, sin deseos de hacer nada... *Debería* ponerme a redactar mi trabajo, *pero tengo flojera...* Entro a un café, me tomo un americano y leo el periódico; *cada noticia que tiene relación con el narcotráfico ("Incautaron ocho toneladas de cocaína en Chihuahua") desencadena una serie de imágenes relacionadas con la droga. Veo los paquetes y calculo que si un kilo es mucha, ocho toneladas son casi el infinito. Además, los fiestones que agarrarán los narcotraficantes... y les vale madre. ¿Qué pedo...?* Aumenta mi deseo de ir a comprar una grapa: *¿qué tiene? Solo una y ya nunca más.* Pero no... *siempre digo lo mismo* y por eso no salgo del hoyo, es una actitud tonta e infantil... *¿por qué me engaño así?* No tiene sentido...

Un hormigueo recorre mi cuerpo, una sensación de leve escalofrío. Hay un pequeño temblor en mis manos, como una rama que mueve el viento. Una imagen precisa aparece en mi imaginación:

desnudo, caigo por un abismo oscuro. *Me quiero perder, no pensar, no sentir más que la excitación que me provoca la cocaína.* Es absurdo, pero la sensación es real. Vuelvo. Es como si regresara del sueño. Pido la cuenta. Otra vez se me ha hecho tarde. Mis hijos me esperan para comer, abordo un taxi y me dirijo a casa. *La sensación corporal aumenta y, con ella, el deseo de inhalar. Crece, crece, crece... Una y otra vez me digo que solo una vez y ya nunca más.* Pero también me digo que eso me he dicho muchas veces...

Quiero huir, pero sé que mis hijos me esperan y ¿adónde quiero ir? ¡*Qué estúpido*! Entro al departamento y grito: "Ya llegué". Mis hijos me contestan. Volteo a la ventana y lo primero que veo es que está roto el florero y el agua y las flores están en el piso. Me enojo mucho, pero cuando pregunto qué pasó, mi hijo me explica que llegó temprano y no traía las llaves. Se metió por la ventana. El enojo se torna rabia: "*Pero... ¿qué hiciste?* ¡Recoge de inmediato ese reguero! *¿Por qué no te esperaste a que llegáramos tu hermana o yo?*". Mi hijo balbucea algunas palabras y trata de explicar que dejó las llaves en casa de su madre. Me parece *inadmisible*. Pienso que mi hijo es muy distraído, que *la culpa la tenemos su madre y yo porque no hemos sabido educarlo.* Ya no escucho nada. Él fue por la escoba y el recogedor para levantar los pedazos del florero. *Solo a mí me puede ocurrir esto... ¿Por qué la vida me trata de ese modo? No lo puedo tolerar... No sé qué voy a hacer...*

Pero, a la vez que pienso estas frases, recuerdo que *cuando vivía con Blanca, me comportaba de modo similar con sus hijos... y me siento culpable.* Ayudo a Pepe y voy por la jerga para limpiar el piso... Pero al entrar en la cocina veo que *Juana no cumplió su compromiso de calentar la comida y vuelvo a gritar: "¿Qué pasó, Juana? No está caliente la comida y ya es tarde. ¿A qué hora piensas que vamos a comer?".* Ella responde con un "¡Ya, papá, bájale!". ¿Qué te hicieron? Retumba mi conciencia... Me pongo a calentar los alimentos. Me siento mal porque *pienso que no sé educar a mis hijos, que voy a repetir el comportamiento que tuve con los hijos de Blanca. ¡Qué ganas de huir! Tal vez sí...* No, no, no...

En ese momento suena el teléfono, es Freddy que me dice: "Buenas noticias... te puedo pagar lo que te debo. ¿Por qué no vienes?".

Le contesto que hoy no puedo, pero... "*si tengo chance, te busco más tarde*". Me responde que va a estar como hasta las ocho de la noche... Cuelgo... Tiemblo... Hay como una cierta alegría, pero a la vez dudo... ¿Iré? La comida transcurre con tranquilidad, pero en silencio... Pienso que tengo que hacer algo esta tarde. *Debería buscar algún libro que me distraiga:* "Podría ir a la Gandhi, tomar un café y leer un rato; mirar las lindas caderas que cruzan entre las mesas y *quién quita y me encuentre a alguien y me distraiga con la plática; también podría quedarme a hacer un autoanálisis pero... no... hoy no..., al rato, cuando regrese.* Decido ir a tomar un café y ver libros. Mis hijos me ayudan a levantar la mesa, luego Juana lava los trastes y Pepe se pone a practicar el violín. Le digo que lo acompaño a la academia, y de ahí me voy a la librería. *En el fondo tengo ganas de buscar a Freddy, sobre todo porque me debe dinero,* y aunque yo ya había renunciado a él *—son casi 700 pesos que daba por perdidos—, se lo puedo cobrar con "material".* Pero dudo... no sé qué hacer... recuerdo que ya me he gastado mucho dinero. *A estas alturas ya me hubiera comprado un coche, que tanta falta me hace y no tendría la deuda de la tarjeta...* Pero ya no voy a gastar, me repito por quinta vez. La sensación corporal, el hormigueo en las manos, una leve excitación, un deseo de besar unos labios, de perderme en un abrazo, de sentir un cuerpo desnudo; un deseo de huir a alguna playa, nadar ebrio y desnudo con una mujer, de no recordar nada ni a nadie... *Algo como una ausencia de mí mismo, de ser otro, se va apoderando de mí: me vuelvo a ver con Freddy y sus cuates inhalando una y otra vez, una y otra vez hasta perder la vergüenza...*

Aún no he tomado la decisión de ir a ver a Freddy cuando llegamos a la escuela de música. Me despido de Pepe. Estoy a unas cuadras de la casa del *dealer* cuando *pienso que qué importa, que es la última vez y que me debe una buena lana*. Cambio de ruta y en vez de ir a la librería me encamino al departamento de Freddy... *He tomado la decisión. Ahora ya solo pienso en el momento en que me muestre el material. Ya no hay retorno*: estoy tocando la puerta del departamento. Freddy abre y me recibe con una sonrisa. *Ya estuvo,* pienso. Su preámbulo se me hace eterno, *quiero que me muestre rápidamente lo que tiene*. Estoy ansioso, nervioso. Saca una grapa. La piedra brilla como un cristal. Tiene un tono nacarado. Muelo un poco, inhalo... Luego me preparo un cigarrillo. Suspiro profundo. El viaje ha comenzado...

Manuel luchó duramente identificando y combatiendo su pensamiento autoderrotista. Caía y se levantaba. Volvía a caer, volvía a levantarse. Peleó con fuerza contra la creencia absurda de que el pasado era el culpable de su adicción, aprendió a responsabilizarse (no a culparse) de sus emociones, incrementó su capacidad de tolerancia a la frustración, aprendió a aceptar sus errores con más facilidad y a guiarse más por su pensamiento que por sus vísceras, desarrolló una noción de autoeficacia para enfrentar problemas y aprendió a aceptar el hecho de que los fenómenos se rigen por leyes naturales, o sociales, o económicas o psicológicas y *no por nuestros deseos*; aprendió, incluso, a burlarse de su *adoctrinamiento* psicoanalítico, cultivado por casi 20 años. Aprendió todo eso, pero, sobre todo, aprendió a evitar el camino del menor esfuerzo. En los tiempos de su proceso inicial de psicoterapia cognitivo-conductual terminó la tesis y presentó el examen de maestría, obtuvo una beca para su investigación, renegoció su deuda con el banco y publicó dos libros.

Confiado en sus éxitos, dejó la terapia sin haberla terminado. Luego aflojó el paso, ablandó su disciplina y cayó nuevamente: en alguna de esas recaídas comenzó a tener "algo como alucinaciones", y se asustó en serio. Aunque le costó trabajo, optó de nuevo por el camino de largo alcance: decidió internarse unos meses en una clínica y al salir trabajó con un grupo de adictos en recuperación y volvió a su terapia individual. Recuperó su autodisciplina más rápido que antes, y poco tiempo después terminó su investigación y presentó su examen doctoral. Lleva casi dos años sin sucumbir y, como él dice, viene, con paso firme, de regreso del infierno.

Hacia una visión madura del hedonismo

Ahora que se ha dado cuenta de toda la irracionalidad que subyace en la Falacia del Hedonismo Miope, lo invitamos a sustentar un hedonismo sabio: una búsqueda del placer duradero y más satisfactorio, aquel que enriquece nuestra vida y la de los demás y que se sustenta en pensamientos poderosos como los que siguen:

1. Recete y recétese con frecuencia los siguientes refranes: "Al mal paso, darle prisa", "Al que madruga, Dios lo ayuda", "El que no arriesga no pasa la mar", "No dejes para mañana lo que puedas hacer hoy".
2. La autodisciplina se facilita cuando recordamos que toda tarea complicada está compuesta de una gran cantidad de tareas sencillas. Las más hermosas catedrales están construidas de ladrillos y piedras que se van colocando uno por uno; la Biblia, el Corán, *Don Quijote*, la *Ilíada*, la *Odisea*, la *Eneida* y las obras de Shakespeare están hechas de palabras, versos, estrofas, páginas, capítulos... Recuérdelo y avance paso a paso. *Todo camino de 1000 kilómetros empieza con el primer paso.*
3. Evalúe y memorice los siguientes *Proverbios del infierno* de ese poeta genial llamado William Blake:

   Aprender en el tiempo de la siembra, enseñar en el tiempo de cosecha, disfrutar en invierno.

   Piensa en la mañana, actúa al mediodía, come en la tarde, duerme en la noche.

   En tanto el arado sigue a las palabras, Dios recompensa a los que oran.

   El que desea pero no actúa, engendra la peste.

4. El talento sin autodisciplina sirve de muy poco. Disciplina requirió Miguel Ángel para pintar la Capilla Sixtina durante cuatro años; disciplina requirió Denis Diderot ganando algo así como 12 dólares semanales durante 20 años mientras preparaba los 28 volúmenes de la primera gran Enciclopedia que recopilaba todas las opiniones científicas del Siglo de las Luces.
5. Reflexione sobre esto: la neurosis se caracteriza por conductas de evitación y escape: evadir, huir, rehuir, posponer, postergar, desistir, abandonar, dejar, *sacarle al bulto.* He ahí el mejor camino para convertirse en inválido. La conducta creadora consiste en enfrentar las dificultades y las adversidades de la vida: enfrentar, confrontar, encararse, arrostrar, desafiar, aceptar retos, resistir, dar la cara, *entrarle al toro.* He aquí el mejor camino para convertirse en un ser humano más feliz (o, si se prefiere, menos infeliz).
6. Sin duda, encontrará etapas difíciles, cansadas, aburridas, en la ruta hacia sus metas más apreciadas. ¿Quién dice que *no deberían* ser así? Así son y punto. Esa es la realidad. ¿No concuerdan con sus deseos? Qué lástima. Pero después de lamentarlo, dispóngase a aceptar esas fases como hechos naturales y no como grandes catástrofes imposibles de soportar. No haga tormentas en vasos de agua ni caiga en la indefensión. ¿Son actividades molestas, aburridas, cansadas? Sí. ¿Y qué? ¿Para qué exagerar el sufrimiento que le causan? Si magnifica, es más probable que huya lleno de temor ante el monstruo que usted mismo inventó.
7. No se meta zancadillas ni se haga trampas a usted mismo. ¿No baja de peso porque lo presionan sus padres o su pareja? ¿No deja de fumar, de beber o de consumir drogas para que los demás no crean que se deja influir por ellos o que es usted un pelele sin voluntad? La estupidez humana puede llegar hasta ahí: ¡nos hacemos daño porque estamos resentidos contra alguien y no queremos darle la

razón! Pero recuerde que **la verdad es la verdad, dígala Agamenón o su porquero**. ¿No es francamente idiota rechazar platillos exquisitos solo porque alguien que *nos cae mal* también los disfruta? Díctese la instrucción: "Haré esto no porque tú lo digas, sino porque *yo he decidido* que me conviene hacerlo".

8. Recuerde que evitar los problemas o escapar de ellos es prolongar el sufrimiento. Contra la baja tolerancia a la frustración que nos hace abandonar el camino disciplinado recuerde aquellas palabras de *Almafuerte*:

   Si te postran diez veces, te levantas
   otras diez, otras cien, otras quinientas...
   No han de ser tus caídas tan violentas
   ni tampoco, por ley, han de ser tantas.

9. ¿Por qué a tanta gente le resulta tan difícil disciplinarse? Porque la mayor parte de la gente quiere jarabe, no medicina.
10. Grabe en su alma esta frase de Charles Reade: "Siembra un acto y cosecharás un hábito, siembra un hábito y cosecharás un carácter, siembra un carácter y cosecharás un destino".
11. Contra la inercia, la acción, el compromiso, la absorción vital en los tres géneros de actividad creadora más satisfactorios para los seres humanos: amar, crear, filosofar. Usted elija las personas, las áreas de creación, las ideas sobre el mundo, sobre la naturaleza, sobre el ser humano. Ame creadoramente (no esté esperando que lo amen como si fuera un indefenso bebé de meses); sea creativo en su casa, en su trabajo, en su sociedad: produzca cosas, comience un negocio, haga trabajos manuales, construya casas, mejore su vida familiar, tome cursos, impártalos, escriba libros, haga opinión, participe en grupos, tome iniciativas, siembre árboles, practique la fotografía, la pintura,

la escultura, la música, etc. Busque, confronte y cuestione ideas en su campo de actividad y fuera de él: las ideas enriquecen nuestro estar en el mundo, nos ayudan a ver mejor o más lejos. Muéstrelas y susténtelas sin tratar de imponerlas. Lo dijo insuperablemente el gran Rubén Darío: "Y la primera ley, creador: crear. Bufe el eunuco. Cuando una musa te dé un hijo, queden las otras ocho encinta".

Algunas técnicas para el desarrollo de la autodisciplina

1. *Primero la conducta, luego el reforzador.* La mayor parte del comportamiento humano está controlado por sus consecuencias. Las consecuencias llamadas *reforzadores* cumplen la función de hacer más probable la conducta a la cual siguen. Por ello, *primero* oblíguese a ejecutar la conducta que le interesa aumentar y que le cuesta trabajo *y después* otórguese la consecuencia reforzante. No al revés. ¿Prefiere ir al cine en vez de estudiar? Es un deseo muy legítimo, pero recuerde que se está formando como arquitecto, abogado, ingeniero, médico, psicólogo, y no como crítico de cine. Por lo tanto, le conviene leer primero ese capítulo importante para su formación académica y *después*, si le queda tiempo, hable por teléfono con su novia, lea el periódico o la revista de actualidades o váyase al cine, libre de culpa y con la satisfacción del deber cumplido. En mi caso, yo leo *primero* el a veces pesado material psicológico que me permite mantenerme al día en mi profesión y *después* me otorgo el privilegio de sucumbir a mi pasión: la lectura de las más altas glorias literarias o simplemente las noticias del periódico y las revistas. *Primero* escribo unas páginas del libro que está usted leyendo y *después* reviso los mensajes en mi buzón electrónico. *Primero* voy a caminar una hora al bosque de Tlalpan y *después* disfruto de

algún placer extra en mi desayuno. *Primero* barro, sacudo o arreglo algo en la casa y *luego* disfruto mi jardín de cactáceas. *Primero* la conducta más difícil y *a continuación* la más fácil. *Primero* la responsabilidad y *luego* la recompensa. *Primero* hacer y *luego* descansar disfrutando del tiempo libre. Es importante recordar aquí que el aparente no hacer nada, la contemplación, la relajación, la meditación (parar el pensamiento analítico) y la concentración y expansión de la atención son procesos verdaderamente deliciosos que podemos emplear como recompensa a nuestro trabajo autodisciplinado. En resumen, y dicho con las sabias palabras del refrán: *primero la obligación y luego la devoción*. Con ese método, entre otros, he logrado estudiar una profesión, ejercerla con éxito, dar clases, impartir cursos de educación emocional, formar terapeutas, coordinar talleres literarios, amar y mantener a mi familia, construir tres casas, formar dos bibliotecas personales, alcanzar mi peso ideal, cultivar un jardín de cactos, un bosquecito tropical y un bosque de bambú, publicar más de 25 libros de poesía, recibir varios premios literarios y varias becas, ayudar a casi dos millares de pacientes, divertirme mucho, querer a mis amigos, amar a mis amigas, formar un matrimonio envidiable, apoyar a mis hijos en su desarrollo, llegar a los 75 años libre de adicciones y con una salud de roble, no tener deudas y... disfrutar al ver que este libro que escribí y publiqué en el año 2006, tras tres ediciones y 10 reimpresiones, la última en el año 2021, está llegando al final de su revisión y actualización para una próxima edición.

2. Establezca prioridades y limite sus objetivos: mientras menos metas se imponga, más concentrará su energía y más rápido estará disfrutando del placer de alcanzarlas. Cada vez que alcance una meta, comience con una nueva. Por supuesto, si tiene capacidad y energía para perseguir varias al mismo tiempo, magnífico: haga lo necesario.

Pero si descubre que se autosabotea abarcando mucho y apretando poco, disminuya el número de sus pretensiones y alcáncelas paso a paso.

3. En lugar de atarse a sus creencias irracionales como si fueran dogmas, desarrolle una actitud científica y someta sus creencias a la experimentación. ¿Para qué ir a los museos (cosa que antes disfrutaba) si ahora no le producirán ningún placer? ¿Para qué defender un derecho si los demás no entienden? ¿Para qué solicitar esa beca si solo se la dan a los recomendados? No conteste usted por la realidad. No se aferre dogmáticamente a sus hipótesis. Sométalas a experimentación y vea qué cosas logra y cuánto placer le producen. En una escala de 0 a 100 *prediga* cuánto placer le causará ir la mañana del sábado a ver la exposición que le resulte más levemente atractiva. Apunte el placer que anticipa en una tarjeta y llévela en su bolsillo. Si está deprimido, no dudo que su placer anticipado sea calificado con 0. Luego, más allá de su predicción negativa, expóngase a la situación y califique el placer real que le produjo su acción. Comprobará que tiene razón en *algunas* cosas, pero no *en todas.* Así estará funcionando de manera más apegada a la realidad y dejará de funcionar con los prejuicios irracionales que están detrás de sus emociones neuróticas y de su indisciplina.
4. La inercia es acumulativa. Recuerde eso. Si falla un día en su proceso autodisciplinario, es más probable que falle al día siguiente... y al siguiente y al siguiente. ¿Lo ha notado? Si deja de practicar porque salió de la ciudad, porque se enfermó, porque fue su cumpleaños, es más probable que la indisciplina le tiente de nuevo. Por lo tanto, trate de no permitirse una caída ni en esos días significativos. Y si falla alguna vez, perdónese pronto y vuelva de inmediato a la acción disciplinada. Sin autocondenas y sin golpes de pecho.

5. El modelamiento es un importantísimo proceso de aprendizaje social. Aprendemos del comportamiento de otros y enseñamos a otros con nuestro comportamiento. Es, por lo tanto, muy conveniente construirnos un entorno social con buenos modelos, es decir, con modelos autodisciplinados. Encuentre sus héroes, sus modelos de autodisciplina en la ficción o en la realidad, en la mitología, o en la historia. O en la vida diaria. Si los integrantes de una pareja funcionan como modelos de indisciplina el uno para el otro, construirán muy pronto una vida caótica; si solo uno de ellos es autodisciplinado, la cosa mejora, pero si ambos funcionan como modelos de autodisciplina, se dispara geométricamente la posibilidad de forjar una pareja feliz y productiva.
6. Muchas veces dejamos de hacer las cosas que queremos hacer porque nos parecen abrumadoras. Para evitar caer en la magnificación de la realidad cuando se propone hacer algo, tenga bien medido el tiempo que le llevará hacerlo. ¿Cuánto se tarda en leer una página de un libro promedio? ¿Cuánto le toma ir y volver del supermercado? ¿Cuánto tiempo pierde en el banco? ¿Cuánto en cargar gasolina? Tener estos datos a mano le ayudará a no asustarse con su tendencia magnificadora.
7. Escriba su programa de acción. La conducta es reactiva al automonitoreo. La atención se mantiene concentrada y lo mismo sucede con la energía. Después de un tiempo, derivamos un gran placer al ver las palomitas indicando las actividades realizadas. El siguiente modelo de tres columnas funciona bien:

PROGRAMA DIARIO DE ACTIVIDADES

Horario	Actividades	¿Cumplió?
8-9		
9-10		
10-11		
11-12		
12-13		
13-14		
14-15		
15-16		
16-17		
17-18		
18-19		
19-20		
20-21		
21-22		
22-23		
23-24		

8. Haga un contrato con usted mismo. La mejor recompensa es cumplir lo que nos proponemos, pero cuando algo nos cuesta trabajo, vale la pena otorgarse una recompensa extra si cumplimos: "Veré televisión solo si avanzo por lo menos tres páginas diarias en la tesis", "Iré al concierto solo si antes veo a mi asesor", "Me compraré el libro que quiero solo si termino mi ponencia antes del sábado".
9. Cuando se descubra postergando alguna actividad importante, lleve un registro de pensamientos automáticos utilizando la técnica de la doble columna. En la primera columna registre los pensamientos automáticos ("Seguramente habrá una larga fila en la Tesorería"). En la segunda,

descubra la falacia cognoscitiva que subyace a cada uno de ellos. En el ejemplo anterior las falacias son: *Error del adivino* o *predicción catastrófica*. Esto lo aprenderá bien en la Lección 17, pero algo puede hacer desde ahora. A continuación, sustituya el pensamiento inmovilizador por una autoinstrucción creadora: "No tengo bola de cristal para ver el futuro, así que no sé si habrá fila larga o no. Y, en segundo lugar, aunque haya una fila grande, seré capaz de soportarla, haré el pago correspondiente y me quitaré esta preocupación de una buena vez".

10. Aprenda a posponer la tentación. No acepte inmediatamente ese cigarro, ese café, esa copa, esa invitación a usar drogas o a comprar cosas atractivas que no necesita. Otórguese el tiempo necesario para decidir usando la cabeza y no el impulso visceral. Ejerza su derecho a decidir con calma. Aprenda a decir: "No, gracias", "Lo pensaré", "Quizá otro día", etcétera.
11. Los pretextos. Ah, los pretextos... El refinado arte de poner pretextos y mantenerse en la inercia y en la insatisfacción. "Quiero bajar de peso y tengo que hacer ejercicio, pero...", "Quiero arreglar mi problema dental, pero...", "Quiero aprender un idioma nuevo, pero...". *Pero, pero, pero*... La conjunción adversativa *pero* expresa que lo que dice la oración a la que afecta impide, justifica, compensa, contrarresta o atenúa lo dicho en la oración principal. El arte de poner pretextos es un arte menor. El arte de desafiar los pretextos es un arte mayor de la terapia cognitivo-conductual y conviene aprenderlo para vencer nuestra tendencia autoderrotista y neurótica. Se trata de trabajar con dos columnas a las que llamaremos *Arte menor* y *Arte mayor*. En la primera, la de *Arte menor*, pondremos la conducta que nos interesa realizar y todos los pretextos con que obstaculizamos su logro; en medio estará la conjunción adversativa PERO escrita en mayúsculas. En la segunda columna, la de *Arte mayor*, escribiremos desafíos racionales, una

vez tras otra, hasta que se acaben los pretextos. Veamos los casos siguientes:

Arte menor Los pretextos	Arte mayor Los desafíos
Quiero hacer ejercicio, PERO no tengo dinero este mes para inscribirme en un gimnasio.	Para hacer ejercicio no necesito el gimnasio. Puedo hacer muchas cosas que me ayuden a quemar calorías. Puedo caminar aquí mismo, alrededor de la manzana en que vivo.
Sí, puedo caminar aquí, PERO no es tan agradable dar vueltas por una hora alrededor de la manzana.	Entonces puedo caminar alrededor de un área más grande. Servirá para que conozca más la colonia y quizá encuentre zonas que me parezcan agradables. El chiste es quemar calorías, y eso lo puedo hacer incluso dentro de la casa, subiendo escaleras o saltando la cuerda.
Bueno, podría caminar en la colonia, PERO prefiero un bosque y el más cercano es el bosque de Tlalpan.	Pues, entonces, ¡a caminar al bosque de Tlalpan!
Es cierto, podría ir a caminar al bosque de Tlalpan, PERO mi coche está en el taller.	No necesito el coche para ir al bosque; podría ir en transporte público.
Es cierto que podría ir en camión, PERO se tarda mucho.	El camión no es el único medio de transporte público. El microbús se tarda menos.
Es cierto, PERO va uno muy apretado.	Eso no es el fin del mundo. Puedo soportarlo perfectamente. No será la primera ni la última vez que me apachurren.

Arte menor Los pretextos	Arte mayor Los desafíos
De acuerdo, PERO a veces el microbús también se tarda en pasar.	Entonces puedo tomar un taxi y así me ahorro los apretujamientos y la tardanza.
Está bien, PERO no quiero gastar más en un taxi.	Entonces puedo ir caminando al bosque. Haré 20 minutos de ida y otro tanto de regreso.
Sí, PERO eso solo da 40 minutos y yo quiero caminar una hora.	Pues entonces hago 20 minutos de ida, 20 minutos en el bosque y otros 20 de regreso...

¡Se acabaron los pretextos! Haga lo mismo cada vez que se descubra posponiendo acciones importantes en su vida. Siempre valdrá la pena tomar conciencia de aquellos pensamientos que facilitan una tarea y aquellos que lo inmovilizan y le impiden el crecimiento.

12. Lleve un *Diario de éxitos psicológicos*. Lo hemos dicho antes, sí, y siempre es bueno repetirlo: no hay éxito pequeño, todos son importantes. Nadie más que usted sabe lo que significan cosas aparentemente pequeñas como: "Llevo una semana sin comerme las uñas", "Llevo siete horas sin fumar", "Reconocí un error ante mi amiga y le ofrecí una disculpa", "Leí tres páginas", "Defendí mi derecho en el supermercado", "Llamé a Ramiro para felicitarlo por su cumpleaños". Nadie más que usted y, quizá su terapeuta, sabe el esfuerzo psicológico que eso representa. Llevar un registro cuidadoso de éxitos lo ayudará a reconocerse como alguien capaz de construir su propia personalidad y guiar su comportamiento en la dirección que quiera.
13. Ante conductas que resultan particularmente difíciles vale la pena hacer una lista de las ventajas que tendrá dominarlas. "Me da miedo ir al dentista. No puedo imaginarme sentado en su sillón, oyendo el ruidito de su fresadora acercándose a mis dientes". Enumere la lista de ventajas que

tendrá el disciplinarse: *a)* La caries no avanzará; *b)* el dolor y las molestias disminuirán; *c)* mi placer al comer carne mejorará; *d)* el frío o el calor en la boca ya no me molestarán tanto; *e)* no tendré dudas sobre mi aliento y me sentiré más a gusto al hablar con la gente; *f)* besaré más gozosamente; *g)* sonreiré con más confianza; *h)* me sentiré más responsable conmigo mismo; *i)* no me sentiré culpable por mi negligencia. Este es el primer paso: escribir las ventajas en una tarjeta. A continuación, cierre los ojos y en total relajación, en un espacio adecuado y en soledad, imagine esas ventajas vívidamente y disfrútelas en su cuerpo. Gócelas. Viva la experiencia como si ya hubiera realizado la conducta: *a)* Ya no tengo caries: recorro mis dientes con la lengua y disfruto de la sensación de encontrar mis muelas lisitas y agradables; *b)* me lavo los dientes con gusto y sin sentir dolor alguno; *c)* voy a ese restaurante argentino: pido el bife que tanto me gusta y puedo olfatearlo, cortarlo, masticarlo y deleitarme con él. Y así hasta terminar con la lista de ventajas. Se sorprenderá de lo fácil que se vuelve alcanzar o dominar esa conducta que se mostraba tan difícil.

14. Mientras más cosas haga (*con ganas o sin ellas:* y en hacerle saber esto a su paciente se empeña mucho el terapeuta cognitivo-conductual), más probable es que encuentre recompensas en el ambiente; el hallazgo de estas recompensas comienza a derruir poco a poco la cognición equivocada típica del depresivo: “No sirvo para nada, nada me sale bien, fracaso en todo…”, etc. Mientras más autodisciplina muestre una persona, más pronto saldrá del brote depresivo y menor será la probabilidad de caer en nuevas depresiones clínicas. El terapeuta cognitivo-conductual se empeña en hacerle ver a su paciente que **la motivación no siempre va antes de la acción, sino, muchas veces, después de ella**. Hay que remachar continuamente esta noción. No espere a tener ánimos para hacer ejercicio: hágalo. No espere a tener ganas de ponerse a leer: quizá no

vengan nunca. Comience con la primera página. No espere a desear arreglar su desordenada biblioteca o su caótico escritorio: comience. Luego vea lo que sucede. *Primero la acción, luego la motivación...* Haga, actúe, realice, póngase en movimiento, éntrele a la acción. La motivación y la inspiración para *acciones futuras* vendrán por añadidura.

15. *Tarea importantísima*: ¿Recuerda que, páginas atrás, yo puse en letra cursiva los pensamientos automáticos en la crónica de Manuel? Relea el caso cuidadosamente y trabájelo con la técnica de la doble columna: en la primera, ponga los pensamientos automáticos, y en la siguiente, escriba las distorsiones cognitivas en que están basados. Ofrezca a continuación una alternativa racional. *Haga este ejercicio después de leer la* Lección 17. Ya le falta muy poco para llegar a ese punto, así que, cuando ya domine la técnica, vuelva al caso de Manuel. Le resultará extraordinariamente útil como repaso general.
16. Hay cosas que requieren una cuidadosa planeación y otras que no la necesitan. Muchas personas indisciplinadas pierden un tiempo precioso planeando actividades tan sencillas como bañarse, lavarse los dientes, ir al museo o a la librería. No le dé demasiadas vueltas a lo que se propone realizar. *¡Acción!* No desperdicie su energía imaginando el frío al desvestirse, los movimientos del jabón, las cerdas del cepillo de dientes o los baches del camino y los giros del volante de su automóvil. ¡Haga las cosas de una buena vez! ¡Levántese, báñese, péinese, desayune, salga a la calle... *¡Éntrele al toro diario de la vida!*

La autodisciplina se adquiere practicándola: algunos actos para comenzar

Listamos a continuación una serie de conductas con las que muchos pacientes han tenido dificultad. Algunas podrán resultar suyas también. O por lo menos le servirán para explorar sus propias deficiencias conductuales. Úselas como inspiración y guía, haga su lista personal e inicie su trabajo de crecimiento individual hacia la autodisciplina. Lo que logre será mejor que nada.

1. Comience *hoy* a escribir la tesis, el ensayo, el artículo, el libro que ha venido posponiendo. Lleve un registro del número de páginas escritas diariamente o del tiempo que le dedica cada día.
2. Comience a hacer ejercicio físico *hoy mismo*: camine cinco, 10, 15 minutos diarios, por lo menos. Incremente cinco minutos cada semana hasta que se estabilice al menos en una hora de caminata diaria.
3. Inicie un régimen de alimentación balanceado y de largo alcance, no dietas milagrosas de corta duración.
4. Elija por lo menos cuatro clásicos de su disciplina que sería muy conveniente que ya hubiera leído pero que no ha logrado terminar. Propóngase leer al menos estos cuatro en un año. Lístelos a continuación y *comience hoy con el primero.*

   Me propongo terminar de leer los siguientes libros clásicos para mi disciplina:

   a)
   b)
   c)
   d)

5. ¿Tiene problemas con alguien de su familia? Inicie un diálogo cotidiano con ese alguien: su cónyuge, sus hermanos, sus padres, sus hijos. Comience por saludarlo diariamente. Avance poco a poco, pero avance.
6. Haga, al menos, una pequeña parte de su proyecto a largo plazo. Una pequeña parte, sí, pero *diariamente.* Ejemplo: hace años traduje un útil librito de 150 páginas que sería de gran beneficio para mis pacientes. Cuando me propuse ese proyecto, me dije: "Si traduzco 10 páginas diarias, terminaré

en 15 días. Si traduzco cinco páginas diarias, terminaré en 30 días. Si traduzco tres páginas diarias, terminaré en 50 días. Si traduzco una página diaria, terminaré en 150 días". Opté por traducir cinco páginas diarias y terminar en un mes. Terminé en el día 21, es decir, nueve días antes de lo previsto, porque no solo fui sistemático en mi tarea diaria, sino que, como suele ocurrir, muchas veces *me picaba* y traducía más de las cinco páginas que eran mi compromiso.

7. Inicie un programa diario de lectura placentera: Shakespeare, Cervantes, Baudelaire, Machado, Rubén Darío, Octavio Paz, Dostoyevski, Tolstoi, los clásicos griegos y latinos, la Colección Lecturas Mexicanas, lo que usted quiera. Retome el libro importante que abandonó hace unos días, semanas, meses, años.
8. ¡Hasta para la búsqueda del placer se requiere disciplina! Muchas veces me encuentro en la consulta con personas de alto desarrollo intelectual, algunos con cursos posdoctorales, que parecen analfabetas en el terreno sensorial. Así como existe el analfabetismo emocional, existe también el analfabetismo sensorial. Dado el énfasis de nuestra cultura en el desarrollo de las habilidades intelectuales, hemos descuidado esas otras áreas. Pero tan importante es conocer el universo intelectualmente como conocerlo a través de los sentidos. Por todo esto, fíjese un programa semanal para aumentar su rango de placer sensorial con los cinco sentidos. Explórelos todos y cultívelos gozosamente: cine, teatro, conciertos, museos, galerías, zonas arqueológicas, placeres gastronómicos, vinos, especias, yerbas aromáticas, frutos, perfumes, aire, sol, baños diversos, masajes, sustancias y telas sobre su piel. Cultive los sentidos que se le hayan adormecido. Viva: conviértase en una persona sensorialmente culta.
9. Inscríbase y termine un curso de capacitación en el área que lo requiera: computación, arte, ciencia, filosofía, natación, etcétera.

10. Inicie el aprendizaje de otro idioma o continúe con el que abandonó.
11. Fije tiempos diarios para hacer aquellas tareas de casa que son importantes y que ha dejado de hacer por flojera: en el jardín, en el garaje, en el cuarto de trebejos. Arregle lo que pueda y si no puede hacerlo usted, llame al plomero, al electricista, al carpintero, etcétera.
12. Después de un brote emocional neurótico, oblíguese a hacer un autoanálisis racional.
13. Pregunte y escuche las razones de las personas con las que tuvo un desacuerdo. ¡No lo deje para mañana!
14. Vaya al médico y trate disciplinadamente algún problema orgánico que haya descuidado.
15. Nombre tres actividades pendientes y trate de realizar al menos una esta misma semana.
16. ¿Sufre de insomnio a veces? Oblíguese a levantarse a una hora determinada y cumpla rigurosamente durante un mes. Si fija, por ejemplo, las seis de la mañana, cumpla, aunque se haya acostado a las cuatro. Suspenda la siesta. Si lo hace así, en tres semanas estará restablecido su ritmo circadiano. Trabajar con la hora de levantarse es mucho más fácil que trabajar con la hora de acostarse porque en esta última hay más tentaciones y es más difícil cumplir.
17. Disminuya el tiempo diario de televisión.
18. Haga por escrito una *Proyección de Autoimagen Idealizada* a 10 años: ¿Cómo le gustaría que fuera su vida dentro de 10 años? ¿Cómo estaría físicamente? ¿Cómo le gustaría manejar sus emociones? ¿Cómo le gustaría que fuera su relación de pareja? ¿Cómo sería su vida familiar? ¿Tendría hijos o no? ¿Dónde le gustaría vivir? ¿Su casa sería rentada o propia? ¿Cómo le gustaría que fuera su vida académica, profesional, social, espiritual? ¿Adónde habría viajado? ¿Qué obras le gustaría haber realizado? Sueñe, pero con los pies en la tierra. Cuando uno se propone objetivos de

largo plazo, enciende una especie de piloto automático y todas sus energías parecen canalizarse a conseguirlos. Pruébelo.

19. Ahora sí, le toca a usted: haga su propia lista de conductas que le gustaría aumentar o disminuir y comience.

Una historia ejemplar

Un monje budista japonés se propuso imprimir los sutras que, hasta su tiempo, solo eran accesibles en chino. Quería imprimir 7000 ejemplares, pero, salvo su autodisciplinada voluntad, no tenía medios para hacerlo. El monje recorrió Japón recolectando fondos para su proyecto, y aunque recibió apoyo de mucha gente rica, la mayor parte del dinero que juntó provenía de las pequeñas aportaciones de los campesinos pobres.

Tras una década viajando de aquí para allá consiguió la cantidad necesaria para la impresión, pero entonces se desbordó un río que dejó en la miseria a miles de personas. El buen monje empleó todo el dinero en ayudar a los damnificados y comenzó de nuevo su tarea.

Tras varios años completó por segunda vez la suma necesaria, pero entonces se desató una epidemia y el monje volvió a gastar todo el dinero en apoyar a los necesitados.

Recomenzó su tarea hasta que, varios años después, logró su propósito y editó los sutras. Se dice que el monasterio Obaku, en Kyoto, conserva las planchas con las que se hizo la impresión. Los japoneses cuentan que el monje hizo en realidad tres ediciones, pero que las dos primeras son invisibles y definitivamente muy superiores a la tercera.

LECCIÓN 17

LAS FALACIAS COGNITIVAS

En los años cincuenta del pasado siglo, en forma casi paralela aunque posterior al desarrollo de la terapia racional emotiva propuesta por Albert Ellis, otro terapeuta brillante, Aaron T. Beck, desarrollaba la terapia cognitiva. Son muchas las similitudes entre ambos modelos, puesto que uno y otro son aproximaciones humanísticas que sustentan la misma enseñanza central: la causa de la perturbación emocional no hay que buscarla en los acontecimientos ambientales, sino en lo que pensamos de ellos.

Al interpretar los acontecimientos de la realidad, sostiene Beck, la gente comete múltiples falacias lógicas. Estas *falacias lógicas*, estas *distorsiones cognitivas*, estos *errores de pensamiento*, resultan determinantes en la perturbación emocional. ¿Qué son las distorsiones cognitivas? Son modalidades burdas de pensamiento primitivo que, sin duda, cumplieron alguna función evolutiva y sirvieron en el pasado para protegernos en situaciones de vida o muerte. Pero tales formas resultan inútiles y autoderrotistas en situaciones cotidianas donde la vida *no está en peligro*. Estas últimas requieren formas de pensamiento más refinadas, más flexibles y más sutiles para resolver problemas. Hay que aprender a combatir las distorsiones cognitivas, y para ello es importante, primero, aprender a atrapar en el flujo general del pensamiento, aquellos *pensamientos automáticos, fugaces e involuntarios* que generan emociones neuróticas. Luego habrá que sopesarlos, analizarlos, evaluarlos y descubrir las distorsiones cognitivas o las falacias lógicas en las que se sustentan, para a continuación, ofrecer un pensamiento alternativo que cuestione, confronte y destruya las distorsiones. A dominar tal habilidad dedicaremos el presente capítulo.

Los errores de pensamiento propuestos por Ellis y Beck en muchos momentos se traslapan y superponen, pero se complementan magníficamente. Suelo enseñar a mis pacientes las falacias de Beck cuando ya saben hacer autoanálisis racionales como los que el lector aprendió a dominar en capítulos previos. No tengo duda de que usted enriquecerá con este conocimiento su capacidad para lidiar con los pensamientos que engendran la neurosis. Use este nuevo aprendizaje en combinación con lo que ya sabe hacer.

Revisaremos a continuación las principales *falacias lógicas* o *distorsiones cognitivas* que subyacen en el sufrimiento neurótico. Tras las primeras cuatro, que debemos a la terapia racional emotiva, presentamos las que ha propuesto Aaron T. Beck. Léalas cuidadosamente, conózcalas y domínelas. Aprenda a identificarlas tras sus emociones perturbadas. Desarrolle, solo o con ayuda de un terapeuta cognitivo-conductual confiable, las estrategias de combate que sugerimos al final de este capítulo.

Locus de control externo

Esta falacia está en la base de todas las demás. Recuerde que *locus*, en latín, significa "lugar". ¿Dónde está el control de las emociones, en qué *lugar*, en qué *locus*? Mientras más neuróticos estamos, nuestro *locus de control* es más externo; es decir: más tendemos a culpar a los *agentes exteriores*, los que están *afuera* de nosotros, los *agentes activadores*, los *antecedentes ambientales*, las *adversidades*: los puntos A de nuestro esquema A-B-C de nuestros cambios emocionales. A medida que avanzamos en nuestro crecimiento y admitimos nuestra responsabilidad en la génesis de nuestras emociones, y que, por lo tanto, podemos cambiar nuestros pensamientos sobre la realidad y, gracias a eso, modificar nuestras emociones perturbadas, comenzamos a desarrollar un *locus de control* interno sobre nuestras emociones. A eso aspiramos y en eso estamos trabajando.

Exigencias o Demandas irracionales

Consisten en confundir nuestros deseos con la realidad. Según esta distorsión, recuérdelo, la gente y las cosas *deberían* ser distintas de como son, nada más porque *así lo queremos nosotros*; nada más porque *no nos conviene que sean como son*; nada más porque *no nos gustan*. Se nos olvida que la naturaleza se rige según sus propias leyes y no de acuerdo con los caprichitos de sus hijos.

Magnificación

Consiste en buscar afanosamente una lente de aumento para mirar las cosas y luego asustarnos con lo que vemos. Agrandamos la importancia de la realidad: exageramos nuestros errores o los ajenos, nuestros defectos o los del prójimo. Con esta visión magnificada tendemos a convertir en catástrofe cualquier inconveniente, cualquier dificultad, cualquier molestia.

Indefensión

Consiste en declararnos víctimas del ambiente cruel y de una humanidad insensible. Nos pensamos indefensos ante los problemas de la vida cotidiana, sean estos reales o imaginarios. *No soporto, no aguanto, no tolero...* lo que sea. Se nos olvida que si estamos diciendo cosas como esas es porque estamos vivos, es decir: ¡porque ya lo soportamos, ya lo aguantamos, ya lo toleramos! Y lo más seguro es que vengamos haciéndolo desde hace semanas, meses, años. Lo que genera nuestro sufrimiento no es el problema en sí, sino *nuestra creencia* de que somos incapaces de enfrentarlo y de tratar de resolverlo si tiene solución, o de aceptarlo, si no la tiene.

Condenas

Consisten en confundir a una *persona* con sus *actos*, al *ser* con el *hacer*, al *YO* con los *yocitos*. Así, cuando alguien falla en algo, lanzamos el latigazo condenatorio: "Eres un inútil, un incapaz, un fracasado". Si alguien se comporta de modo distinto de como lo esperábamos, entonces es un *desvergonzado*, un *inmoral*, un *corrupto*, un *despreciable*, un *cerdo*, etc. La esencia del pensamiento fascista es esa: confundir a una persona con sus actos. Este pensamiento está en la base de la ira (cuando la condena va hacia otra persona) o de la depresión (cuando la condena va hacia nosotros). Se nos olvida que una persona es mucho más que sus actos. La misma persona tiene, con toda seguridad, actos que admiramos, actos que repudiamos y actos que nos resultan indiferentes.

Pensamiento dicotómico, polarizado o de alto contraste

Se caracteriza por la tendencia a dividir el mundo en dos. No hay términos medios. Las situaciones son blancas o negras, positivas o negativas, buenas o malas. Las personas son inteligentes o estúpidas, nobles o malvadas, santas o demoniacas, amigas o enemigas, me aceptan o me rechazan. Uno tiene control sobre las cosas o no lo tiene, es eficaz o ineficaz, débil o fuerte, capaz o incapaz, útil o inútil. Su lema es *Todo o nada*. Sus frases típicas: "Nunca hago nada bien", "Siempre me equivoco", "Todo me sale mal", "No sirvo para nada". Cuando caemos en esta falacia, olvidamos que las habilidades y los talentos humanos no se ubican en los extremos, sino en algún punto de la infinita gama de grises que existen entre el blanco y el negro. Pensar dicotómicamente puede ser útil en situaciones donde la vida está en peligro y hay que tomar decisiones rápidas, pero en el resto de las situaciones de la vida cotidiana en que la vida no está en riesgo, el pensamiento polarizado resulta claramente autoderrotista.

Sobregeneralización

La generalización es un proceso útil que consiste en aprender una conducta en una situación determinada y después extenderla a situaciones parecidas: aprendemos a manejar en un tipo de automóvil y luego podemos manejar más fácilmente cualquier otro vehículo automotor. Que quede claro: la generalización es un proceso útil pero la *sobregeneralización* es dañina. Esta consiste en suponer que lo que ocurrió una vez continuará repitiéndose por siempre. "Tengo miedo de enamorarme de nuevo porque voy a sufrir igual que la vez anterior", "Tengo miedo a las figuras de autoridad porque tuve un padre autoritario y abusivo", "El rechazo de aquella muchacha me marcó para siempre: tengo miedo de que todas me rechacen", "Todos los hombres son iguales: machos, infieles, abusivos y prepotentes". Cuando se comete el error lógico de la sobregeneralización, olvidamos que la historia, las personas que nos rodean, las circunstancias y nosotros mismos cambiamos continuamente, y que las condiciones que contribuyeron a que un hecho se produjera nunca serán exactamente iguales en el futuro.

Filtro mental o abstracción selectiva

Consiste en fijarse solo en aquellos aspectos de la realidad que concuerdan con nuestra distorsión, mientras se ignoran o *no se miran* los aspectos que pueden desafiar la distorsión. El paciente que sufre estados de pánico, por ejemplo, tiende a interpretar los cambios fisiológicos naturales como señales de que sufrirá un ataque cardiaco, de que perderá el control, de que se desmayará, de que morirá irremediablemente. Pone una atención exacerbada en sus cambios, los interpreta catastróficamente y con eso dobla o triplica su estado de ansiedad. Un ejemplo menos grave, pero muy revelador, es la queja común de los cónyuges en conflicto: "Solo se fija en mis errores". Otro ejemplo común: "Soy honesto, sincero, confiable, sí... pero ¿eso qué? Así hay que ser. Lo que importa y lo que duele es que me estoy quedando calvo y todos se fijan en eso...".

Ignorar o descalificar lo positivo

Es la parte complementaria del filtro mental. Consiste en devaluar lo bueno que le sucede, en restarle importancia. Un paciente recibe un elogio y piensa: "¿Por qué se fija en esas tonterías?" o, peor aún: "¿Se está burlando de mí?". Otro afirma: "Sí, tengo un título, pero por 'matado', no por inteligente". "Sí, hablo varios idiomas, pero eso no es ninguna gracia: los aprendí porque mis padres eran extranjeros y no me quedó de otra". Alguien más piensa: "Los demás reconocen mi trabajo, pero hacerlo bien es mi obligación. Solo faltaba que hasta eso hiciera mal". Quien usa esta distorsión solo ve en la realidad lo que confirma su débil autoconcepto. Y hace esto mientras descalifica o ignora los hechos que refutan su hipótesis: estos son vistos como si fueran meros accidentes, coincidencias o casualidades sin importancia.

Conclusiones apresuradas o inferencias arbitrarias

Este error consiste en llegar a conclusiones sin tener evidencia suficiente. Admite dos formas comunes:

- ***El error del adivino o predicción catastrófica:*** consiste en considerarnos omniscientes y clarividentes, y creer que podemos adivinar el futuro. Nos creemos poseedores de una infalible bola de cristal que nos permite asomarnos al porvenir y *leerlo* sin temor a equivocarnos. Dicho así, nos parece algo obviamente ridículo. Si nos diéramos cuenta del error cuando lo estamos cometiendo, lo combatiríamos rápida y fácilmente. El problema es que la mayoría de las veces no somos conscientes del error. De esta clase son las afirmaciones: "Eso no va a funcionar conmigo", "El avión se va a caer", "Me van a asaltar si voy al centro de la ciudad", "Voy a ser rechazado", "Todos se van a aburrir en mi conferencia", "Me van a reprobar", "Voy a fracasar como profesional". ¿Quiere angustiarse en este momento? Prediga unas cuantas catástrofes para la próxima hora, la próxima semana, etcétera.
- ***Lectura de la mente o violación mental:*** "¿Qué piensa usted de la violación sexual?", suelo preguntar a mis pacientes. "Es un acto abominable, enfermizo, repugnante", suelen responder. Yo concuerdo y pregunto a continuación: ¿Qué es más importante: el cuerpo o la mente?". "Son igualmente importantes", dicen algunos o "La mente", dicen otros. "Un cuerpo sin mente es como un

> vegetal...". Yo, de nuevo, concuerdo enfáticamente y a continuación les hago ver una segunda forma de inferencia arbitraria en la que, no obstante, la importancia que damos a la mente e independientemente de que consideramos la violación como algo abominable, ¡nosotros mismos llevamos a cabo repugnantes actos de violación mental con mucha frecuencia! O acaso ¿no es una violación mental afirmar cosas como: "Lo que pasa es que le tienes envidia", "Eres arrogante porque en el fondo eres un acomplejado y te sientes inferior", "¡Eso lo hiciste por molestarme! Tu propósito era hacerme sentir mal", "Eres un egoísta y no te importan mis sentimientos", "Quieres hacerme sentir insignificante", "Ese tipo se cree superior a mí", "No te invité porque no ibas a aceptar", "No te pedí apoyo porque te ibas a molestar", "Lo que pasa es que tú eres muy inseguro", "A ti te gusta hacer sentir mal a la gente", etcétera?

Por supuesto que hacen menos daño estas violaciones mentales que la violación sexual, no lo dudo, pero esta distorsión ocurre cotidianamente y sus efectos acumulativos perturban tanto al emisor como al receptor, a veces con resultados extraordinariamente perturbadores. Reflexione sobre esto y corríjase pronto. No afirme sus hipótesis como si fueran verdades absolutas. No suponga tanto, ni se la pase adivinando: mejor muestre respeto a su interlocutor, a su hijo, a su compañero de trabajo, a su pareja, y pregúnteles. El respeto al otro tiende a generar reciprocidad.

Razonamiento emocional

El argumento central es que mi emoción es la prueba de la realidad. De esta manera afirmamos cosas como: "Eso me da miedo, debe ser peligroso", "Eso me molesta, por lo tanto es injusto", "Si estoy deprimido es porque es deprimente lo que vi", "Tengo un mal presentimiento, va a ocurrir alguna desgracia", "Ese tipo es malo: yo lo siento", "No tengo ánimos para ir a dar esa conferencia: no iré", "De mí no se burla nadie, lo voy a matar y no me importa lo que pase". En todos estos casos las personas responden con su cerebro más primitivo, su cerebro reptil. Se nos olvida que el Cambio emocional (C) no es producto mecánico de A (lo que sucede Afuera de nosotros: la Adversidad), sino de B (*lo que pensamos* de ella). El "razonamiento emocional" es el fenómeno al que muchas personas denominan "pensar con las vísceras". Recordar el orden cronológico de los hechos psicológicos (A-B-C) le hará ver más lejos y más claro con mucha frecuencia.

Personalización, egocentrismo o pensamiento autorreferente

Consiste en considerarnos el centro del universo y creer que todo gira alrededor de nosotros. En su versión extrema, este es el error nuclear del pensamiento paranoide: "Los Beatles me mandan mensajes personales a través de sus canciones", afirmaba Charles Manson. En versiones más ligeras, pero no menos equivocadas, las distorsiones cognitivas a veces generan ira: un paciente pensaba que su hija se había embarazado "solo por enlodar el buen nombre de mi familia". A veces generan ansiedad, como el que piensa al entrar a un sitio donde hay más gente: "Todos me están mirando y notan lo torpe que soy" o "Esos se están riendo de mí". A veces generan emociones perturbadas más complejas, como cuando nos da por creer que todo lo que sale mal se debe a algo que nosotros hicimos. "Mi marido tiene una amante, ¿en qué fallé?", "Mi padre bebe demasiado, ¿por qué no hice algo para prevenirlo?", "Mi hijo está usando drogas, ¿cómo pude permitir que esto sucediera?". Esto no genera acciones eficaces para remediar los hechos: lo que produce es culpa y depresión o angustia. Olvidamos, en el caso del hijo adicto, que nuestros puntos de vista solo son una, entre todas las variables que determinan la conducta humana: los compañeros de escuela, los maestros, el grupo social, los líderes de opinión, los *ídolos* populares, las ideas transmitidas por la cultura (la música, la literatura, la filosofía, la ciencia y el arte), el *Zeitgeist* o *espíritu de los tiempos* son, a ciertas edades, mucho más importantes que la influencia paterna. Eso, desde luego, pero principalmente se nos olvida que, aunque alguna influencia tenemos mientras los niños están en su primera infancia, a partir de los 8 años, los seres humanos desarrollan una creciente capacidad para pensar por su cuenta y para tomar decisiones sobre su vida.

Identificación y combate de las distorsiones cognitivas

Decíamos al principio que los pensamientos que producen emociones perturbadas suelen ser *automáticos, fugaces e involuntarios.* Se presentan repentinamente y un poco después ya empezamos a sentir su efecto emocional negativo. Por eso, un paso fundamental en la terapia cognitiva es *hacernos conscientes, darnos cuenta* de los pensamientos automáticos cuando están ocurriendo y combatirlos de inmediato con la fuerza de la razón.

Un recurso extraordinariamente útil para registrar, analizar y combatir las distorsiones cognitivas anteriores es la *Técnica de la doble columna*. Consiste, sencillamente, en dividir una página de su cuaderno en dos. En la primera anotará sus *pensamientos automáticos* tal como ocurren en su vida cotidiana, tal como los atrape en el torrente de pensamiento o en el discurso oral. En la segunda parte anotará (entre paréntesis) la distorsión cognoscitiva, el error que está cometiendo, la falacia en que ha caído y, a continuación, ofrecerá una alternativa racional que corrija la distorsión. En seguida encontrará algunos ejemplos de cómo funciona la técnica.

DETECCIÓN Y COMBATE DE PENSAMIENTOS AUTOMÁTICOS

Pensamientos automáticos
Tuve un día muy atareado, tanto en el trabajo como en la casa. Ya por la noche me sentía muy cansada, y me sentí mal porque no pude avanzar en la tesis. No hice más que dos paginitas.

Distorsión cognitiva y pensamiento racional

(Descalificar lo positivo).
Dos páginas son mucho mejor que nada. Hice lo que era mi obligación laboral, cumplí con mis tareas hogareñas y *además* logré avanzar dos páginas en la tesis.

Pensamientos automáticos

Soñé a mis tías Clemencia e Inés. Mi tía Clemen murió hace dos años. Mi tía Inés aún vive, pero ya está muy viejita. A mi tía muerta la veía joven y alegre. Estábamos en un sitio nuevo y yo celebraba que todas estuviéramos juntas en ese nuevo lugar. Esto me tiene inquieta. ¿No irá a pasar algo?

Distorsión cognitiva y pensamiento racional

(Pensar con las vísceras e inferencia arbitraria: Error del Adivino).
Por supuesto que algo puede pasarnos a mi tía o a mí. A ella por su edad y a mí por mera probabilidad estadística, pero toda vida creadora implica riesgos y yo los he asumido y aceptado porque una vida creadora es mucho más atractiva que una dominada por la inercia. Los sueños tienen poca confiabilidad científica para predecir acontecimientos, por lo que no permitiré que me inquieten ni que interfieran con mis actividades. *Los sueños, sueños son*, como bien lo dijo don Pedro Calderón de la Barca.

Pensamientos automáticos

Mi hija dijo que llegaría como a las seis; ya son las ocho de la noche y todavía no llega ni ha llamado. ¿Y si le pasó algo?

Distorsión cognitiva y pensamiento racional

(Conclusiones apresuradas: error del adivino o predicción catastrófica, magnificación).
Las razones por las que no ha llegado pueden ser muchas: se quedó platicando con sus alumnos, un pretendiente la invitó al cine o a tomar un café, pasó a la librería. Las razones por las que no ha llamado pueden ir desde el mero olvido, hasta que se quedó sin crédito o sin batería para llamar, o que entró apresuradamente al cine y ya no pudo telefonear desde adentro. Voy a esperar sin angustia, pues es altamente probable que, como en el pasado, mi angustia resulte totalmente gratuita y perjudicial. Antes no sabía que mis pensamientos engendraban esa emoción inútil. Ahora lo sé y puedo combatirla más eficazmente.

Pensamientos automáticos

¿Por qué tuvo que llegar en ese momento la mensajería? Ahora vamos tarde a la cita con la directora de la nueva escuela para Alfredo. ¿Qué va a decir? Nos va a entrevistar por primera vez para ver si admiten a nuestro hijo y ya vamos con retraso. Seguro que no nos va a aceptar.

Distorsión cognitiva y pensamiento racional

(Exigencia irracional, error del adivino, magnificación).
La mensajería llegó, y era mejor recibir ese paquete porque es importante. Hubiera sido mejor que llegara en otro momento, pero la realidad es que tales cosas no se pueden programar. El hecho es que vamos tarde y nuestra angustia no podrá remediar eso. Así como a nosotros nos ha ocurrido un imprevisto, también puede sucederle a la directora que tiene que atender a muchos padres, a muchos estudiantes y a muchos profesores. ¿Para qué preocuparse en lugar de admitir un incidente común en una ciudad como esta?

Abajo encontrará el registro de una paciente de 28 años, artista, que se presentó en un estado depresivo moderado: su puntaje era de 24 en el Inventario de Depresión de Beck (IDB) considerado, entre expertos, el instrumento más fino para medir la depresión. Tras seis sesiones de terapia cognitiva su estado emocional mejoró notablemente. En una semana su puntaje pasó del nivel de *Depresión moderada* (IDB: 24) al de *Disforia* o *Depresión leve* (IDB: 14). Una semana después alcanzó el nivel de *No depresión* (IDB: 6) y así se mantuvo en las semanas sucesivas (IDB:7, IDB:6, IDB:5). Presentaré sus pensamientos automáticos en cuatro áreas de su vida: sobre ella misma, sobre su pareja, sobre su trabajo y sobre sus amigos. Entre ella y yo decidimos organizarlos tal como se presentan, y la clasificación nos resultó sumamente útil e instructiva. Discutimos y enriquecimos sus argumentos en el consultorio, y ahora transcribo su doble columna tal como la dejamos en la versión final. Tengo fundadas esperanzas en que este modelo también le resultará útil a usted.

SOBRE MÍ MISMA

Pensamientos automáticos
Estoy vieja.
Distorsiones cognoscitivas y pensamiento racional
(Exigencia, magnificación, ignorar lo positivo). Ese juicio es subjetivo: depende de quién juzgue. Según la edad de quien lo haga, me considerará joven o vieja. El hecho objetivo es que tengo 28 años. La vida es muy corta y es mejor disfrutar sus etapas que padecerlas. Ahora tengo una mayor madurez que cuando tenía 18.
Pensamientos automáticos
No sirvo para nada.
Distorsiones cognoscitivas y pensamiento racional
(Condena, pensamiento dicotómico, sobregeneralización). Hay muchas cosas que no sé hacer y muchas otras que sí sé hacer. Soy buena escultora, soy buena para las matemáticas, resolviendo problemas, analizando situaciones, jugando ajedrez, estudiando, escuchando a los demás, etcétera.
Pensamientos automáticos
Soy insoportable.
Distorsiones cognoscitivas y pensamiento racional
(Violación mental, magnificación, pensamiento dicotómico). No puedo saber lo que los demás piensan de mí. Aunque es seguro que, si estoy triste o de malas la mayor parte del tiempo, sea menos agradable estar conmigo. Esta sensación se puede transformar con un cambio de actitud.
Pensamientos automáticos
No estoy haciendo las cosas correctamente...
Distorsiones cognoscitivas y pensamiento racional
(Magnificación, exigencia, pensamiento dicotómico). Obviamente, a lo largo de mi vida haré cosas correctas, incorrectas, o no del todo correctas. De nada me sirve lamentar mis errores: lo mejor es aprender de ellos.

Pensamientos automáticos
Soy una fracasada.
Distorsiones cognoscitivas y pensamiento racional
(Condena, magnificación, pensamiento dicotómico, ignorar lo positivo). He fracasado y he triunfado en distintos aspectos de mi vida, pero *yo* no soy una fracasada o una triunfadora. He logrado cosas muy buenas en mi carrera y hay otras que no he alcanzado, pero lo importante es seguir con constancia.
Pensamientos automáticos
Ojalá todo fuera como antes.
Distorsiones cognoscitivas y pensamiento racional
(Exigencia, indefensión, ignorar lo positivo). Es una exigencia totalmente irracional. Las personas que me rodean y yo cambiamos constantemente, igual que cambian la ciudad y las cosas. El pasado tuvo cosas agradables, regulares y desagradables y no tiene sentido idealizarlo. El presente también. Es mejor darme cuenta de lo bueno que he logrado y de todo lo que puedo seguir haciendo.
Pensamientos automáticos
Tengo miedo. Siento que algo me va a pasar. Me sudan las manos y tengo inflamado el estómago. No puedo dormir, tengo miedo a la vida, tengo miedo de volverme loca.
Distorsiones cognoscitivas y pensamiento racional
(Error del adivino, exigencia, indefensión, razonamiento emocional). Me sudan las manos y tengo inflamado el estómago porque hace unas horas me tomé un café, que sé que me altera y me produce gastritis. La ansiedad es un efecto de un estimulante como la cafeína. No hay razón para tener miedo, ya que muchas otras veces he sentido lo mismo y no me ha pasado absolutamente nada. Como he aprendido en mi terapia, al poner más atención de la debida a lo que me pasa *(el exceso de automonitoreo facilita la predicción catastrófica)* todo lo siento al triple. Es mejor distraerme haciendo otras cosas hasta que me dé sueño. Es irracional tener miedo a la vida, porque no puedo (ni quiero) evitar estar viva y, ¡claro!, muchas cosas me pueden pasar, pero con miedo y angustia no voy a evitar que pasen.

Evidentemente, tampoco puedo saber si me volveré loca o no; no tiene sentido que me angustie por eso. A lo mejor no sucede nunca... Lo que sí es definitivo es que con estos pensamientos catastróficos yo sola me produzco una angustia de los mil diablos.

SOBRE LA PAREJA

Pensamientos automáticos

Ya no me quiere.

Distorsiones cognoscitivas y pensamiento racional

(Violación mental, exigencia).
No puedo saber lo que pasa por la mente de mi novio y, por lo tanto, no es posible dar por hecho algo de lo que no tengo plena seguridad y que, además, va en contra de lo que él afirma. Además, en caso de que así fuera, no puedo hacer nada. Lo mejor es que me enfoque en lo que yo siento por él y lo que quiero de la relación, poniendo de mi parte hasta donde me sea posible: amar creadoramente y no solo esperar que me amen.

Pensamientos automáticos

Es egoísta.

Distorsiones cognoscitivas y pensamiento racional

(Condena, filtro mental, ignorar lo positivo, exigencia, sobregeneralización).
Él puede tener *algunas conductas* egoístas al igual que yo, pero eso no lo vuelve una *persona* egoísta: con frecuencia me apoya en muchas cosas que luego ignoro. No es agradable exigirle (aunque sea mentalmente) que se comporte exactamente como yo quiero. Muchas veces me fijo más en los aspectos negativos, pero la verdad es que él hace muchas cosas lindas por mí.

Pensamientos automáticos

No le importo.

Distorsiones cognoscitivas y pensamiento racional

(Violación mental, indefensión, razonamiento emocional).
Otra vez yo estoy hablando por él. Yo no puedo saber a ciencia cierta lo que piensa o siente. Intentar hacerlo es violar su mente de modo irresponsable. En caso de que tuviera pruebas definitivas de que ya no le importo, me dolería, *pero no me voy a morir*. No puedo obligar a la gente a quererme. Yo me importo mucho, quiero vivir más feliz y para ello es necesario dejar de estar demandando atención todo el tiempo.

Pensamientos automáticos

No me soporta.

Distorsiones cognoscitivas y pensamiento racional

(*Violación mental, indefensión, razonamiento emocional*).
No soy lectora de la mente para saber lo que piensa de mí. He estado triste y de malas, por lo que es normal que a veces se muestre fastidiado ante mi comportamiento. Puedo empezar a cambiar hoy mismo.

Pensamientos automáticos

Lo aburro.

Distorsiones cognoscitivas y pensamiento racional

(Violación mental, indefensión, razonamiento emocional).
Lo mismo: si estoy con actitudes como esta, es normal que yo lo aburra. No ha de ser muy agradable estar con una deprimida. Sin embargo, no lo puedo dar por hecho hasta que él me lo diga, y lo que él dice es que está preocupado porque me ve triste.

SOBRE EL TRABAJO

Pensamientos automáticos

El mundo del arte es un asco.

Distorsiones cognoscitivas y pensamiento racional

(Condena, indefensión, ignorar lo positivo, sobregeneralización).
Estoy sobregeneralizando. El mundo del arte es algo que puede abarcar muchísimas cosas, y yo solo me estoy fijando en las malas (que tampoco son del todo malas: simplemente no me gustan), como la actitud de algunos galeristas y curadores. Lo más importante es que me dedico a lo que me apasiona. El mercado y el sistema artístico son cosas que no puedo cambiar y con las cuales muchas veces habrá que lidiar de modo inevitable.

Pensamientos automáticos

La gente es interesada e insensible.

Distorsiones cognoscitivas y pensamiento racional

(Condena, violación mental, sobregeneralización, filtro mental).
La gente, igual que yo, puede tener *conductas* insensibles e interesadas, y es muy legítimo luchar por los intereses propios. Eso no nos hace mejores ni peores como seres humanos. Además, en el mundo del arte también he conocido personas muy generosas, sensibles, que apoyan, igual que en otros ámbitos.

Pensamientos automáticos

No tengo estabilidad económica.

Distorsiones cognoscitivas y pensamiento racional

(Exigencia, indefensión, ignorar lo positivo).
La situación económica del país es bastante inestable, y eso es algo que no puedo cambiar. Para mi fortuna, mi papá me está apoyando con un trabajo, mientras logro estabilizarme. Además, poco a poco he ganado algo de dinero con mi obra, aunque no lo que yo quisiera. Habrá que seguir buscando opciones en lugar de caer en la autocompasión.

SOBRE LOS AMIGOS

Pensamientos automáticos
No encajo en su mundo.
Distorsiones cognoscitivas y pensamiento racional
(Violación mental, magnificación, indefensión). No es bueno estar pensando por los demás ni exigirles que se adapten a mí. Cada cabeza es un mundo y es mejor tratar de compartir nuestros puntos de vista, aprendiendo unos de otros y dejando a un lado las actitudes intolerantes.
Pensamientos automáticos
Ya no me soportan.
Distorsiones cognoscitivas y pensamiento racional
(Violación mental, magnificación, filtro mental, ignorar lo positivo). Ellos constantemente me preguntan cómo estoy, solo que yo espero que hagan mucho más. De pronto me doy cuenta de que ese *mucho más* es una clara muestra de la absurda *necesidad* de aprobación. Me da gusto ver lo fácil que me resulta ahora identificar ese error neurótico y me queda claro que *deseo* la aprobación, pero *no la necesito. No necesito ser la novia en las bodas, el padrino en los bautizos ni la viuda en los funerales.*
Pensamientos automáticos
Me voy a quedar sola.
Distorsiones cognoscitivas y pensamiento racional
(Error del adivino, magnificación, indefensión). No tengo la facultad de ver el futuro ni tengo una bola de cristal infalible. No puedo saber si estaré sola o no: en este mundo sobrepoblado ya es muy difícil hacer vida de ermitaño. Si me quedo sin pareja fija pues ya tendré parejas temporales y, si ni eso logro, pues ya sufriré cuando esté sola. Por ahora tengo familia, amigos ¡y novio! ¿Qué sentido tiene preocuparse por lo que aún no sucede?

Y, para finalizar, vuelva al "Caso de Manuel". Recordará aquel monólogo intenso de este paciente que, tras luchar por varias horas, termina en una nueva ingestión de cocaína. Regrese ahora al caso y trabájelo disciplinadamente con la técnica de la doble columna: ponga en la columna izquierda, uno por uno, los pensamientos automáticos que yo puse en letra cursiva porque el propio paciente todavía no alcanzaba a percatarse en ese momento del torrente de pensamientos *automáticos*, *fugaces* e *involuntarios*. Haga un mínimo de 10, pero reciba mi felicitación anticipada si logra combatirlos todos.

CUARTA PARTE

UNO Y LOS DEMÁS

El infierno son los otros.

Jean-Paul Sartre, filósofo.

Yo mismo soy el Cielo y el Infierno.

Omar Khayyam, poeta.

LECCIÓN 18

TÉCNICAS CORPORALES PARA EL MANEJO DE LA ANSIEDAD

"Si algo es sagrado, eso es el cuerpo humano", dijo Walt Whitman en su libro inmortal *Hojas de hierba*. En el cuerpo habita nuestra mente, nuestro espíritu, nuestra alma, nuestro *YO*. Por eso vale la pena cuidar bien de él y mantenerlo limpio y saneado, para que el alma se sienta a gusto y se desarrolle armoniosamente. Por eso vale la pena cuidar de su salud. Recuérdelo. Visite al médico y al dentista con regularidad. Cuídese de las inclemencias del tiempo. No se exponga a los venenos. No se automedique, a menos que sea un experto. Rechace, en la medida de lo posible, el alcohol y las drogas, tanto las legales como las ilegales. Haga ejercicio. Vigile lo que come. Incremente su consumo de agua, frutas y verduras crudas (¡bien desinfectadas, por favor!). Doy por hecho que sabe hacer todo lo anterior, pero si no es así, aprenda lo necesario, ya sea a través de libros o con una asesoría pertinente.

En los capítulos precedentes ha aprendido técnicas cognoscitivas o mentales para el manejo de la ansiedad. En este capítulo le enseñaremos a manejar dichos estados a través de técnicas corporales. Vivir en estados de ansiedad es, como lo veremos a continuación, intoxicarse con venenos autogenerados.

El síndrome de activación fisiológica

Quiero que recuerde aquí algo que ya tocamos someramente en capítulos previos: cada vez que enfrentamos situaciones en que hay peligro de muerte o algún riesgo para la integridad física, nuestro organismo reacciona de una manera extraordinaria. El propósito último de estas reacciones es protegernos, ponernos a salvo o disminuir la potencialidad del daño físico. A este conjunto de cambios se le conoce popularmente como nerviosismo, ansiedad, reacción de alarma, reacción de alerta del organismo o, más técnicamente, *síndrome de activación fisiológica*. Debemos al psicofisiólogo inglés Charles S. Sherrington (1857-1952) el haber investigado sistemáticamente los cambios que el organismo sufre al *activarse* para ponernos a salvo de las amenazas a nuestra integridad. Los cambios consisten en una cadena básica de cinco alteraciones, que a continuación enumeramos, con una somera descripción de su razón de ser:

1. Incremento de *adrenalina*. Esta es la primera alteración: la glándula de secreción interna que tenemos junto al riñón (*ad renal*), descarga una cantidad mayor de su producto al torrente sanguíneo.
2. La consecuencia inmediata es que *se eleva el nivel de azúcar* en la sangre. La glucosa es el combustible que los humanos utilizamos para producir energía.
3. Como la glucosa se transforma en energía en la musculatura estriada, la sangre con glucosa debe llegar rápidamente a los músculos estriados. ¿Cómo? Bombeando la sangre con más velocidad. Por esta razón *aumenta el ritmo cardiaco*.
4. Una vez que la sangre con azúcar ha llegado a los músculos estriados, es necesario transformarla en energía: hacer que la glucosa entre en combustión. Y puesto que toda combustión es, bioquímicamente, una oxigenación, el organismo demandará oxígeno en mayor cantidad. Por eso *aumenta el ritmo respiratorio*.
5. Ahora sí: el combustible está *prendido*, es decir, el organismo está listo para realizar las acciones necesarias para protegernos. Para realizar dichas acciones *entra en tensión la musculatura estriada*. El organismo está listo para saltar,

agacharse, quebrar la cintura, correr, cerrar los ojos, taparse, contraatacar, etcétera.

Aunque ocurren en el orden citado, estos cambios *covarían*, es decir, varían juntos: cuando ocurre uno, ocurren los demás. Este es un hecho que conviene tener muy presente para lo que veremos a continuación.

También vale la pena recordar aquí que la musculatura estriada se llama así por su apariencia en el microscopio: se ve rayada, surcada o *estriada* debido a que está constituida por hilos o fibras que, al contraerse o distenderse, producen el movimiento. La musculatura estriada está controlada por el sistema nervioso central y por eso podemos manejarla voluntariamente.

Este conjunto básico de cambios que constituyen el síndrome de activación nos explica muy bien las alteraciones que sobrevienen cotidianamente cuando experimentamos estados de ansiedad o de *nerviosismo*. Los cambios más comunes pueden ser *somáticos y motores*, como *ponerse colorado*, sudoración, boca seca, respiración agitada, tensión u opresión en el pecho, palpitación cardiaca acelerada, pulso acelerado, dolor de cabeza, debilidad, malestares intestinales, tensión muscular (en cualquier parte del cuerpo), *trabazón* de las mandíbulas, temblores, sobresalto, falta de coordinación, *quedarse frío* o *helarse la sangre*, pero también puede haber *síntomas afectivos y cognoscitivos*, como pánico, desgano, irritabilidad, agitación, preocupación, pavor, falta de atención, olvidos, distracción, pesadillas, o insomnio.

Ansiedad neurótica

Cuando los cinco cambios básicos que constituyen el síndrome de activación ocurren en presencia de estímulos que representan peligro para la vida, resultan una bendición, ya que gracias a ellos nos ponemos a salvo o disminuimos la potencialidad del daño. Pero si ocurren en presencia de estímulos que *no representan peligro* para la vida (cosas, situaciones o animales inofensivos; situaciones sociales donde no hay riesgo de muerte; pensamientos repetitivos *raros*) estamos ante manifestaciones de *ansiedad neurótica.* La ansiedad neurótica se caracteriza por ser inútil y autoderrotista: no solo no sirve para nada, sino que *nos pone en peligro* y hace más probable que ocurran cosas que no queremos. ¿De qué manera? Así: el exceso de adrenalina produce comezón o prurito y, cuando son exacerbados, pueden llevar a la gente a sufrir neurodermatitis. La glucosa en exceso puede conducir a la diabetes. Acelerar el ritmo cardiaco a cada rato puede provocar un infarto prematuro. Respirar mal puede aumentar los estados de ansiedad, llevar al pánico, producir disneas y sensación de fatiga o contribuir a los estados asmáticos. La tensión excesiva de la musculatura estriada puede producir, directamente, desde desgarres musculares y dolores de cabeza o de espalda hasta dislocación de vértebras. Pero de modo indirecto, partiendo del hecho de que cuando entran en actividad los músculos estriados, disminuyen su actividad los músculos lisos, la gente puede sufrir problemas psicofisiológicos (o "psicosomáticos", como les llamábamos en el pasado) entre los que se cuentan gastritis, úlceras gástricas o gastroduodenales, diarrea, estreñimiento, colitis, etcétera.

Con este recuento veloz espero que esté más claro lo que dijimos antes: los estados de ansiedad neurótica conducen a la gente a intoxicarse con venenos autogenerados.

Psicofisiología de la tranquilidad

Como es evidente en las líneas anteriores, el síndrome de activación fisiológica suele concordar con un estado psicológico: la ansiedad. Pero... ¿qué sucede en el cuerpo cuando una persona está descansando, cuando está en paz, en calma, en un profundo estado de tranquilidad? Sucede que la adrenalina está en sus niveles normales, igual que la glucosa y la actividad cardiaca. Lo mismo ocurre con la respiración, que se hace profunda y cuyo ritmo disminuye. Los músculos están distendidos y liberados de todo esfuerzo. Estas últimas señales corporales son perceptibles a simple vista, como cuando alguien duerme plácidamente: sus músculos están relajados y su respiración es honda y pausada.

¿Cuáles, entre los cambios que integran el síndrome de activación, son los más fáciles de controlar *voluntariamente*? No, ciertamente, el ritmo cardiaco ni la actividad de las glándulas adrenal y pancreática, ¡pero sí la actividad muscular y respiratoria!

Arriba le pedimos que recordara dos hechos importantes: *1)* la *covariación* (varían juntos) de los cambios fisiológicos que constituyen el síndrome de activación y *2)* que la musculatura estriada *se puede manejar voluntariamente* por estar bajo el control del sistema nervioso central.

Es importante recordar estos hechos porque si uno aprende a manejar *a voluntad* los niveles de tensión y relajación de los músculos estriados o aprende técnicas para el manejo de su respiración, al dominar estas técnicas logrará también que el ritmo cardiaco y la actividad glandular *covaríen* con la respiración y la musculatura, lo que le permitirá *conectarse voluntariamente* con estados de calma, de paz, de tranquilidad, cada vez que lo desee.

Para entrar *a voluntad* en tales estados y, en consecuencia, combatir los estados de ansiedad, se ha ideado una gran cantidad de métodos y técnicas: la relajación muscular progresiva, la relajación por imaginación, la autohipnosis, el entrenamiento autogénico, el *biofeedback*, el yoga, las variadas técnicas de meditación, la hidroterapia, la aromaterapia, el masaje, etc. Todas esas modalidades han recibido diversos grados de apoyo tanto de la investigación científica como de la práctica clínica.

En este capítulo le enseñaremos dos de esos métodos corporales para que pueda manejar de un modo más eficaz sus estados de ansiedad: la relajación muscular progresiva y la meditación respiratoria.

Entrenamiento en relajación muscular progresiva

Debemos esta técnica al trabajo pionero de Edmund Jacobson, un psicofisiólogo estadounidense. Su técnica, minuciosa y detallada, requería de un entrenamiento sistemático que fluctuaba entre

180 y 200 sesiones de trabajo, las que, aunque no parecía oneroso en la primera mitad del siglo pasado, nos parece excesivamente largo en los tiempos que corren. Del trabajo de Edmund Jacobson, de Joseph Wolpe y de Arnold Lazarus, entre otros, he derivado los ejercicios que aprenderá más adelante y para lo cual no requeriremos más que entre seis y 10 sesiones. Comencemos por conocer algunos términos técnicos antes de iniciar la práctica:

- ***Tensión muscular:*** decimos que un músculo está *tenso* cuando está *contraído, disminuido* o *más corto* que en su estado natural. Esto sucede cuando un músculo está trabajando. Todo esfuerzo requiere tensión o contracción de los músculos, de modo que al realizar cualquier actividad, por mínima que sea, estamos tensando algún músculo.
- ***Relajación muscular:*** decimos que un músculo está *relajado* cuando está suelto, reposando en su estado natural.
- ***Tirantez o estiramiento:*** como su nombre lo indica, en este estado el músculo está *tirante* o *estirado*, es decir, más *alargado* de lo que suele estar cuando permanece en reposo. La tirantez es un proceso pasivo: un músculo se estira cuando su contrario está *tenso* o *contraído*. El músculo que está trabajando se contrae, el que se estira tan solo obedece.
- ***Tensión residual:*** cuando un músculo estuvo trabajando y deja de hacerlo, no se relajan al mismo tiempo todas las fibras que lo constituyen: algunas quedan contraídas, quedan *residuos* de tensión. A eso le llamamos "tensión residual".
- ***Relajación muscular profunda:*** es el estado de los músculos cuando se ha eliminado la tensión residual. Este estado corporal coincide con un estado de calma, de paz, de tranquilidad que resulta verdaderamente disfrutable y gozoso. Vayamos en pos de él. Comencemos con una nota breve sobre...

El ambiente

Ubíquese en algún punto silencioso y agradable de su casa donde haya pocas probabilidades de ser interrumpido. Desconecte el teléfono y avise a las personas que viven con usted que requiere silencio. Practique de preferencia una o dos horas antes o después de tomar sus alimentos. Cuide de no haber tomado alcohol, café, drogas o estimulantes de ningún tipo. Puede practicar sentado en un sillón cómodo, en una silla común o recostado en su cama, en un sofá, en el césped o sobre un tapete. Puede también practicar, si la ocasión es propicia, en su oficina o en el asiento de su automóvil (¡estacionado y seguro, por favor!). Mientras más ambientes y horarios sean apareados con la relajación, mejor para usted: aprenderá a sentirse en paz en múltiples entornos.

Las fases

Cada grupo muscular puede ser entrenado en tres tiempos:

1. Fase de tensión.
2. Fase de relajación.
3. Fase de eliminación de la tensión residual.

Los grupos musculares

Trabajaremos con seis grupos musculares en seis sesiones distintas. Le sugerimos el orden establecido aquí, pero siéntase libre de alterarlo según sus deseos y necesidades. Le sugerimos también que haga un primer ensayo *mientras lee las instrucciones*: asegúrese de identificar el movimiento y localizar la tensión (pregunte a su terapeuta cuando tenga dudas); haga después un segundo ensayo *sin leer* pero consultando lo necesario, y un tercer ensayo definitivo sin ningún apoyo. Poco a poco logrará niveles más profundos y mayor dominio de sus músculos y de la calma concomitante con la relajación. Las instrucciones se reiteran de un grupo muscular a otro, pero se practican en días diferentes. La repetición facilita el dominio y el efecto beneficioso.

Primera sesión

Trabajaremos en esta sesión con *cuatro músculos de la cara.* Estos músculos son pequeños, pero especialmente importantes por su estrecha relación con funciones superiores como la imaginación y el pensamiento. Vea por qué: el *músculo frontal* está relacionado con los niveles de actividad eléctrica del cerebro; basta pasar de un estado de tensión a uno de relajación en dicho músculo para que se pase igualmente del ritmo *beta* (ritmo típico de la actividad cerebral y del pensamiento) al ritmo *alfa* (típico de los estados de tranquilidad) de actividad electroencefalográfica. Los músculos *orbiculares de los párpados* se relacionan con el proceso de imaginación; los *orbiculares de los labios* se relacionan con el habla y, por lo mismo, con el proceso de pensamiento, mientras que los *músculos de la nariz* se relacionan con la respiración y, por lo tanto, generan estados de ansiedad o de calma según cómo covaríen con los otros síntomas que integran el síndrome de activación.

1. Músculo frontal

a) Para tensar este músculo *eleve sus cejas poco a poco, en pasos iguales*, mientras en su pensamiento cuenta del 1 al 10. Tome conciencia de cada pequeño cambio a medida que el conteo sube. Hágase un experto en esas sensaciones de tensión. Cuando llegue a 10, con las cejas lo más levantadas que pueda, trate de juntarlas. Note la tensión extrema que se genera en su músculo frontal y en el cuero cabelludo. Tome conciencia de este estado y de la desagradable sensación generada por la tensión.

b) Ahora, usando como ritmo la salida del aire de sus pulmones, cuente de 10 a 0 y relaje su frente poco a poco. Permita que las cejas vuelvan poco a poco, en pasos iguales, a su posición normal. Tome conciencia de los pequeños cambios a medida que el conteo baja de 10 a 0. Hágase un experto en estas sensaciones de relajación. Cuando llegue a 0, habrán desaparecido de su frente todas las señales externas de tensión. Tome conciencia del estado de su frente y disfrute de esa sensación placentera producida por la relajación.

A partir de ahora, *deje de hacer movimientos voluntarios*, ya que todo movimiento voluntario significa tensión. Recuerde que relajarse es una especie de esfuerzo en sentido negativo: un dejar de esforzarse, un dejar de hacer. Eso es lo que le toca cultivar en la siguiente fase.

c) Su músculo frontal ya está relajado. Ya no hay señales superficiales de tensión y, sin embargo, aún permanece un cierto grado de tensión residual. Califique ese grado de tensión residual con 10. Y ahora, usando como ritmo la salida del aire de sus pulmones, cuéntese a usted mismo, una vez más, de 10 a 0. A medida que lo hace, permita que desaparezca poco a poco la tensión residual. A partir de ahora ya no tiene que hacer nada. Simplemente deje que la tensión residual se vaya. Que desaparezca. Que se esfume. El aire que sale se lleva un poco de tensión. El aire que entra aporta algo de relajación. Cuando llegue a 0, perciba el estado de relajación mucho más profunda de sus músculos. Disfrute de esa agradable sensación.

2. Músculos orbiculares de los párpados

a) Para tensar estos músculos *cierre sus ojos poco a poco*, mientras en su pensamiento cuenta del 1 al 10. Tome conciencia de cada pequeño cambio a medida que el conteo sube. Hágase un experto en esas sensaciones de tensión. Cuando llegue a 10, note la tensión extrema que se genera. Tome conciencia de este estado y de la desagradable sensación generada por la tensión.

b) Ahora, mientras cuenta de 10 a 0, relaje los orbiculares de los párpados poco a poco y en pasos iguales. Use como ritmo la salida del aire de sus pulmones. Tome conciencia de los pequeños cambios a medida que el conteo baja. Hágase un experto en esas sensaciones de relajación.

Cuando llegue a 0, habrán desaparecido todas las señales externas de tensión. Tome conciencia del estado de sus párpados y disfrute de esa sensación placentera producida por la relajación. A partir de este momento, ya no haga movimientos voluntarios, puesto que todo movimiento voluntario significa tensión. Recuerde que relajarse es una especie de esfuerzo en sentido negativo: un dejar de esforzarse, un dejar de hacer. Eso es lo que le toca cultivar en la siguiente fase.

c) Los músculos orbiculares de sus párpados ya están relajados. Ya no hay señales superficiales de tensión y, sin embargo, aún permanece cierto grado de tensión residual. Califique ese grado de tensión residual con 10. Y ahora, usando como ritmo la salida del aire de sus pulmones, cuente de 10 a 0. A medida que lo hace, permita que desaparezca poco a poco la tensión residual en sus párpados. Simplemente deje que la tensión residual se vaya. Que desaparezca. Que se esfume. El aire que sale se lleva un poco de tensión. El aire que entra aporta un poco de relajación. Cuando llegue a 0, perciba el estado de relajación mucho más profunda de los músculos *orbiculares de sus párpados*. Disfrute de esa agradable sensación.

3. Músculos de la nariz

a) Para tensar estos músculos *contraiga poco a poco las aletas de su nariz*, como si tratara de impedir el paso del aire. Hágalo mientras en su pensamiento cuenta del 1 al 10. Tome conciencia de cada pequeño cambio a medida que el conteo sube. Hágase un experto en estas sensaciones de tensión. Cuando llegue a 10, note la tensión extrema que ha alcanzado. Tome conciencia de este estado y de la desagradable sensación generada por la tensión.

b) Ahora, mientras cuenta de 10 a 0, relaje las aletas de su nariz poco a poco. Use como ritmo la salida del aire de sus pulmones. Tome conciencia de los pequeñísimos cambios a medida que el conteo baja. Hágase un experto en esas sensaciones de relajación. Cuando llegue a 0, habrán desaparecido de su nariz todas las señales externas de tensión. Tome conciencia del estado de *los músculos* de su nariz y disfrute de esa sensación placentera producida por la relajación. A partir de este momento, ya no haga movimientos voluntarios, puesto que todo movimiento voluntario significa tensión. Recuerde que relajarse es una especie de esfuerzo en sentido negativo: un dejar de esforzarse, sin dejar de hacer. Eso es lo que le toca cultivar en la siguiente fase.

c) Sus músculos *de la nariz* ya están relajados. Ya no hay señales superficiales de tensión y, sin embargo, aún permanece cierto grado de tensión residual. Califique ese grado de tensión residual con 10. Y ahora, usando como ritmo la salida del aire de sus pulmones, cuéntese nuevamente de 10 a 0. A medida que lo hace, permita que desaparezca poco a poco la tensión residual, la que está debajo de la piel de su nariz. Simplemente deje que la tensión residual se vaya. Que desaparezca. Que se esfume. El aire que sale se lleva un poco de tensión. El aire que entra aporta un poco de relajación. Cuando llegue a 0, perciba el estado de relajación mucho más profunda de sus músculos. Disfrute de esa agradable sensación.

4. *Músculos orbiculares de los labios*

a) Para tensar estos músculos *mantenga los labios unidos y estírelos poco a poco como si intentara besar la pared de enfrente*. Hágalo mientras en su pensamiento cuenta del 1 al 10. Tome conciencia de cada pequeño cambio a medida que el conteo sube. Hágase un experto en estas sensaciones de tensión. Cuando llegue a 10, note la tensión extrema que se genera. Tome conciencia de este estado y de la desagradable sensación generada por la tensión.

b) Ahora, mientras cuenta de 10 a 0, relaje poco a poco sus labios. Use como ritmo la salida del aire de sus pulmones.

Tome conciencia de los pequeños cambios a medida que el conteo baja. Hágase un experto en esas sensaciones de relajación. Cuando llegue a 0, habrán desaparecido de sus labios todas las señales externas de tensión. Tome conciencia del estado de sus labios y disfrute de esa sensación placentera producida por la relajación. A partir de este momento ya no haga movimientos voluntarios, puesto que todo movimiento voluntario significa tensión. Recuerde que relajarse es una especie de esfuerzo en sentido negativo: un dejar de esforzarse, un dejar de hacer. Eso es lo que le toca cultivar en la siguiente fase.

c) Los músculos de sus labios ya están relajados. Ya no hay señales superficiales de tensión y, sin embargo, aún permanece cierto grado de tensión residual. Califique ese grado de tensión residual con 10. Y ahora, usando como ritmo la salida del aire de sus pulmones, cuente de 10 a 0. A medida que lo hace, permita que desaparezca poco a poco la tensión residual. Simplemente permita que la tensión residual se vaya. Que desaparezca. Que se esfume. El aire que sale se lleva un poco de tensión. El aire que entra aporta algo de relajación. Cuando llegue a 0, perciba el estado de relajación mucho más profunda de sus músculos. Disfrute de esa agradable sensación.

Segunda sesión

Trabajaremos en esta sesión con *otros cuatro músculos de la cara.* Estos músculos también son pequeños y también son importantes por su estrecha relación con funciones superiores.

1. Músculos de la base de la lengua

a) Para tensar estos músculos *junte los dientes sin apretarlos. Coloque la punta de la lengua contra los dientes de abajo.* Empuje poco a poco, mientras en su pensamiento cuenta del 1 al 10. Tome conciencia de cada pequeño cambio a medida que el conteo sube. Hágase un experto en estas sensaciones de tensión. Cuando llegue a 10, note la tensión extrema que se genera en la base de la lengua. Tome conciencia de este estado y de la desagradable sensación generada por la tensión.

b) Ahora, mientras cuenta de 10 a 0, relaje poco a poco los músculos de la lengua. Use como ritmo la salida del aire de sus pulmones. Tome conciencia de los pequeños cambios a medida que el conteo baja. Hágase un experto en esas sensaciones de relajación. Cuando llegue a 0, habrán desaparecido de su lengua todas las señales externas de tensión. Tome conciencia de ese estado y disfrute de esa sensación placentera producida por la relajación. A partir de este momento, ya no haga movimientos voluntarios, puesto que todo movimiento voluntario significa tensión. Recuerde que relajarse es una especie de esfuerzo en sentido negativo: un dejar de esforzarse, un dejar de hacer. Eso es lo que le toca cultivar en la siguiente fase.

c) Los músculos de su lengua ya están relajados. Ya no hay señales superficiales de tensión y, sin embargo, aún permanece cierto grado de tensión residual. Califique ese grado de tensión residual con 10. Y ahora, usando como ritmo la salida del aire de sus pulmones, cuente de 10 a 0. A medida que lo hace, permita que desaparezca poco a poco la tensión residual. Simplemente deje que la tensión residual se vaya. Que desaparezca. Que se esfume. El aire que sale se lleva un poco de tensión. El aire que entra aporta un poco de relajación. Cuando llegue a 0, perciba el estado de relajación mucho más profunda de sus músculos. Disfrute de esa agradable sensación.

2. Músculos maseteros y temporales

a) Para tensar estos músculos *apriete los dientes* poco a poco. Hágalo mientras en su pensamiento cuenta del 1 al 10. Tome conciencia de cada pequeño cambio a medida que el conteo sube. Hágase un experto en estas sensaciones de tensión en *sus mandíbulas y en sus sienes.* Cuando llegue a 10, note la tensión extrema que se genera. Tome conciencia de este estado y de la desagradable sensación generada por la tensión.

b) Ahora, mientras se cuenta de 10 a 0, relaje poco a poco *las mandíbulas.* Use como ritmo la salida del aire de sus pulmones. Tome conciencia de los pequeños cambios a medida que el conteo baja. Hágase un experto en esas sensaciones de relajación. Cuando llegue a 0, habrán desaparecido de sus maseteros y temporales todas las señales externas de tensión. Tome conciencia del estado de sus músculos maseteros y note su efecto en las mandíbulas y en las sienes. Disfrute de esa sensación placentera producida por la relajación. A partir de este momento, ya no haga movimientos voluntarios, puesto que todo movimiento voluntario significa tensión. Recuerde que relajarse es una especie de esfuerzo en sentido negativo: un dejar de esforzarse, un dejar de hacer. Eso es lo que le toca cultivar en la siguiente fase.

c) Los músculos de sus mandíbulas ya están relajados. También los músculos de las sienes. Ya no hay señales superficiales de tensión y, sin embargo, aún permanece cierto grado de tensión residual. Califique ese grado de tensión residual con 10. Y ahora, usando como ritmo la salida del aire de sus pulmones, cuente de 10 a 0. A medida que lo hace, permita que desaparezca poco a poco la tensión residual. Deje que su maxilar inferior cuelgue según la ley de gravedad. Simplemente permita que la tensión residual se vaya. Que desaparezca. Que se esfume. El aire que sale se lleva un poco de tensión. El aire que entra aporta un poco de relajación. Cuando llegue a 0, perciba el estado de relajación mucho más profunda de sus músculos. Disfrute de esa agradable sensación.

3. Músculos de la barbilla

a) Para tensar estos músculos *arrugue la barbilla* poco a poco. Hágalo mientras en su pensamiento cuenta del 1 al 10. Tome conciencia de cada pequeño cambio a medida que el conteo sube. Hágase un experto en estas sensaciones de tensión en su barbilla. Cuando llegue a 10, note la tensión extrema que se genera en los músculos. Tome conciencia de este estado y de la desagradable sensación generada por la tensión.

b) Ahora, mientras cuenta de 10 a 0, relaje poco a poco la barbilla. Use como ritmo la salida del aire de sus pulmones. Tome conciencia de los pequeños cambios a medida que el conteo baja. Hágase un experto en esas sensaciones de relajación. Cuando llegue a 0, habrán desaparecido de su mentón todas las señales externas de tensión. Tome conciencia del estado de su barbilla y disfrute de esa sensación placentera producida por la relajación. A partir de este momento, ya no haga movimientos voluntarios, puesto que todo movimiento voluntario significa tensión. Recuerde que relajarse es una especie de esfuerzo en sentido negativo: un dejar de esforzarse, un dejar de hacer. Eso es lo que le toca cultivar en la siguiente fase.

c) Los músculos de *su barbilla* ya están relajados. Ya no hay señales superficiales de tensión y sin embargo aún permanece cierto grado de tensión residual. Califique ese grado de tensión residual con 10. Y ahora, usando como ritmo la salida del aire de sus pulmones, cuente de 10 a 0. A medida que lo hace, permita que desaparezca poco a poco la tensión residual. Simplemente deje que la tensión residual se vaya. Que desaparezca. Que se esfume. El aire que sale se lleva un poco de tensión. El aire que entra aporta un poco de relajación. Cuando llegue a 0, perciba el estado de relajación mucho más profunda de sus músculos. Disfrute de esa agradable sensación.

4. *Músculos buccinadores*

a) Estos son los músculos de las mejillas y nos sirven para sonreír, para soplar o para silbar. Para tensar estos músculos *junte los labios y, en una especie de gran sonrisa, lleve las comisuras en dirección de las orejas.* Poco a poco. Hágalo mientras en su pensamiento cuenta del 1 al 10. Tome conciencia de cada pequeño cambio a medida que el conteo sube. Hágase un experto en estas sensaciones de tensión en sus mejillas. Cuando llegue a 10, note la tensión extrema que se genera en sus músculos. Tome conciencia de este estado y de la desagradable sensación generada por la tensión.

b) Ahora, mientras cuenta de 10 a 0, relaje poco a poco las mejillas. Use como ritmo la salida del aire de sus pulmones. Tome conciencia de los pequeños cambios a medida que el conteo baja. Hágase un experto en esas sensaciones de relajación. Cuando llegue a 0, habrán desaparecido de sus mejillas todas las señales externas de tensión. Tome conciencia del estado de sus mejillas y disfrute de esa sensación placentera producida por la relajación. A partir de este momento ya no haga movimientos voluntarios, puesto que todo movimiento voluntario significa tensión. Recuerde que relajarse es una especie de esfuerzo en sentido negativo: un dejar de esforzarse, un dejar de hacer. Eso es lo que le toca cultivar en la siguiente fase.

c) Los músculos de sus mejillas ya están relajados. Ya no hay señales superficiales de tensión y, sin embargo, aún permanece cierto grado de tensión residual. Califique ese grado de tensión residual con 10. Y ahora, usando como ritmo la salida del aire de sus pulmones, cuente de 10 a 0. A medida que lo hace, permita que desaparezca poco a poco la tensión residual. Simplemente deje que la tensión residual se vaya. Que desaparezca. Que se esfume. El aire que sale se lleva un poco de tensión. El aire que entra aporta un poco de relajación. Cuando llegue a 0, perciba el estado de relajación mucho más profunda de sus músculos. Disfrute de esa agradable sensación.

Tercera sesión

Trabajaremos en esta tercera sesión con *seis músculos de las extremidades superiores.*

1. Palmas de las manos

a) Para tensar estos músculos *cierre las manos poco a poco hasta empuñarlas por completo.* Hágalo mientras en su pensamiento cuenta del 1 al 10. Tome conciencia de cada pequeño cambio a medida que el conteo sube. Hágase un experto en estas sensaciones de tensión en las palmas de sus manos. Cuando llegue a 10, note la tensión extrema que se genera en sus músculos. Tome conciencia de este estado y de la desagradable sensación generada por la tensión.

b) Ahora, mientras se cuenta de 10 a 0, abra los puños poco a poco y permita que se relajen las palmas de sus manos. Use como ritmo la salida del aire de sus pulmones. Tome conciencia de los pequeños cambios a medida que el conteo baja. Hágase un experto en esas sensaciones de relajación. Cuando llegue a 0, habrán desaparecido de las palmas de sus manos todas las señales externas de tensión. Tome conciencia del estado de sus palmas y disfrute de esa sensación placentera producida por la relajación. A partir de este momento, ya no haga movimientos voluntarios, puesto que todo movimiento voluntario significa tensión. Recuerde que relajarse es una especie de esfuerzo en sentido negativo: un dejar de esforzarse, un dejar de hacer. Eso es lo que le toca cultivar en la siguiente fase.

c) Los músculos de sus palmas ya están relajados. Ya no hay señales superficiales de tensión y, sin embargo, aún permanece cierto grado de tensión residual. Califique ese grado de tensión residual con 10. Y ahora, usando como ritmo la salida del aire de sus pulmones, cuente de

10 a 0. A medida que lo hace, permita que desaparezca poco a poco la tensión residual. Simplemente deje que la tensión residual se vaya. Que desaparezca. Que se esfume. El aire que sale se lleva un poco de tensión. El aire que entra le aporta un poco de relajación. Cuando llegue a 0, perciba el estado de relajación mucho más profunda de sus músculos. Disfrute de esa agradable sensación.

2. *Dorso de las manos*

a) Para tensar estos músculos *estire y abra los dedos* poco a poco. Hágalo mientras en su pensamiento cuenta del 1 al 10. Tome conciencia de cada pequeño cambio a medida que el conteo sube. Hágase un experto en estas sensaciones de tensión en el dorso de sus manos. Cuando llegue a 10, note la tensión extrema que se genera en sus músculos. Tome conciencia de este estado y de la desagradable sensación generada por la tensión.

b) Ahora, mientras cuenta de 10 a 0, relaje poco a poco los dedos. Use como ritmo la salida del aire de sus pulmones. Tome conciencia de los pequeños cambios a medida que el conteo baja. Hágase un experto en esas sensaciones de relajación. Cuando llegue a 0, habrán desaparecido del dorso de sus manos todas las señales externas de tensión. Tome conciencia del estado de sus músculos y disfrute de esa sensación placentera producida por la relajación. A partir de este momento, ya no haga movimientos voluntarios, puesto que todo movimiento voluntario significa tensión. Recuerde que relajarse es una especie de esfuerzo en sentido negativo: un dejar de esforzarse, un dejar de hacer. Eso es lo que le toca cultivar en la siguiente fase.

c) Los músculos del dorso de sus manos ya están relajados. Ya no hay señales superficiales de tensión y, sin embargo, aún permanece un cierto grado de tensión residual. Califique ese grado de tensión residual con 10. Y ahora, usando como ritmo la salida del aire de sus pulmones, cuente de

10 a 0. A medida que lo hace, permita que desaparezca poco a poco la tensión residual. Simplemente deje que la tensión residual se vaya. Que desaparezca. Que se esfume. El aire que sale se lleva un poco de tensión. El aire que entra le aporta un poco de relajación. Cuando llegue a 0, perciba el estado de relajación mucho más profunda de sus músculos. Disfrute de esa agradable sensación.

3. Cara posterior de los antebrazos

a) Para tensar estos músculos *ponga las palmas hacia abajo sobre los brazos de un sillón y junte los dedos incluido el pulgar. Ahora lleve los dedos unidos hacia arriba y hacia atrás lo más que pueda, como si las uñas se dirigieran hacia sus hombros.* Hágalo poco a poco, mientras en su pensamiento cuenta del 1 al 10. Tome conciencia de cada pequeño cambio a medida que el conteo sube. Hágase un experto en estas sensaciones de tensión en la cara posterior de los antebrazos. Cuando llegue a 10, note la tensión extrema que se genera en sus músculos. Tome conciencia de este estado y de la desagradable sensación generada por la tensión.

b) Ahora, mientras cuenta de 10 a 0, relaje poco a poco la cara posterior de sus antebrazos: que sus manos bajen poco a poco hasta soltarse por completo. Use como ritmo la salida del aire de sus pulmones. Tome conciencia de los pequeños cambios a medida que el conteo baja. Hágase un experto en esas sensaciones de relajación. Cuando llegue a 0, habrán desaparecido de la cara posterior de los antebrazos todas las señales externas de tensión. Tome conciencia del estado de sus músculos y disfrute de esa sensación placentera producida por la relajación. A partir de este momento ya no haga movimientos voluntarios puesto que todo movimiento voluntario significa tensión. Recuerde que relajarse es una especie de esfuerzo en sentido negativo: un dejar de esforzarse, un dejar de hacer. Eso es lo que le toca cultivar en la siguiente fase.

c) Los músculos de la cara posterior de sus antebrazos ya están relajados. Ya no hay señales superficiales de tensión, y, sin embargo, aún permanece un cierto grado de tensión residual. Califique ese grado de tensión residual con 10. Y ahora, usando como ritmo la salida del aire de sus pulmones, cuente de 10 a 0. A medida que lo hace, permita que desaparezca poco a poco la tensión residual. Simplemente deje que la tensión residual se vaya. Que desaparezca. Que se esfume. El aire que sale se lleva un poco de tensión. El aire que entra le aporta un poco de relajación. Cuando llegue a 0, perciba el estado de relajación mucho más profunda de sus músculos. Disfrute de esa agradable sensación.

4. *Cara anterior de los antebrazos*

a) Para tensar estos músculos *estando sus palmas hacia abajo, gire poco a poco sus manos, sobre la articulación de la muñeca, hacia adentro y hacia su cuerpo, como si las yemas de los dedos apuntaran a las axilas.* Hágalo mientras en su pensamiento cuenta del 1 al 10. Tome conciencia de cada pequeño cambio a medida que el conteo sube. Hágase un experto en estas sensaciones de tensión en la cara anterior de los antebrazos. Cuando llegue a 10, note la tensión extrema que se genera en sus músculos. Tome conciencia de este estado y de la desagradable sensación generada por la tensión.

b) Ahora, mientras cuenta de 10 a 0, relaje poco a poco la cara anterior de sus antebrazos. Use como ritmo la salida del aire de sus pulmones. Tome conciencia de los pequeños cambios a medida que el conteo baja. Hágase un experto en esas sensaciones de relajación. Cuando llegue a 0, habrán desaparecido de la cara anterior de sus antebrazos todas las señales externas de tensión. Tome conciencia del estado de sus músculos y disfrute de esa sensación placentera producida por la relajación. A partir de este momento ya no haga movimientos voluntarios, puesto que todo movimiento voluntario significa tensión. Recuerde que relajarse es una especie de esfuerzo en sentido negativo: un dejar de esforzarse, un dejar de hacer. Eso es lo que le toca cultivar en la siguiente fase.

c) Los músculos de la cara anterior de sus antebrazos ya están relajados. Ya no hay señales superficiales de tensión y, sin embargo, aún permanece cierto grado de tensión residual. Califique ese grado de tensión residual con 10. Y ahora, usando como ritmo la salida del aire de sus pulmones, cuente de 10 a 0. A medida que lo hace, permita que desaparezca poco a poco la tensión residual. Simplemente deje que la tensión residual se vaya. Que desaparezca. Que se esfume. El aire que sale se lleva un poco de tensión. El aire que entra le aporta un poco de relajación. Cuando llegue a 0, perciba el estado de relajación mucho más profunda de sus músculos. Disfrute de esa agradable sensación.

5. Tríceps

a) Para tensar estos músculos *ponga sus manos de canto, con los pulgares hacia arriba. Ahora, poco a poco, presione la superficie en que sus manos estén apoyadas (los brazos del sillón, el colchón o el piso) hacia abajo y hacia atrás.* Hágalo mientras en su pensamiento cuenta del 1 al 10. Tome conciencia de cada pequeño cambio a medida que el conteo sube. Hágase un experto en estas sensaciones de tensión en *los tríceps.* Cuando llegue a 10, note la tensión extrema que se genera. Tome conciencia de este estado y de la desagradable sensación generada por la tensión.

b) Ahora, mientras cuenta de 10 a 0, relaje poco a poco los tríceps. Use como ritmo la salida del aire de sus pulmones. Tome conciencia de los pequeños cambios a medida que el conteo baja. Hágase un experto en esas sensaciones de relajación. Cuando llegue a 0, habrán desaparecido de los tríceps todas las señales externas de tensión. Tome conciencia del estado de sus músculos y disfrute de esa sensación placentera producida por la relajación. A partir de este momento ya no haga movimientos voluntarios, puesto que todo movimiento voluntario significa tensión. Recuerde que relajarse es una especie de esfuerzo en sentido negativo: un dejar de esforzarse, un dejar de hacer. Eso es lo que le toca cultivar en la siguiente fase.

c) Los músculos de los tríceps ya están relajados. Ya no hay señales superficiales de tensión y, sin embargo, aún permanece un cierto grado de tensión residual. Califique ese grado de tensión residual con 10. Y ahora, usando como ritmo la salida del aire de sus pulmones, cuente de 10 a 0. A medida que lo hace, permita que desaparezca poco a poco la tensión residual. Simplemente deje que la tensión residual se vaya. Que desaparezca. Que se esfume. El aire que sale se lleva un poco de tensión. El aire que entra le aporta un poco de relajación. Cuando llegue a 0, perciba el estado de relajación mucho más profunda de sus músculos. Disfrute de esa agradable sensación.

6. Bíceps

a) Para tensar estos músculos *ponga sus palmas hacia arriba. Ahora imagine que alguien sujeta sus muñecas y que usted va venciendo, poco a poco, esa fuerte resistencia imaginaria. Dirija sus manos hacia arriba, como si quisiera alcanzar sus hombros con los nudillos.* Sienta cómo sus bíceps crecen poco a poco. Hágalo mientras en su pensamiento cuenta del 1 al 10. Tome conciencia de cada pequeño cambio a medida que el conteo sube. Hágase un experto en esas sensaciones de tensión en los bíceps. Cuando llegue a 10, note la tensión extrema que se genera en sus bíceps. Tome conciencia de este estado y de la desagradable sensación generada por la tensión.

b) Ahora, mientras cuenta de 10 a 0, relaje poco a poco los bíceps, imaginando que la resistencia va desapareciendo gradualmente. Permita que sus brazos vuelvan poco a poco a la posición en que estaban. Use como ritmo la salida del aire de sus pulmones. Tome conciencia de los pequeños cambios a medida que el conteo baja. Hágase un experto en esas sensaciones de relajación. Cuando llegue a 0, habrán desaparecido de los bíceps todas las señales externas de tensión. Tome conciencia del estado de sus músculos y disfrute de esa sensación placentera producida por la relajación. A partir de este momento ya no haga movimientos voluntarios, puesto que todo movimiento voluntario significa tensión. Recuerde que relajarse es una especie de esfuerzo en sentido negativo: un dejar de esforzarse, un dejar de hacer. Eso es lo que le toca cultivar en la siguiente fase.

c) Los músculos de los bíceps ya están relajados. Ya no hay señales superficiales de tensión, y sin embargo, aún permanece un cierto grado de tensión residual. Califique ese grado de tensión residual con 10. Y ahora, usando como ritmo la salida del aire de sus pulmones, cuente de 10 a 0. A medida que lo hace, permita que desaparezca poco a poco la tensión residual. Simplemente permita que la tensión residual se vaya. Que desaparezca. Que se esfume. El aire que sale se lleva un poco de tensión. El aire que entra le aporta un poco de relajación. Cuando llegue a 0, perciba el estado de relajación mucho más profunda de sus músculos. Disfrute de esa agradable sensación.

Cuarta sesión

Trabajaremos en esta sesión con los *grupos musculares del cuello.*

1. Músculos de la garganta o anteriores del cuello

a) Para tensar estos músculos *recoja su cabeza como si quisiera tocar su tráquea con la barbilla.* Note la inmediata tensión en los músculos de la garganta. Hágalo mientras en su pensamiento cuenta del 1 al 10. Tome conciencia de cada pequeño cambio a medida que el conteo sube.

Hágase un experto en estas sensaciones de tensión en los músculos anteriores del cuello. Cuando llegue a 10, note la tensión extrema que se genera en sus músculos. Tome conciencia de este estado y de la desagradable sensación generada por la tensión.

b) Ahora, mientras cuenta de 10 a 0, relaje poco a poco los músculos anteriores del cuello. Use como ritmo la salida del aire de sus pulmones. Tome conciencia de los pequeños cambios a medida que el conteo baja. Hágase un experto en esas sensaciones de relajación. Cuando llegue a 0, habrán desaparecido de los músculos anteriores del cuello todas las señales externas de tensión. Tome conciencia del estado de sus músculos y disfrute de esa sensación placentera producida por la relajación. A partir de este momento ya no haga movimientos voluntarios, puesto que todo movimiento voluntario significa tensión. Recuerde que relajarse es una especie de esfuerzo en sentido negativo: un dejar de esforzarse, un dejar de hacer. Eso es lo que le toca cultivar en la siguiente fase.

c) Los músculos anteriores del cuello ya están relajados. Ya no hay señales superficiales de tensión y, sin embargo, aún permanece cierto grado de tensión residual. Califique ese grado de tensión residual con 10. Y ahora, usando como ritmo la salida del aire de sus pulmones, cuente de 10 a 0. A medida que lo hace, permita que desaparezca poco a poco la tensión residual. Simplemente deje que la tensión residual se vaya. Que desaparezca. Que se esfume. El aire que sale se lleva un poco de tensión. El aire que entra aporta un poco de relajación. Cuando llegue a 0, perciba el estado de relajación mucho más profunda de sus músculos. Disfrute de esa agradable sensación.

2. Músculos laterales del cuello

a) Para tensar estos músculos, tanto los de la izquierda como los de la derecha *al mismo tiempo, mantenga la cabeza en posición vertical. Ahora recójala como si quisiera hundirla en la caja torácica. Al mismo tiempo eleve los hombros como si quisiera alcanzar sus orejas con ellos.* Note la inmediata tensión en los músculos de *ambos lados del cuello.* Hágalo mientras en su pensamiento cuenta del 1 al 10. Tome conciencia de cada pequeño cambio a medida que el conteo sube. Hágase un experto en estas sensaciones de tensión en los músculos laterales del cuello. Cuando llegue a 10, note la tensión extrema que se genera en sus músculos. Tome conciencia de este estado y de la desagradable sensación generada por la tensión.

b) Ahora, mientras cuenta de 10 a 0, relaje poco a poco los músculos laterales del cuello. Use como ritmo la salida del aire de sus pulmones. Tome conciencia de los pequeños cambios a medida que el conteo baja. Hágase un experto en esas sensaciones de relajación. Cuando llegue a 0, habrán desaparecido de los músculos laterales del cuello todas las señales externas de tensión. Tome conciencia del estado de sus músculos y disfrute de esa sensación placentera producida por la relajación. A partir de este momento ya no haga movimientos voluntarios, puesto que todo movimiento voluntario significa tensión. Recuerde que relajarse es una especie de esfuerzo en sentido negativo: un dejar de esforzarse, un dejar de hacer. Eso es lo que le toca cultivar en la siguiente fase.

c) Los músculos laterales del cuello ya están relajados. Ya no hay señales superficiales de tensión y, sin embargo, aún permanece un cierto grado de tensión residual. Califique ese grado de tensión residual con 10. Y ahora, usando como ritmo la salida del aire de sus pulmones, cuente de 10 a 0. A medida que lo hace, permita que desaparezca poco a poco la tensión residual. Simplemente deje que la tensión residual se vaya. Que desaparezca. Que se esfume. El aire que sale se lleva un poco de tensión. El aire que entra aporta un poco de relajación. Cuando llegue a

0, perciba el estado de relajación mucho más profunda de sus músculos. Disfrute de esa agradable sensación.

3. Músculos de la nuca o posteriores del cuello

a) Le recomendamos que haga el ejercicio sentado. Siendo la cabeza la parte más pesada del cuerpo, los músculos de la nuca están trabajando todo el tiempo para mantenerla erguida. Por eso, no necesitamos tensarla más de lo que ya está. Note ahora la tensión en los músculos posteriores de su cuello. Hágalo mientras en su pensamiento cuenta del 1 al 10. Cuente *pero no haga ninguna tensión*. A medida que el conteo sube, tome conciencia del esfuerzo que su nuca hace durante todo el día para mantener la cabeza erguida. Hágase un experto en estas sensaciones de tensión en la nuca. Cuando llegue a 10, note, una vez más, la tensión: el esfuerzo que realizan los músculos para mantener la cabeza erguida. Tome conciencia de este estado.

b) Ahora, mientras cuenta de 10 a 0, relaje poco a poco los músculos posteriores del cuello. Deje que su cabeza caiga poco a poco hacia adelante hasta que su barbilla descanse en el esternón. Use como ritmo la salida del aire de sus pulmones. Tome conciencia de los pequeños cambios a medida que el conteo baja. Hágase un experto en esas sensaciones de relajación. Cuando llegue a 0, habrán desaparecido de los músculos posteriores del cuello todas las señales externas de tensión. Tome conciencia del estado de sus músculos y disfrute de esa sensación placentera producida por la relajación. A partir de este momento ya no haga movimientos voluntarios, puesto que todo movimiento voluntario significa tensión. Recuerde que relajarse es una especie de esfuerzo en sentido negativo: un dejar de esforzarse, un dejar de hacer. Eso es lo que le toca cultivar en la siguiente fase.

c) Los músculos posteriores del cuello ya están relajados. Ya no hay señales superficiales de tensión y, sin embargo, aún permanece un cierto grado de tensión residual en la nuca. Califique ese grado de tensión residual con 10. Y ahora, usando como ritmo la salida del aire de sus pulmones, cuente de 10 a 0. A medida que lo hace, permita que desaparezca poco a poco la tensión residual. Simplemente deje que la tensión residual se vaya. Que desaparezca. Que se esfume. El aire que sale se lleva un poco de tensión. El aire que entra le aporta un poco de relajación. Cuando llegue a 0, perciba el estado de relajación mucho más profunda de sus músculos. Disfrute de esa agradable sensación.

Quinta sesión

Trabajaremos aquí con cuatro músculos del tórax.

1. Músculos superiores de la espalda

a) Para tensar estos músculos *lleve sus hombros hacia atrás como si quisiera que se juntaran. Imite el movimiento de las águilas cuando intentan juntar sus alas.* Hágalo poco a poco mientras en su pensamiento cuenta del 1 al 10. Tome conciencia de cada pequeño cambio a medida que el conteo sube. Hágase un experto en estas sensaciones de tensión. Cuando llegue a 10, note la tensión extrema que se genera. Tome conciencia de este estado y de la desagradable sensación generada por la tensión.

b) Ahora, mientras cuenta de 10 a 0, relaje poco a poco los músculos superiores de su espalda y suelte los hombros. Use como ritmo la salida del aire de sus pulmones. Tome conciencia de los pequeños cambios a medida que el conteo baja. Hágase un experto en esas sensaciones de relajación. Cuando llegue a 0, habrán desaparecido de los músculos superiores de su espalda todas las señales externas de tensión. Tome conciencia del estado de sus músculos y disfrute de esa sensación placentera producida por la relajación. A partir de este momento ya no haga movimientos voluntarios, puesto que todo movimiento voluntario significa tensión. Recuerde que relajarse es una especie de esfuerzo en sentido negativo: un dejar de esforzarse, un dejar de hacer. Eso es lo que le toca cultivar en la siguiente fase.

c) Los músculos superiores de su espalda ya están relajados. Ya no hay señales superficiales de tensión y, sin embargo, aún permanece cierto grado de tensión residual. Califique ese grado de tensión residual con 10. Y ahora, usando como ritmo la salida del aire de sus pulmones, cuente de 10 a 0. A medida que lo hace, permita que desaparezca poco a poco la tensión residual. Simplemente deje que la tensión residual se vaya. Que desaparezca. Que se esfume. El aire que sale se lleva un poco de tensión. El aire que entra le aporta un poco de relajación. Cuando llegue a 0, perciba el estado de relajación mucho más profunda de sus músculos. Disfrute de esa agradable sensación.

2. Músculos de la cintura o inferiores de la espalda

a) Para tensar estos músculos *arquee la cintura*. Hágalo mientras en su pensamiento cuenta del 1 al 10. Tome conciencia de cada pequeño cambio a medida que el conteo sube. Hágase un experto en estas sensaciones de tensión. Cuando llegue a 10, note la tensión extrema que se genera. Tome conciencia de este estado y de la desagradable sensación generada por la tensión.

b) Ahora, mientras cuenta de 10 a 0, relaje poco a poco su cintura, los músculos inferiores de su espalda. Use como ritmo la salida del aire de sus pulmones. Tome conciencia de los pequeños cambios a medida que el conteo baja. Hágase un experto en esas sensaciones de relajación. Cuando llegue a 0, habrán desaparecido de los músculos inferiores de su espalda todas las señales externas de tensión. Tome conciencia del estado de sus músculos y disfrute de esa sensación placentera producida por la relajación. A partir de este momento ya no haga movimientos voluntarios, puesto que todo movimiento voluntario significa tensión. Recuerde que relajarse es una especie de esfuerzo en sentido negativo: un dejar de esforzarse, un dejar de hacer. Eso es lo que le toca cultivar en la siguiente fase.

c) Los músculos de su cintura ya están relajados. Ya no hay señales superficiales de tensión y, sin embargo, aún permanece un cierto grado de tensión residual. Califique ese grado de tensión residual con 10. Y ahora, usando como ritmo la salida del aire de sus pulmones, cuente de 10 a 0. A medida que lo hace, permita que desaparezca poco a poco la tensión residual. Simplemente permita que la tensión residual se vaya. Que desaparezca. Que se esfume. El aire que sale se lleva un poco de tensión. El aire que entra le aporta un poco de relajación. Cuando llegue a 0, perciba el estado de relajación mucho más profunda de sus músculos. Disfrute de esa agradable sensación.

3. Músculos pectorales

a) Para tensar estos músculos *junte sus manos en el centro del pecho, a la altura del esternón, la mano izquierda hacia arriba y la derecha hacia abajo, carpo contra carpo (la base de la mano izquierda contra la base de la derecha) y empuje paso a paso. Cuide que el esfuerzo lo hagan los músculos pectorales y no los brazos.* Hágalo mientras en su pensamiento cuenta del 1 al 10. Tome conciencia de cada pequeño cambio a medida que el conteo sube. Hágase un experto en estas sensaciones de tensión. Cuando llegue a 10, note la tensión extrema que se genera. Tome conciencia de este estado y de la desagradable sensación generada por la tensión.

b) Ahora, mientras cuenta de 10 a 0, relaje poco a poco los músculos pectorales disminuyendo la presión de sus brazos. Use como ritmo la salida del aire de sus pulmones. Tome conciencia de los pequeños cambios a medida que el conteo baja. Hágase un experto en esas sensaciones de relajación. Cuando llegue a 0, habrán desaparecido de los pectorales todas las señales externas de tensión. Tome conciencia del estado de sus músculos y disfrute de esa sensación placentera producida por la relajación. A partir de este momento ya no haga movimientos voluntarios, puesto que todo movimiento voluntario significa tensión. Recuerde que relajarse es una especie de esfuerzo en sentido negativo: un dejar de esforzarse, un dejar de hacer. Eso es lo que le toca cultivar en la siguiente fase.

c) Sus músculos pectorales ya están relajados. Ya no hay señales superficiales de tensión y, sin embargo, aún permanece cierto grado de tensión residual. Califique ese grado de tensión residual con 10. Y ahora, usando como ritmo la salida del aire de sus pulmones, cuente de 10 a 0. A medida que lo hace, permita que desaparezca poco a poco la tensión residual. Simplemente deje que la tensión residual se vaya. Que desaparezca. Que se esfume. El aire que sale se lleva un poco de tensión. El aire que entra le aporta un poco de relajación. Cuando llegue a 0, perciba el estado de relajación mucho más profunda de sus músculos. Disfrute de esa agradable sensación.

4. *Músculos abdominales*

a) Para tensar estos músculos *apriete los músculos periféricos del ombligo como si se preparara para recibir una serie de palmadas cada vez más fuertes.* Hágalo mientras en su pensamiento cuenta del 1 al 10. Tome conciencia de cada pequeño cambio a medida que el conteo sube. Hágase un experto en estas sensaciones de tensión. Cuando llegue a 10, note la tensión extrema que se genera. Tome conciencia de este estado y de la desagradable sensación generada por la tensión.

b) Ahora, mientras cuenta de 10 a 0, relaje poco a poco los músculos abdominales. Suelte los músculos poco a poco. Use como ritmo la salida del aire de sus pulmones. Tome conciencia de los pequeños cambios a medida que el conteo baja. Hágase un experto en esas sensaciones de relajación. Cuando llegue a 0, habrán desaparecido de su abdomen todas las señales externas de tensión. Tome conciencia del estado de sus músculos y disfrute de esa sensación placentera producida por la relajación. A partir de este momento ya no haga movimientos voluntarios, puesto que todo movimiento voluntario significa tensión. Recuerde que relajarse es una especie de esfuerzo en sentido negativo: un dejar de esforzarse, un dejar de hacer. Eso es lo que le toca cultivar en la siguiente fase.

c) Sus músculos abdominales ya están relajados. Ya no hay señales superficiales de tensión y, sin embargo, aún permanece cierto grado de tensión residual. Califique ese grado de tensión residual con 10. Y ahora, usando como ritmo la salida del aire de sus pulmones, cuente de 10 a 0. A medida que lo hace, permita que desaparezca poco a poco la tensión residual. Simplemente deje que la tensión residual se vaya. Que desaparezca. Que se esfume. El aire que sale se lleva un poco de tensión. El aire que entra le aporta un poco de relajación. Cuando llegue a 0, perciba el estado de relajación mucho más profunda de sus músculos. Disfrute de esa agradable sensación.

Sexta sesión

Trabajaremos ahora con siete músculos de las extremidades inferiores. Sugerimos que esté acostado cuando lleve a cabo esta práctica.

1. Glúteos

a) Para tensar estos músculos *apriete las nalgas* poco a poco. Hágalo mientras en su pensamiento cuenta del 1 al 10. Tome conciencia de cada pequeño cambio a medida que el conteo sube. Hágase un experto en estas sensaciones de tensión. Cuando llegue a 10, note la tensión extrema que se ha generado. Tome conciencia de este estado y de la desagradable sensación producida por la tensión.

b) Ahora, mientras se cuenta de 10 a 0, relaje las nalgas poco a poco. Use como ritmo la salida del aire de sus pulmones. Tome conciencia de los pequeños cambios a medida que el conteo baja. Hágase un experto en esas sensaciones de relajación. Cuando llegue a 0, habrán desaparecido de los glúteos todas las señales externas de tensión. Tome conciencia del estado de sus músculos y disfrute de esa sensación placentera producida por la relajación. A partir de este momento ya no haga movimientos voluntarios, puesto que todo movimiento voluntario significa tensión. Recuerde que relajarse es una especie de esfuerzo en sentido negativo: un dejar de esforzarse, un dejar de hacer. Eso es lo que le toca cultivar en la siguiente fase.

c) Sus glúteos ya están relajados. Ya no hay señales superficiales de tensión y, sin embargo, aún permanece cierto grado de *tensión residual*. Califique ese grado de tensión residual con 10. Y ahora, usando como ritmo la salida del aire de sus pulmones, cuente de 10 a 0. A medida que lo hace, permita que desaparezca poco a poco la tensión residual. Simplemente deje que la tensión residual se vaya. Que desaparezca. Que se esfume. El aire que sale se lleva un poco de tensión. El aire que entra le aporta un poco de relajación. Cuando llegue a 0, perciba el estado de relajación mucho más profunda de sus músculos. Disfrute de esa agradable sensación.

2. Músculos anteriores de los muslos (pectíneo, aductor medio, recto interno, sartorio, cuadríceps)

a) Para tensar estos músculos, estando acostado, *junte los pies sin presionarlos, y levante sus extremidades inferiores poco a poco, permitiendo que se separen, máximo, unos 20 centímetros del piso o de su cama.* Hágalo mientras en su pensamiento cuenta del uno al 10. Tome conciencia de cada pequeño cambio a medida que el conteo sube. Hágase un experto en estas sensaciones de tensión. Cuando llegue a 10, note la tensión extrema que se ha generado. Tome conciencia de este estado y de la desagradable sensación producida por la tensión.

b) Ahora, mientras cuenta de 10 a 0, relaje poco a poco los músculos anteriores del muslo. Suelte los músculos poco a poco hasta que sus talones vuelvan a descansar sobre el piso o sobre su cama. Use como ritmo la salida del aire de sus pulmones. Tome conciencia de los pequeños cambios a medida que el conteo baja. Hágase un experto en esas sensaciones de relajación. Cuando llegue a 0, habrán desaparecido de los músculos anteriores del muslo todas las señales externas de tensión. Tome conciencia del estado de sus músculos y disfrute de esa sensación placentera producida por la relajación. A partir de este momento ya no haga movimientos voluntarios, puesto que todo movimiento voluntario significa tensión. Recuerde que relajarse es una especie de esfuerzo en sentido negativo: un dejar de esforzarse, un dejar de hacer. Eso es lo que le toca cultivar en la siguiente fase.

c) Los músculos anteriores del muslo ya están relajados. Ya no hay señales superficiales de tensión y, sin embargo, aún permanece cierto grado de tensión residual. Califique ese grado de tensión residual con 10. Y ahora, usando como ritmo la salida del aire de sus pulmones, cuente de 10 a 0. A medida que lo hace, permita que desaparezca poco a poco la tensión residual. Simplemente deje que la tensión residual se vaya. Que desaparezca. Que se esfume. El aire que sale se lleva un poco de tensión. El aire que entra le aporta un poco de relajación. Cuando llegue a 0, perciba el estado de relajación mucho más profunda de sus músculos. Disfrute de esa agradable sensación.

3. Músculos posteriores de los muslos (aductor mayor, recto interno, semitendinoso, bíceps femoral)

a) Para tensar estos músculos, estando acostado, *presione el colchón o el piso con sus talones.* Hágalo mientras en su pensamiento cuenta del 1 al 10. Tome conciencia de cada pequeño cambio a medida que el conteo sube. Hágase un experto en estas sensaciones de tensión. Cuando llegue a 10, note la tensión extrema que se ha generado. Tome conciencia de este estado y de la desagradable sensación producida por la tensión.

b) Ahora, mientras cuenta de 10 a 0, relaje poco a poco los músculos posteriores del muslo. Suéltelos poco a poco, usando como ritmo la salida del aire de sus pulmones. Tome conciencia de los pequeños cambios a medida que el conteo baja. Hágase un experto en esas sensaciones de relajación. Cuando llegue a 0, habrán desaparecido de los músculos posteriores del muslo todas las señales externas de tensión. Tome conciencia del estado de sus músculos y disfrute de esa sensación placentera producida por la relajación. A partir de este momento ya no haga movimientos voluntarios, puesto que todo movimiento voluntario significa tensión. Recuerde que relajarse es una especie de esfuerzo en sentido negativo: un dejar de esforzarse, un dejar de hacer. Eso es lo que le toca cultivar en la siguiente fase.

c) Los músculos posteriores del muslo ya están relajados. Ya no hay señales superficiales de tensión y, sin embargo, aún permanece un cierto grado de tensión residual. Califique ese grado de tensión residual con 10. Y ahora, usando como ritmo la salida del aire de sus pulmones, cuente de 10 a 0. A medida que lo hace, permita que desaparezca poco a poco la tensión residual. Simplemente deje que la tensión residual se vaya. Que desaparezca. Que se esfume. El aire que sale se lleva un poco de tensión. El aire que entra le aporta un poco de relajación. Cuando llegue a 0, perciba el estado de relajación mucho más profunda de sus músculos. Disfrute de esa agradable sensación.

4. Músculos anteriores de las piernas

a) Para tensar estos músculos, estando acostado, *mueva los pies llevando la punta en dirección de su cabeza, sin despegar los talones del colchón o del piso.* Hágalo mientras en su pensamiento cuenta del 1 al 10. Tome conciencia de cada pequeño cambio a medida que el conteo sube. Hágase un experto en estas sensaciones de tensión. Cuando llegue a 10, note la tensión extrema que se ha generado. Tome conciencia de este estado y de la desagradable sensación producida por la tensión.

b) Ahora, mientras cuenta de 10 a 0, relaje poco a poco los músculos anteriores de las piernas; permita que los pies vuelvan a su posición normal. Suelte los músculos poco a poco. Use como ritmo la salida del aire de sus pulmones. Tome conciencia de los pequeños cambios a medida que el conteo baja. Hágase un experto en esas sensaciones de relajación. Cuando llegue a 0, habrán desaparecido de los músculos anteriores de la pierna todas las señales externas de tensión. Tome conciencia del estado de sus músculos y disfrute de esa sensación placentera producida por la relajación. A partir de este momento ya no haga movimientos voluntarios, puesto que todo movimiento voluntario significa tensión. Recuerde que relajarse es una especie de esfuerzo en sentido negativo: un dejar de esforzarse, un dejar de hacer. Eso es lo que le toca cultivar en la siguiente fase.

c) Sus músculos anteriores de las piernas ya están relajados. Ya no hay señales superficiales de tensión y, sin embargo, aún permanece un cierto grado de tensión residual. Califique ese grado de tensión residual con 10. Y ahora, usando como ritmo la salida del aire de sus pulmones, cuente de 10 a 0. A medida que lo hace, permita que desaparezca poco a poco la tensión residual. Simplemente deje que la tensión residual se vaya. Que desaparezca. Que se esfume. El aire que sale se lleva un poco de tensión. El aire que entra le aporta un poco de relajación. Cuando llegue a 0, perciba el estado de relajación mucho más profunda de sus músculos. Disfrute de esa agradable sensación.

5. *Pantorrillas o músculos posteriores de la pierna (gemelos)*

a) Para tensar estos músculos *mueva sus talones hacia adentro y hacia arriba, como si sus talones apuntaran a la zona genital.* Hágalo mientras en su pensamiento cuenta del 1 al 10. Tome conciencia de cada pequeño cambio en las pantorrillas a medida que el conteo sube. Hágase un experto en estas sensaciones de tensión. Cuando llegue a 10, note la tensión extrema que se ha generado. Tome conciencia de este estado y de la desagradable sensación producida por la tensión.

b) Ahora, mientras cuenta de 10 a 0, relaje poco a poco los gemelos. Suelte los músculos poco a poco. Use como ritmo la salida del aire de sus pulmones. Tome conciencia de los pequeños cambios a medida que el conteo baja. Hágase un experto en esas sensaciones de relajación. Cuando llegue a 0, habrán desaparecido de los músculos gemelos todas las señales externas de tensión. Tome conciencia del estado de sus músculos y disfrute de esa sensación placentera producida por la relajación. A partir de este momento ya no haga movimientos voluntarios, puesto que todo movimiento voluntario significa tensión. Recuerde que relajarse es una especie de esfuerzo en sentido negativo: un dejar de esforzarse, un dejar de hacer. Eso es lo que le toca cultivar en la siguiente fase.

c) Sus músculos gemelos ya están relajados. Ya no hay señales superficiales de tensión en las pantorrillas y, sin embargo, aún permanece un cierto grado de tensión residual. Califique ese grado de tensión residual con 10. Y ahora, usando como ritmo la salida del aire de sus pulmones, cuente de 10 a 0. A medida que lo hace, permita que desaparezca poco a poco la tensión residual. Simplemente deje que la tensión residual se vaya. Que desaparezca. Que se esfume. El aire que sale se lleva un poco de tensión. El aire que entra le aporta un poco de relajación. Cuando llegue a 0, perciba el estado de relajación mucho más profunda de sus músculos. Disfrute de esa agradable sensación.

6. *Músculos de la parte superior de los pies*

a) Para tensar estos músculos *abra y separe los dedos de los pies y sienta la tensión.* Hágalo mientras, en su pensamiento, cuenta del 1 al 10. Tome conciencia de cada pequeño cambio a medida que el conteo sube. Hágase un experto en estas sensaciones de tensión. Cuando llegue a 10, note la tensión extrema que se ha generado. Tome conciencia de este estado y de la desagradable sensación producida por la tensión.

b) Ahora, mientras cuenta de 10 a 0, relaje los dedos de sus pies. Suelte los músculos poco a poco y sienta la relajación cubriendo la parte superior de sus pies. Use como ritmo la salida del aire de sus pulmones. Tome conciencia de los pequeños cambios a medida que el conteo baja. Hágase un experto en esas sensaciones de relajación. Cuando llegue a 0, habrán desaparecido de los músculos de la parte superior de los pies todas las señales externas de tensión. Tome conciencia del estado de sus músculos y disfrute de esa sensación placentera producida por la relajación. A partir de este momento ya no haga movimientos voluntarios, puesto que todo movimiento voluntario significa tensión. Recuerde que relajarse es una especie de esfuerzo en sentido negativo: un dejar de esforzarse, un dejar de hacer. Eso es lo que le toca cultivar en la siguiente fase.

c) Los músculos de parte superior de sus pies ya están relajados. Ya no hay señales superficiales de tensión y, sin embargo, aún permanece un cierto grado de tensión residual. Califique ese grado de tensión residual con 10. Y ahora, usando como ritmo la salida del aire de sus pulmones, cuente de 10 a 0. A medida que lo hace, permita que desaparezca poco a poco la tensión residual. Simplemente deje que la tensión residual se vaya. Que desaparezca. Que se esfume. El aire que sale se lleva un poco de tensión. El aire que entra le aporta un poco de relajación. Cuando llegue a 0, perciba el estado de relajación mucho más profunda de sus músculos. Disfrute de esa agradable sensación.

7. Músculos de la planta de los pies

a) Para tensar estos músculos *imagine que han puesto una pelota en el arco de cada uno de sus pies y que usted debe mantenerla ahí. Para ello, contraiga los dedos de sus pies y sienta la tensión en las plantas.* Hágalo mientras en su pensamiento cuenta del 1 al 10. Tome conciencia de cada pequeño cambio a medida que el conteo sube. Hágase un experto en estas sensaciones de tensión. Cuando llegue a 10, note la tensión extrema que se ha generado. Tome conciencia de este estado y de la desagradable sensación producida por la tensión.

b) Ahora, mientras cuenta de 10 a 0, relaje las plantas de sus pies. Suelte los músculos poco a poco. Use como ritmo la salida del aire de sus pulmones. Tome conciencia de los pequeños cambios a medida que el conteo baja. Hágase un experto en esas sensaciones de relajación. Cuando llegue a 0, habrán desaparecido de los músculos de las plantas de los pies todas las señales externas de tensión. Tome conciencia del estado de sus músculos y disfrute de esa sensación placentera producida por la relajación. A partir de este momento ya no haga movimientos voluntarios, puesto que todo movimiento voluntario significa tensión. Recuerde que relajarse es una especie de esfuerzo en sentido negativo: un dejar de esforzarse, un dejar de hacer. Eso es lo que le toca cultivar en la siguiente fase.

c) Los músculos de las plantas de sus pies ya están relajados. Ya no hay señales superficiales de tensión y, sin embargo, aún permanece un cierto grado de tensión residual. Califique ese grado de tensión residual con 10. Y ahora, usando como ritmo la salida del aire de sus pulmones, cuente de 10 a 0. A medida que lo hace, permita que desaparezca poco a poco la tensión residual. Simplemente deje que la tensión residual se vaya. Que desaparezca. Que se esfume. El aire que sale se lleva un poco de tensión. El aire que entra le aporta un poco de relajación. Cuando llegue a 0, perciba el estado de relajación mucho más profunda de sus músculos. Disfrute de esa agradable sensación.

Después de haber practicado con los diferentes grupos musculares en sesiones separadas, le sugerimos ahora que tenga una sesión global en donde practique con todos los músculos de su cuerpo: el nivel de descanso y placer que se alcanza es indescriptible. Para hacerlo, puede solicitar una grabación con mi voz a (efrainbartolome@hotmail.com). Se la enviaré con mucho gusto, a cambio de un comentario sobre el efecto que este libro le produjo.

Invitación a la meditación respiratoria

Trabajaremos ahora con un segundo método corporal para el manejo eficaz de la ansiedad.

¿Qué es la meditación?

"Meditar", según Joan Corominas, es una palabra que se introdujo a la lengua castellana hacia 1580, tomada del latín *meditari* que significa "reflexionar o estudiar". Este es el sentido que se observa en los derivados *meditación*, *meditabundo*, *meditador*, *meditativo*, *premeditar*, *premeditación*, términos todos que apuntalan la idea contemporánea con que María Moliner define la palabra "meditar" en su *Diccionario de uso del español*: "Pensar sobre una cosa para estudiarla, resolverla o percatarse bien de su valor o significado, concentrándose en ella y abstrayéndose de lo demás".

En la cultura occidental solemos quedarnos solo con la primera parte de la definición, y usamos el término como equivalente a "reflexionar, analizar, examinar, cavilar, discurrir, elucubrar, especular, profundizar, rumiar, sopesar, considerar, repasar, filosofar", y tendemos a ignorar la segunda parte de la definición: "...concentrándose en ella y abstrayéndose de lo demás", sentido que está mucho más cerca de la concepción oriental de la meditación como un ejercicio que implica el enfoque y la expansión de la atención. Este último es el sentido que nos importa desarrollar aquí.

Los orientales ven la meditación como un proceso de crecimiento intelectual, filosófico y existencial por el cual se consigue la *iluminación*.

La práctica de la pura atención en los procesos mentales *sin analizarlos* permite desarrollar conciencia sobre ellos y posibilita un mayor control de nuestras cogniciones, emociones y conducta. Este hecho ha sido comprobado satisfactoriamente por la investigación contemporánea en la ciencia de la conducta.

Se ha dicho que la meditación oriental parece tener su origen en los cánticos hindúes del año 3000 a. C., aunque también hay prácticas occidentales, si bien muy posteriores. Es el caso de la Iglesia cristiana, en la que suele citarse como practicantes de sistemas de meditación a personajes como Thomas de Kempis e Ignacio de Loyola, en los siglos XIV y XV, o a los poetas místicos san Juan de la Cruz y santa Teresa de Jesús, en el siglo XVI. No obstante, esta orientación desapareció de las prácticas occidentales por varios siglos, y solo se recuperó, de la vía oriental, en las décadas de 1960 y 1970, gracias a la influencia de personajes como el brillante filósofo de la contracultura Alan Watts y los poetas *beat*, principalmente Gary Snyder y Allen Ginsberg. Ellos popularizaron las prácticas budistas en Estados Unidos, y en las décadas siguientes, dichas prácticas llegaron a ser consideradas seriamente por la psicoterapia occidental moderna. No deja de llamar la atención que fuera una corriente *dura* de línea científica —la psicoterapia cognitivo-conductual, con su fuerte énfasis en el autocontrol del comportamiento— la responsable de tomar en serio y dedicarles investigación rigurosa a técnicas como la que aquí tratamos.

La meditación implica *concentración* y está relacionada con la contemplación de un estímulo o tema al que se dirige la atención de modo *pasivo*, con el propósito de entenderlo más profunda y completamente, sin utilizar el pensamiento activo y analítico. Este es un camino, pero a veces la meditación se propone deshacerse de toda idea u objeto. Así, las técnicas de meditación parecen formar parte de un continuo que va de la *meditación concentrativa*, en la que se orienta la atención a un estímulo sencillo (como una palabra, una sílaba, un objeto, una sensación, un sonido), a la *meditación no concentrativa*, que implica una atención calmada y silenciosa, en la que dejamos llegar e irse todos los estímulos que entran dentro del campo de nuestra atención.

A medida que se practica la meditación, uno aprende a apartar las distracciones y preocupaciones de la vida cotidiana para que el cuerpo y la mente alcancen un estado de relajación y paz. Con el tiempo, la actitud meditativa se traslada a la vida diaria, y de ese modo contribuye al desarrollo espiritual. Con la meditación avanzamos hacia la autorrealización por medio de una mayor confianza en uno mismo, un mayor autocontrol, una menor reactividad emocional, una mayor capacidad perceptual, una menor culpabilidad, una mejor memoria, una mayor capacidad de concentración y creatividad, una mayor fuerza de voluntad.

Hay estudios que demuestran la efectividad de la meditación en el tratamiento de la adicción al alcohol y las drogas, las obsesiones, la agresividad, los problemas de atención y concentración, la depresión, la anorexia y el insomnio. La práctica de la meditación ayuda a reducir el estrés y los problemas psicosomáticos como las migrañas, la diabetes, la hipertensión arterial y el asma.

Dicho en forma breve: las prácticas de meditación promueven, aceleran e intensifican una transformación profunda de la personalidad: avanzamos a una manera de ser, una manera de vivir la vida, una manera de desarrollar estrategias alternativas para manejar el estrés y el dolor.

Desde el punto de vista cognitivo-conductual, **la práctica de la meditación posibilita un desarrollo rápido y definitivo de la respuesta de habituación a los estímulos provocadores de ansiedad**. Así, la persona consigue *desensibilizarse* a la reacción emocional que provocan los pensamientos perturbadores, y estos tienden a desaparecer. El proceso podría resumirse en un *contracondicionamiento de la respuesta emocional negativa*, la que es sustituida por una *habituación* o incluso por *una repuesta positiva* al estímulo negativo previamente temido.

La meditación facilita la integración entre procesos cognitivos y emoción de tal manera que se produce un completo procesamiento del material emotivo. Como lo sabe bien el lector que ha leído este libro con cuidado, nuestras percepciones nos llevan a conclusiones que se realizan con base en nuestros sesgos o expectativas (*constructos* cognitivos) y estos sesgos se hacen resistentes a toda evidencia que los contradiga. Al exponernos a los estímulos ansiógenos a través de la meditación, *desautomatizamos* nuestras respuestas y todos los estímulos son percibidos como novedosos. Al desautomatizarnos, reconstruimos la realidad sin nuestros habituales filtros perceptivos: sin los esquemas de pensamiento irracional. Al lograr esto, al liberarnos de los modos habituales de percepción y de cognición de nosotros y del mundo, llegamos a un estado de trascendencia que culmina en experiencias cumbre como el *samadhi*, el *satori*, o la *iluminación*.

Dicho en términos contemporáneos: **gracias a la meditación, se produce una reestructuración cognitiva de los estímulos generadores de ansiedad y avanzamos hacia estructuras de pensamiento más acordes con la realidad.**

Los neuropsicólogos afirman que la meditación produce un mayor equilibrio hipotalámico, lo que, a su vez, contribuye a un desplazamiento del predominio del sistema nervioso simpático al parasimpático, y en consecuencia, a una reducción de la respuesta al estrés: la rama simpática del sistema nervioso autónomo acelera el latido cardiaco, dilata las pupilas e inhibe los procesos digestivos y genitales, mientras que la rama parasimpática retarda el latido cardiaco, contrae las pupilas y estimula el funcionamiento digestivo, excretorio y genital.

Gracias a la meditación, desarrollamos una mayor capacidad de *enfoque* (concentración de la atención) y una mayor *receptividad*, es decir, una mayor permeabilidad de nuestro sistema de constructos a nuevas ideas y experiencias.

Instrucciones para la meditación respiratoria

Para facilitar su entrenamiento en esta técnica, le sugiero grabar las instrucciones que encontrará líneas abajo: léalas con voz clara y respetando las pausas. Si desea adquirir una grabación con las instrucciones grabadas por el autor de este libro, escriba a la dirección electrónica (efrainbartolome@hotmail.com). Se la enviaré con mucho gusto, a cambio de un comentario sobre el efecto que este libro le produjo.

> Comencemos por cerrar los ojos... Eso es.
>
> Acomódese de la manera que le resulte más agradable... Muy bien.
>
> Que sus brazos descansen cómodamente y que sus manos se mantengan relajadas.
>
> Así, con los ojos cerrados, ubíquese en el centro de su mundo: céntrese y concéntrese. (10 segundos).
>
> Fíjese ahora en su respiración, obsérvela: sienta cómo el aire entra y sale suavemente por la nariz... (10 segundos).
>
> Deje que su respiración siga fluyendo de manera normal: a ritmo

tranquilo y sin esfuerzo: *no ejerza ningún control voluntario sobre ella*.

Ahora dirija toda su atención al aire que sale: concéntrese en ese aire; sienta cómo, al salir, acaricia tibiamente las aletas de su nariz.

Concéntrese en esa sensación en la punta de la nariz: disfrute de esa sensación tibia en sus fosas nasales cada vez que el aire salga. (10 segundos).

Ahora dirija su atención hacia el interior de su cuerpo: siga el recorrido del aire desde que entra por su nariz hasta que llega a sus pulmones *y baja a su abdomen*: note cómo el aire que entra lo llena de frescura y de calma, y note también cómo el aire que sale se lleva poco a poco la tensión.

Sienta su respiración fluyendo con delicia; observe su ritmo tranquilo: concentre en ella toda su atención.

Note cómo el aire entra y sale dulcemente.

Observe cómo la respiración se gobierna sola... Permita que así sea: confíe en la sabiduría de su cuerpo. (15 segundos).

Note cómo el aire entra y sale... Concéntrese en la tibieza del aire que sale y roza delicadamente las aletas de la nariz.

Esta es toda su tarea: sentir el aire saliendo y rozando tibiamente la punta de la nariz.

Concéntrese en esa sensación.

Sienta con claridad el aire tibio que sale.

Hemos entrado ya, directamente, en la meditación.

Estamos en ella.

A partir de ahora, cada vez que se descubra divagando, simplemente vuelva a la tarea: vuelva a concentrar su atención en el aire que sale y roza delicadamente las aletas de la nariz.

Si mientras concentra su atención en el aire tibio que sale le llegan pensamientos, recuerdos, imágenes, fantasías... déjelos que lleguen y deje que se vayan cuando quieran.

No haga nada por atraerlos ni haga nada por rechazarlos.

Cada que se descubra divagando, simplemente vuelva a su tarea.

Y recuerde que su tarea es *concentrar su atención en el aire que sale y roza delicadamente las aletas de su nariz.*

Concéntrese en esa sensación.

Note cómo la respiración sigue fluyendo naturalmente; su cuerpo es sabio y sabe lo que necesita: confíe en él.

Que los pensamientos, sensaciones, imágenes, recuerdos... lleguen y se vayan sin que usted haga algo por atraerlos o por rechazarlos.

Si aparecen, tome conciencia de ellos, pero nada más.

Déjelos llegar e irse.

No interfiera con ellos: no los rechace ni los retenga.

Cuando aparezcan y se dé usted cuenta de ellos, sencillamente vuelva a la tarea.

Y la tarea es *concentrarse en la sensación del aire que sale y roza delicadamente las aletas de su nariz.*

Esa es toda su tarea.

Que nada interfiera con ella.

Concéntrese en la sensación del aire que sale, sienta la tibieza en su nariz y vuelva a la tarea cada que se descubra divagando, pensando, imaginando, fantaseando.

Vuelva a la tarea cada vez que se descubra distrayéndose.

Continúe haciendo esto hasta que escuche de nuevo mi voz.

(Pausa de cinco minutos).

Muy bien...

Ahora registre claramente la sensación de su cuerpo: la posición de su cabeza, del tronco, de los brazos, de las piernas.

Tome conciencia del estado de profunda tranquilidad en el que está.

Cada vez que practique, encontrará que su capacidad para *enfocar la atención* ha aumentado.

Cada vez que practique, encontrará que su capacidad para controlar el *no hacer* ha incrementado.

Cada vez que practique, encontrará que su capacidad para *recibir y aceptar sensaciones nuevas* ha crecido.

Piense en su rostro y en los músculos de su cabeza: siéntalos, observe cuán relajados están.

Piense en su cuello... en los músculos anteriores, laterales y posteriores de su cuello...

Piense en los músculos de su garganta y de la nuca: siéntalos, observe cuán relajados están.

Piense en los músculos de su espalda: siéntalos, observe cuán relajados están.

Piense en los músculos de su pecho y de su abdomen: siéntalos, observe cuán relajados están.

Piense en los músculos de sus brazos y de sus piernas: siéntalos, observe cuán relajados están.

Haga conciencia de su estado general de reposo.

Haga conciencia de su profundo estado de calma.

Note la agradable sensación de relajación en sus músculos.

Tome clara conciencia de que puede entrar en este estado de paz *cada vez que lo desee.*

Ahora tome una profunda respiración que llene su abdomen y sus pulmones. Mantenga el aire. (10 segundos).

Y ahora, *con la suavidad de un soplo que hace temblar la llama de una vela pero sin apagarla*, suelte el aire suavemente.

Abra los ojos poco a poco.

Estírese gratamente, como su cuerpo se lo pida y disfrute de esta nueva sensación.

Eso es...

Nota final

La investigación psicológica ha demostrado que hay pacientes que se benefician más con la relajación muscular progresiva, y pacientes a los que les resulta más beneficiosa la meditación respiratoria. Desafortunadamente, todavía no es posible predecir quién se beneficiará con qué técnica. Por eso es bueno practicar y dominar ambas técnicas y usarlas en forma alternada por un tiempo hasta que descubra cuál es la suya. Practique con disciplina y descubrirá zonas de usted mismo que, hasta hoy, habían permanecido como territorios incógnitos. Disfrute de sus hallazgos y del poder de su alma.

LECCIÓN 19

SER EN EL MUNDO, PERO NO DEL MUNDO: ENTRENAMIENTO ASERTIVO Y RELACIONES INTERPERSONALES

Las lecciones sobre reestructuración cognoscitiva de este libro (partes segunda y tercera) han tenido como propósito ayudarlo a poner en orden su mente. La lección anterior, sobre técnicas de relajación y meditación, se ha propuesto ayudarlo a poner en orden su cuerpo. La lección que ahora lee se propone ayudarlo a poner en orden su relación con los demás. ¡Ah, la relación con los demás!: otro de los talones de Aquiles de nuestra cultura. Aunque nacimos rodeados de gente, vivimos rodeados de gente y, dada la sobrepoblación del planeta, lo más probable es que muramos rodeados de gente, el área de las relaciones interpersonales es una de las que peor manejamos y que más conflictos y dolores de cabeza nos acarrean.

¿Qué tan asertivo es usted?

Hagamos un rápido examen.

CUESTIONARIO DE AUTOAFIRMACIÓN DE EFRAÍN BARTOLOMÉ

Instrucciones: Responda sencillamente *sí* o *no* a cada una de las siguientes preguntas:

1. ¿Puede definir sin dificultad la conducta asertiva?
2. ¿Tiene bien clara la diferencia entre conducta asertiva, conducta agresiva y conducta no asertiva?
3. ¿Puede mencionar por lo menos cinco características *no verbales* de la conducta asertiva?
4. ¿Es fácil para usted expresar cariño o ternura?
5. ¿Puede usted expresar amor con facilidad?
6. ¿Es fácil para usted decirle a alguien que lo admira?
7. ¿Puede dar elogios con facilidad?
8. ¿Puede iniciar y mantener conversaciones con extraños?
9. ¿Puede expresar su acuerdo con facilidad?
10. ¿Puede expresar su desacuerdo con facilidad?
11. ¿Puede expresar, sin dudarlo mucho, un punto de vista diferente del de las personas con quienes conversa?
12. ¿Puede ofrecer su ayuda fácilmente cuando quiere hacerlo?
13. ¿Puede decir *no* cuando no desea hacer algo?
14. ¿Puede resistir la presión cuando pretenden manipularlo?
15. ¿Es fácil para usted comunicar su temor?
16. ¿Es fácil para usted comunicar su tristeza?
17. ¿Puede comunicar su enojo sin lastimar a los demás?
18. ¿Puede pedir favores con facilidad?
19. ¿Conoce los cinco derechos asertivos básicos?
20. ¿Puede identificar al menos cinco formas de pensamientos irracionales que dificulten su conducta asertiva?
21. ¿Puede contrarrestar los pensamientos de la pregunta anterior con pensamientos racionales que faciliten su conducta asertiva?
22. ¿Puede definir y ejemplificar la aserción empática?

23. ¿Puede definir y ejemplificar la aserción simple?
24. ¿Puede definir y ejemplificar la aserción confrontadora?
25. ¿Puede preguntar lo que desea sin inhibiciones?

Calificación: Cada respuesta positiva (*sí*), equivale a 1. Cada respuesta negativa (*no*), equivale a 0.

Si su puntaje de respuestas afirmativas es de 21 a 25, reciba mi más cordial felicitación y sáltese este capítulo (o léalo para afirmar sus certidumbres). Si su puntaje está entre 15 y 20, aprenda lo que le falta y vea cómo se enriquece su vida. Si el número de respuestas afirmativas es inferior a 15, obtendrá un gran beneficio al leer y practicar las conductas que le sugeriremos a continuación.

Tres estilos de comportamiento interpersonal

Como es bien sabido, los animales luchan por disputarse la jefatura de la manada, por la posesión de la misma hembra, por la defensa de su territorio. Los humanos nos parecemos mucho: peleamos por la pareja, defendemos la prole, luchamos por la defensa de nuestra propiedad y de nuestros intereses, nos disputamos el poder... Los seres humanos compartimos con el resto de los animales dos formas básicas de resolver problemas: la agresión y la huida, el ataque y el escape. Tales formas de responder a situaciones de conflicto nacen con nosotros, vienen integradas en nuestro equipo biológico. Afortunadamente, a diferencia de los organismos inferiores, los humanos también tenemos la palabra y hemos aprendido a resolver muchas dificultades a través de ella. Sin embargo, es tal la fuerza de los primitivos modos biológicos, que ellos son los primeros que aparecen en situaciones de conflicto. Así, ante las dificultades, podemos quedarnos callados (inhibición de respuestas verbales: huida) o lanzamos amenazas, burlas, gritos, insultos, golpes (agresión).

Imponernos sobre los modos biológicos y desarrollar una manera superior de resolver problemas mediante la palabra *sin recurrir a la agresión* ha sido una de las grandes aportaciones de la psicoterapia cognitivo-conductual.

Imagine un mundo en donde todos los hombres de todas las naciones y de todas las etnias, hombres y mujeres, niños y adultos, fueran capaces de respetarse a sí mismos, pero también a los demás; hábiles para expresar sus sentimientos positivos y negativos con facilidad; competentes para manifestar su acuerdo y su desacuerdo; expertos, en suma, en defender sus derechos sin pasar sobre los derechos de los otros. Suena utópico, ¿no es así? Lo es. Pero ya que no podemos lograr que *todos* en *todo el mundo* puedan hacerlo, conformémonos con lograrlo nosotros en nuestras relaciones interpersonales cotidianas. Todos saldremos ganando: nosotros y los que tengan la fortuna de conocernos. Y solo nos queda desear que la noción de respeto por uno mismo y por los demás, que usted y yo empecemos a ejercer, crezca como una generosa bola de nieve.

El desarrollo sistemático de las habilidades requeridas para resolver conflictos interpersonales sin agresión es conocido como *entrenamiento asertivo* o *entrenamiento autoafirmativo.* A adquirir o fortalecer tales habilidades dedicaremos las páginas que siguen.

¿Qué es la conducta no asertiva?

Consiste en guardar o esconder nuestros sentimientos, en inhibirlos, en negar su expresión. La persona no asertiva siente temor de expresar sus verdaderas opiniones. Con demasiada frecuencia deja de hacer cosas que quería hacer y acepta hacer cosas que no deseaba hacer: termina sintiéndose molesta consigo misma y cada vez más resentida con los que la rodean. Las siguientes son frases de algunos pacientes quejándose de sí mismos en sesiones iniciales de evaluación psicológica:

> Era tan agradable lo que me estaba diciendo y yo no supe qué responder. Me puse colorada, me puse a temblar y no pude decir nada

coherente. Me sentía tan nerviosa, tan torpe, que quería que me tragara la tierra...

Me cuesta mucho trabajo decir *no*. O me dejo convencer muy rápido o termino aceptando cosas que no me parecen, nada más por no meterme en problemas. Creo que algunos ya me tienen tomada la medida y se aprovechan de eso.

No me atreví a decirle lo que sentía por ella. Todos los que nos conocen me dicen que yo sí le gusto, que ella está esperando mis palabras o mi aproximación física; pero una vez más me sentí paralizado y no me atreví. ¿Hasta cuándo?

El abogado me gritó, me insultó y yo no pude decir nada. Me quedé como un niño asustado.

Cuando el conferencista preguntó si había dudas o comentarios, yo quería levantar la mano y decir muchas cosas, pero no me atreví.

¿Alguna vez se ha dicho usted cosas parecidas?

Las personas no asertivas aprendieron desde la infancia a no expresar sus sentimientos o sus opiniones. No es nada extraño. Con buenas intenciones nos enseñaron reglas como: "No juzgues a tus padres", "No pretendas saber más que tus maestros", "No les contestes a tus mayores", "En boca cerrada no entran moscas", "Calladita te ves más bonita". ¿Ha escuchado *consejos* como esos? Con enseñanzas de este tipo terminamos convenciéndonos de que la expresión honesta de nuestros sentimientos solo nos meterá en problemas, porque lastimaremos a los demás y nos sentiremos culpables.

La incapacidad para defender los derechos o para expresar sentimientos y opiniones produce en nosotros un estado de excitación fisiológica que nos deja tensos e incómodos. Si las situaciones se repiten, la incomodidad parece acumularse de manera tal, que llega un momento en que las personas no asertivas ya no resisten más y explotan en un episodio agresivo. Esta alternancia de muchos episodios no asertivos con brotes ocasionales de agresión es una experiencia común.

¿Qué es la conducta agresiva?

Es defender derechos, expresar sentimientos y opiniones y comportarnos como queremos sin que nos importe el otro. Es *salirnos con la nuestra* llevándonos entre las botas los derechos o los sentimientos ajenos. Es lograr nuestras metas a expensas de los demás. Es imponer nuestros puntos de vista venciendo, pero no convenciendo.

¿Qué es la conducta asertiva?

Es la habilidad para expresar sentimientos, preferencias y opiniones sin lastimar a otros; es la capacidad para defender los derechos propios sin pasar sobre los derechos de los demás. Es una forma de decir a los otros: "Esto soy, esto siento, esto pienso, en esto creo, así me comporto". Es comunicar a los demás que somos sus semejantes: "Me respeto y te respeto, respeto tus derechos y espero que tú hagas lo mismo conmigo".

La conducta asertiva es una manera de *afirmar* nuestra personalidad en el mundo. De ahí su nombre, del inglés *to assert*: aseverar, afirmar, declarar, hacer valer, sostener. La conducta asertiva es una muestra de que hemos alcanzado el estado de madurez en nuestras relaciones interpersonales. Ser cada día más asertivos o autoafirmativos nos capacita para reducir la ansiedad, y desarrolla nuestras habilidades sociales: fortalece nuestra relación con el prójimo. Nos permite reconocernos como seres humanos dignos de respeto, dotados de emociones, necesidades y pensamientos que no tienen por qué ser sometidos a las necesidades, pensamientos o sentimientos de los demás.

Cuando nos comportamos asertivamente, podemos iniciar, mantener o finalizar conversaciones con quien se nos antoje; somos capaces de expresar sentimientos, tanto positivos como negativos, sin ansiedad perturbadora; podemos dar y recibir elogios o demostraciones de afecto fácilmente; podemos manifestar con libertad nuestro acuerdo o nuestro desacuerdo; podemos aproximarnos a los demás, y podemos protegernos cuando alguien quiere aprovecharse de nosotros.

El entrenamiento asertivo

Es la capacitación sistemática que nos permite adquirir las habilidades señaladas en el párrafo anterior. Con estas habilidades podemos hacer crecer nuestra oportunidad de elegir y manejar nuestras vidas, con un consecuente aumento del respeto que sentimos por nosotros mismos. El entrenamiento asertivo se ha aplicado con éxito a hombres y mujeres de todas las edades y de todos los niveles de instrucción. En este capítulo le ofrecemos un entrenamiento asertivo sistemático para que *practique* todas las conductas señaladas y adquiera las habilidades mediante ejercicios de dificultad progresiva.

Cuando los terapeutas cognitivo-conductuales descubrieron que *ser tímido* o *ser violento* no eran rasgos inmodificables del carácter, sino que los principios psicológicos del aprendizaje podían ser utilizados para que las conductas agresivas y no asertivas fueran reemplazadas por habilidades asertivas, descubrieron un filón que ha enriquecido la vida de muchísimas personas desde la década de 1960 hasta nuestros días. Me gusta referirme al entrenamiento asertivo como *un método práctico de humanismo conductual* cuya filosofía última es que la autoafirmación de la persona, y no la agresión ni la sumisión, conduce a vidas mucho más plenas y a relaciones humanas definitivamente más satisfactorias.

Lange y Jakubowski resumieron en una tabla como la que sigue las características de los tres tipos de conducta:

	Conducta no asertiva	Conducta agresiva	Conducta asertiva
Características.	Emocionalmente deshonesta, indirecta, autodevaluadora, inhibida.	Emocionalmente honesta, pero expresada inapropiadamente; directa, expresiva, gratificante a costa de otros.	Emocionalmente honesta, directa, gratificante, expresiva.
Sentimientos presentes cuando la llevamos a cabo.	Herido, ansioso en el momento, posiblemente furioso después.	Justificado, superior; en el momento, muestra desprecio por los demás y quizá sienta culpa después.	Confiado, siente respeto por sí mismo en el momento y después.
Sentimientos de los demás cuando la llevamos a cabo.	Culpable o superior.	Herido, humillado.	Valioso, respetado.
Sentimientos de los demás *hacia nosotros*, cuando la emitimos.	Piedad, irritación, disgusto.	Furia, coraje, deseos de venganza.	Generalmente respeto.
Con respecto a las metas.	No logra la meta deseada.	Logra su meta hiriendo a otros.	*Puede* lograr su meta.
En relación con la libertad de elección.	Permite que otros elijan por él.	Elige por otros.	Elige por y para sí mismo.

Características no verbales de la conducta asertiva

Es posible comunicar mensajes asertivos, no asertivos o agresivos sin necesidad de abrir la boca. Nuestro cuerpo siempre transmite mensajes, y es bueno aprender algo de ese lenguaje corporal para de ese modo fortalecer y no debilitar, los mensajes que enviamos con palabras. Los investigadores en conducta asertiva han logrado identificar las siguientes formas principales de comunicación no verbal:

Contacto visual: Las personas no asertivas encuentran muy difícil mirar a los ojos a sus interlocutores. Una gran ansiedad se apodera de ellos cuando intentan hacerlo. Tal vez sea un relicto psicológico de viejas formas animales de sometimiento, o de formas de relación social del pasado en que los seres humanos comunes tenían que bajar la vista ante los reyes o los sumos sacerdotes. No olvidemos que ambos se pretendían encarnaciones de la divinidad o, al menos, creían que los dioses hablaban a través de ellos. Esta mala práctica social se llevó acríticamente a los hogares y durante mucho tiempo los niños eran educados para bajar la vista cuando sus mayores hablaban. Era obligación del niño callar y obedecer. "Hasta los 9 años siempre creí que mi nombre era *Cállate*", dijo Groucho Marx en uno de sus latigazos geniales. Esta concepción de la relación entre humanos comenzó a cambiar después de la Revolución francesa con el advenimiento de la Declaración Universal de los Derechos del Hombre y del Ciudadano aprobada en 1789, y alcanzó su acrisolamiento con la Declaración Universal de los Derechos Humanos aprobada por la Asamblea General de las Naciones Unidas en 1948. Qué bueno. En una sociedad democrática, en una sociedad de iguales, ya no tiene cabida esa forma de sometimiento. No se someta usted solo. Aprenda a mirar a los ojos de sus semejantes. Nadie es más que nadie, recuérdelo. Oblíguese a mirar a los otros y encontrará que se comunica mejor y que cada vez es más fácil.

Los agresivos tienden a *lanzar cuchillos por los ojos*, miradas paralizantes de Medusa, miradas desdeñosas por encima del hombro y miradas de vampiro o de hipnotizador, con el único fin de incomodar a su interlocutor. ¿Lo hace usted? ¿Se ha *cachado* en eso? ¿Quiere someter, dominar, incomodar al prójimo con su mirada? Déjese de payasadas y comience a utilizar el poder de su mirada para comunicarse mejor, para transmitir mensajes de respeto, para decir con los ojos: "Este ser humano que tienes al frente es tu prójimo, es tu hermano, es tu semejante. Puedes confiar en él...". Enseñe a sus hijos a hacer lo mismo. Si son muy pequeños todavía, póngase a su altura física: arrodíllese, siéntese en el suelo, o súbalos a una silla y luego tome su carita entre sus manos y haga que lo miren: dígales tiernamente que cuando reciban felicitaciones o llamadas de atención, miren siempre a los ojos de quien les habla. Con este acto aparentemente sencillo estará contribuyendo a formar ciudadanos para una sociedad democrática, una sociedad de iguales en la que nadie vale más que nadie, aunque reconozcamos sin dificultad que algunos puedan hacer *algunas cosas* mejor que otros.

Contacto físico: Los no asertivos tienen una gran dificultad para tocar, besar, acariciar, *apapachar* a los demás. Conviene aprender a hacerlo. Todos los seres humanos disfrutamos del contacto físico, lo anhelamos, nos gusta. Por supuesto que la intensidad del contacto variará según el grado de intimidad que tengamos con los demás, pero también es cierto que ese grado de intimidad puede crecer enormemente en la medida en que escalamos los grados de dificultad del contacto físico. Hay quien se pone tenso al más mínimo roce y quien dice que *no tolera* ser tocado. Son conductas neuróticas. La neurosis es así: evitación y escape de lo que genera ansiedad. Cuando las personas con esta dificultad se sobreponen a la ansiedad y comienzan a permitirse el contacto físico, poco a poco enriquecen su vida, y sus relaciones interpersonales se vuelven más gozosas.

Las personas agresivas usan el contacto físico, pero lo hacen de modo tan torpe que causan o tratan de causar dolor o vejación en el otro. En muchos jóvenes de culturas machistas se busca el contacto físico porque es naturalmente placentero, pero como han aprendido que *los hombres no se tocan*, no se permiten un contacto afectuoso franco. En lugar de eso, usan demostraciones de fuerza física y testosterona: puñetazos, manazos, *caballazos*, empujones, patadas, acompañados de un saludo del tipo: "¡Qué onda, cabrón...!". O practican toqueteos vejatorios, algunos de naturaleza sexual, cuyo propósito es humillar o poner ansioso al otro. Muchos hombres necesitan alcohol para que puedan permitirse abrazos y manifestaciones afectuosas francas de tipo físico. Las mujeres suelen tener menos dificultad en este terreno.

Actúe contra sus limitaciones de tipo no asertivo o de tipo agresivo. Sea cada vez más asertivo en sus manifestaciones de afecto, sea más expresivo y más tierno. Salude con un fuerte apretón de manos, con un beso, con un abrazo cálido. Hágalo sentir. No use el saludo de *pescado muerto*: esos contactos de mano aguada, fríos y blandos, que no transmiten nada sino desagrado. Respete los límites que los otros le pongan, pero no se limite de antemano. Disfrute del hecho de comunicar mejor sus sentimientos y de estar construyendo relaciones humanas más profundas.

Postura corporal: Los no asertivos tienden a adoptar posturas *de ladito*, sesgadas, como si quisieran escapar, irse, salir corriendo; en tanto que los agresivos casi empujan al otro con el pecho o se inclinan amenazadoramente sobre él. La postura corporal asertiva es aquella en la que nos situamos de frente a nuestro interlocutor y nuestros hombros hacen una línea paralela con los suyos.

Distancia personal: Los no asertivos buscan distancias muy grandes que eviten el contacto. Si hay una barrera física (un escritorio, una pantalla, un biombo, un muro, una celosía), para ellos mejor. Les resulta más fácil hablar en el confesionario que frente a frente. Los agresivos suelen meterse en el espacio físico del otro y son incapaces o tienen dificultad para leer el lenguaje corporal que les indica que su aproximación no es bien recibida. Si hacemos una aproximación física que es aceptada, magnífico: así se establece una relación de mayor intimidad. Pero si invadimos el espacio personal de alguien que ha restablecido la distancia varias veces, entonces estamos acosando. Eso es lo que suelen hacer las personas agresivas. Las personas asertivas, en cambio, se sienten muy cómodas a una distancia que permita el contacto físico con el otro. Pueden aproximarse a los demás y tienen la capacidad de leer si su aproximación es bien recibida o no. Son capaces de respetar los límites que el otro establece.

Expresión facial: El no asertivo suele ser traicionado por una sonrisa boba, incluso cuando está haciendo una reclamación. El agresivo puede tener *cara de palo*, aun cuando esté felicitando a alguien. O transmite sus mensajes con una sonrisa burlona. A diferencia de los anteriores, la persona asertiva buscará que la expresión de su rostro concuerde con el tipo de mensaje que está transmitiendo: sonríe si está expresando sentimientos positivos y mantiene una expresión seria si está reclamando o rechazando algo.

Ademanes: Los no asertivos tienden a ocultar sus manos: cruzan los brazos, ponen las manos atrás o las guardan en las bolsas del pantalón. Los agresivos tienden a *hablar de bulto*, de tal modo que su interlocutor se fija más en sus movimientos que en lo que están diciendo: manotean y gesticulan excesivamente.

Los oradores tienen un gran dominio de los ademanes, como es esperable si su propósito es motivar o convencer a grandes audiencias. Es un caso similar al del actor de teatro. Algo más parecido a la vida cotidiana es el manejo de ademanes de un buen actor de cine o de televisión. Pero es bueno recordar aquí que no todos somos actores ni oradores. Por eso nuestra recomendación para una buena comunicación asertiva es poner las manos al frente cuando hablamos con alguien. En lugar de ocultarlas, mostrarlas. Exponerlas y permitirles que se muevan con naturalidad, libremente: es como si le dijéramos al otro que no tenemos nada que ocultar. Poco a poco desarrollaremos confianza y seremos capaces de resaltar, con los ademanes, algunos aspectos del mensaje que nos interesa transmitir. Así se comporta una persona asertiva.

Tono de la voz: Esta habilidad ya comienza a ser verbal, pero no lo es del todo. Reconozcamos, en principio, que tenemos un amplio rango de tonalidades de voz, que van desde el susurro hasta el grito. Como ejercicio, cuente del 0 al 10: comience con un susurro en el 0 y vaya subiendo el volumen de su voz hasta que termine con un grito al llegar a 10. Una vez que lo haya hecho, recuerde que las personas no asertivas tienden a hablar en un tono muy bajo, en tanto que los agresivos lo hacen en un tono innecesariamente alto. Lo asertivo es hacer uso de todo el rango, según el tipo de mensaje que deseamos transmitir. Ponga el tono de su voz al servicio de su mensaje y no su mensaje al servicio del tono.

Muy bien. Ahora que ya conoce los elementos, integre el rompecabezas. Note cuáles, entre las características no verbales antes citadas, le dan más problema, y comprométase a cambiar en dirección asertiva. Esfuércese, y a medida que las domine, descubra cuánto crece su capacidad para comunicarse más efectivamente con los demás.

Diario asertivo

Llevar un registro cotidiano de sus dificultades y avances en las relaciones interpersonales le permitirá aprender de usted mismo y de los demás. Mantenga registros diarios al menos por tres meses. El siguiente es un buen modelo de registro:

PACIENTE: JOSÉ

Fecha
21 de mayo
Situación interpersonal *(¿Qué quiero hacer: qué opinión o sentimiento deseo manifestar, qué conducta quiero realizar, qué derecho quiero defender?).*
El carpintero dejó mal terminada una puerta. Quiero pedirle que la arregle.

USP
40
a) *¿Lo logré o qué sucedió?* **b)** *¿Cómo me sentí después?*
a) Dejé pasar dos días antes de decirle, pero al fin lo hice. Dije: "Maestro, su trabajo me gusta casi siempre, pero este detalle en la puerta no me convence. Le agradeceré mucho que lo arregle con la destreza que lo caracteriza y que tanto agradezco". *b)* Muy bien, después de hacerlo.
Clasificación
No asertiva por dos días. Asertiva cuando le dije.
Conducta asertiva ideal *(¿Qué aspectos no verbales me fallaron? ¿Qué le mejoraría a mi mensaje?).*
Lo hice muy bien. En el futuro quiero enfrentar situaciones como esta sin dejar pasar tanto tiempo.
Fecha
22 de mayo
Situación interpersonal *(¿Qué quiero hacer: qué opinión o sentimiento deseo manifestar, qué conducta quiero realizar, qué derecho quiero defender?).*
Carmina se veía preciosa con un rebozo verde y yo quería decírselo.
USP
50
a) *¿Lo logré o qué sucedió?* **b)** *¿Cómo me sentí después?*
a) No dije nada. *b)* Ansioso en el momento y como enojado después.
Clasificación
No asertiva.

Conducta asertiva ideal *(¿Qué aspectos no verbales me fallaron? ¿Qué le mejoraría a mi mensaje?).*
Me hubiera gustado tocarla y decirle: "Te ves deslumbrante. Ese rebozo acentúa el color de tus ojos". O, simplemente: "Te ves guapísima con ese rebozo".
Fecha
23 de mayo
Situación interpersonal *(¿Qué quiero hacer: qué opinión o sentimiento deseo manifestar, qué conducta quiero realizar, qué derecho quiero defender?).*
Laura, mi secretaria, llegó tarde una hora. Yo quería reclamarle.
USP
60
a) *¿Lo logré o qué sucedió?* ***b)*** *¿Cómo me sentí después?*
a) Lo hice a gritos. Dije que me quería ver la cara de tonto. *b)* Culpable y un poco ansioso cuando se me bajó el coraje.
Clasificación
Agresiva.
Conducta asertiva ideal *(¿Qué aspectos no verbales me fallaron? ¿Qué le mejoraría a mi mensaje?).*
Me hubiera gustado llamarla a mi despacho y decirle, viéndola a los ojos, que estaba molesto con su impuntualidad porque afecta mi relación con los clientes; que espero que no se repita, con lo cual me sentiré confiado y respetado, y que eso nos ahorrará problemas.

PACIENTE: MARGARITA

Fecha
21 de mayo
Situación interpersonal *(¿Qué quiero hacer: qué opinión o sentimiento deseo manifestar, qué conducta quiero realizar, qué derecho quiero defender?).*
Mi primo Marco prendió un cigarro en la sala y empezó a fumar. Yo quería decirle que si quería fumar lo hiciera en el jardín, ya que el olor a tabaco en la sala no nos agrada.
USP
60
a) *¿Lo logré o qué sucedió?* ***b)*** *¿Cómo me sentí después?*
a) No dije nada. *b)* Molesta.
Clasificación
No asertiva.
Conducta asertiva ideal *(¿Qué aspectos no verbales me fallaron? ¿Qué le mejoraría a mi mensaje?).*
Me hubiera gustado tocarlo en el hombro o tomarlo del brazo y decirle con amabilidad algo como: "Querido Marco, como nosotros no fumamos y el olor a tabaco en la sala no nos agrada, te invito a que salgamos al jardín para que ahí termines tu cigarro a gusto".
Fecha
22 de mayo
Situación interpersonal *(¿Qué quiero hacer: qué opinión o sentimiento deseo manifestar, qué conducta quiero realizar, qué derecho quiero defender?).*
Me hubiera gustado agradecerle a Alejandro todo el apoyo que me ha dado.

USP
60
a) *¿Lo logré o qué sucedió?* ***b)*** *¿Cómo me sentí después?*
a) Le dije: "Gracias por todo". *b)* Me sentí bien, pero me hubiera gustado decirle algo más.
Clasificación
Asertiva/No asertiva.
Conducta asertiva ideal *(¿Qué aspectos no verbales me fallaron? ¿Qué le mejoraría a mi mensaje?).*
Decirle algo como: "Me has brindado tu apoyo, me has aconsejado, me has dado tu amistad desinteresadamente. Quiero decirte, desde el fondo de mi corazón, que te estoy profundamente agradecida".
Fecha
23 de mayo
Situación interpersonal *(¿Qué quiero hacer: qué opinión o sentimiento deseo manifestar, qué conducta quiero realizar, qué derecho quiero defender?).*
Jorgito dejó sus juguetes regados en el pasillo.
USP
65
a) *¿Lo logré o qué sucedió?* ***b)*** *¿Cómo me sentí después?*
a) Le dije que levantara sus *cochinadas* si no quería que las tirara a la basura. *b)* Molesta primero y un poco culpable después.
Clasificación
Agresiva.

Conducta asertiva ideal *(¿Qué aspectos no verbales me fallaron? ¿Qué le mejoraría a mi mensaje?).*
Tomarlo de las manos, hacer que me mire y decirle firmemente que una vez más olvidó recoger sus juguetes y que eso me molesta. Que los recoja pronto para que no tengamos más problemas y que la próxima vez lo haga sin que yo tenga qué decírselo.

Hemos anotado aquí situaciones asertivas de un hombre y una mujer. La fila final (Conducta asertiva ideal) tiene un propósito autocorrectivo: nos invita a responder del modo en que nos hubiera gustado hacerlo idealmente. Es un modo excelente de aprender de nuestros errores y de afinar poco a poco nuestro comportamiento. Es una manera muy eficaz de avanzar día con día en dirección de la autoafirmación. Note que incluso las conductas clasificadas como asertivas (en la cuarta fila) pueden ser mejoradas, ya sea en sus aspectos verbales como en los no verbales.

Preparación cognoscitiva para facilitar la conducta asertiva

Ahora que ya conoce las diferencias entre los tres tipos de comportamiento interpersonal, tanto en sus aspectos verbales como en los no verbales, es tiempo de avanzar.

Como hemos visto en las partes previas de este libro, el peso determinante de la conducta humana recae en nuestra actividad cognoscitiva, en nuestra capacidad de pensar y de imaginar. Esto también influye, como es de esperar, en el manejo de las relaciones interpersonales. Lo que estemos pensando o imaginando hará más (o menos) probable que llevemos a cabo algún comportamiento, que defendamos algún derecho o que expresemos alguna opinión o sentimiento. Lo que estemos pensando o imaginando hará más probable que nos comportemos de modo asertivo, no asertivo o agresivo. No otra cosa muestra esta:

Historia ejemplar

Un hombre necesita unas pinzas y, como no tiene unas en su casa, decide recurrir a su vecino. Mientras va en su busca, se pregunta: "¿Y si no quiere hacerme ese favor? A veces es medio raro, muy serio, medio malencarado. ¿Tendrá algo contra mí? No recuerdo haberle hecho nada, pero así es la gente. Si él me pidiera algo y yo lo tuviera, se lo prestaría de inmediato. ¿Por qué no todos son como uno? Este infeliz va a pensar que no puedo manejar mi vida sin su ayuda. Y todo nomás porque no tengo unas malditas pinzas a mano en este momento. Pinche gente, no tiene medida...".

El hombre acelera sus pasos y marcha con violencia. Llega a la casa del vecino, toca el timbre y, cuando la puerta se abre, en vez de saludar, grita furiosamente: "Métase sus pinches pinzas por donde le quepan, cabrón egoísta...".

Es un chiste, sí, una visión caricaturizada de la realidad, pero con una buena dosis de miga. Muestra, con sus rasgos acentuados, lo que nos interesa destacar aquí: *que la gente siente y se comporta según lo que está pensando.*

Trataremos tres aspectos cognoscitivos comunes que suelen dificultar la conducta asertiva: *1)* el desconocimiento de los derechos asertivos, *2)* la interferencia de ideas irracionales y *3)* la presencia en nuestra mente de algunos mitos contra la autoafirmación.

Desconocimiento de los derechos asertivos

Si sabemos que nos asiste la razón en algo, es más probable que actuemos en consecuencia. Si sabemos que tenemos derecho a algo y que este derecho está siendo violentado, es más probable que lo defendamos. Pero nos quedaremos callados o vacilaremos en defender algo si no estamos seguros de que es nuestro derecho. Esta es una causa común de la conducta no asertiva.

Siempre me ha sorprendido cuántas personas desconocen sus derechos asertivos más elementales. Los roles de género y la jerarquización laboral, académica, universitaria y familiar establecen múltiples modos de control social que frecuentemente generan confusión respecto de nuestros derechos. Si los ignoramos o si no los hacemos explícitos, si no los ejercemos cotidianamente, si los dejamos solo en los libros como materia de estudio para nuestras clases de educación cívica, si únicamente nos sirven para pasar una materia y los olvidamos después del examen, no es de esperar que se mantengan vivos acompañando nuestra práctica ciudadana.

He recibido pacientes que, aun con grados universitarios, nunca han leído la Declaración Universal de los Derechos del Hombre y del Ciudadano, aquel documento de 1789, pero tampoco han pasado sus ojos por la Declaración Universal de los Derechos Humanos, el documento aprobado por la ONU en 1948; nunca han leído la Constitución y mucho menos los códigos civil o penal. Hay quien desconoce sus derechos de consumidor y, bueno, muchos desconocen incluso el reglamento de tránsito, aunque tengan mucho tiempo conduciendo automóviles. Eso suele dejarse en manos de expertos, aunque no sería muy raro encontrar diputados que llegan a la Cámara con la misma deficiencia que el resto de los ciudadanos.

Comience, en consecuencia, por conocer sus *derechos asertivos básicos*, son suyos y de todos. Alcanzarlos le costó sangre a la historia, pero al fin lo logramos. La esclavitud quedó atrás. Los derechos de casta quedaron atrás. Los derechos de clase también. Los derechos asertivos básicos subyacen en los derechos constitucionales y subyacen igualmente a la Declaración Universal de los Derechos Humanos. Léalos en el sitio web de las Naciones Unidas. Reflexione sobre ellos, memorícelos y, sobre todo, ejérzalos.

1. Todos tenemos derecho a ser respetados por los demás. *Todos*: usted y los demás. Recuerde eso: *usted y los demás*.
2. Todos tenemos derecho a tener *necesidades* y a que estas sean consideradas tan importantes como las de las otras

personas. Tenemos, por lo tanto, el derecho a solicitar (*no a exigir*) que nuestras necesidades sean satisfechas, así como el derecho a decidir si responderemos o no a las necesidades de las otras personas. En resumen: todos tenemos derecho a pedir lo que sea, siempre que reconozcamos que los demás tienen derecho a decir *sí* o *no*.

3. Todos tenemos derecho a tener *sentimientos* y a expresarlos de modo que no pasen sobre los sentimientos o sobre los derechos de los otros.
4. Todos tenemos derecho a formar nuestras propias *opiniones* y a expresar nuestro acuerdo o nuestro desacuerdo con los demás.
5. Todos tenemos derecho a decidir si nos comportaremos como los demás esperan que lo hagamos o del modo en que nos satisfaga a nosotros mismos, siempre que, por supuesto, no pasemos sobre los derechos de los demás.

¿Puede imaginar su vida sin estos derechos? Piense en cuánto se empobrecería. Afortunadamente los tiene: tiene derecho a comportarse libremente, a pensar, a sentir, a tener necesidades y a ser respetado por los demás. Ya que los tiene y no hay sátrapas que lo coarten en su ejercicio, pues... ¡ejérzalos! No se coarte ni se inhiba solo.

Los derechos asertivos generales encarnan en una serie de derechos asertivos particulares o específicos, por ejemplo: tengo derecho a disfrutar del arte, a que me guste el chocolate, a leer lo que desee, a no gustar de la lectura, a preferir ciertos autores, a estar enojado, a pedir explicaciones, a no saber de ciertos temas, a estar alegre, a estar cansado, a ser feliz, a estar triste, a solicitar aumento de sueldo, a enamorarme de quien sea, a cambiar de trabajo, a simpatizar o no con un partido político, a no estar de acuerdo con mi padre, a no dar explicaciones sobre mi vida, a pedir dinero prestado, a decir *no*, a divorciarme, a casarme de nuevo, a no casarme, a elegir libremente a mi pareja sexual y el tipo de unión que quiero tener, a pedir un libro prestado, a no gustar del futbol, a que me guste o me disguste la pornografía, a masturbarme, etcétera.

Amplíe la lista hasta completar 50 derechos, por lo menos. Subraye aquellos en los que tenga duda. Luego sométalos a revisión y vea si se derivan lógicamente de los cinco derechos básicos. Modifique, con base en ese análisis, aquellos detalles que ameriten precisión. Afínelos hasta que se ajusten sin contradicción a los derechos básicos.

Interferencia de ideas irracionales

Como es de esperar, el pensamiento irracional suele estar detrás de las conductas no asertivas y de las conductas agresivas. Cada vez que se descubra emitiendo ese tipo de comportamiento, rastree inmediatamente su pensamiento y encontrará que una o varias de las ideas irracionales que conoció en capítulos anteriores lo están dominando. Aprenda a identificarlas y a combatirlas. Sustitúyalas por ideas racionales antineuróticas que promoverán la autoafirmación.

Una de mis pacientes, Eva, reportó autodescubrimientos tan brillantes como los que siguen:

> ***Conducta no asertiva:*** Desde que regresamos de Nuevo Laredo estamos viviendo en casa de mi tío Raymundo. El lunes regresó a casa como a las 10 de la noche y me pidió que lo ayudara a pintarse el pelo, las canas. Yo estaba muy cansada y no quería hacerlo, pero no me atreví a negarme. Pensé que si él nos apoya dejándonos vivir en su casa, pues yo debería corresponderle con algo, que tengo obligación con él. Total, lo hice medio dormida y de mala gana. Cuando me fui a acostar, me di cuenta de que había actuado de manera *no asertiva*, y también entendí que eso se debía a mi gran miedo a ser desaprobada por mi tío.

Eva estaba pensando irracionalmente que *el adulto tiene una necesidad imperiosa de ser amado o aprobado por todos, en casi todo lo que hace.*

> Pensé un poco más hasta que me quedó claro que *no necesito* su aprobación el cien por ciento del tiempo y que soy capaz de decirle algo como: "Con mucho gusto tío, pero en este momento me siento muy cansada y ya me quiero dormir. Si mañana llegas a las nueve o antes, podremos hacerlo; o el fin de semana, que no vas a trabajar, lo hacemos por la mañana. ¿Qué te parece?".

Continúa Eva con otro autodescubrimiento brillante:

> ***Conducta agresiva:*** Discutí con mi mamá. Le quería contar algo de mi novio y cuando le dije que quería hablar con ella a solas, me contestó que en ese momento iba a bañar a mi hermanito de 3 años. Me enojé y le dije que solo tenía tiempo para él y que yo no le importaba. Me di cuenta de inmediato de que de nuevo estaba siendo víctima de la misma tontería: "*Necesito* su amor, su cariño, su apoyo, en todo momento...". Era la misma idea irracional que tuve en el caso de mi tío, pero ahora estaba produciendo una conducta agresiva. En cuanto me di cuenta, me reí y le ofrecí una disculpa. Le dije que cuando terminara hablaríamos. Así lo hicimos un rato después y platicamos muy a gusto.

Martín, otro paciente, reportó lo que sigue:

> Uno de mis maestros más admirados dio una conferencia en la escuela donde ahora trabajo. Yo asistí a ella y, en la sesión de preguntas y respuestas, tuve ganas de preguntar algo, pero no me atreví. Pensé que qué tal si la regaba, que me iba a quemar con el maestro y con mis alumnos, que mejor luego lo investigaba en casa. Obviamente se trataba de una *conducta no asertiva*.

Martín estaba cayendo en esa conducta por la idea irracional del perfeccionismo que afirma que *uno debe ser absolutamente competente en todo para considerarse un ser humano digno.*

Me di cuenta, y recordé también que muchas veces me da por burlarme con saña de los errores de mis amigos: errores ortográficos o literarios, o de cultura general, o de arte, o de ciencia, o de lo que sea. Puedo llegar a ser muy cruel, muy sarcástico (*conducta agresiva*) y eso es producto de la misma creencia tonta en el perfeccionismo. La verdad es que la gente tiene derecho a no saber muchas cosas. Incluido yo.

Hace poco, un alumno me preguntó algo que yo ignoraba y, en lugar de decirle que no sabía y que lo investigáramos juntos, me puse a inventarle una larga explicación. Mentí. Mi conducta me pareció una mezcla de *no aserción* y de *agresión*.

Otro paciente, Héctor, informó:

El no invitar a salir a mujeres que me gustan es una *conducta no asertiva*. Yo lo atribuía a que me había dolido mucho el rechazo de Olga, una muchacha que me interesó mucho hace dos años. Hoy me di cuenta de que no fue su rechazo, sino mi baja tolerancia a la frustración. Lo que me ha hecho no asertivo ha sido la idea torpe de que *es horrible, terrible, horrendo y catastrófico que las cosas no salgan como uno quisiera*.

Pensé luego que más vale ir haciéndome fuerte y correr riesgos en mi relación con el otro sexo, o de lo contrario voy a continuar paralizándome y privándome de muchas experiencias agradables. Muchas mujeres me rechazarán, pero con cada experiencia voy a aprender, voy a templar mi alma; de cada experiencia aprenderé algo, hasta que pueda relacionarme sin temores neuróticos al rechazo.

Me di cuenta de que esa idea irracional también genera conductas agresivas, pero en este caso la conducta fue de mi hermana. Hace unos meses me fui de vacaciones. Mi papá me dio dinero. Cuando una semana después Tere pidió dinero para lo mismo y mi papá respondió que ya no tenía, que me había dado a mí en esta ocasión, pero que la próxima vez le tocaría a ella, Tere contestó que lo que pasa es que él era un macho que solo apoyaba a los machos y que por eso a mí sí me había dado. Mi papá se molestó mucho y terminaron gritándose. Tanto él como ella estaban siendo víctimas de la misma creencia en lo *terrible* que es ser frustrado. Ella, por no obtener dinero, y él, porque ella no entendió rápido.

Leamos ahora el reporte de Guillermo:

Conducta no asertiva: Escribí un artículo muy irónico contra el grupo que tiene paralizada la universidad. Se lo leí a unos amigos y me dijeron que lo publicara en la revista, que estaba muy bien, que iba a resultar muy polémico y que eso era bueno. Me animé, pero dejé pasar el tiempo. En el fondo tuve miedo, esa es la verdad, de que me contestaran en el mismo tono o peor, y que me demostraran que estaba equivocado o simplemente que me hicieran algo malo. Le tuve miedo al ridículo, a la posibilidad de ser rechazado, a que me hicieran ver que mi texto no es tan brillante como yo lo veo, a que me agredieran físicamente. Me dejé controlar por la idea estúpida de que, *si algo es o puede ser peligroso o temible, uno debe sentirse totalmente preocupado o trastornado.*

Respecto a la *conducta agresiva*, no encontré ninguna mía en esta semana, pero recordé una de mi santa madre: yo era muy chiquito, pero no se me olvida que una vez me pegó cuando me encontró jugando con sus tijeras filosas. En lugar de enseñarme cómo se manejaban, se angustió y me dio un manazo muy fuerte: "¿Qué no ves que puedes lastimarte?", gritaba. Su *conducta agresiva* se debía a la misma idea catastrofista de angustiarse por lo que todavía no ha sucedido.

A María Luisa le debemos los siguientes datos:

Conducta no asertiva: Siempre fui muy tímida. Creía que así era y que así sería toda mi vida. Sufría, pero no tenía conciencia de que era algo que tenía remedio. No expresaba mis sentimientos, ni defendía mis derechos, ni manifestaba mis opiniones.

María Luisa creía en la idea enemiga de que *el pasado es de total importancia y no es posible contrarrestar su influencia.*

> **Conducta agresiva:** Cuando me llenaban el hígado de piedritas, tenía, a veces, brotes de cólera en los que me desesperaba y gritaba. Me convertía en Hulk. Mi conducta era, por lo general, no asertiva, con unos pocos brotes agresivos de vez en cuando. Estos últimos me hacían sentir culpable y muchas veces dejaba de hablarles a los demás. Una vez dejé de hablarle ocho meses a mi hermana. Creía que así sería mi vida por siempre hasta que el entrenamiento asertivo me dio esperanzas.

La siguiente información me la dio José Luis:

> **Conducta no asertiva:** Me angustiaba tanto por la reacción de mi papá ante mis calificaciones que iba dejando pasar los días. Mi angustia aumentaba cada vez más a medida que se acercaba la fecha límite para entregar la boleta. Sabía que era conveniente afrontar la dificultad, pero me ganaban los nervios. La idea que me guiaba era la de la indisciplina: **es más fácil evitar las dificultades y responsabilidades de la vida que enfrentarlas.**
>
> **Conducta agresiva:** Muchas veces he querido resolver con gritos y sombrerazos toda dificultad con mis hijos adolescentes. Los resultados no son buenos y ahora que he estado en terapia he aprendido el porqué: el castigo genera resentimientos, contraagresión, perturbaciones digestivas, malestar emocional, etc. Un amigo me había insistido, desde hace tiempo, para que entrara a terapia, pero siempre me negaba. Creía que era innecesario y me justificaba de muchos modos. Estaba evitando las dificultades y alargando el sufrimiento. El hedonismo miope, pues...

Cuatro mitos contra la autoafirmación

Guerra y Taylor publicaron un cuento en 1977 que nos hizo conscientes de ciertos esquemas de pensamiento irracional que inciden en la conducta asertiva y la dificultan. Intentaré resumirlo aquí, no sin advertir al lector que el cuento está tan bien logrado que bien vale la pena buscarlo y leerlo completo.

> La narración comienza cuando un autonombrado Profeta del Buen Amigo se presenta y le dice a su audiencia que la guiará en un viaje imaginario hasta una región llamada Promisium, donde la gente vivía feliz, llena de sano orgullo, plena de energía y rebosante de amor. La naturaleza les había dado todo a sus habitantes y su vida transcurría en medio de la dicha, hasta que un demonio resentido llamado Zolo, que había sido encarcelado en tiempos inmemoriales por la diosa Psique, escapó de su prisión y volvió a Promisium para vengarse.
>
> Visitó las cuatro aldeas de aquella región, hipnotizó a sus habitantes y les hizo creer que eran indignos de amor y de respeto. Instauró en la gente el peor de los miedos posibles, el miedo al rechazo. A cada una de las cuatro aldeas le inyectó un mito diferente: una regla según la cual los habitantes deberían conducir sus relaciones a fin de evitar el rechazo y la soledad. Todos se tragaron el diabólico cuento, y empezaron a conducir sus vidas de acuerdo con mito que les había tocado. Una vez logrado esto, Zolo volvió a su madriguera, feliz con su venganza sobre los descendientes de Psique.
>
> A los habitantes de Pueblo Macho les inyectó el Mito de la Ansiedad: les hizo creer que estaban en un mundo donde solo los más fuertes pueden sobrevivir; por ello *cada hombre debe probar a los demás que es rudo y poderoso, porque solo de esa manera podrá salvarse a sí mismo de la ruina.* Les advirtió que *si algún hombre mostraba su ansiedad* (un signo de debilidad), *los demás se darían cuenta inmediatamente de que era débil e indigno de respeto y de amor.* Cualquiera que mostrara sus debilidades (lo cual incluía sentimientos como el amor, el cariño, la ternura) debería ser expulsado de la aldea. Tras su encuentro con los hombres, Zolo se dirigió a las mujeres y les hizo tragar la versión femenina del Mito de la Ansiedad: les dijo que *ellas habían nacido inferiores y débiles puesto que eran biológicamente incapaces de controlar sus emociones. Insistió en que su única posibilidad de escapar a los estragos del mundo era seducir a un hombre fuerte que las protegiera.*

En la villa de Obligatus las personas entendían que cada individuo tenía necesidades muy diversas. Por ello, cada vez que algún habitante de la villa quería algo de otro, simplemente lo pedía. En el caso de que el otro no pudiese satisfacer esa necesidad, sencillamente rechazaba la petición y no había ningún problema. El amor, la amistad y el cariño no estaban condicionadas a los favores solicitados o recibidos. Así fue, hasta que Zolo llegó y les impuso el Mito de la Obligación, según el cual *la única razón de la amistad es cumplir con las solicitudes de los demás. No hacerlo significará perder a los amigos para siempre.* Desde ese momento la gente comenzó a sentirse obligada, presionada, coercionada a cumplir con las peticiones de los demás y, por supuesto, comenzaron a sentirse incómodos cuando no podían hacer lo que les pedían. Esto los llevaba a dejar de hacer sus propias cosas o aprendían a poner pretextos y a sentirse culpables por mentir.

En otra villa, Narcisus, los dioses habían bendecido a los habitantes con la habilidad innata de apreciar y respetar toda forma de belleza, tanto en ellos mismos como en otros. Esta notable habilidad fue el distintivo que hizo a los habitantes de Narcisus las personas más amables entre todos los ciudadanos de Promisium. Cada habitante reconocía rápidamente y sin ningún esfuerzo las cualidades positivas, tanto suyas como de otros, y expresaba ese reconocimiento por medio de elogios frecuentes, que eran dados y recibidos con facilidad. Les gustaba sorprenderse haciendo algo bien. Era muy común que al ir por la calle detuvieran a conocidos o desconocidos y los elogiaran por razones muy diversas. Generalmente la persona elogiada aceptaba con agrado la calidez que le demostraban.

Pero los habitantes de Narcisus también fueron agobiados con otro hechizo de Zolo, que los engañó haciéndoles creer que *la propia Psique estaba enojada y deseaba venganza porque ellos se la pasaban elogiando sus propias bondades y no las de Ella. Les advirtió que si alguna vez aceptaban un elogio estarían cometiendo un acto blasfemo y Psique misma se encargaría de que nadie los volviera a proteger jamás.* Según Zolo, Psique deseaba que los habitantes de Narcisus reconocieran "cuán feos y frágiles eran, comparados con Su Divina Belleza".

De acuerdo con este Mito de la Modestia, la gente de Narcisus empezó a rechazar todos los comentarios positivos que recibía: devaluaban cualquier elogio y aducían siempre, de modo automático, lo poco que valían y por qué no merecían ningún reconocimiento. En consecuencia, los habitantes de la otrora hermosa villa se convirtieron en personas tan excesivamente autocríticas que eran incapaces de aceptar o reconocer cualquier cosa bella en ellos mismos. Se sentían inadecuados en cualquier relación. No podían siquiera imaginar que otros pudieran verles algo bueno o pudieran dedicarles algún tiempo. Siempre se comportaban de manera suspicaz cuando alguien les manifestaba simpatía o trataba de agradarles. Por otro lado, debido a su continua inseguridad, cualquier crítica que recibían era tomada automáticamente como verdadera.

Finalmente, Zolo visita la última aldea, llamada *Latuya* y a sus habitantes, denominados *Ustedes*. Les inyecta el Mito del Buen Amigo, cuya Regla de Platino reza que *solamente hallarás buenos amigos entre aquellos que comparten tus valores y siempre saben lo que quieres. Estos* amigos perfectos *son tan perceptivos que saben instintivamente qué y cómo te sientes sin necesidad de que tú se los digas. Si alguien es incapaz de adivinar lo que te sucede y tú mismo tienes que revelárselo, sabrás que tal persona ha fracasado en el* Test *de Relación y que realmente no te quiere.*

Zolo les hace creer esa mentira y previene a los habitantes contra un movimiento *peligroso* llamado *Entrenamiento asertivo.* "Las personas asertivas —les dice— requerirán que *tú les informes* tus sentimientos. Te dirán que no pueden saber lo que estás sintiendo porque no pueden leer tu mente. Te engañarán para que les digas tus puntos vulnerables, prometiéndote que tienen la buena disposición de reconfortarte. Sin embargo, la ayuda que te ofrecen es una falsa promesa, ya que el Buen Amigo de Verdad *siempre* sabe lo que necesitamos... *sin que tengamos que decírselo*".

Al final del cuento se revela que el Profeta del Buen Amigo no existe y que el que ha estado narrando la historia no es el Profeta, sino el verdadero Buen Amigo: ¡el propio demonio Zolo! De ahí su rechazo al entrenamiento asertivo.

A través de su fábula, Guerra y Taylor nos hacen conscientes, decíamos al principio, de estos esquemas torcidos de pensamiento que inhiben la conducta asertiva.

Con el *Mito de la ansiedad*, la gente tiene miedo de sus sentimientos tiernos y los oculta, los inhibe, los reprime, se le dificulta expresarlos.

Con el *Mito de la Obligación*, la gente se incapacita para decir *no*.

El *Mito de la Modestia* impide que la gente exprese sentimientos positivos sobre sí misma y sobre los demás; impide también que la persona dé y reciba elogios con facilidad.

Con el *Mito del Buen Amigo*, se nos coarta la capacidad de intercambiar información íntima. Y es bueno destacar que ninguna relación interpersonal es sólida si, en lugar de preguntar libremente a nuestros amigos cómo se sienten, nos sentimos obligados a leer su mente; o si estamos esperando que los demás adivinen lo que nosotros sentimos.

Hágase consciente de estos cuatro mitos y de su nociva influencia; vea cómo y hasta dónde se extiende su dañino poder. No permita que lo afecten ni deje que interfieran con la marcha asertiva de su vida interpersonal.

Contra el *Mito de la ansiedad*, recuerde que tenemos derecho a tener todo tipo de sentimientos: son legítimos tan solo porque son sentimientos humanos: tenemos derecho a tener miedo, a sentir ansiedad, a estar enojados, a estar tristes, a estar alegres, a estar calmados, a sentir ternura, amor, cariño, admiración por los demás.

Contra el *Mito de la Obligación*, recuerde que tenemos derecho a decir *sí* o *no* a las solicitudes que nos hagan.

Contra el *Mito de la Modestia*, recuerde que tenemos derecho a sentir legítimo orgullo por nuestras cualidades o posesiones y que tenemos también el derecho a expresar nuestra admiración, nuestro cariño, nuestro amor o la alegría que nos causan los logros de los otros.

Contra el *Mito del Buen Amigo*, recuerde que los humanos somos incapaces de leer la mente ajena. Hacerlo es caer en la falacia de la *violación mental*. No podemos hacerlo nosotros ni los demás: nadie, por más perceptivo que sea, adivinará nuestros sentimientos ni nuestros pensamientos. Si queremos que alguien los conozca, haremos bien en comunicarlos. O en preguntar, en lugar de tratar de adivinar lo que sienten los otros. Por todo esto, es definitivamente legítimo preguntar lo que sea, siempre que reconozcamos que los demás tienen derecho a responder o no a nuestras inquisiciones.

Muy bien. Ya está preparado cognoscitivamente para arrostrar las dificultades que entraña la autoafirmación: ya conoce sus derechos; ya conoce las ideas principales que generan conductas no asertivas o conductas agresivas, y ya sabe también cómo desactivarlas; ya conoce los mitos básicos contra la aserción y tiene herramientas de pensamiento para combatirlas. Avancemos ahora hacia las

Conductas de aproximación social

Comencemos diciendo que nuestro pensamiento relaciona más fácilmente las palabras *aserción* o *autoafirmación*, con las conductas que llamamos de *protección* o *rechazo*, es decir, con la defensa de nuestros derechos y con la capacidad de protegernos y responder por nosotros mismo. Este es el sentido con el que surgió originalmente, en la década de 1940, en la terapia conductual. Y fue hasta los años setenta cuando se hizo evidente para los terapeutas que ser capaz de protegerse es tan importante como ser capaz de expresar amor, cariño, ternura y admiración. Tanta aserción se requiere para una cosa como para la otra. A muchas personas les resulta incluso más difícil *aproximarse* a la gente, que *defenderse de ella*. Les resulta más fácil ser duras y fuertes que tiernas y amorosas.

Las conductas de aproximación social son tan importantes, que nos ocuparemos primero de ellas. Trataremos tres tipos básicos de conductas de este género: *1)* la expresión libre de sentimientos positivos, *2)* la capacidad de hacer solicitudes y *3)* las habilidades de conversación.

1. Expresión libre de sentimientos positivos

No expresar un sentimiento positivo nos deja igual de incómodos que no defender un derecho. Muchas personas tienen severas dificultades en este terreno. Desean expresar un sentimiento, pero alguna idea irracional cruza por su mente y se reprimen: "¿Para qué le digo eso...? Todo el mundo ha de decirle lo mismo. ¿Qué importancia tiene que yo lo haga?", "Mejor no, quién sabe cómo lo vaya a tomar, ¿qué tal si lo toma por otro lado...?". No siempre se aclara cuál podría ser ese *otro lado*, pero con ideas como estas la gente se genera una ansiedad muy alta y eso le impide expresar libremente un sentimiento legítimo. Después lo lamentarán y se reprocharán por no haberlo hecho.

La capacidad para expresar sentimientos positivos comienza con la capacidad de hablar bien de uno mismo. Desafortunadamente tenemos una muy mala educación en este terreno. Nos enseñaron que "el elogio en boca propia es vituperio" y que la arrogancia y el orgullo son vicios que hay que extirpar. Pero como nunca nos enseñaron dónde termina el orgullo legítimo y dónde comienza la vanidad y, además, somos tan dados al pensamiento dicotómico (todo o nada), nunca terminó de establecerse en nuestro repertorio conductual la capacidad de pensar sanamente sobre nosotros mismos y nuestras características positivas. La cultura imperante nos ha enseñado que es malo, incorrecto, equivocado hablar bien de uno mismo, y nos castiga cuando lo hacemos. Nos premia, en cambio, cuando nos insultamos. Si alguien llega a tiempo a una cita y dice, por ejemplo: "Magnífico, llegué a tiempo. Ser puntual es uno de mis orgullos...", no es raro que obtenga una respuesta como: "Bueno, ya bájale, no seas presumido". Por el contrario, cuando alguien llega tarde y dice: "Perdón, qué pena, me retrasé. No calculé bien el tiempo. Qué idiota...", lo más seguro es que obtenga de inmediato una respuesta empática como: "No te preocupes, pásale, qué bueno que ya llegaste".

Para comenzar a vencer esta tendencia autoderrotista, le sugiero las siguientes

Tareas asertivas (primer grado de dificultad)

a) Haga una lista de 20 características positivas suyas. Veinte sustantivos, adjetivos o frases positivas de tipo físico, intelectual, social, espiritual, profesional, académico, moral, etc. Dedíquele una hoja en su libreta de trabajo terapéutico y haga crecer su lista poco a poco hasta que se sienta legítimamente orgulloso de sus habilidades y de su condición única e irrepetible.

b) Acostúmbrese a hablar bien de usted con usted mismo. No tema decirse palabras y frases elogiosas cuando haga o diga algo que represente una mejoría personal. A medida que lo practique, descubrirá que su sentimiento de autoeficacia crece. Haga una lista de frases que le hagan sentir bien sin caer en la absurda elevación del ego. Ejemplos: "No valgo más que nadie, pero me siento orgulloso de mis habilidades", "¡Bravo! Lo logré", "¡Eso es! ¡Así se hace!", "Muy bien, cada día soy más asertivo", "Soy sensible, soy inteligente, soy respetuoso y eso me hace sentir muy bien", "Hice sentir bien a Mapi y eso me tiene muy satisfecho", "Me siento muy feliz de haber apoyado a Julieta", etcétera.

c) Llame por teléfono a algún amigo o pariente y cuéntele algo bueno de usted: comente alguna situación que haya manejado exitosamente o comparta con él una buena noticia.

d) Haga lo mismo en una carta o mensaje electrónico.

e) Diga algo bueno de usted en una conversación con gente a la que no conozca muy bien.

¿Ha notado que hay personas que al recibir un elogio cambian de color, se ponen ansiosas, se apenan, no saben qué responder y quisieran que se las tragara la tierra? Son personas no asertivas. Hay personas que al recibir un elogio por una prenda de vestir responden con frases como: "Uh, es viejísima", "Ah, me la compré en el tianguis", "Oh, es corriente", "Eh, ya tiene un hoyo en la manga, mira...". Su propósito es disminuir el elogio recibido: su comportamiento es no asertivo. Hay quien llega a dudar de lo que se le dice o a interpretar lo contrario:

—Oye, felicidades, estuviste brillante en tu conferencia de ayer...

—No te burles... ¿Me equivoqué mucho? ¡Dime la verdad...!

Todos estos son estilos no asertivos de respuesta al elogio. También en esto la cultura nos ha entrenado mal. He oído frases que pretenden funcionar como una felicitación, verbigracia: "Ya sabes lo que se te desea... (¿?)". U otros absurdos en respuesta a un comentario agradable. Hace poco tiempo, para ejemplificar, oí a un hombre diciéndole a una muchacha:

—¡Qué bien te queda esa falda!

Ella respondió, hecha un manojo de nervios:

—¿Eh? Ahhh, sí... ¡Cuando quieras...! Sí, a tus órdenes... ¡te la presto!

También hay formas agresivas de responder:

—Oye, te felicito. Qué buen trabajo presentaste...

—A ver si vas aprendiendo, muchacho. Sigue mi ejemplo y serás grande...

Con lo cual se apaga en quien emitió el elogio todo deseo de continuar haciéndolo.

Una forma asertiva de responder es, en principio, agradecer el elogio y luego tratar de poner en palabras lo que nos sucedió al oírlo.

—Estuviste brillante en tu conferencia de ayer...

—Te agradezco mucho que me lo digas. La preparé con mucho empeño. Dar conferencias, charlas, cursos es algo que me gusta y que quiero seguir haciendo para mi desarrollo profesional. Tu *feedback* me ayuda. Gracias otra vez.

Por todo lo anterior, le sugerimos practicar las siguientes...

Tareas asertivas (segundo grado de dificultad)

a) Establezca contacto visual, toque y sonría a alguien a quien usted quiera. Luego dígale que aprecia su amor, su amistad, su apoyo, su ayuda, o lo que corresponda.
b) Sonría a alguien a quien no conozca y elogie alguna de sus pertenencias: su auto, su casa, su jardín, su mascota.
c) Toque a alguien y sonría mientras elogia algo de su apariencia: su ropa, su peinado, sus ojos, sus labios, sus aretes, su collar, su perfume, etcétera.
d) Toque a alguien y agradézcale por agradecerle a usted: "Muchas gracias a ti...".
e) Agradezca a alguien por decir o hacer algo que usted aprecie.
f) Agradezca a alguien por hacer algo que se supone que es *su deber.*

Una forma excelente de corregir y afinar nuestra capacidad de expresión de sentimientos positivos es llevar un registro sistemático de los elogios en una tabla como la que presentamos adelante. Esta es una tarea creadora, activa: oblíguese por unos dos o tres meses a expresar a todos los que le rodean sus sentimientos positivos: su cariño, su ternura, su admiración, su amor. Dígaselo a su pareja, a sus hijos, a sus familiares cercanos, a la gente con la que trabaja, a sus subordinados, a sus colegas y a sus superiores en la jerarquía laboral. Abra los ojos y juegue a sorprender a la gente haciendo cosas buenas. Descúbralo y dígalo. O simplemente elogie un rasgo, un acto, una prenda, una cosa, una propiedad del otro. Note cómo a medida que practica —¡y *registra* su conducta!—, la ansiedad va disminuyendo y su capacidad para comunicar sentimientos sinceros, honestos, auténticos va creciendo poco a poco. Esto es muy importante: sea honesto y auténtico. Para que su elogio sea asertivo no tiene que mentir, no tiene que decir cosas que no sienta, no tiene que ser falso. Todos los seres humanos son tan hermosamente complejos que siempre habrá algo en su personalidad que podamos celebrar

Acostúmbrese a buscar ese detalle. Recuerde aquella historia donde los viandantes pasan junto a un perro muerto y todos lanzan denuestos ante lo que ven: "Ah, qué peste...", "Uf, qué visión más desagradable...", "Puag, qué ganas de vomitar...", "Chale, qué animal tan horrible...", "Jijos, qué asco...". Y la cosa sigue así, hasta que pasa el poeta de la aldea que, al ver al animal muerto, tieso, con el pelaje ensangrentado, con el hocico abierto, lo contempla por unos segundos y, antes de continuar su camino, dice en voz alta: "¡Pero qué blancos, fuertes y hermosos dientes tenía ese perro...!".

¿Qué le enseña esta historia? Lo invito a recordarla para encontrar en el prójimo sus aspectos hermosos. Además de las ventajas que señalamos en párrafos anteriores, notará también que es capaz de transformar su ambiente social de uno en que se intercambian veneno y cuchilladas a otro en que se intercambian sentimientos nobles y palabras felices. Se cosecha lo que se siembra. Por eso insistimos en que, en la tercera fila de la tabla, registre tanto los elogios que da como los que recibe.

En la primera fila habrá de anotar la fecha; en la segunda, el elogio textual; en la tercera, a quién le dimos el elogio o de quién recibimos; en la cuarta, la respuesta textual —y aquí está la fuente de aprendizaje—; en la quinta, si la respuesta fue asertiva, no asertiva, o agresiva, y en la sexta, sugerir una mejoría a la respuesta textual. La mejoría puede ser verbal o no verbal. Revise la tabla cuidadosamente: está al final de la sección siguiente.

Tareas asertivas (tercer grado de dificultad)

Lleve disciplinadamente su registro de elogios y avance poco a poco a niveles mayores de dificultad.

- **a)** Comience por elogiar cosas externas: propiedades, casa, auto, ropa, alhajas de la gente.
- **b)** Avance al elogio de partes del cuerpo que no tienen connotaciones sensuales o sexuales directas: las cejas, el peinado, las pestañas, el cutis, las uñas, la nariz, la frente, etcétera.

c) Suba al elogio del comportamiento de la gente: su forma de hablar, su capacidad física, académica, profesional, etcétera.
d) Pase ahora al elogio de aspectos psicológicos como la inteligencia, la fuerza de voluntad, la fortaleza, la disciplina, los talentos, el don de gentes, la bonhomía, etcétera.
e) Exprese un sentimiento positivo a alguien cercano a usted y luego a alguien a quien no conozca muy bien.
f) Diga algo bueno acerca de alguien que no esté presente, especialmente cuando los demás lo estén criticando: "Conmigo ha sido siempre muy amable y cariñosa" o "Yo admiro mucho su inteligencia y su capacidad para resolver problemas...".
g) Exprese una opinión positiva a alguien cercano a usted: sobre su trabajo, su forma de ser, su buen gusto, su talento. Luego haga lo mismo con alguien a quien no conozca.
h) Elogie partes del cuerpo que tienen connotación sexual o sensual: los labios, la mirada, las manos, los muslos, las caderas, los glúteos. (¡Según el grado de intimidad que tenga con el destinatario, desde luego!).
i) Sea asertivo: atrévase a ofrecer su ayuda. Cada vez que desee hacerlo, hágalo sin reprimirse: ayude a alguien a cruzar la calle, ceda el asiento en el transporte público, permita el paso a los peatones, ayude a esa señora que va con una carga pesada. No haga estas cosas por obligación, hágalas porque le nace hacerlas: son una forma excelente de expresar un sentimiento positivo.

Cuando su diario de elogios indique que ya lo está haciendo bien en cualquiera de las áreas de menor dificultad, avance al siguiente nivel. Le costará trabajo al principio, pero pronto estará sintiéndose más libre con la expresión de sus sentimientos más nobles.

REGISTRO DE ELOGIOS

Fecha
11 de mayo
Elogio textual
Te ves bellísima con ese atuendo.
A quién o de quién
A mi mujer.
Respuesta textual
Muchas gracias. Esperaba que te gustara, y qué bueno que me lo confirmas.
Clasificación
Asertiva.
Respuesta asertiva ideal
Me hace muy feliz que me lo digas. A mí también me convenció. (Acompañar estas palabras con un beso o con una caricia).
Fecha
11 de mayo
Elogio textual
Me gusta mucho cómo quedó el piso, maestro.
A quién o de quién
Al albañil.
Respuesta textual
Pues... no lo sabemos hacer muy bien pero ahí vamos, poco a poco.
Clasificación
No asertiva.
Respuesta asertiva ideal
Qué bueno que le guste, señor. Espero que quede contento con el trabajo.

Fecha
11 de mayo
Elogio textual
Oye, qué buen grabado el que acabas de sacar.
A quién o de quién
A mi primo José Eduardo.
Respuesta textual
Son chingaderas para sobrevivir. Las hago casi por encargo. Para que las cuelguen en sus oficinas los pinches burgueses neoliberales.
Clasificación
Agresiva.
Respuesta asertiva ideal
Me da gusto saber tu opinión. Estos grabados tienen un mercado seguro y me sacan de problemas mientras se coloca la obra que me interesa más.

2. Capacidad de hacer solicitudes

Sea asertivo: atrévase a preguntar

Es nuestro derecho dudar de lo que leemos y de lo que oímos. Michel de Montaigne lo tenía muy claro: "Saber mucho es a menudo la causa de dudar mucho". Es nuestro legítimo derecho tener dudas y buscar aclararlas. "Preguntando se llega a Roma", dice el viejo refrán. Hagámosle caso y nuestra vida se enriquecerá. Haga preguntas acerca de todo aquello que no le quede claro: en casa, en el salón de clase, en las tiendas, en su lugar de trabajo, en la calle, en las conferencias, en los congresos, en las fiestas, en las reuniones políticas. Registre sus logros o sus fracasos en su diario asertivo.

Sea asertivo: atrévase a pedir

Hacer solicitudes asertivamente es otro género de conducta de aproximación social. De acuerdo con uno de sus derechos asertivos básicos, usted es libre de pedir lo que sea, siempre y cuando reconozca que los demás tienen todo el derecho a decir *sí* o *no*. La capacidad de respetar el derecho ajeno es otro signo de madurez emocional. Esto incluye aceptar negativas. Desarrolle su personalidad en esta dirección. Pronto descubrirá que su capacidad para pedir cosas y para aceptar negativas avanza al mismo tiempo que su capacidad para negarse cuando no desea hacer algo. Le sugerimos practicar las siguientes

Tareas asertivas (cuarto nivel de dificultad)

a) A un familiar o amigo íntimo pídale un favor: el préstamo de un libro, de un disco, de una herramienta, de un poco de dinero, etcétera.
b) A un familiar o amigo íntimo sugiérale una actividad que podrían hacer juntos.
c) A un familiar o amigo íntimo pídale una opinión sobre algo de usted: su ropa, su conducta, etcétera.
d) A un familiar o amigo íntimo pídale reforzamiento por algo de lo que esté orgulloso. "Felicítame, hermano: logré comprar el grabado de Tàpies que quería", "Ven al jardín de cactos: me regalaron un ejemplar de *Cephalocereus senilis*", "¿Te gusta mi nuevo peinado?".
e) Pida una opinión a alguien a quien no conozca muy bien.
f) Solicite una aclaración o una explicación más amplia sobre lo que alguien diga.
g) Pida un favor a alguien a quien conozca poco.
h) Solicite un cambio de conducta a alguien a quien conozca poco. Por ejemplo: "¿Podría hablar más fuerte, por favor?".
i) A un familiar o amigo íntimo solicítele un cambio de conducta. Por ejemplo: "Por favor, avísame cuando vayas a venir acompañado".

Recuérdelo todo el tiempo: tenemos derecho a tener sentimientos y a expresarlos. Esto fortalece los lazos de unión con los demás. Recuerde que las conductas de aproximación social y las peticiones son tan importantes como las conductas de protección o rechazo y a veces, incluso, más difíciles. Una vez que domine las conductas anteriores, dé un paso más y lleve a cabo las conductas siguientes:

Tareas asertivas (quinto nivel de dificultad)

a) Llame a un amigo e invítelo a alguna actividad (una fiesta, un concierto, una comida, ir al cine, etcétera).
b) Dé un pequeño regalo a alguien cercano.
c) Invite a un amigo a reunirse con usted y alguien más para realizar alguna actividad.
d) Organice una reunión en la que cada uno de los participantes cumpla con una tarea específica.
e) Escriba a un amigo.
f) Invite a un amigo a asistir a alguna clase, taller o seminario con usted.
g) Dígale a algún amigo que le gustaría que lo visitara. Pregúntele si está de acuerdo y proponga una fecha.
h) Organice una reunión o dé una fiesta.
i) Invite a algún amigo a comer a su casa, sin preparar nada especial para la ocasión.

3. Habilidades de conversación

He aquí otra de las conductas básicas de aproximación social. Se sentirá mucho más cómodo en una conversación con extraños o con gente conocida si domina las habilidades que comentaremos en esta sección. Resulta curioso que los buenos conversadores, aunque tienen la habilidad, no siempre pueden enseñarla, ya que en su gran mayoría no tienen conciencia de lo que hacen para poder ser buenos conversadores. No están acostumbrados a pensar conductualmente y, por lo tanto, consideran sus habilidades como un "rasgo de carácter", "algo que les sale naturalmente". Pasaron muchos años de investigación en la psicología del aprendizaje social para que se pudieran aislar las conductas que hacen a un buen conversador. Esas habilidades son las que aprenderemos aquí: el tipo de preguntas, el autodescubrimiento, el atender a la información libre y el parafraseo. Ejemplificaré tales habilidades con casos extremos de dificultad. No se sienta ofendido si comienzo con habilidades tan básicas: reciba mi felicitación si usted no tiene el problema, pero recuerde que hay muchísimas personas con limitaciones severas en estos terrenos. A ellas va dirigida esta sección.

Tipo de preguntas. Imagine la siguiente escena: dos personas en una reunión se han quedado solas una frente a otra. Una de ellas quiere iniciar una conversación:

—Hola...
—Hola...
—¿Te estás divirtiendo?
—Sí.
—¿Vienes sola?
—No.
—¿Con tu novio?
—No.
—¿Con tu esposo?
—No.
—¿Con tus padres?
—No.
—¿Entonces?
—Aquí vivo...
—¡Ah...! [Largo silencio...].

¿Qué ha sucedido aquí? Aunque la persona interrogada respondió todo lo que se le preguntó, el interrogador obtuvo muy poca información. ¿Por qué? Por el *tipo de preguntas* que hizo.

Podemos clasificar las preguntas en dos clases: llamamos "preguntas cerradas" a aquellas que pueden responderse con un monosílabo y "preguntas abiertas" a las que requieren más de un monosílabo para ser respondidas. Como es obvio, en la conversación anterior predominaron las preguntas cerradas.

Las preguntas abiertas, a su vez, pueden ser de primero y de segundo nivel. Son de primer nivel las que empiezan con las palabras: *qué, quién, cuál, dónde, cuándo, cuánto.* Son de segundo nivel las que interrogan sobre procesos y procedimientos y suelen empezar con las palabras *cómo* y *por qué.* Estas preguntas abiertas de segundo nivel tienen la ventaja de que nos aseguran mucha más información. Veamos:

—Hola...

—Hola.

—¿Qué te parece la fiesta?

—Se está poniendo bien...

—¿Con quién vienes?

—Con nadie.

—¿Y eso...?

—Vivo aquí.

—Eso es... ¿Cuál es tu relación con el festejado?

—Jesús es mi hermano.

—Ah, pues qué gusto conocerte. Me llamo Antonio y soy compañero de Chucho en la facultad... —extiende la mano y agrega—: ¿Cómo te llamas tú?

—Mariana.

—Pues mucho gusto, Mariana. ¿A qué te dedicas?

—Estudio Medicina, también en la UNAM.

— ¡Qué bien! ¿Cuánto te falta?

—Algo, pero el mes próximo comienzo el internado.

—Estupendo... ¿Y cómo te dio por la Medicina?

—Desde niña me atraía. No hay ningún médico en la familia, pero yo tuve muy clara la vocación desde que estaba en el kínder. Me preguntaban qué iba a ser de grande, y siempre contestaba que doctora y doctora... Nunca lo dudé. Ni en la prepa, que ya ves que en esa etapa mucha gente sufre por no tener claro lo que quiere... Pues yo no. Al igual que yo, mis papás y mis hermanos se lo creyeron y se acostumbraron a que estudiaría Medicina.

Mi abuelito me saludaba diciendo: "¿Y cómo está mi doctorcita?", desde que iba en tercero de primaria.

Veamos lo que ha sucedido: en la primera parte de la conversación, con preguntas abiertas de primer nivel (*qué, cuál, quién, cuándo, etc.*), no hay un solo monosílabo como respuesta. La pregunta final (abierta de *segundo nivel*) arroja una gran cantidad de información.

Con esta habilidad podemos hacer mucho más agradable la interacción con los otros, podemos también hacerles pasar un momento muy grato a nuestros interlocutores, por muy poco asertivos que sean. Dominar la habilidad incrementa nuestra seguridad personal, nuestra autoimagen, nuestro sentimiento de autoeficacia.

Hacer autodescubrimientos. Dominando la habilidad anterior, hacer preguntas abiertas, podemos pasar un rato agradable y podemos también hacérselo pasar a nuestro interlocutor. Podemos prolongar la interacción por mucho tiempo; sin embargo, bien visto, aún no se trata de una verdadera conversación: es un *interrogatorio* en el que nosotros nos llevamos mucha información del otro, pero él se queda con muy poca información de nosotros. Para que deje de ser un mero interrogatorio y se convierta en una conversación merecedora de ese nombre, es necesario que haya un *intercambio* de información. Es necesario que usted se autoafirme y se atreva a hablar de sí mismo. Las personas no asertivas tienen una gran dificultad con esto. Les cuesta trabajo. Los agresivos, en tanto, no dejan de hablar de sí mismos y carecen de la habilidad para escuchar. Los asertivos combinan bien esas habilidades: son capaces de interrogar, de escuchar las respuestas y también de aportar información personal. Recuerde eso. La persona asertiva es capaz de decir *qué piensa, qué cree, qué siente, qué le gusta, qué le disgusta, con qué está de acuerdo y con qué no*; es capaz de reportar cuál ha sido su experiencia con relación al tema que se está tratando. Imaginemos la conversación anterior desarrollándose con la nueva habilidad:

—...mis papás y mis hermanos se lo creyeron y se acostumbraron a que estudiaría medicina. Mi abuelito me saludaba diciendo: "¿Y cómo está mi doctorcita?", desde que iba en tercero de primaria.

—Qué maravilla no haber tenido conflictos vocacionales. A mí sí me costó mucho trabajo definirme en la preparatoria. Siempre me sentí atraído por la historia, pero de pronto comencé a sentir gusto por la arquitectura y me descontrolé un poco cuando tuve que decidir. Ahora sigo leyendo historia, pero la arquitectura se me volvió pasión. (Esto es *Autodescubrimiento*).

Atender a la información libre. Esta es otra utilísima habilidad del buen conversador: saber escuchar. No solo pone atención a lo que la gente le responde, sino también a la información adicional que la gente le da. Vea el siguiente ejemplo:

—¿Me das tu dirección electrónica?

—Con mucho gusto. También puedes anotar mi X, mi Instagram, y me puedes encontrar en Facebook. Aunque al principio me estuve negando a las redes sociales, ahora me resulta de lo más útil y divertido. Hasta tengo que hacer ejercicios disciplinados para no pasar tanto tiempo en eso.

En este caso la pregunta hubiera quedado respondida tan solo con la primera oración: "Con mucho gusto". Todo lo demás *es información libre*: sus datos de las otras redes, su negativa inicial, su gusto actual, los ejercicios de autocontrol que hace... Es muy útil almacenar en nuestra memoria esta información para retomar algo de ahí cuando nos parezca conveniente, cuando se agote un tema o cuando se hacen esos incómodos silencios en la charla.

Parafraseo. Consiste en poner en otras palabras la información que la gente nos dio. Esto nos permite certificar que hemos comprendido el mensaje y le permitimos al otro que corrija lo que no hayamos entendido, o que reafirme información que pasamos por alto. También le indica al interlocutor que lo hemos estado escuchando y que lo que nos ha dicho nos interesa hasta el punto de que queremos confirmar el contenido de su mensaje y deseamos continuar escuchándolo. Ejemplo:

—Me preguntaban qué iba a ser de grande y siempre contestaba que doctora y doctora... Nunca lo dudé. Ni en la prepa, que ya ves que en esa etapa mucha gente sufre por no tener claro lo que quiere... Pues yo no. Al igual que yo, mis papás y mis hermanos se lo creyeron y se acostumbraron a que estudiaría Medicina. Mi abuelito me saludaba diciendo: "¿Y cómo está mi doctorcita?", desde que iba en tercero de primaria.

—Es como si toda la familia hubiera contribuido a definir tu vocación original... ¡Padres, hermanos y abuelos! (He aquí el *parafraseo*).

—Bueno, no todos los abuelos. Solo el materno. Mi abuelita materna ya había fallecido y los abuelos paternos vivían en Yucatán. Los conocí hasta que ya estaba terminando la secundaria.

Note usted que las habilidades de conversación incluyen dos procesos activos: *hablar* y *escuchar.* No olvide esto último. Escuche *activamente.* Que su comportamiento no verbal indique que está usted prestando atención: oriéntese hacia su interlocutor, mírelo a los ojos, inclínese hacia él y no lo interrumpa cuando este tenga la palabra, a menos que esté siendo repetitivo. Recuerde que en una conversación asertiva se trata de *compartir* información personal: pregunte y atienda a las respuestas, haga autodescubrimientos, ponga atención a la información libre que la gente le da y cada cierto tiempo ponga en otras palabras la información recibida. Para practicar, lleve a cabo las siguientes

Tareas asertivas (sexto grado de dificultad)

a) Lleve a cabo una conversación de cinco a 15 minutos con alguien a quien conozca poco pero que trabaje para usted: empleados domésticos, albañiles, plomeros, carpinteros, electricistas, etc. Haga un pequeño reporte sobre las habilidades de conversación que empleó y las que le faltaron.

b) Lleve a cabo una conversación de cinco a 15 minutos con alguien a quien conozca poco pero que *no* trabaje para usted: comerciantes de la zona, empleados bancarios, el cartero, el dueño de la miscelánea que le quede más cerca. Haga un pequeño reporte sobre las habilidades de conversación que empleó y las que le faltaron.

c) Lleve a cabo una conversación de cinco a 15 minutos con alguien a quien conozca poco: vecinos, compañeros de trabajo, parientes políticos, parientes directos con los que tenga poco trato. Haga un pequeño reporte sobre las habilidades de conversación que empleó y las que le faltaron.

d) Lleve a cabo una conversación con alguien totalmente extraño: en su calle, en el metro, en el taxi, en el avión, en una fiesta, en el trabajo.

e) Lleve a cabo una conversación con una persona que *no le interese* como posible pareja.

f) Lleve a cabo una conversación con una persona que *le interese* como posible pareja.

g) Preséntese usted mismo a alguien que le parezca interesante y trate de conversar (no importa si lo consigue o no: intentarlo es su logro asertivo, lo demás es un premio extra).

h) Preséntese con alguna persona e invítele un café.

i) Vaya a una fiesta en donde haya muchas personas que no lo conozcan y trate de conversar.

j) Sugiera que usted y varias personas a las que acaba de conocer hagan algo juntas (por ejemplo, tomarse una copa después de una reunión).

k) Vaya a un museo, un parque, un concierto, una clase, etc., y converse con alguien que le guste.

l) Vuelva a presentarse con alguien a quien haya conocido y tratado muy brevemente.

m) Llame a una persona a quien usted se haya presentado e invítela a algún lugar.

n) Acepte una invitación para hacer algo con alguien a quien acabe de conocer.
ñ) Cuando vea a alguna persona a la que tiene poco de conocer, vaya directamente a ella e inicie usted la conversación.
o) Durante una clase, una reunión, una fiesta, siéntese cerca de alguien a quien no conozca y establezca conversación.

Conductas de protección o rechazo

Recuerde sus derechos asertivos básicos: todos tenemos derecho a ser respetados; a solicitar lo que sea, siempre que reconozcamos que los demás pueden decir *sí* o *no*; a tener sentimientos; a formar nuestras propias opiniones, y a comportarnos del modo en que nos satisfaga a nosotros mismos, aunque nuestro comportamiento no sea el que los demás esperan. *Tenemos derecho a todo ello, siempre que no pasemos sobre los derechos de los demás.* Somos individuos únicos e irrepetibles y nuestros sentimientos y opiniones no tienen por qué ser sometidos a las opiniones y los sentimientos de los demás. Ellos tienen derecho a *solicitarnos*, pero no a *exigirnos* cosas (¡no es lo mismo!), a menos que hayamos firmado un contrato legal en el que nos hayamos comprometido a hacer algo a cambio de un salario o de un bien. Sería muy deseable que todos tuvieran claro este conocimiento, pero, desafortunadamente, no es así, y habrá ocasiones en que encontraremos personas que intenten imponernos opiniones y modos de comportamiento, que quieran pasar sobre nuestros derechos o que pretendan manipularnos para que nos ajustemos a sus objetivos. "O estás conmigo o estás contra mí", suele pensar dicotómicamente el tiranuelo. No se le ocurre que también existe la posibilidad de no estar *con* él ni *contra* él, sino *con uno mismo...* y que nuestra opinión es tan importante como la suya. Los intentos de manipulación toparán con piedra cuando se encuentren con una persona asertiva. Por todo lo anterior, contra los intentos manipuladores e irrespetuosos...

Sea asertivo: aprenda a decir *No*

Parta del derecho asertivo básico número 2. Recuérdelo una vez más: todos tenemos derecho a tener necesidades y a que estas sean consideradas tan importantes como las de las demás personas. Tenemos, por lo tanto, el derecho a solicitar (*no a exigir*) que nuestras necesidades sean satisfechas, así como el derecho a decidir si responderemos o no a las necesidades ajenas. En resumen, **tenemos el derecho a pedir lo que sea, siempre que reconozcamos que los demás tienen el derecho a decir sí o no.**

Si es un derecho negarnos a algo, también es un derecho dar o no dar explicaciones sobre nuestra negativa. Es nuestro derecho decidir qué hacer con nuestro tiempo, pero muchas personas se sienten obligadas a dar explicaciones innecesarias y a justificarse por todo. Es muy importante tener claro que dar explicaciones sobre una negativa es *un obsequio, un regalo* que le hacemos a la gente: *¡no es una obligación!* Es privilegio nuestro decidir a quién y cuándo le haremos un regalo. Tenga esto presente, y se sentirá más cómodo cuando rechace peticiones irrazonables. A nuestra pareja, a nuestra familia, a nuestros amigos íntimos está bien que les regalemos más de nuestro tiempo, explicaciones incluidas, pero no es así con extraños, vendedores, propagandistas políticos o religiosos, etc. Es privilegio nuestro decidir qué queremos hacer con nuestro tiempo. Para dominar esta habilidad, realice las siguientes

Tareas asertivas (séptimo grado de dificultad)

a) Cuando esté en una situación donde no importa si dice *Sí* o *No*, diga *No*: rechace un café, un refresco, una invitación, un platillo.

b) La próxima vez que quiera hacerlo, diga *No* a quien le pida un favor. Si lo considera conveniente, dé explicaciones.

c) Vaya a una tienda, pida precios de algo y anótelos. Salga sin comprar nada. Es su derecho de consumidor pedir informes y decidir cuándo comprar.

d) Si es invitado a una fiesta familiar y no quiere ir, agradezca la invitación y diga que no asistirá.

e) Rechace una invitación a salir o aplácela, si realmente le interesa o está indeciso.

f) Diga *No* a quien le pida un aventón, un cigarro, una pluma, etc. Hágalo aunque sea una vez solo por practicar. Demuéstrese que puede hacerlo. Luego, por supuesto, lo hará solo cuando lo juzgue adecuado.

g) Diga *No* a un vendedor, sin dar explicaciones.

h) Compre un objeto barato, arrepiéntase dentro de la tienda y trate de cambiarlo o de que le devuelvan su dinero.

i) Cuando se sienta presionado para tomar una decisión, diga que prefiere pensarlo más para decidir.

Sea asertivo: aprenda a tratar con manipuladores persistentes

Cuando desee rechazar la petición de una persona manipuladora y muy persistente, de manera firme, cortés y autoafirmativa, le sugerimos pasar por las siguientes etapas:

Aserción empática: Consiste en reconocer el sentimiento, la opinión o el derecho de la otra persona, *pero afirmando el nuestro*. Trate de comenzar siempre con esta modalidad. Si somos lo suficientemente empáticos y asertivos, la mayor parte de la gente entenderá nuestra negativa a las primeras de cambio y no insistirá. Dispóngase a poner en práctica *tres aserciones empáticas* y pruebe su efecto. Habrá, no obstante, alguna persona que persistirá en su intento de manipulación. Cuando esto ocurra, conviene pasar a la...

Aserción simple: que consiste en la *sola afirmación de nuestro derecho, opinión o sentimiento*, sin reconocer ya el sentimiento, la opinión o el derecho del otro. Ya no es necesario, puesto que ya lo hicimos por tres veces en la fase de aserción empática. Igualmente sugerimos disponerse a practicar tres veces esta modalidad de *aserción simple*. Si el manipulador insiste —y tristemente hay personas así— conviene pasar a la...

Aserción confrontadora: que consiste en salirse de la situación y hacerle ver al interlocutor que no nos está escuchando, que no está respetando nuestra decisión, que no está respetando nuestro derecho. También en esta modalidad insistimos en que se practique tres veces antes de indicar que, si insiste en la solicitud, a la cual nosotros en definitiva *no accederemos*, nos veremos obligados a ignorarlo o a dejarlo con la palabra en la boca.

El caso de Raúl

Raúl, un empleado de gobierno, de 34 años, recién casado, reportó el caso siguiente:

> Javier, un compañero de trabajo, pide dinero prestado con mucha frecuencia. Por lo menos dos compañeros se han quejado conmigo de que *es muy mala paga*. En los últimos tres meses hemos tenido que hacer trabajo juntos y me ha contado sus dificultades con su tarjeta de crédito. Hace una semana me pidió 10 000 pesos y, aunque me negué al principio, fue tan persistente que terminé prestándole mil. Mucho menos de lo que me pidió, pero de todos modos me sentí manipulado y eso me molestó mucho. Me hubiera gustado ser más firme y no darle nada. ¿Cómo se puede tratar con gente así?

Tras explicarle la escala anterior de autoafirmación, reestructuramos sus respuestas de la siguiente manera:

> *Javier*: Oye, Raulín, fíjate que estoy en un tremendo apuro económico. Necesito 10 000 pesos para pagar mi tarjeta de crédito, ¿me los prestarías?
>
> *Raúl* (usando *aserción empática* por primera vez): Lamento mucho que estés pasando por eso. Me gustaría ayudarte, pero desde que estoy casado, prestar dinero es un lujo que no me puedo permitir.

Javier: Mira, Raulín, si es por el pago de intereses, no te preocupes. Yo te pagaría el capital con sus respectivos intereses para no crearte ningún problema.

Raúl (*aserción empática 2*): De verdad lamento lo que te sucede, y me encantaría poder ayudarte, pero, como te dije, no puedo prestar dinero.

Javier: Bueno, no es nada del otro mundo. Solo necesito 10 000 pesos. Además, no te hagas, Raúl, el otro día que te acompañé al banco y pediste tu saldo, comentaste lo que tenías, así que sé bien que tienes dinero disponible en tu cuenta.

Raúl (*aserción empática 3*): Sí lo tengo, en efecto, pero mi mujer y yo hemos decidido ahorrar para nuestros proyectos personales, y no tocamos esos ahorros. Entiendo tu situación y siento que tengas ese problema, pero definitivamente no me es posible ayudarte. Espero que lo soluciones pronto.

Javier: ¿No confías en mí, cabrón? Desde hace tiempo eres mi confidente, me conoces desde hace mucho y, bueno, somos compañeros, ¿o no? ¿Qué más datos necesitas?

Raúl (pasando a *aserción simple*): Prestar dinero, como te lo dije antes, es un lujo que no me puedo permitir con nadie.

Javier: Recuerda que es muy difícil encontrar amigos de verdad. ¿Por qué no confías en mí? Ya hasta te llevé a conocer mi futura casa que, aunque esté en obra negra, es mía y tuya también. Ándale, ¿sí? Préstame esa lanita, no hay que ser...

Raúl (*aserción simple 2*): No, en serio. No estoy en posibilidad de prestar dinero.

Javier: Acuérdate de que hace un año te presté mi coche una vez. Yo te lo ofrecí. No seas mal amigo. Préstame ese dinero, es poco lo que te estoy pidiendo.

Raúl (*aserción simple 3*): No, Javier, no lo haré. Decididamente no.

Javier: Qué cabrón. No pensé que fueras así... ¿qué te cuesta? No tienes que decirle nada a tu mujer ni se tiene que enterar. Son solo 10 000 pesos...

Raúl (*aserción confrontadora 1*): Mira, Javier, no es fácil para mí decir *no* a ciertas peticiones, pero estoy siendo honesto contigo, y tú no estás respetando mi decisión. Eso me incomoda mucho. Por favor, no insistas más porque no vas a lograr nada, salvo molestarte e incomodarme.

Javier: Eres un mal amigo... Préstame ese dinero... o algo, al menos.

Raúl (aserción confrontadora 2): No me estás escuchando. Estás ignorando mis razones y no estás respetando mi derecho a negarme. Por favor no insistas más.

Javier: ¿Me estás cortando? ¿No te importa mi amistad? Supongo que ya no iremos los viernes a tomar la copa y todo por tu egoísmo.

Raúl (aserción confrontadora 3): Tan solo espero que respetes mi decisión y que pienses en ella. Estoy siendo honesto contigo y te he dado mis razones. Tú, yo y todos tenemos el derecho a pedir lo que sea, siempre que reconozcamos que los demás tienen derecho a decir *sí* o *no*. A mí puedes pedirme lo que quieras, con toda confianza, y ten la seguridad de que, si está en mis manos y quiero hacerlo, lo haré con mucho gusto. Pero también puedes confiar en que, si no quiero hacer algo, te lo comunicaré con toda claridad y con toda honestidad. Eso es lo que estoy haciendo ahora. Espero que, con esto en mente, nuestra relación de trabajo y nuestra amistad resulten fortalecidas y no debilitadas. Toma eso en consideración y, ahora sí, espero que ya no insistas porque si lo haces ya no te voy a responder. ¿De acuerdo?

Algunos colegas dedicados a la psicología laboral, entre otras actividades, también entrenan vendedores. Suelen enseñar a sus entrenados el arte de vencer resistencias en el cliente. No obstante, su interés en desarrollar habilidades de convencimiento, enfatizan en que no es conveniente ir más allá de la quinta resistencia porque, de hacerlo, el cliente se siente acosado y eso actúa contra los intereses de la empresa. Tomando eso en consideración nosotros, los psicólogos clínicos que practicamos psicoterapia cognitivo-conductual, enseñamos a nuestros pacientes a estar preparados para resistir hasta nueve intentos de manipulación (tres veces con cada modalidad). Con esto nos aseguramos de contar en nuestro equipo psicológico con el repertorio adecuado para no dejarnos manipular por personas persistentes de ningún tipo, ya sean, insistimos, propagandistas religiosos, políticos o comerciales.

Sea asertivo: exprese sus sentimientos negativos

Recuerde su derecho asertivo básico número 3: **Todos tenemos derecho a tener sentimientos y a expresarlos, siempre que no pasemos sobre los derechos de los demás.** Tan importante como la expresión de los sentimientos positivos es la expresión de los sentimientos negativos: de temor, de tristeza, de enojo. Solo es posible desarrollar relaciones interpersonales íntimas, profundas y significativas cuando somos capaces de compartir emociones de esa naturaleza. Tanto los no asertivos como los agresivos tienen dificultad para expresar sus sentimientos de tristeza o de temor. Los no asertivos pueden pensar que "eso no le importa a nadie", mientras que los agresivos pueden pensar que "eso es un signo de debilidad que no me puedo permitir". Las personas asertivas saben que todo sentimiento es legítimo por el simple hecho de que existe. El sentimiento puede ser neurótico o no, eso es otra cosa. No nos conviene tener emociones neuróticas, pero si las tenemos, es nuestro absoluto derecho tenerlas y nosotros decidiremos cuándo y cómo comenzaremos a combatirlas o a entenderlas mejor. Por lo tanto, la persona asertiva reconoce sus sentimientos negativos como una zona legítima de su personalidad y busca expresarlos sin pasar sobre los sentimientos de los demás.

Sentimientos de temor: "Me atemoriza la forma en que me estás hablando —dice una esposa que discute con su marido—, y no me gusta sentirme así. Me sudan las manos y me da taquicardia. Entiendo tu molestia, pero creo que resolveremos mejor el problema si tratamos ambos de no gritar y de no insultarnos".

Sentimientos de tristeza: "Me entristece mucho —dice un padre a su hijo recién divorciado— que tu relación con Daniela haya terminado. Su trato con nosotros fue siempre de una gran calidad y llegamos a quererla mucho. Por supuesto que respeto tu decisión, pero es algo que lamento".

Sentimientos de ira: El gran peligro con la ira es que puede transformarse muy fácilmente en conducta agresiva, ya sea de tipo verbal (gritos e insultos) o de tipo físico (desde pellizcos hasta balazos); puede presentarse en modalidad autodirigida (abofetearse, pegarse con los puños, jalarse el pelo, morderse, arañarse) o dirigida a objetos (portazos, manotazos sobre la mesa, puñetazos en el muro, patadas a lo que sea, romper o tirar cosas), y también puede manifestarse de modo indirecto (sarcasmo, ironía, burla). Conviene, por lo tanto, hacer un esfuerzo extraordinario para mantener la ira en niveles racionales, con el fin de que pueda ser expresada asertivamente. Eso es lo ideal: bajar una ira neurótica a un nivel racional y después expresarla de manera asertiva.

Vale la pena recordar que tanto la agresión como la aserción son conductas emocionalmente honestas, directas, y gratificantes. A veces también comparten elementos no verbales similares: expresión facial, contacto visual, tono de la voz. La gran diferencia es que la conducta agresiva es gratificante *a costa de otros*, mientras que la conducta asertiva no pasa sobre los derechos de los otros. ¿Cómo diferenciar las declaraciones asertivas de ira, de las declaraciones agresivas?

El mejor método para expresar asertivamente el enojo, y que me empeño en enseñar detalladamente a mis pacientes, es el de formular la declaración emotiva en primera persona (*Yo*) y no en segunda persona (*Tú*). Se trata, entonces, de **hablar de los sentimientos de uno y no de la personalidad del otro.** Así, si digo algo como: "Eres un maldito irresponsable", ¿de quién estoy hablando? Del otro, obviamente. La declaración es agresiva. Si en lugar de eso digo: "Me perturba mucho que llegues tarde cuando tenemos reunión de grupo", estoy hablando en primera persona, de mis sentimientos. La declaración es asertiva.

"Eres una desconsiderada. No tienes ningún respeto por los demás", es hablar de la otra persona. La declaración es agresiva.

"Fernando, me perturba mucho el ruido después de la medianoche porque me cuesta trabajo volver a dormirme. Por favor cuida esos detalles cuando llegues tarde", es hablar, en primer lugar, de uno. La declaración es asertiva.

"Qué irracional eres. Además, eres una persona no asertiva de lo más típico: cuando algo te molesta, nomás pones tu carota y no te atreves a decir nada". ¿Se da usted cuenta? Se trata de una declaración agresiva porque estamos hablando de la personalidad del otro; note en cambio la diferencia si decimos algo como: "Sé que es difícil decir las cosas que nos molestan, pero creo también que, si nos esforzamos ahora, será más fácil resolver los problemas en el futuro. Me preocupa verte callada y con un humor distinto del que normalmente tienes. Me gustaría saber si es por algo que yo hice o, si es por otra cosa, quiero saber cómo puedo ayudar para que te sientas mejor". Esta es una declaración asertiva porque hablamos, en primer lugar, de nuestros sentimientos. Lo invito, por lo tanto, a entrenarse en la expresión libre y asertiva de sus sentimientos negativos. Facilítese las cosas llevando a cabo las siguientes

Tareas asertivas (octavo grado de dificultad)

a) Cuando alguien conocido vaya manejando demasiado rápido y eso lo atemorice, exprese su temor y pida que baje la velocidad.

b) Cuando un taxista vaya manejando demasiado rápido y eso lo atemorice, exprese su temor y pida que baje la velocidad.

c) No esconda sus fobias cuando las tenga, por muy irracionales que sean. Comunique asertivamente que tiene esos temores. Solicite comprensión, tolerancia y apoyo.

d) Hable de sus ansiedades sociales (por ejemplo: bailar, cantar o hablar en público), y, asertivamente, solicite comprensión, tolerancia y apoyo.

e) Informe a su pareja cuando se sienta triste por algo ajeno a ella: un recuerdo, una fecha, una canción, una película, un cuento, un poema, una noticia del periódico.

f) Dígale a su pareja cuando se sienta triste por algo que ella hizo.

g) Doble columna: en la primera haga una lista de, por lo menos, 10 declaraciones agresivas (en segunda persona: *Tú...*) y en la segunda cámbielas a su forma asertiva (en primera persona: *Yo...*).

Sea asertivo: exprese libremente sus opiniones

Recuerde su derecho asertivo básico: **Todos tenemos derecho a formar nuestras propias opiniones y a expresarlas.** Opiniones de tipo social, político, religioso, científico, artístico, sobre el tema que sea; tenemos el derecho inalienable a formar nuestros propios puntos de vista y a expresarlos sin cortapisa alguna. "Desapruebo lo que has dicho, pero defenderé hasta la muerte tu derecho a decirlo", es una frase atribuida a François-Marie Arouet, Voltaire, que convendría tener muy presente como norma de vida. Tenemos derecho a estar de acuerdo o en desacuerdo con quien sea, independientemente de su estatus laboral, social, económico, académico, etc. "Piensen por ustedes mismos y permitan que los demás disfruten de igual privilegio", dijo también el gran Voltaire. Atrévase a manifestar sus puntos de vista y cortará las cadenas que lo paralizan. Como en la adquisición de todas las conductas, la práctica hace al maestro. A continuación le presento algunas sugerencias para comenzar.

Tareas asertivas (noveno grado de dificultad)

a) Juegue al abogado del diablo en un grupo pequeño de amigos: defienda puntos de vista contrarios a la opinión generalizada. Luego desengáñelos, si lo desea: dígales que solo quería comprobar la fuerza de sus convicciones. Hacer esto como juego nos permite mucha más libertad en la expresión de nuestras opiniones auténticas cuando llega el momento de hacerlo.

b) Cuando alguien interprete de modo distinto lo que usted haya hecho o dicho, aclare lo que sea necesario.

c) Cuando alguien pretenda *leer su mente* y exponga razones por las cuales él piensa que usted hizo o dijo algo y no esté en lo correcto, dígaselo y exponga su propia versión.
d) Cuando alguien proponga una solución a un problema y usted no esté de acuerdo, sugiera una solución alternativa.
e) Cuando usted y otra persona estén en desacuerdo acerca de algo, proponga una negociación que resuelva la diferencia.
f) Cuando alguien emita una opinión con la que esté en desacuerdo, aunque sea mínimamente, hágaselo saber.
g) Cuando alguien cite una fuente de información y esa información difiera de la suya, cite su propia fuente y plantee su diferencia de opinión.
h) Pida a una persona con la cual está en desacuerdo que le recomiende un libro o artículo que apoye lo que ella defiende.
i) Pida a una persona con la cual esté en desacuerdo que lea un libro o artículo que apoye el punto de vista de usted.

Sea asertivo: defienda sus derechos

No otra cosa hemos manifestado con insistencia a lo largo de este capítulo. Nos referimos ahora, sin embargo, a situaciones comerciales o sociales donde un derecho legal pudo haber sido transgredido por descuido o a propósito. Para fortalecer su capacidad lleve a cabo las siguientes

Tareas asertivas (décimo grado de dificultad)

a) Solicite ver a una persona de mayor autoridad cuando no sea tratado cordialmente por la persona que atiende al público. No se rinda con facilidad: una vez que esté en la pista, llegue hasta la meta.
b) Si le niegan algo, solicítelo por segunda vez.
c) Busque en las instituciones públicas los derechos que lo protejan cuando crea que tales derechos han sido violados.

d) Escriba una carta "a quien corresponda" cuando no esté satisfecho con el trato que haya recibido.
e) Pregunte si alguna persona en posición de autoridad requiere saber algo más de usted para que le den la consideración apropiada.
f) Pida que le devuelvan algo que prestó (un libro, una prenda, una herramienta, dinero, etcétera).
g) Lea en el sitio web de las Naciones Unidas la Declaración Universal de los Derechos Humanos.
h) Consígase la Constitución y léala.
i) ¿Cuáles son sus derechos como consumidor? Búsquelos en la página de la institución que corresponda y coméntelos con alguien después de leerlos.

Sea asertivo: aprenda a solicitar cambios de conducta

Veamos el siguiente caso: Diana y Josie comparten un departamento. Han establecido reglas para el cuidado de las áreas comunes y en una de ellas especificaron que los platos serían lavados por quien los usara un máximo de dos horas después de haber sido utilizados. Anoche, como en otras ocasiones, Diana no cumplió. Cuando Josie se levanta, se molesta al descubrir el fregadero lleno de platos sucios. Diana está ahora en la sala viendo televisión. Josie la ve y dice:

—Oye, Diana, ¿qué onda? ¿En qué quedamos con los platos? ¿Así cumples los acuerdos? ¡Qué poca...! ¡No te mides!

Y entra a su cuarto dando un portazo. Esta es su forma de protestar. Con estas palabras y con el portazo cree que ya reclamó. Su conducta, sin embargo, no es asertiva: es una mezcla de no aserción y agresión que no resolverá el problema.

Muchas veces nos veremos en la necesidad de solicitarle a alguien, tanto en relaciones íntimas como en relaciones circunstanciales, que modifique algún comportamiento: que sea más puntual, que no nos hable a gritos, que no nos insulte, que no nos provoque, que no use la ironía con nosotros, que no pase sobre nuestros derechos o que cumpla con un acuerdo. Para que nuestra solicitud de cambio funcione más eficazmente, sugiero que al hacerla se toquen los siguientes cinco puntos:

1. Especificar la conducta que no nos gustó.
2. Especificar cómo nos hizo sentir.
3. Especificar la conducta que queremos.
4. Describir cómo nos sentiremos cuando el cambio ocurra.
5. Describir brevemente las ventajas que la nueva conducta tendrá para todos los involucrados.

¿Cuáles de estos puntos tocó Josie al reclamarle a Diana por los platos sucios? Fíjese bien... Analice el caso. ¿Ya? ¿Cuántos, de los cinco puntos que se recomiendan, *realmente* tocó? En efecto: ¡ninguno! Y en casos como este no vale el dicho no asertivo de "al buen entendedor pocas palabras". En casos como este la conducta asertiva será mucho más eficaz si se cubren sistemáticamente los cinco puntos. Así, por ejemplo:

—Diana, ¿me das tres minutos? Quiero pedirte algo muy importante para mí y te pido, para empezar, que apagues la tele por un momento. ¿Puedes hacerlo?

—Claro... ¿qué pasa?

—Mira... Los platos que usaste anoche siguen sucios en el fregadero. Los acabo de ver y me desagrada mucho que eso pase. Te pido por favor que los laves ahora y que en el futuro cumplas con lo que entre las dos acordamos. Eso me hará sentir mucho más tranquila, respetada y a gusto. Y nos ahorraremos molestias, discusiones, malas caras y malentendidos. Eso es todo... Muchas gracias por oírme. Si yo dejo de cumplir con algo, por favor házmelo saber. ¿De acuerdo?

—Ay, sí, perdón... No volverá a pasar.

—Te lo agradezco de antemano.

Identifique los puntos recomendados y cuéntelos: los cinco han sido tocados. Mientras más puntos toque y más conciso sea su mensaje, mejor.

Piense ahora en alguna reclamación que desee hacer y escriba su mensaje cuidando de cumplir con los cinco puntos.

Sea asertivo: aprenda a desarmar la furia con judo verbal

¿Qué hacer cuando somos agredidos verbalmente? La tendencia biológica ante una persona que ha perdido los estribos y comienza a comportarse agresivamente es variada, pero no demasiado: nos acobardamos y nos sometemos (conducta no asertiva), nos envalentonamos y atacamos (conducta agresiva), o nos paralizamos y no decimos nada (otra forma de conducta no asertiva). La tendencia biológica ante los predadores es esa: si el predador es juzgado como más poderoso, pero más lento, el agredido huye. Si el predador es juzgado como igual, el agredido se prepara para luchar. Si el predador es juzgado como más poderoso y más veloz, el agredido se paraliza. Estos son los modos biológicos bien establecidos en el cerebro primitivo, el cerebro reptil.

La conducta asertiva, en cambio, mediada por las estructuras anatómicas más evolucionadas del cerebro humano, nos permite una respuesta psicológica mucho más eficaz: nos permite defendernos sin pasar sobre los derechos del otro. Así, cuando somos agredidos verbalmente, en lugar de someternos, huir o atacar, tratamos de resolver el problema utilizando con sabiduría la energía agresiva del contrario. Para lograrlo hay que tratar de encontrar un mínimo de razón en la andanada iracunda del interlocutor *y concordar con ese mínimo de razón*. Esto suele calmar a la gente de modo casi mágico. Una vez en calma, será mucho más fácil negociar con él. La similitud de este procedimiento con el arte japonés de defensa personal llamado *judo* (*el sendero de la suavidad*) es obvia. Por eso David Burns llamó *judo verbal* a esta técnica. ¿Cómo funciona? Veamos los siguientes ejemplos:

> Un vecino toca fuertemente a la puerta. Estoy solo. Mi esposa y mis hijos han salido. Cuando me asomo, lo escucho proferir en voz alta:
>
> —Oiga, usted: otro de sus visitantes se estacionó frente a mi salida. Ya les pedimos una vez que no lo hicieran y ha vuelto a suceder. ¿Qué carajos pasa? ¿Por qué no entienden?

—Qué tal, vecino. Buenas tardes... Tiene razón en estar molesto si obstruyeron su salida, pero permítame decirle que hoy es mi día de descanso. No he tenido visitas y estoy solo en casa. El incidente de la vez anterior se debió, como se lo expliqué entonces, a una persona que venía por primera vez. Desde entonces, hemos tenido el cuidado de informar a nuestros visitantes cuáles son los lugares que hemos destinado para que se estacionen. Puede usted confiar en que, por nuestra parte, ese problema está resuelto desde aquella vez. ¿Hay algo más en lo que pueda servirle?

Un hombre sale del metro con mucha prisa. Baja apresuradamente las escaleras y llega hasta un auto estacionado. Abre la puerta del copiloto y sube. Una mujer, con expresión de enojo, tamborilea con las uñas sobre el volante:

—Ya estoy aquí...

—¡Otra vez tarde, chingados! ¡No tienes consideración! Sabes que vamos a la casa de mi mamá y te pedí puntualidad, pero a ti te vale...

—Tienes razón: estoy retrasado 12 minutos y lo lamento. Hice mi mejor esfuerzo, pero, por lo visto, no bastó. Recibí una llamada antes de salir y esa fue la razón de mi retraso. Me disculpo contigo y le ofreceré una disculpa a tu mamá si es necesario.

—Bueno, ya qué... Tú también discúlpame... La verdad es que me pongo histérica cuando hay compromisos familiares.

—Lo tendré muy en cuenta para la próxima vez.

Tras prestarle el coche a su hijo, el padre descubre, a la mañana siguiente, un pequeño rayón en la salpicadera derecha. Busca al muchacho y vocifera:

—¿Qué demonios le pasó al carro? ¡Eres un descuidado! ¡No se te puede prestar nada porque todo lo que tocas lo destruyes!

—Lamento mucho lo del rayón, papá. Tienes razón al enojarte, pero estoy aprendiendo y todavía no calculo bien. Le di el rayón al salir de aquí por lo que, antes de ir adonde iba, pasé a ver al hojalatero. Vio el rayón y me dijo que yo mismo podía quitarlo sin dificultad con el líquido ese que compramos el otro día. No lo limpié al regresar porque ya estaba oscuro, pero eso me propongo hacer ahorita.

—Bueno, está bien... Pero, por favor, ten más cuidado.

—Eso trato, papá...

Un caso extremo, para finalizar:

—¡Eres un idiota!

—Sin duda soy un ser humano imperfecto y a veces me equivoco. ¿Cometí algún error que justifique tu enojo? Si es así, puedo asegurarte que no lo hice con intención de dañarte, y si me dices de qué se trata y tienes razón, no me costará ningún trabajo reconocer mi error y trataré de enmendarlo. O, si no lo considero un error, con gusto te daré las razones de mi comportamiento. Te escucho...

¿Qué hacer cuando se nos presente un problema interpersonal en el futuro?

A medida que practique y sea riguroso en el registro de su diario asertivo, descubrirá los beneficios extraordinarios que nos trae enfrentar los problemas interpersonales asertivamente. No obstante, podemos anticipar que **algunas situaciones en el futuro resultarán más difíciles que el promedio**. Para cuando eso ocurra, para cuando se descubra evitando o posponiendo situaciones que requieran autoafirmarse, encontrará muy útil responder el cuestionario que sigue:

1. ¿Qué derecho quiero defender, qué sentimiento deseo expresar, qué opinión me propongo manifestar o qué conducta me interesa realizar? Sea tan claro como le sea posible.
2. ¿Tengo derecho a ello?
3. ¿Qué derecho asertivo básico me ampara?
4. ¿Qué *pensamientos irracionales* podrían interferir en la ejecución de mi conducta asertiva? Escriba los pensamientos automáticos que logre identificar.

5. ¿Qué *pensamientos racionales* pueden facilitar la ejecución de mi conducta asertiva? Escriba de modo claro el pensamiento racional que combata cada uno de los pensamientos automáticos irracionales identificados en el número anterior:
6. ¿Cómo sería su mensaje en forma no asertiva? ¿Cómo sería su mensaje en forma agresiva? Finalmente escriba el mensaje asertivo de la manera más directa, clara y cortés.
7. Practique la conducta asertiva deseada. Según el grado de dificultad de la situación, haga prácticas en la imaginación, ante un espejo, ante una grabadora de audio o video, o haga "psicodrama" (práctica conductual simulada) con la ayuda de otra persona que represente el papel del interlocutor. Si está en terapia, pídale a su terapeuta que lo ayude en esta actividad.
8. Ensaye las veces que sea necesario y mejore tanto los aspectos verbales como los no verbales.
9. Lleve a cabo la conducta asertiva en la realidad.
10. Escriba un reporte en su diario asertivo.

Ejemplo

Las ramas de tres árboles grandes, sembrados en la propiedad del vecino, cruzaban la barda y dejaban caer sus hojas secas en la terraza de Ricardo, un ingeniero de 43 años, casado y con dos hijos, que se enojaba todos los días al ver su terraza sombría y llena de hojarasca. Al comenzar su entrenamiento asertivo conmigo, percibió el problema con toda claridad, y comentó que hacer berrinche a diario, sin decir nada, era una *conducta no asertiva* que no haría que su vecino tomara conciencia del problema. "Cortarlas yo mismo sin avisarle, aparte de que no quiero hacerlo, sería una *conducta agresiva* que, en lugar de resolver la dificultad, podría agravarla". Lo correcto era plantearle al vecino su incomodidad y solicitarle que las ramas que causaban el problema fueran cortadas. Se propuso hacerlo como tarea asertiva, pero una semana después reportó que no había podido hacerlo. "Algo me pasa. No sé qué, pero no me atrevo. Hace dos días estaba yo muy decidido, pero antes de salir le estuve dando vueltas al asunto, me estuve haciendo pato con cualquier cosa y así se me fue pasando el tiempo. Creía que iba a ser muy fácil, pero, en resumidas cuentas, no me atreví y eso me tiene muy molesto".

Le sugerí que llenara en mi presencia el cuestionario anterior. Entre los dos fuimos afinando las respuestas hasta que ambos quedamos satisfechos. He aquí el resultado:

1. Especifique qué derecho quiere defender, qué sentimiento desea expresar, qué opinión quiere manifestar o qué conducta desea realizar.
   Quiero pedirle a mi vecino que pode unos árboles que arrojan sus hojas secas sobre mi terraza.
2. ¿Tengo derecho a ello?
   Definitivamente sí.
3. ¿Qué derecho asertivo básico me ampara?
   El número 2: tengo derecho a tener necesidades y a que estas sean consideradas tan importantes como las necesidades de los otros.
4. ¿Qué pensamientos irracionales podrían interferir en la ejecución de mi conducta asertiva? (Escriba a continuación los pensamientos automáticos que logre identificar).
   a) *Mi petición le va a caer mal a mi vecino y me va a desaprobar.*
   b) *Podría molestarse conmigo.*
5. ¿Qué pensamientos racionales pueden facilitar la ejecución de mi conducta asertiva? (Escriba de modo claro el pensamiento racional que combata cada una de las ideas identificadas en el número anterior).
   a) *Mi vecino podría reaccionar de un modo neurótico o no: no lo sé porque sencillamente no puedo leer el futuro. Nunca hemos hablado mucho, pero nuestra relación es*

cortés. No estoy pidiendo nada inadecuado, y si me desaprobara por eso, la verdad es que no me voy a morir: no necesito su aprobación. Si no lo hago, me voy a seguir sintiendo molesto, y eso sí importa.

b) *Tiene derecho a molestarse por el inconveniente de cortar las ramas o por tener que pagar para que lo hagan, pero también tiene la capacidad de darse cuenta de que mi petición es razonable y de decidir cómo sentirse. Si fuera él quien pidiera lo mismo, yo trataría de resolver el problema lo más pronto posible.*

6. Escriba el mensaje asertivo de la manera más directa y clara.
   Hola, vecino, qué gusto de verlo. Quería hablar con usted desde hace días para informarle de un pequeño problema. Fíjese que sus árboles están soltando muchísima hojarasca en mi terraza y es una lata la falta de sol y la barrida diaria. Quiero pedirle por favor que mande podar las ramas que cruzan la barda. El árbol no se afectaría. Eso resolvería el problema y yo le quedaría muy agradecido por su comprensión.
7. Practique la conducta asertiva deseada. Según el grado de dificultad de la situación que vaya a manejar, haga prácticas en la imaginación, ante un espejo, ante una grabadora de audio o video; también puede practicar haciendo psicodrama o práctica conductual simulada con la ayuda de otra persona que represente el papel del interlocutor.
   Le pediré al terapeuta que represente el papel del vecino para que yo pueda practicar la solicitud.
8. Ensaye las veces que sea necesario y mejore tanto los aspectos verbales como los no verbales.
   El terapeuta me hizo ver que la solicitud me salió dubitativa al principio. No hice contacto físico y mi contacto visual tendía a perderse. Hicimos varios ensayos hasta que mi conducta quedó muy afinada.
9. Lleve a cabo la conducta asertiva en la realidad.
   Listo. ¡Lo haré esta misma tarde!

10. Escriba un reporte en su diario asertivo.

Poco a poco, con modelamiento y refuerzo gradual para las sucesivas aproximaciones a la conducta deseada (moldeamiento), corregimos el flujo del discurso, las pausas excesivas y los aspectos no verbales de su comportamiento. Después de unos siete ensayos conductuales la conducta deseable estaba muy afinada. En su diario, Ricardo reportó que, aunque tuvo un grado de ansiedad de 50 USP (Unidades Subjetivas de Perturbación), había logrado hacer la petición. Para su tranquilidad y sorpresa, el vecino le respondió que desde hacía varios meses quería pedirle permiso para podar esas ramas, pero que no lo había hecho ¡por no darle molestias! Ricardo estaba muy feliz con su logro asertivo, y señaló que su meta futura era hacer solicitudes como esta con menos ansiedad y sin tardarse tanto. Le expliqué cómo, por el proceso de adaptación psicológica, la ansiedad disminuye poco a poco a medida que enfrentamos repetidamente un estímulo novedoso. Así, mientras más nos enfrentemos a las situaciones interpersonales difíciles (en lugar de escapar de ellas o evitarlas, como nos aconsejaría la neurosis), más pronto estaremos manejándolas asertivamente: sin ansiedad incapacitante y sin pasar sobre los derechos de los demás.

LECCIÓN 20

RESUMEN Y DESPEDIDA

> El signo más evidente de la sabiduría es la continua jovialidad: su estado es como el de las cosas en las regiones que ilumina la luna, siempre claras y serenas.
>
> MICHEL DE MONTAIGNE
>
> De la educación de los niños

Este libro no pretende ser un sustituto de la psicoterapia, sino, más bien, su complemento. O una invitación a ella. No obstante, estoy convencido de que la sola lectura de este texto ha producido ya muchas mejorías en su bienestar emocional. Pero más convencido estoy de que la aplicación sistemática de los comportamientos sugeridos aquí producirá alteraciones significativas en su personalidad: se alejará, sin lamentarlo mucho, del rebaño de los *normales*, se saldrá de la norma, se distanciará del promedio. A fin de cuentas, el promedio es neurótico. La gente *normal* culpa a los demás de su infelicidad, piensa que *el infierno son los otros*, confunde sus deseos con la realidad, tiende a magnificar las cosas y a asustarse de sus propias exageraciones, cae con frecuencia en la indefensión, condena a los demás y se condena a sí mismo, sobregeneraliza, juega al adivino, es víctima del pensamiento dicotómico, viola la mente, saca conclusiones arbitrarias, personaliza, piensa con las vísceras...

Mientras más ponga en práctica lo aprendido aquí, entrará poco a poco en el reducido número de los que se responsabilizan de sus propias emociones y no sucumben a la tentación infantil de culpar a los demás o a los sucesos exteriores por lo que están sintiendo. Sabiéndose responsable de sus emociones, sabrá también que su interpretación de la realidad determinará el tipo de emoción que experimente. Si de la realidad se deriva un pensamiento objetivo, racional, lógico, maduro, adulto, tendrá como consecuencia una emoción creadora: un sentimiento que lo impulsará a la acción para resolver la situación conflictiva... o a aceptarla más pronto si es imposible cambiarla. Pero si de la realidad deriva usted pensamientos ilógicos, irracionales, inmaduros, infantiles, anticientíficos —es decir, bobadas, burradas, basura cognoscitiva, bacilos y bacterias del pensamiento—, su respuesta emocional será neurótica: emociones de esas que, en lugar de resolver una dificultad, lo inmovilizan en el problema o, peor aún, le acarrean más problemas de los que ya tenía.

Una vez que se asuma como responsable de sus sentimientos, habrá eliminado de su cabeza el núcleo podrido de la neurosis y estará avanzando en el combate a las estructuras primarias de pensamiento irracional: dejará de confundir sus deseos con la realidad; dejará a un lado la tendencia a la exageración, a la magnificación de la realidad; dejará de creer que está usted indefenso ante un ambiente amenazador y confiará mucho más en su capacidad para enfrentar la adversidad. Este sentimiento de autoeficacia equivale a mayor seguridad en uno mismo, más alto autoconcepto, lo que quiere decir mayor capacidad de aceptarse incondicionalmente. La noción de *autoeficacia* es un elemento constituyente de la madurez psicológica. Este sustrato cognoscitivo lo ayudará a dejar las crispaciones y los gimoteos típicos de la neurosis. Dejará de condenar y de condenarse, habrá desarrollado la capacidad de perdonar y de perdonarse, sabrá distinguir entre su *ser* y su *hacer* y, por lo tanto, dejará de creerse superior o inferior a nadie, aunque haga algunas cosas mejor y otras peor que los demás.

Habiendo derrotado las estructuras primarias del pensamiento irracional (las tendencias a la exigencia, a la magnificación, a la indefensión y a las condenas), tendrá más capacidad para vencer las estructuras secundarias del pensamiento neurótico: dejará de confundir el deseo de amor con la *necesidad* del mismo, y avanzará con pie firme a lo que realmente importa: la capacidad de amar creadoramente; dejará de tener miedo a la desaprobación y será más capaz de aceptar la crítica, aprovechando la que le sirva e ignorando la que solo pretende destruir; se aceptará a sí mismo como lo que es, un ser humano pleno y por lo mismo falible, un ser humano que acepta sus imperfecciones y sus errores y se propone aprender de ellos. Observará mejorías en su capacidad para tolerar la frustración y mejorías en su capacidad para autocontrolarse, para no sucumbir a los placeres inmediatos si tienen consecuencias negativas a mediano o largo plazos. Esa capacidad de autodisciplina en la persecución de sus objetivos de largo alcance le permitirá fluir con la vida, no atarse a los condicionamientos del pasado ni sufrir gratuitamente anticipando catástrofes. Aceptará con entereza la posibilidad de la muerte propia y ajena: solo así comenzará a vivir realmente; aceptará la posibilidad del accidente y la enfermedad, y se ocupará en la prevención de los mismos: cuidará su salud y correrá los riesgos necesarios para la consecución de sus objetivos, pero no pondrá en peligro su vida corriendo riesgos inútiles; aceptará los conflictos sociales y las desgracias naturales, y orientará su energía creadoramente: actuando para cambiar lo que pueda, es decir, ocupándose y no preocupándose.

Así lo veo: confrontando ideas; sometiendo sus hipótesis a la prueba de la realidad; combatiendo sus distorsiones cognoscitivas; dejando atrás los prejuicios, las inferencias arbitrarias, el pensamiento dicotómico, la sobregeneralización, la personalización, el razonamiento emocional.

Así quiero verlo: pensando, creando, amando; amando, pensando, creando; creando, amando, pensando...

Y afirmando su personalidad y expresando sus sentimientos y leyendo y opinando y defendiendo sus derechos y respetando al prójimo...

Y cuidando su cuerpo y descansando y relajándose y deteniendo de vez en cuando el flujo del pensamiento analítico: meditando.

Así quiero verlo: integrado al universo como una célula de Dios.

Y otra vez leyendo.

Y otra vez pensando.

Y otra vez creando...

BIBLIOGRAFÍA RECOMENDADA

Alberti, R. E., y Emmons, M. (1974). *Your Perfect Right*. California: Impact.

Amutio, A. (1998). *Nuevas perspectivas sobre la relajación*. Bilbao: Desclée de Brouwer.

Bandura, A. (Comp.). (1999). *Autoeficacia: cómo enfrentamos los cambios de la sociedad actual*. Bilbao: Desclée de Brouwer.

Beck, A. T. (1976). *Cognitive Therapy and the Emotional Disorders*. Nueva York: International Universities Press.

Beck, A. T. (2003). *Prisioneros del odio*. México: Editorial Paidós Mexicana.

Beck, A. T. *et al.* (1995). *Terapia cognitiva de los trastornos de personalidad*. Barcelona: Paidós Ibérica.

Bloomfield, H. H., y McWilliams, P. (1994). *How to Heal Depression*. Los Ángeles: Prelude Press.

Burns, D. D. (1994). *Sentirse bien*. México: Paidós.

Comfort, A. (1972). *The Joy of Sex*. Nueva York: Simon and Schuster. [Edición en español: (1991) *El placer de amar*. Blume].

Comfort, A. (1974). *More joy of sex*. Nueva York: Simon and Schuster.

Dryden, W. (1995). *Brief Rational-Emotive Behavior Therapy*. Nueva York: John Wiley and Sons.

Ellis, A. (1962). *Reason and Emotion in Psychotherapy*. Nueva Jersey: The Citadel Press. [Edición en español: (1980). *Razón y emoción en psicoterapia*. Bilbao: Desclée de Brouwer].

Ellis, A. (1988). *Cómo vivir con un neurótico*. Buenos Aires: Editorial Central.

Ellis, A. (2000). *Cómo controlar la ansiedad antes de que le controle a usted*. México: Paidós.

Ellis, A., y Harper, R. (1962). *Psicoterapia racional emotiva*. México: Herrero Hermanos.

Ellis, A., y Harper, R. (1975). *A New Guide to a Rational Living.* Nueva Jersey: Wilshire Book Company.

Ellis, A., y Grieger, R. (Comps.). (1977). *Handbook of Rational-Emotive Therapy,* Nueva York: Springer. [Edición en español: (1981). *Manual de Terapia Racional-Emotiva.* (vol. 1). Bilbao: Desclée de Brouwer].

Ellis, A., y Grieger, R. (Comps). (1990). *Manual de Terapia Racional-Emotiva.* (vol. 2). Bilbao: Desclée de Brouwer.

Ellis, A., y Chip Tafrate, R. (1999). *Controle su ira antes de que ella le controle a usted.* Barcelona: Paidós Ibérica.

Ellis, A., y Blau, S. (2000). *Vivir en una sociedad irracional.* Barcelona: Paidós Ibérica.

Epicteto. (1945). Enchiridion o Manual de Máximas. *Moralistas griegos.* México: Secretaría de Educación Pública (Biblioteca Enciclopédica Popular, 53).

Fensterheim, H., y Baer, J. (1977). *Stop Running Scared!.* Nueva York: Rawson Associates Publishers. [Edición en español: (1979). *Viva sin temores.* Barcelona: Grijalbo].

Franks, V., y Burtle, V. (1974). *Women in Therapy. New Psychotherapies for a Changing Society.* Nueva York: Brunner/Mazel Publishers.

Freeman, A., y Reinecke, M. A. (1995). *Terapia cognitiva aplicada a la conducta suicida.* Bilbao: Desclée de Brouwer.

Goldfried, M. R. (1996). *De la terapia cognitivo-conductual a la psicoterapia de integración.* Bilbao: Desclée de Brouwer.

Goldfried, M. R., y Davison, G. C. (1976). *Clinical Behavior Therapy.* Nueva York: Holt, Rinehart and Winston.

Guerra, J. J., y Taylor, P. (1977). The four Assertive Myths: A Fable. *Assertiveness. Innovations, Applications, Issues.* California: Impact Publishers.

Hauck, P. (1974). *Overcoming Frustration and Anger.* Filadelfia: Westminster john Knox Press.

Jacobson, E. (1965). *Control de la tensión para hombres de negocios.* México: Compañía Editorial Continental.

Jacobson, E. (1976). *Aprenda a relajarse.* México: Ciencia de la Conducta.

Krumboltz, J. D., y Thoresen, C. E. (comps.). (1976). *Counseling methods.* Nueva York: Holt, Rinehart and Winston.

Lange, A., y Jakubowski, P. (1976). *Responsible Assertive Behavior.* Illinois: Research Press.

Lazarus, A. A. (1971). *Behavior Therapy and Beyond.* Nueva York: McGraw-Hill.

Lazarus, A. A. (Comp.). (1972). *Clinical Behavior Therapy*. Nueva York: Brunner/Mazel.

Lazarus, A. A. (Comp.). (1976). *Multimodal behavior therapy*. Nueva York: Springer Publishing Company.

Lazarus, A. A. (2000). *El enfoque multimodal. Una perspectiva breve pero completa*. Bilbao: Desclée de Brouwer.

Lazarus, A. A., y Fay, A. (1975). *I Can if I Want To*. Nueva York: William Morrow.

Lazarus, A. A., y Lazarus, C. N. (1997). *The 60-Second Shrink*. California: Impact Publishers.

Mahoney, M. (1997). *Cognition and Behavior Modification*. Massachusetts: Ballinger Publishing Company.

Mahoney, M., y Thoresen, C. E. (1974). *Self-control: Power to the Person*, California: Brooks/Cole Publishing Company.

Marco Aurelio. (1944). *Soliloquios*. México: Secretaría de Educación Pública (Biblioteca Enciclopédica Popular 29).

Maultsby Jr., M. C. (1984). *Rational Behavior Therapy*. Englewood Cliffs. Nueva Jersey: Prentice-Hall.

Meichenbaum, D. (1977). *Cognitive-Behavior Modification. An Integrative approach*. Nueva York. Plenum Press.

Paris, C., y Casey, B. (1978). *Project: you. A manual of rational assertiveness training*. Colorado: Bridges Press.

Peurifoy, R. Z. (1999). *Cómo vencer la ansiedad*. Bilbao: Desclée de Brouwer.

Seligman, M. E. P. (1975). *Helplessness*. California: W. H. Freeman.

Wolpe, J. (1969). *The practice of Behavior Therapy*. Nueva York: Pergamon Press.

Wolpe, J. (1978). *Psicoterapia por inhibición recíproca*. Bilbao: Desclée de Brouwer.

Yankura, J., y Dryden, W. (2000). *Terapia Conductual Racional Emotiva (REBT). Casos ilustrativos*. Bilbao: Desclée de Brouwer.

Esta obra se terminó de imprimir
en el mes de abril de 2026,
en los talleres de Litográfica Ingramex S.A. de C.V.,
Ciudad de México.